公务员变革行为形成机制与推进路径研究

The Study on the Formation Mechanism and Promotion Paths for the Change-oriented Behavior of Civil Servants

林亚清　著

中国社会科学出版社

图书在版编目（CIP）数据

公务员变革行为形成机制与推进路径研究 / 林亚清著. -- 北京：中国社会科学出版社，2024.9. -- ISBN 978-7-5227-3725-6

Ⅰ. D630.3

中国国家版本馆 CIP 数据核字第 2024SR5505 号

出 版 人	赵剑英
责任编辑	孔继萍
责任校对	冯英爽
责任印制	李寡寡
出　　版	中国社会科学出版社
社　　址	北京鼓楼西大街甲 158 号
邮　　编	100720
网　　址	http：//www.csspw.cn
发 行 部	010-84083685
门 市 部	010-84029450
经　　销	新华书店及其他书店
印　　刷	北京君升印刷有限公司
装　　订	廊坊市广阳区广增装订厂
版　　次	2024 年 9 月第 1 版
印　　次	2024 年 9 月第 1 次印刷
开　　本	710×1000　1/16
印　　张	22
字　　数	389 千字
定　　价	128.00 元

凡购买中国社会科学出版社图书，如有质量问题请与本社营销中心联系调换
电话：010-84083683
版权所有　侵权必究

国家社科基金后期资助项目
出版说明

后期资助项目是国家社科基金设立的一类重要项目，旨在鼓励广大社科研究者潜心治学，支持基础研究多出优秀成果。它是经过严格评审，从接近完成的科研成果中遴选立项的。为扩大后期资助项目的影响，更好地推动学术发展，促进成果转化，全国哲学社会科学工作办公室按照"统一设计、统一标识、统一版式、形成系列"的总体要求，组织出版国家社科基金后期资助项目成果。

全国哲学社会科学工作办公室

推 荐 序

我非常荣幸能为林亚清教授的新书《公务员变革行为形成机制与推进路径研究》撰写推荐序。作为她的博士生导师，我见证了一位对人力资源管理学科充满热爱且有着十二年企业人力资源管理学习工作经历的学生在公共部门人力资源管理领域笃定前行十多年的历程。企业人力资源管理与公共部门人力资源管理有诸多相似之处，但也存在较大差异。林亚清教授在博士毕业后从企业人力资源管理领域转入公共部门人力资源领域从事学术研究，她付出了巨大努力，也取得了许多成绩。在每次学术会议匆匆见面时，她总是迫不及待开心地和我分享她最新的研究成果。"十年寒窗磨一剑，今朝出鞘试锋芒"，林亚清教授扎根我国政府人力资源管理现实，通过大量的文献阅读、数据收集和访谈，结合自身人力资源管理专业背景对我国公务员变革行为形成机制进行了深刻剖析，并针对推进路径提出了许多行之有效的对策建议。这本书是她十多年研究的心血结晶，我为她的成长和收获感到骄傲。

我和张紫滕、陈万思在《经济管理》上发表的"新中国 70 年中国情境下人力资源管理研究知识图谱及展望"一文中提出，"公共部门"是中国情境下人力资源管理研究的高潜热点，当前我国公共部门人力资源管理还处于起步阶段，定性研究较多，且多为国外公共部门人力资源管理理念的引进，需要加强国外理论与本国公共部门实际的结合。在私营部门人力资源管理的研究中，关于变革行为、创新行为的研究已经展开了较为充分的讨论，这类个体行为对于企业生存与发展，获取竞争优势至关重要。然而，在公共部门人力资源管理领域，变革行为、创新行为的研究则方兴未艾，私营部门和公共部门场域的差异，使得变革行为形成机制和推进路径的研究思路存在较大的差异。毋庸置疑，当前国际国内环境发生了深刻复杂的变化，我国公共部门面临着前所未有的治理压力。如何有效地激发公务员的变革行为，提升公共部门的治理效能，成为一个非常有价值的研究话题。

　　林亚清教授针对这一话题，潜心研究十多年，结合我国政府现实背景，系统地讨论了我国公务员变革行为的形成机制与推进路径。在本书中，作者巧妙地以变革行为建设性、自发性和风险性三个特征为切入点，基于资源视角、激活视角、自我决定视角和匹配视角，从领导驱动力、制度障碍、制度激励和内生动力等方面系统地构建了变革行为作为资源投资行为、个体修正组织行为以及自主行为的形成机制理论模型。在此基础上，作者综合运用了访谈法、问卷调研法、案例研究法以及实证研究法等多种研究方法对理论模型所提出的假设进行了充分检验，展现了作者深厚的学术功底和敏锐的洞察力。该研究不仅拓展了公共管理学者研究公务员变革行为的理论视野，也为公共部门管理者培养下属变革行为以及推进干部队伍担当作为的实际操作提供了扎实的理论指导。与此同时，书中所展现的系统研究框架、严谨分析逻辑、前沿研究方法、丰富调研数据等，无不体现出作者在公共部门人力资源管理领域进行了潜心钻研并具有深厚积淀和独到见解。

　　在现阶段，中国公务员队伍肩负着复杂的治理与改革重任，如何有效推动干部队伍的变革创新成为亟待解决的关键问题。这本书从理论到实践，为切实推动中国公务员队伍的变革创新提供了全面系统的对策建议。作者深入分析了我国干部队伍在担当作为变革创新过程中面临的具体挑战，深刻揭示了公务员变革行为的四类形成机制，即"资源—投资""刺激—修正""干预—评估"以及"个人—环境匹配"机制。进一步地，本书将研究结论与国内外最新研究成果、实践经验相结合，提出了"强化领导支持，树立变革思维""破除制度障碍，释放变革活力""完善制度激励，厚植变革土壤""激发内生动力，坚定变革信念"等一系列具有针对性的推进路径，为建设忠诚干净担当的高素质干部队伍提供了宝贵的实践指导。这些创新性的管理思路和方法，为政府部门培养公务员变革行为提供了有力的支持，也为推动和激励干部新担当新作为所面临的未来挑战指出了清晰的方向。

　　我诚挚地向各位读者推荐这本《公务员变革行为形成机制与推进路径研究》。无论是学界的同仁，还是实际从事公共管理工作的公务员，都能从中获得宝贵的启示和帮助。这本书不仅有助于丰富公共部门人力资源管理理论，也为新时代干部队伍高质量建设实践提供了有力指导。希望大家通过这本书，进一步了解和掌握公务员变革行为的形成机制和管理方法，共同推动公共部门的改革与进步。

最后，我衷心祝愿林亚清教授在学术道路上不断取得新的成就，并希望这本书能为公共部门人力资源管理领域的发展作出积极的贡献！

南京大学人文社科资深教授、商学院名誉院长、
行知书院院长、博士生导师

2024 年 7 月 29 日于江苏南京

前　言

　　古希腊哲学家赫拉克利特曾经说过，"世界上唯一不变的，就是变化"。在科技进步日新月异以及全球化迅猛发展的今天，复杂多变的外部环境迫使政府不断地以市场导向为目标进行改革，重视政府部门工作人员的改革创新，打破传统保守、僵化教条的工作方法和程序，提高公共服务效率。与此同时，在我国新时代背景下，干部担当作为已成为干部队伍建设的新要求、新方向，也是提升干部队伍执政本领、推进国家治理能力现代化的关键。在这种背景下，研究我国政府部门中干部队伍的变革行为有着特殊的时代意义。变革行为，作为个体创新行为的一种表现，是指个人为了改善工作现状与绩效，发挥自身能动性，超越既有工作任务要求，针对组织工作程序、方法和政策提出建设性意见的行为。遗憾的是，目前国内外关于公务员变革行为的研究还较为匮乏。

　　随着新公共管理学派的不断演进与发展，企业的先进管理思想在公共管理领域的应用日益深入，各国政府越来越多地借鉴企业管理的先进经验改革官僚化的管理模式。在这种背景下，人力资源管理、组织行为学和领导学等先进理论、技术和方法被引入了政府部门的工作实践，并且结合政府部门特殊的背景，为政府部门使命、目标的实现提供了强有力的理论和技术支持，促进了政府管理专业化的发展。正是在这种背景下，公共管理领域的学者们立足中国政府管理的现实需求，将国外先进管理经验融入政府转型改革研究的浪潮中。

　　笔者于 2016 年较早地将变革行为引入国内的公共管理研究中，历经数年的论证、探索，结合政治学、公共人力资源管理、公共组织行为学和领导学等前沿研究领域，针对中国公务员变革行为做了大量的理论分析和实证检验，在此基础上，笔者结合我国干部管理理论与实践对我国公务员变革行为的研究展望进行了深入的思考，最终形成了《公务员变革行为形成机制与推进路径研究》一书，本书共八章，主要内容如下：

　　第一章　绪论。该章包括五节：第一节从当前国内外的政治背景出发，引出我国公务员变革行为研究的重要性以及本书的研究目标和意义；第二节对变革行为进行了系统性的文献综述，目的是为下文以领导成员交换关系、繁文缛节、工作安全和公共服务动机作为切入点，分别讨论领导驱动力、制度障碍、制度激励和内生动力对公务员变革行为的影响提供文献依据；第三节采用 Citespace 软件对国内外公共部门变革相关行为研究进行文献计量分析，从而更为全面地把握该研究领域的发展脉络；第四节概括了本书的研究问题、研究框架、研究思路和方法；第五节阐述了本书可能的研究创新与不足。

第二章 理论基础与分析框架。该章包括三节：第一节对核心概念变革行为进行了清晰界定和辨析；第二节系统介绍了资源保存理论、激活理论、自我决定理论、匹配理论和公共服务动机理论的主要内容和应用现状；第三节总结提出了公务员变革行为形成机制的分析框架，即后续实证研究章节展开的总思路。

第三章 资源视角：资源转化为变革行为。该章以资源保存理论展开，将公务员变革行为视为个体资源投资行为，领导成员交换关系则被视为我国公务员在工作场所中所拥有的资源，构建了一个有调节的中介模型。该章共四节：第一节讨论了资源视角下领导成员交换关系与公务员变革行为的关系；第二节论证了变革义务感、公共服务动机在上述关系中分别发挥的中介、调节作用并介绍了相关研究设计；第三节以 380 名 X 市公务员为样本对上述研究模型进行了实证检验；第四节总结了主要研究结论与理论启示。

第四章 激活视角：从刺激源到变革行为。该章以激活理论展开，将公务员变革行为视为个体修正行为，繁文缛节则被视为刺激公务员采取该修正行为的刺激源，构建了一个有调节的倒 U 形曲线中介效应模型。该章共四节：第一节讨论了激活视角下繁文缛节与公务员变革行为的倒 U 形曲线关系；第二节论证了公共服务动机、组织支持感在上述关系中分别发挥的中介、调节作用并介绍了相关研究设计；第三节以 217 名 F 省公务员滞后时间数据为样本对上述模型进行了实证检验；第四节总结了主要研究结论与理论启示。

第五章 自我决定视角：从信息的双重性到变革行为。该章以自我决定理论展开，将公务员变革行为视为一种具有个体能动性的自主行为，关注工作安全同时传递的控制和支持信息，构建了一个 U 形曲线中介效应模型。该章共四节：第一节讨论了自我决定视角下工作安全与公务员变革行为的 U 形曲线关系；第二节论证了基本心理需求满足在上述关系中发挥的中介作用并且介绍了相关研究设计；第三节以206名F省公务员滞后时间数据为样本对上述模型进行了实证检验；第四节总结了主要研究结论与理论启示。

第六章 匹配视角：动机转化为变革行为。该章以个人—环境匹配理论展开，提出公共服务动机的内生动力转化为公务员变革行为的关键环节在于工作重塑这一主动匹配策略，构建了一个第二阶段被调节的中介模型。该章共四节：第一节讨论了公共服务动机与公务员变革行为的关系；第二节论证了工作重塑、变革型领导在上述关系中分别发挥的中介、调节作用并且介绍了相关研究设计；第三节以217名F省公务员滞后时间数据为样本对上述模型进行了实证检验；第四节总结了主要研究结论与理论启示。

第七章 公务员变革行为的推进路径。以第三章至第六章研究结论为基础，结合国内外研究成果，提出我国公务员变革行为的推进路径。该章共四节：第一节从领导驱动力出发，提出变革型领导塑造和领导成员交换关系构建两大路径；第二节从制度障碍出发，围绕着繁文缛节的利用和控制提出对策；第三节从制度激励出发，提出工作安全保障和专业化管理两大路径；第四节则从内生动力方面提出了公共服务动机的培养与激活、变革义务感的提高、基本心理需求的满足和工作重塑策略的提升等推进路径。

第八章 本土化研究展望：推动变革行为研究与中国干部管理理论与实践的结合。该章分别对中国干部管理理论与实践中的"担当作为""关键少数""形式主义、官僚主义""干部队伍建设""不忘初心、牢记使命"等五个关键主题的研究现状和进展进行深入分析，并在此基础上对这五个主题如何与公务员变革行为研究相结合提出研究展望，旨在为推进公务员变革行为的本土化研究以及构建具有中国特色的公务员变革行为研究体系提供新的理论思考。

总体而言，本书在以下方面体现出了较高的学术价值。首先，较早地将变革行为引入我国的公共部门人力资源管理研究，扩展了已有的我国公务员行为管理研究的视角。其次，通过理论分析和实证检验，验证了领导成员交换关系、繁文缛节和工作安全等组织因素与公共服务动机、工作重塑、变革义务感、基本心理需求满足等个体因素对于变革行为的影响，大大地促进了我国公务员变革行为的影响因素研究。再次，结合资源保存理论、自我决定理论与匹配理论等前沿理论视角，从不同角度对公务员变革行为的形成展开了系统的理论讨论，拓展了变革行为的理论研究视角。此外，较早地将有调节的中介模型、U形曲线与倒U形曲线模型等实证模型引入公务员变革行为，为相关领域的实证研究提供了新思路。最后，结合国内外已有相关研究以及我国干部管理理论与实践的双重视角，本书较为系统地提出了公务员变革行为的推进路径以及未来研究的展望，为我国干部队伍建设的专业化发展以及公务员变革行为的本土化研究提供了重要的启示。

2016年5月17日，习近平总书记在哲学社会科学工作座谈会上指出，"这是一个需要理论而且一定能够产生理论的时代"。[①] 我们有幸正在见证和亲历中国历史发展的新阶段和新使命。中国特色公共部门人力资源管理学科体系和理论体系的完善，需要中国公共管理和政治学同人们的共同努力。本书聚焦于公务员变革行为形成机制与推进路径研究，将前沿管理学理论和方法引入到该领域的研究中，并从操作层面提出了推进我国公务员变革行为的行动路径与研究构想，以期能够为推进中国特色的公共部门人力资源管理学科发展贡献出绵薄之力。

---

① 习近平：《在哲学社会科学工作座谈会上的讲话》，《人民日报》2016年5月19日第2版。

目　　录

第一章　绪论 ……………………………………………………… (1)
  第一节　时代召唤：公务员变革行为 ………………………… (1)
    一　研究背景 ……………………………………………… (1)
    二　研究目标 ……………………………………………… (4)
    三　研究意义 ……………………………………………… (5)
  第二节　变革行为文献综述 ……………………………………… (6)
    一　变革行为的影响因素研究 …………………………… (9)
    二　变革行为的影响效果研究 …………………………… (17)
    三　公共部门变革行为的研究述评 ……………………… (19)
  第三节　公共部门变革相关行为的知识图谱分析 …………… (20)
    一　数据来源 ……………………………………………… (20)
    二　公共部门变革相关行为研究现状 …………………… (22)
    三　公共部门变革相关行为研究可视化分析 …………… (26)
    四　研究现状总结 ………………………………………… (41)
  第四节　研究问题、框架、思路与方法 ……………………… (42)
    一　研究问题 ……………………………………………… (42)
    二　研究框架 ……………………………………………… (44)
    三　研究思路 ……………………………………………… (46)
    四　研究方法 ……………………………………………… (47)
  第五节　研究创新与不足 ……………………………………… (49)
    一　研究创新 ……………………………………………… (49)
    二　研究不足 ……………………………………………… (49)

第二章　理论基础与分析框架 ………………………………… (52)
  第一节　变革行为的概念解析与测量 ………………………… (52)

一　变革行为的概念解析 …………………………………… (52)
　　二　变革行为的测量 ……………………………………… (55)
　　三　变革行为在公共部门中研究的适用性 ………………… (57)
 第二节　理论基础 …………………………………………………… (59)
　　一　资源保存理论 ………………………………………… (59)
　　二　激活理论 ……………………………………………… (65)
　　三　自我决定理论 ………………………………………… (70)
　　四　个人—环境匹配理论 ………………………………… (73)
　　五　公共服务动机理论 …………………………………… (80)
 第三节　分析框架 …………………………………………………… (87)
　　一　多种理论视角下的公务员变革行为 ………………… (87)
　　二　分析框架：公务员变革行为形成机制模型 ………… (88)

第三章　资源视角：资源转化为变革行为 ………………………… (90)
 第一节　资源转化：领导成员交换关系与公务员变革行为 ……… (90)
　　一　研究背景 ……………………………………………… (90)
　　二　领导成员交换关系的影响效果研究综述 …………… (93)
　　三　领导成员交换关系与公务员变革行为 ……………… (100)
 第二节　变革义务感的中介作用与公共服务动机的
　　　　　调节作用 …………………………………………… (102)
　　一　变革义务感的中介作用 ……………………………… (102)
　　二　公共服务动机的调节作用 …………………………… (105)
　　三　研究设计 ……………………………………………… (107)
 第三节　实证结果与分析 …………………………………………… (109)
　　一　问卷信度与效度检验 ………………………………… (109)
　　二　描述性统计分析 ……………………………………… (110)
　　三　假设检验 ……………………………………………… (111)
 第四节　研究结论与理论启示 ……………………………………… (115)
　　一　研究结论 ……………………………………………… (115)
　　二　讨论与理论启示 ……………………………………… (115)

第四章　激活视角：从刺激源到变革行为 ………………………… (117)
 第一节　限制抑或激活：繁文缛节与公务员变革行为 ………… (117)

一　研究背景 ·· (117)
　　二　繁文缛节的影响效果研究综述 ························· (119)
　　三　繁文缛节与公务员变革行为 ··························· (124)
第二节　公共服务动机的中介作用与组织支持感的调节
　　　　作用 ··· (126)
　　一　公共服务动机的中介作用 ····························· (126)
　　二　组织支持感的调节作用 ································ (130)
　　三　研究设计 ·· (132)
第三节　实证结果与分析 ·· (134)
　　一　问卷信度与效度检验 ································· (134)
　　二　描述性统计分析 ······································ (135)
　　三　假设检验 ·· (136)
第四节　研究结论与理论启示 ··································· (141)
　　一　研究结论 ·· (141)
　　二　讨论与理论启示 ······································ (142)

第五章　自我决定视角：从信息的双重性到变革行为 ············ (145)
　第一节　明哲保身抑或稳中求变：工作安全与公务员变革
　　　　行为 ··· (145)
　　一　研究背景 ·· (145)
　　二　工作安全的影响效果研究综述 ························ (148)
　　三　工作安全与公务员变革行为 ·························· (153)
　第二节　基本心理需求满足的中介作用 ························ (157)
　　一　基本心理需求满足的中介作用 ······················· (157)
　　二　研究设计 ·· (161)
　第三节　实证结果与分析 ·· (163)
　　一　问卷信度与效度检验 ································· (163)
　　二　描述性统计分析 ······································ (165)
　　三　假设检验 ·· (165)
　　四　进一步分析 ··· (169)
　第四节　研究结论与理论启示 ··································· (171)
　　一　研究结论 ·· (171)
　　二　讨论与理论启示 ······································ (172)

第六章 匹配视角：动机转化为变革行为 ……………………（174）

第一节 从动机到行为：公共服务动机转化为公务员变革行为 …………………………………………………（174）
一 研究背景 ……………………………………………（174）
二 公共服务动机的影响效果研究综述 ………………（178）
三 公共服务动机与公务员变革行为 …………………（186）

第二节 工作重塑的中介作用与变革型领导的调节作用 ……（188）
一 工作重塑的中介作用 ………………………………（188）
二 变革型领导的调节作用 ……………………………（193）
三 研究设计 ……………………………………………（195）

第三节 实证结果与分析 ……………………………………（197）
一 问卷信度与效度检验 ………………………………（197）
二 描述性统计分析 ……………………………………（198）
三 假设检验 ……………………………………………（199）

第四节 研究结论与理论启示 ………………………………（203）
一 研究结论 ……………………………………………（203）
二 讨论与理论启示 ……………………………………（204）

第七章 公务员变革行为的推进路径 ……………………（206）

第一节 强化领导支持，树立变革思维 ……………………（208）
一 提升领导干部的变革型领导力 ……………………（209）
二 构建高质量的领导成员交换关系 …………………（212）

第二节 破除制度障碍，释放变革活力 ……………………（213）
一 充分挖掘和利用繁文缛节的积极面 ………………（214）
二 合理精简繁文缛节以控制其负面影响 ……………（216）

第三节 完善制度激励，厚植变革土壤 ……………………（219）
一 强化工作安全保障 …………………………………（219）
二 推进干部管理专业化 ………………………………（222）

第四节 激发内生动力，坚定变革信念 ……………………（225）
一 培养与激活公共服务动机 …………………………（225）
二 提升变革义务感 ……………………………………（229）
三 满足基本心理需求 …………………………………（231）
四 鼓励进行工作重塑 …………………………………（233）

第八章　本土化研究展望 (236)

第一节　担当作为与公务员变革行为 (237)
一　担当作为的相关理论研究：知识图谱分析 (237)
二　担当作为的相关政策实践：政策文本分析 (242)
三　担当作为与公务员变革行为二者关系研究展望 (245)

第二节　"关键少数"与公务员变革行为 (247)
一　"关键少数"的相关理论研究：知识图谱分析 (248)
二　"关键少数"的相关政策实践：政策文本分析 (251)
三　"关键少数"与公务员变革行为二者关系研究展望 (255)

第三节　形式主义、官僚主义与公务员变革行为 (257)
一　形式主义、官僚主义的相关理论研究：知识图谱分析 (257)
二　形式主义、官僚主义的相关政策实践：政策文本分析 (263)
三　形式主义、官僚主义与公务员变革行为二者关系研究展望 (266)

第四节　干部队伍建设与公务员变革行为 (268)
一　干部队伍建设的相关理论研究：知识图谱分析 (269)
二　干部队伍建设的相关政策实践：政策文本分析 (273)
三　干部队伍建设与公务员变革行为二者关系研究展望 (277)

第五节　"不忘初心、牢记使命"与公务员变革行为 (279)
一　"不忘初心、牢记使命"的相关理论研究：知识图谱分析 (280)
二　"不忘初心、牢记使命"的相关政策实践：政策文本分析 (284)
三　"不忘初心、牢记使命"与公务员变革行为关系研究展望 (287)

参考文献 (290)

后　记 (333)

第一章　绪论

第一节　时代召唤：公务员变革行为

一　研究背景

2022年10月，举世瞩目的中国共产党第二十次全国代表大会在北京胜利召开，习近平总书记在党的二十大报告中深刻指出："我国发展进入战略机遇和风险挑战并存、不确定难预料因素增多的时期。"① 一方面，"世界百年未有之大变局加速演进，新一轮科技革命和产业变革深入发展，国际力量对比深刻调整，我国发展面临新的战略机遇"②。另一方面，"世纪疫情影响深远，逆全球化思潮抬头，单边主义、保护主义明显上升，世界经济复苏乏力，局部冲突和动荡频发，全球性问题加剧，世界进入新的动荡变革期。我国改革发展稳定面临不少深层次矛盾躲不开、绕不过，党的建设特别是党风廉政建设和反腐败斗争面临不少顽固性、多发性问题，来自外部的打压遏制随时可能升级"③。与此同时，当前我国完成了脱贫攻坚、全面建成小康社会等历史任务，实现了第一个百年奋斗目标，正乘势而上向"全面建成社会主义现代化强国、实现第二个百年奋

---

① 习近平：《高举中国特色社会主义伟大旗帜　为全面建设社会主义现代化国家而团结奋斗——在中国共产党第二十次全国代表大会上的报告》，人民出版社2022年版，第26页。
② 习近平：《高举中国特色社会主义伟大旗帜　为全面建设社会主义现代化国家而团结奋斗——在中国共产党第二十次全国代表大会上的报告》，人民出版社2022年版，第26页。
③ 习近平：《高举中国特色社会主义伟大旗帜　为全面建设社会主义现代化国家而团结奋斗——在中国共产党第二十次全国代表大会上的报告》，人民出版社2022年版，第26页。

斗目标,以中国式现代化全面推进中华民族伟大复兴"①的使命任务奋进。我国的经济发展则进入了高质量发展阶段,社会主要矛盾已经转化为人民日益增长的美好生活需要和不平衡不充分的发展之间的矛盾。面对百年未有之大变局以及国内发展进入新时代新阶段的重大现实背景,我国如何在世界大变局中保持战略定力、顺应世界发展大势,已成为一个历史性重大课题。

为了应对错综复杂的国际国内形势,党的十八大以来,以习近平同志为核心的党中央弘扬改革创新精神,持续推进全面深化改革。2013年11月,党的十八届三中全会在北京召开,会议通过了《中共中央关于全面深化改革若干重大问题的决定》,其中提出的全面深化改革涵盖了15个领域共336项重大举措,涉及的范围之广、改革力度之大前所未见,被国际社会誉为当今世界"最具雄心的改革计划"。此后,中国的改革脚步从未停滞。宪法修改、深化党和国家机构改革、海南全面深化改革开放、雄安新区建设、扩大对外开放、乡村振兴……一连串重大改革连续推出,全面深化改革的新举措一茬接着一茬。正如习近平总书记所指出的,"改革开放是坚持和发展中国特色社会主义的必由之路,所以必须始终把改革创新精神贯彻到治国理政各个环节,不断推进我国社会主义制度自我完善和发展"。②

当前,我国发展进入新阶段,改革进入攻坚期和深水区。我们必须以更大决心冲破思想观念的束缚、突破利益固化的藩篱,推动改革不断深入。如何才能更有效地推动、促进以及深化改革,通过改革创新推进中国特色社会主义事业迈上新台阶?"功以才成,业由才广。""培养造就大批德才兼备的高素质人才,是国家和民族长远发展大计。"③毋庸置疑,我国的改革创新必须依靠人才,尤其是具有改革创新精神的人才。可以说,随着全面深化改革的不断推进,政府公务员敢担当、善作为,尤其是具有变革精神俨然已成为公务员适应新时代高素质干部队伍建设要求

---

① 习近平:《高举中国特色社会主义伟大旗帜 为全面建设社会主义现代化国家而团结奋斗——在中国共产党第二十次全国代表大会上的报告》,人民出版社2022年版,第21页。

② 习近平:《紧紧围绕坚持和发展中国特色社会主义 学习贯彻党的十八大精神》,《求是》2012年第23期。

③ 习近平:《高举中国特色社会主义伟大旗帜 为全面建设社会主义现代化国家而团结奋斗——在中国共产党第二十次全国代表大会上的报告》,人民出版社2022年版,第36页。

的典型行为模式。① 正因如此，公务员变革行为近年来已成为公共管理领域一个新兴而又重要的研究话题。

所谓公务员变革行为，是指公务员对非理想的组织条件提出修正的行为反应，② 是公务员发挥自身能动性，针对组织的工作程序、方法和政策提出建设性意见从而改善组织现状的行为。③ 简言之，公务员变革行为往往表现为公务员对工作过程的创新与担当作为等行为。④ 现实中，公务员围绕工作方法、工作程序及政策提出和分享新想法、开发或运用新方法等行为表现都属于变革行为。显而易见，公务员变革行为本质上体现了公务员的改革创新精神，也顺应了党和政府对新时代公务员干事创业、担当作为的时代要求。引导和鼓励公务员变革创新，已成为政府推进新时代干部队伍建设、鼓励广大干部担当作为、助推全面深化改革的题中应有之义，也是推进国家人才治理体系和治理能力现代化的一项重要内容。

近年来，越来越多的学者将研究焦点投向公务员变革行为，进行了初步的理论和实证探索。综观已有研究，在影响因素讨论上，学者们检验了交易型和变革型领导、领导成员交换关系、绩效管理、公共服务动机对公务员变革行为的影响；而在公务员变革行为影响机制和边界讨论中主要运用了自我效能感理论、社会认同理论和公共服务动机理论等，考察了自我效能感、心理授权、组织承诺、组织认同、变革义务感、公共服务动机、工作满意度、工作繁荣等变量作为变革行为形成的主要动机状态。

但是，相关领域的研究在国内外都才刚刚兴起，现有关于公务员变革行为研究仍然存在许多不足，这体现在以下四方面：第一，公务员变革行为的影响因素研究有待进一步拓展与深入，诸如繁文缛节等公共管理的核心研究变量与变革行为的相关实证研究还未获得统一的实证结果。第二，

---

① 谭新雨：《外部环境变迁、服务动机激励与基层公务员变革行为——基于中国4省基层公务员调查的混合研究》，《公共行政评论》2019年第6期。
② Campbell, J. W. and Im, T., "PSM and Turnover Intention in Public Organizations: Does Change-oriented Organizational Citizenship Behavior Play a Role?" *Review of Public Personnel Administration*, Vol. 36, No. 4, 2016, pp. 323–346.
③ Vigoda-Gadot, E. and Beeri, I., "Change-oriented Organizational Citizenship Behavior in Public Administration: The Power of Leadership and the Cost of Organizational Politics", *Journal of Public Administration Research and Theory*, Vol. 22, No. 3, 2012, pp. 573–596.
④ 谭新雨：《外部环境变迁、服务动机激励与基层公务员变革行为——基于中国4省基层公务员调查的混合研究》，《公共行政评论》2019年第6期。

公务员变革行为的形成机制的理论视角讨论十分有限，如公共服务动机与公务员变革行为的影响机制与边界条件的研究中虽然引入了匹配理论的研究视角，但是并未得到实证研究支持，需要引入新的理论视角。第三，我国公务员变革行为的推进路径需要进一步系统地验证与归纳，以往的研究主要以规范研究进行定性演绎，而实证研究则稍显匮乏，对于国内外推进路径的学习也尚未深入。第四，针对如何将公务员变革行为研究与我国干部管理已有的研究和政策文本相结合，推动我国公务员变革行为理论和实践的发展，相关文献也是鲜有涉及。

鉴于此，本书旨在全面、系统、深入地探索中国公务员变革行为的影响因素、作用机制以及边界条件，从而弥补已有文献的上述研究缺憾。具体而言，本书将立足我国当前面临的国内外发展环境，在对变革行为研究进行系统文献综述的基础上，基于资源视角、激活视角、自我决定视角和匹配视角等多理论视角，从领导驱动力、制度障碍、制度激励和内生动力等方面深入地讨论中国公务员变革行为的形成机制。最后根据相关实证结果以及中国干部队伍建设和管理的实践，从操作层面提出提升我国公务员变革行为的有效路径和政策建议。

二　研究目标

遵循现有文献关于变革行为的研究思路，本书关注一般意义上的公务员变革行为及其形成机制，相关理论分析具有一定的普适性，适用于不同的实践情境，而未特别聚焦于考察某个具体情境的变革行为。具体的研究目标如下：

首先，将对公务员变革行为的形成机制进行较为系统的理论分析，以期补充并丰富公务员变革行为的理论体系。具体地，本书从领导支持、制度障碍、制度激励和内生动力四个方面较为系统地对公务员的变革行为影响因素及其形成机制展开了深入的讨论。在这一过程中，本书引入了资源保存理论、激活理论、自我决定理论、匹配理论和公共服务动机理论，为公务员变革行为的形成机制提供了重要且新颖的理论视角，力图为公务员变革行为的形成提供系统的理论基础，丰富公务员变革行为形成机制的理论研究视角。

其次，通过大规模问卷调研数据以及滞后时间数据，构建前沿的实证研究模型，对我国公务员变革行为的形成机理展开了系统的实证检验，以期丰富国内公务员变革行为的实证研究。具体地，本书试图在第三章到第六章的研究中将有调节的中介、U形曲线和倒U形曲线等前沿管理学研究模型与实证检验方法运用到中国公务员变革行为形成机制的研究中，使得国内研究与国际前沿研究接轨。本书旨在通过研究模型的创新，推动变革行为研究内容的深入。

最后，以公共人力资源管理和公共组织行为学的学科视角，为我国当前的干部队伍建设提供启示。为适应新时代干部队伍建设的新要求，党中央多次强调要加强干部队伍建设的科学化和专业化，融入精准科学理念。本书较早地将政治学、公共管理、公共组织行为学和公共人力资源管理等多学科理论整合到公务员变革行为的研究中，拓展了干部队伍建设研究的理论视野，丰富了党管干部科学化和专业化的理论探索。第一，本书以政治学为学科研究背景，提出了研究问题，即如何系统地提升公务员变革行为；第二，以公共管理、公共组织行为学的前沿理论、方法和研究成果为分析框架和理论基础，构建研究模型并进行实证检验；第三，将研究结论与国内外相关研究相结合，提供推进公务员变革行为的行动路径；第四，结合我国干部管理理论与实践，本书对我国公务员变革行为的本土化研究提出了系统的研究展望。

三 研究意义

首先，较早地将变革行为引入我国公共部门人力资源管理研究，并且从领导驱动力、制度障碍、制度激励和内生动力等方面，系统地扩展了我国原有公务员行为管理研究的视角以及公务员变革行为的影响因素研究。公共部门个体的变革行为是一个富有前景的研究领域，本书通过理论讨论和实证检验，验证了领导成员交换关系、组织支持感、变革型领导、繁文缛节和工作安全等组织因素与公共服务动机、工作重塑、变革义务感等个体因素对于变革行为的影响，大大地拓展了我国公务员变革行为的影响因素研究以及公务员行为研究的视角。

其次，拓展了公务员变革行为形成机制的理论视角与实证研究模型。以往针对变革行为形成机制的研究较为有限，本书结合资源保存理论、激活理论、自我决定理论、匹配理论和公共服务动机理论等前沿理论视角，从资源视角、激活视角、自我决定视角和匹配视角对公务员变革行为的生产机制展开了系统的理论讨论，不仅扩展了上述理论的应用领域，而且也丰富了上述理论的研究成果。与此同时，本书较早地采用了不同阶段有调节的中介模型、有调节的倒 U 形曲线中介模型、U 形曲线中介模型等前沿实证研究模型对公务员变革行为的形成进行了实证检验，为公务员变革行为形成机制的实证研究提供了有价值的启示，也为变革行为研究模型的构建提供了新思路。

再次，为政府担当作为研究和专业化干部管理提供了重要理论视角和实证支持。变革行为强调的是个体自愿主动地为组织效率的改进提供意见，与我国干部担当作为的政策要求密切相关。遗憾的是，目前我国担当作为主要被视为重要的政策要求，还处于初步的理论探讨阶段，缺乏理论与实证研究的基础。本书的理论和实证研究有助于为我国干部担当作为的推进提供理论借鉴。与此同时，本书综合运用了政治学、公共管理、公共组织行为学以及公共人力资源管理等领域的相关理论，为我国干部队伍的专业化管理提供系统的理论分析框架，并为干部队伍建设研究提供基于交叉学科的理论视角。

最后，针对公务员变革行为的系统研究，为政府提升公共服务质量与强化国家与公务员的契约关系提供了启示。公务员的主要角色是要将政府的政策转化为针对公民的实际行动与服务，由他们自发地改善组织效率、提升公共服务质量的行为，不仅有助于提升政府整体公共服务质量，而且可以帮助政策制定者与公民建立起更强、更紧密的联系。研究发现，领导成员交换关系、组织支持感、变革型领导、工作安全和繁文缛节等因素对公务员变革行为发挥着积极或消极的影响，这为政府培养和推进公务员的变革行为提供了依据，有助于政府推进变革行为的激励机制与容错纠错机制建设，为我国干部队伍建设和国家治理现代化提供来自微观层面的推进对策与发展思考。

第二节　变革行为文献综述

当前，公共部门人力资源管理研究无论是在国内还是国外均处于一个蓬勃发展的上升阶段。公共管理领域的学者立足于公共部门的组织情境，同时借鉴企业人力资源管理的研究范式和方法，对公务员的情感、心态、行为等展开了系统而深入的研究。从情感层面来看，公务员的工作满意度[1][2]、职业

---

[1] 文宏、张书：《机构改革背景下工作满意度对官员"为官不为"的作用机理：被调节的中介模型》，《公共管理与政策评论》2019年第5期。

[2] Kim, S., Egan, T. M. and Moon, M. J., "Managerial Coaching Efficacy, Work-Related Attitudes, and Performance in Public Organizations: A Comparative International Study", *Review of Public Personnel Administration*, Vol. 34, No. 3, 2014, pp. 237–262.

倦怠①②③、组织承诺④⑤、主观幸福感⑥等情感变量的影响因素与影响效果受到了学术界的广泛关注。从心态层面来看，已有研究广泛探索了如何增加公务员的心理资本和职场精神力⑦、提高其使命效价⑧、降低其离职意愿⑨⑩等议题。从行为层面来看，公务员的创新行为⑪⑫⑬、建言行为⑭⑮、

---

① 王颖、倪超、刘秋燕：《中国公务员职业倦怠的产生过程：社会支持与应对方式的调节效应》，《中国行政管理》2015年第4期。

② 王亚华、舒全峰：《脱贫攻坚中的基层干部职业倦怠：现象、成因与对策》，《国家行政学院学报》2018年第3期。

③ Hsieh, C. W., "Burnout Among Public Service Workers: The Role of Emotional Labor Requirements and Job Resources", *Review of Public Personnel Administration*, Vol. 34, No. 4, 2014, pp. 379–402.

④ 葛蕾蕾：《变革型领导对公务员工作态度的影响——公共服务动机的中介效应研究》，《烟台大学学报》（哲学社会科学版）2016年第3期。

⑤ Taylor, T., "Organizational Influences, Public Service Motivation and Work Outcomes: An Australian Study", *International Public Management Journal*, Vol. 11, No. 1, 2008, pp. 67–88.

⑥ Moynihan, D. P., DeLeire, T. and Enami, K., "A Life Worth Living: Evidence on the Relationship Between Prosocial Values and Happiness", *The American Review of Public Administration*, Vol. 45, No. 3, 2015, pp. 311–326.

⑦ 柯江林、刘琪、陈辰：《风清气正环境何以促进公务员工作绩效提升？——基于公平感、心理资本与职场精神力的心理机制分析》，《公共行政评论》2022年第6期。

⑧ Wright, B. E., Moynihan, D. P. and Pandey, S. K., "Pulling the Levers: Transformational Leadership, Public Service Motivation, and Mission Valence", *Public Administration Review*, Vol. 72, No. 2, 2012, pp. 206–215.

⑨ 陈鼎祥、刘帮成、隆添伊：《基于嵌入视角的公务员离职意愿分析》，《上海交通大学学报》（哲学社会科学版）2019年第4期。

⑩ Borst, R. T., Kruyen, P. M. and Lako, C. J., "Exploring the Job Demands–Resources Model of Work Engagement in Government: Bringing in a Psychological Perspective", *Review of Public Personnel Administration*, Vol. 39, No. 3, 2019, pp. 372–397.

⑪ 谭新雨：《计划行为视角下多层次情境变量对基层公务员创新行为的影响机制研究》，《管理学报》2021年第7期。

⑫ 刘倩、李志：《组织容错会影响公务员创新行为吗？——自我效能感和公共服务动机的链式中介作用》，《公共行政评论》2021年第3期。

⑬ Miao, Q., Newman, A., Schwarz, G. and Cooper, B., "How Leadership and Public Service Motivation Enhance Innovative Behavior", *Public Administration Review*, Vol. 78, No. 1, 2018, pp. 71–81.

⑭ 李想、时勘、万金等：《伦理型领导对基层公务员建言与沉默行为的影响机制——资源保存和社会交换视角下的中介调节模型》，《软科学》2018年第1期。

⑮ Williams, A. M. and Bland, J. T., "Drivers of Social Engagement: Employee Voice–Advice Sharing Relationship", *Review of Public Personnel Administration*, Vol. 40, No. 4, 2020, pp. 669–690.

变革担当行为①、变革行为②、伦理行为③④是备受研究者青睐的研究主题。鉴于上述相关领域的文献繁多且复杂，而本书的核心主题为公务员变革行为的形成机制与推进路径，出于聚焦研究主题、明晰研究主线的考量，后续将文献综述的重点放在了变革行为上。

近年来，由于新公共管理运动的发展以及组织内外环境动态性、不确定性等急剧增加，关于变革行为的研究受到了学者们越来越广泛的关注。变革行为是指个人为了改变工作现状和组织绩效，针对工作理念、政策和程序进行改进的建设性行为。⑤⑥ 追根溯源，从文献上看，变革行为的概念最早是由 Bettencourt 在《零售月刊》（*Journal of Retailing*）首次提出，在零售行业中引入变革行为（Change - oriented OCBs），认为它是组织公民行为研究的延伸，强调员工超乎工作职责对于组织功能的改善提出建设性意见、付出额外努力的行为。⑦ Vigoda - Gadot 和 Beeri 较早地将变革行为引入了政府部门，并在近年来逐渐成为公共管理研究领域的研究热点。⑧ 鉴于该概念最初发源于私人部门，在公共部门的研究仍处于初级阶段、发展相对薄弱，因此，此部分对变革行为影响因素、影响效果和理论

---

① 陈鼎祥、刘帮成：《基层公务员变革担当行为的形成机理研究——公共服务动机的涓滴效应检验》，《公共管理评论》2021 年第 1 期。
② Campbell, J. W. and Im, T., "PSM and Turnover Intention in Public Organizations: Does Change - Oriented Organizational Citizenship Behavior Play a Role?" *Review of Public Personnel Administration*, Vol. 36, No. 4, 2016, pp. 323 - 346.
③ 张轶楠、苏伟琳：《基层公务员伦理行为的提升策略：基于伦理型领导的视角》，《中国行政管理》2023 年第 2 期。
④ Meyer - Sahling, J., Mikkelsen, K. S. and Schuster, C., "The Causal Effect of Public Service Motivation on Ethical Behavior in the Public Sector: Evidence from a Large - Scale Survey Experiment", *Journal of Public Administration Research and Theory*, Vol. 29, No. 3, 2019, pp. 445 - 459.
⑤ Bettencourt, L. A., "Change - oriented Organizational Citizenship Behaviors: The Direct and Moderating Influence of Goal Orientation", *Journal of Retailing*, Vol. 80, No. 3, 2004, pp. 165 - 180.
⑥ Choi, J. N., "Change - oriented Organizational Citizenship Behavior: Effects of Work Environment Characteristics and Intervening Psychological Processes", *Journal of Organizational Behavior*, Vol. 28, No. 4, 2007, pp. 467 - 484.
⑦ Bettencourt, L. A., "Change - oriented Organizational Citizenship Behaviors: The Direct and Moderating Influence of Goal Orientation", *Journal of Retailing*, Vol. 80, No. 3, 2004, pp. 165 - 180.
⑧ Vigoda - Gadot, E. and Beeri, I., "Change - oriented Organizational Citizenship Behavior in Public Administration: The Power of Leadership and the Cost of Organizational Politics", *Journal of Public Administration Research and Theory*, Vol. 22, No. 3, 2012, pp. 573 - 596.

机制等的文献综述同时纳入了公私部门的相关文献,以期更为全面地评析变革行为已有的研究。

一 变革行为的影响因素研究

变革行为的影响因素研究是备受学者们关注的一个热点问题。对这一问题的探讨,不仅有助于深刻揭示产生变革行为背后的深层次原因,也将有助于更好地把握变革行为可能带来的影响效果。Parker 提出了一个整合的主动性行为模型,认为个体差异/情境因素通过影响员工的动机状态作用于其主动性行为。[1] 其中,个体差异包括个体特质、生活价值观和社会互动等;情境因素涉及工作、组织、领导等方面的因素;而动机状态是主动性行为的形成机制。这一框架被广泛用于主动性行为影响因素的实证研究和文献综述。[2] 因此,作为一种主动性行为,变革行为影响因素的相关研究也可以根据该框架进行整合。

(一) 个体差异

基于个体差异的变革行为影响因素研究文献比较匮乏,学者们主要从个体特质、生活价值观、社会互动等方面展开探索。

第一,个体特质,主要涉及个性和目标导向的相关研究。以往研究检验了大五人格、主动型人格对于变革导向行为的影响。[3][4] Marinova 等通过 106 个效应值、28402 个样本研究发现与大五人格中外向型和开放型的人格特质相比,主动型人格对于变革导向的行为具有更强的预测作用。[5]

另有一部分学者关注目标导向的作用。目标导向是个体在追求成就过

---

[1] Parker, S. K., Bindl, U. K. and Strauss, K., "Making Things Happen: A Model of Proactive Motivation", *Journal of Management*, Vol. 36, No. 4, 2010, pp. 827 – 856.

[2] Cai, Z. J., Parker, S. K. and Chen, Z. J., et al., "How does the Social Context Fuel the Proactive Fire? A Multilevel Review and Theoretical Synthesis", *Journal of Organizational Behavior*, Vol. 40, No. 2, 2019, pp. 209 – 230.

[3] Nikolaou, I., Vakola, M. and Bourantas, D., "Who Speaks up at Work? Dispositional Influence on Employees' Voice Behavior", *Personnel Review*, Vol. 37, No. 6, 2008, pp. 666 – 679.

[4] Sung, S. Y. and Choi, N., "Do Big Five Personality Factors Affect Individual Creativity? The Moderating Role of Extrinsic Motivation", *Social Behavior and Personality*, Vol. 37, No. 7, 2009, pp. 941 – 956.

[5] Marinova, S. V., Peng, C. and Lorinkova, N., et al., "Change – oriented Behavior: A Meta – analysis of Individual and Job Design Predictors", *Journal of Vocational Behavior*, Vol. 88, 2015, pp. 104 – 120.

程中具有的指导性目标和行动倾向,是一种个体特征变量。① Bettencourt 等考察了两种不同的目标导向——学习目标导向和绩效目标导向对变革行为的影响。与绩效目标导向的个体注重经济交换不同,学习目标导向的个体更能感知与组织的社会交换关系,因而会对变革行为产生显著的积极效应。利用219名零售员工与183名经理的匹配数据发现,学习目标导向确实对变革行为具有显著的正向影响。② 但 Bettencourt 等并没有探究绩效目标导向对于变革行为的直接效应,而是检验了绩效目标导向在权变奖励型领导、变革型领导对变革行为的影响过程中所发挥的调节作用,实证发现:绩效目标导向强化了权变奖励型领导与变革行为之间的负向关系和变革型领导与变革行为之间的正向关系。

第二,生活价值观,主要包括乐于改变的价值观和宗教信仰两个方面。乐于改变的价值观是 Schwartz 提出的十种动机类型价值观中的一种,与保守价值观相对应,强调个体追求变革的目标。③ Seppala 等以184名法国员工及其直线领导的匹配数据为样本,提出开放变革价值观会促进个体的变革行为的假设,但实证结果却发现两者不存在显著的因果关系。作者认为,这可能是因为开放变革价值观与该行为的关系仅在某些特定群体中发生,因而进一步考察了工作单位认同和权力意识对于上述关系的调节作用,实证结果发现,在高工作单位认同和高权力意识的情况下,开放变革价值观能够显著促进个体变革行为。④ 此外,鉴于许多宗教信仰倡导人们积极改变不利的情况,Haq 等提出宗教信仰越强,越有可能进行变革行为,并运用巴基斯坦不同行业组织的员工数据验证了这一假设。⑤

---

① VandeWalle, D., "Development and Validation of a Work Domain Goal Orientation Instrument", *Educational and Psychological Measurement*, Vol. 57, No. 6, 1997, pp. 995 – 1015.

② Bettencourt, L. A., "Change – oriented Organizational Citizenship Behaviors: The Direct and Moderating Influence of Goal Orientation", *Journal of Retailing*, Vol. 80, No. 3, 2004, pp. 165 – 180.

③ Schwartz, S. H., "Universals in the Content and Structure of Values: Theoretical Advances and Empirical Tests in 20 Countries", in Zanna, M. P., ed. *Advances in Experimental Social Psychology*, San Diego, CA: Academic Press, 1992.

④ Seppala, T., Lipponen, J. and Bardi, A., et al., "Change – oriented Organizational Citizenship Behaviour: An Interactive Product of Openness to Change Values, Work Unit Identification, and Sense of Power", *Journal of Occupational and Organizational Psychology*, Vol. 85, No. 1, 2012, pp. 136 – 155.

⑤ Haq, I. U., De Clercq, D. and Azeem, M. U., et al., "The Interactive Effect of Religiosity and Perceived Organizational Adversity on Change – Oriented Citizenship Behavior", *Journal of Business Ethics*, Vol. 165, No. 1, 2020, pp. 161 – 175.

第三，社会互动。以加拿大银行和金融行业 360 名员工为研究样本，De Clercq 研究发现，社会互动显著提升了员工的变革行为。①

（二）情境因素

第一，工作特征，包括积极和消极两个面向。积极工作特征方面，Kao 以中国台湾地区移民机构的 304 名一线移民工作者为研究样本进行实证研究发现，知识型工作特征（Knowledge - oriented work characteristics, KOWCs）、个体自我效能感对于变革行为具有积极的作用，且自我效能感在知识型工作特征与变革行为关系中发挥了部分中介作用。② Marinova 等通过 106 个效应值、28402 个样本元分析发现与正式化和常规化等不丰富的工作特征相比，自主性、复杂性和任务重要性等丰富的工作特征对于变革导向的行为具有更为重要的影响。③ 最后，Campbell 基于澳大利亚公共服务（APS）员工普查数据，实证研究发现工作组协定，即工作组成员之间持续的积极交流、合作和共识，有助于改善员工对组织的情感承诺，从而促进他们的变革行为；工作组协定对员工变革行为的直接效应显著为负，而总效应则不显著。④

在消极工作特征上，Shin 等以韩国 152 名制造业研发人员的横截面数据为样本，基于自我决定理论，实证分析结果表明，工作不安全这一"消极"工作特征，通过降低员工的内在动机而抑制其变革行为。⑤ 此外，De Clercq 通过对加拿大银行和金融行业 360 名员工的实证研究发现，工作家庭矛盾显著降低了员工的变革行为。究其原因，一方面，是家庭压力耗尽了员工用以投入工作的精力和资源；另一方面，则在于员工可能将产

---

① De Clercq, D., "'I Can't Help at Work! My Family Is Driving Me Crazy!' How Family - to - Work Conflict Diminishes Change - oriented Citizenship Behaviors and How Key Resources Disrupt This Link", *The Journal of Applied Behavioral Science*, Vol. 56, No. 2, 2020, pp. 166 - 194.

② Kao, R. H., "The Relationship between Work Characteristics and Change - oriented Organizational Citizenship Behavior: A Multi - level Study on Transformational Leadership and Organizational Climate in Immigration Workers", *Personnel Review*, Vol. 46, No. 8, 2017, pp. 1890 - 1914.

③ Marinova, S. V., Peng, C. and Lorinkova, N., et al., "Change - oriented Behavior: A Meta - analysis of Individual and Job Design Predictors", *Journal of Vocational Behavior*, Vol. 88, 2015, pp. 104 - 120.

④ Campbell, J. W., "Workgroup Accord and Change - oriented Behavior in Public Service Organizations: Mediating and Contextual Factors", *Journal of Management & Organization*, Vol. 26, No. 5, 2020, pp. 719 - 735.

⑤ Shin, Y., Kim, M. and Lee, S. H., "Positive Group Affective Tone and Team Creative Performance and Change - oriented Organizational Citizenship Behavior: A Moderated Mediation Model", *Journal of Creative Behavior*, Vol. 53, No. 1, 2019, pp. 52 - 68.

生家庭工作矛盾的责任归结于组织,这降低了其通过变革行为回报组织的动机。①

第二,领导因素,包括领导风格、领导特质以及二元的领导—员工关系。首先,领导风格是指领导者的行为模式,已有研究证明,合适的领导风格有利于领导者开展有效的员工变革行为管理。关于领导风格的研究,主要聚焦交易型领导、变革型领导和授权型领导三种领导风格。其中,交易型领导强调领导者与下属之间的价值互惠,而变革型领导则注重领导者对下属的变革价值灌输,尽管作用机理不同,但两种领导风格被证明均对变革行为具有显著的正向影响。②

具体而言,Vigoda – Gadot 和 Beeri 通过对以色列北部一家大型公共医疗中心的 217 名员工与其 17 名直接领导的配对调研发现,变革型领导和交易型领导均能显著影响个体的变革行为。③ 特别地,López – Domínguez 等还将变革型领导进一步细分为发展型领导和支持型领导,以西班牙 602 名高学历员工的横截面数据样本实证研究发现,仅发展型领导对变革行为具有显著的正向作用,而支持型领导的影响则不显著;④ 类似地,Choi 虽然假设支持型领导会积极影响变革行为,但实证结果却未通过显著性检验。⑤ 进一步,Li 等基于社会嵌入理论,以来自广东省深圳市一家信息技术公司的 203 名雇员和 80 名主管的纵向配对数据实证分析发现,授权型领导通过工作繁荣(thriving at work)显著促进了下属的变革

---

① De Clercq, D., "'I Can't Help at Work! My Family Is Driving Me Crazy!' How Family – to – Work Conflict Diminishes Change – oriented Citizenship Behaviors and How Key Resources Disrupt This Link", *The Journal of Applied Behavioral Science*, Vol. 56, No. 2, 2020, pp. 166 – 194.

② Vigoda – Gadot, E. and Beeri, I., "Change – oriented Organizational Citizenship Behavior in Public Administration: The Power of Leadership and the Cost of Organizational Politics", *Journal of Public Administration Research and Theory*, Vol. 22, No. 3, 2012, pp. 573 – 596.

③ Vigoda – Gadot, E. and Beeri, I., "Change – oriented Organizational Citizenship Behavior in Public Administration: The Power of Leadership and the Cost of Organizational Politics", *Journal of Public Administration Research and Theory*, Vol. 22, No. 3, 2012, pp. 573 – 596.

④ López – Domínguez, M., Enache, M. and Sallan, J. M., et al., "Transformational Leadership as an Antecedent of Change – oriented Organizational Citizenship Behavior", *Journal of Business Research*, Vol. 66, No. 10, 2013, pp. 2147 – 2152.

⑤ Choi, J. N., "Change – oriented Organizational Citizenship Behavior: Effects of Work Environment Characteristics and Intervening Psychological Process", *Journal of Organizational Behavior*, Vol. 28, No. 4, 2007, pp. 467 – 484.

行为。① Younas 等通过对巴基斯坦 78 个工作团队 296 名员工的两阶段调研数据发现，包容型领导显著促进了员工的变革行为，心理安全在其中扮演了中介角色。② 在另一项研究中，Younas 及其同事同样发现了包容型领导对变革行为的促进作用，但这主要是通过影响下属对领导言行一致性的感知和对领导的信任实现的。③

其次，领导的某种特质或行为也是影响员工变革行为的另一个因素。例如，Ha 利用韩国军队配对样本数据，实证研究发现领导自恋提升了下属的变革行为，自恋的领导倾向于冒险激进，而非规避风险，他们也就更愿意鼓励下属进行变革创新以实现组织愿景。④ 陈振明和林亚清考察了领导关系型行为对下属变革行为的影响。具体地，以 383 名厦门市公务员的横截面数据为研究样本，研究发现：领导关系型行为能够显著地影响下属的变革行为，且下属公共服务动机在其中发挥了完全中介的作用。⑤ Younas 等研究发现，领导言行一致性提升了员工对领导的信任，从而有利于激发其变革行为。⑥

最后，另有学者采用关系观研究领导对激励下属变革行为的作用。根据社会交换理论，领导成员交换关系强调员工与领导超越既有契约建立高质量的社会关系，因而被许多学者证明对变革行为具有显著的正向预测作用。例如，林亚清和张宇卿通过对厦门市 380 名公务员的实证调研发现，

---

① Li, M., Liu, W. and Han, Y., et al., "Linking Empowering Leadership and Change-oriented Organizational Citizenship Behavior: The Role of Thriving at Work and Autonomy Orientation", *Journal of Organizational Change Management*, Vol. 29, No. 5, 2016, pp. 732–750.

② Younas, A., Wang, D. P. and Javed, B., et al., "Inclusive Leadership and Change-oriented Organizational Citizenship Behavior: Role of Psychological Safety", in Proceedings of the 2020 4th International Conference on Management Engineering, Software Engineering and Service Sciences (ICMSS 2020). *Association for Computing Machinery*, New York, NY, USA, 2020, pp. 169–173.

③ Younas, A., Wang, D. and Javed, B., et al., "Moving beyond the Mechanistic Structures: The Role of Inclusive Leadership in Developing Change-oriented Organizational Citizenship Behaviour", *Canadian Journal of Administrative Sciences*, Vol. 38, No. 1, 2021, pp. 42–52.

④ Ha, S. B., Lee, S. and Byun, G., et al., "Leader Narcissism and Subordinate Change-oriented Organizational Citizenship Behavior: Overall Justice as a Moderator", *Social Behavior and Personality: an international journal*, Vol. 48, No. 7, 2020, pp. 1–12.

⑤ 陈振明、林亚清：《政府部门领导关系型行为影响下属变革型组织公民行为吗？——公共服务动机的中介作用和组织支持感的调节作用》，《公共管理学报》2016 年第 1 期。

⑥ Younas, A., Wang, D. and Javed, B., et al., "Moving beyond the Mechanistic Structures: The Role of Inclusive Leadership in Developing Change-oriented Organizational Citizenship Behaviour", *Canadian Journal of Administrative Sciences*, Vol. 38, No. 1, 2021, pp. 42–52.

领导成员交换关系对变革行为具有显著的积极影响;① 进一步，Bettencourt②、Vigoda - Gadot 和 Beeri③ 利用配对样本数据，分别证明了私人部门和公共部门领域领导成员交换关系对变革行为的显著积极作用。

第三，组织特征与组织政策。组织特征涉及组织氛围和组织公正。组织氛围是影响变革行为的重要因素。譬如，Choi 通过对韩国 133 个单位 1923 名员工的问卷调研，跨层次研究发现，强愿景和创新氛围对促进员工变革行为具有显著的积极作用。④ 类似地，López - Domínguez 等以西班牙 602 名高学历员工的横截面数据为样本，并将创新氛围细化为支持创新的组织气候和资源可用的组织气候，实证结果表明两者均能显著预测企业员工的变革行为。⑤ Haq 等通过对巴基斯坦教育、银行、卫生等行业组织 133 名员工两阶段调研的实证研究发现，在自愿主义方面的组织逆境（一种强调完成规定工作而不鼓励自主参与的组织氛围）显著抑制了员工的变革行为。⑥ 而在组织公正上，现有文献主要考察了两种不同的组织公正——分配公正、程序公正对员工变革行为的影响。顾名思义，分配公正是指员工感知到组织的奖励系统是公平的，而程序公正则是指员工认为组织的决策程序是公平的。研究发现二者均有利于提升员工的变革行为。⑦

组织政策具体指人力资源管理实践对员工的作用。例如，Campbell 以

---

① 林亚清、张宇卿:《领导成员交换关系会影响公务员变革型组织公民行为吗?——变革义务感的中介作用与公共服务动机的调节作用》,《公共行政评论》2019 年第 1 期。
② Bettencourt, L. A., "Change - oriented Organizational Citizenship Behaviors: The Direct and Moderating Influence of Goal Orientation", *Journal of Retailing*, Vol. 80, No. 3, 2004, pp. 165 – 180.
③ Vigoda - Gadot, E. and Beeri, I., "Change - oriented Organizational Citizenship Behavior in Public Administration: The Power of Leadership and the Cost of Organizational Politics", *Journal of Public Administration Research and Theory*, Vol. 22, No. 3, 2012, pp. 573 – 596.
④ Choi, J. N., "Change - oriented Organizational Citizenship Behavior: Effects of Work Environment Characteristics and Intervening Psychological Process", *Journal of Organizational Behavior*, Vol. 28, No. 4, 2007, pp. 467 – 484.
⑤ López - Domínguez, M., Enache, M. and Sallan, J. M., et al., "Transformational Leadership as an Antecedent of Change - oriented Organizational Citizenship Behavior", *Journal of Business Research*, Vol. 66, No. 10, 2013, pp. 2147 – 2152.
⑥ Haq, I. U., De Clercq, D. and Azeem, M. U., et al., "The Interactive Effect of Religiosity and Perceived Organizational Adversity on Change - oriented Citizenship Behavior", *Journal of Business Ethics*, Vol. 165, No. 1, 2020, pp. 161 – 175.
⑦ De Clercq, D., "'I Can't Help at Work! My Family Is Driving Me Crazy!' How Family - to - Work Conflict Diminishes Change - oriented Citizenship Behaviors and How Key Resources Disrupt This Link", *The Journal of Applied Behavioral Science*, Vol. 56, No. 2, 2020, pp. 166 – 194.

韩国 456 名公职人员为样本，实证发现组织层面的绩效管理与个体层面的绩效管理对于变革行为均具有积极的作用。① Lee 等提出变革导向型的人力资源管理系统并且采用跨层次分析方法，实证检验发现能力提升型、动机提升型和机会提升型三种人力资源实践组成的变革导向型人力资源管理系统对员工的主动行为和小组创新起到了积极作用。②

此外，来自员工社会背景的支持也是变革行为的重要影响因素。Chiaburu 等的元分析发现领导、同事和组织支持对变革行为具有积极作用，并且与一般支持相比，具体的同事和组织支持对变革导向的行为具有更积极的作用；此外，具体的和一般的领导支持对于变革行为同样重要。③

（三）动机机制

对于变革行为的形成机制研究，将采用 Parker 等提出的"能做—想做—有激情做"这三重动机过程进行剖析。具体而言，"能做—想做—有激情做"分别是个体对于目标行为的认知性、动机性和情感性反映，是激励个体进行主动性行为的主要动机状态。这种动机状态往往是个体差异、情境因素对变革行为等主动性行为的影响机制。其中，"能做"动机，即个体在评估其行为可能产生的结果后所具有的能够成功实施主动性行为的信念，如自我效能感、控制评估、感知的成本等；"想做"动机，即个体感知到具有充分理由或环境提供了充分理由去实施相关的行为，如内在动机、认同动机；"激情"动机，指被触发的积极情感水平，如满腔热情、自豪感，这种高水平激活情感可以拓宽个体的思维和行为。④ 通过对以往变革行为文献的梳理，变革行为的形成机制研究主要分为以下

---

① Campbell, J. W., "Identification and Performance Management: An Assessment of Change - oriented Behavior in Public Organizations", *Public Personnel Management*, Vol. 44, No. 1, 2015, pp. 46 - 69.
② Lee, H. W., Pak, J. and Kim, S., et al., "Effects of Human Resource Management Systems on Employee Proactivity and Group Innovation", *Journal of Management*, Vol. 45, No. 2, 2019, pp. 775 - 793.
③ Chiaburu, D. S., Lorinkova, N. M. and Van Dyne, L., "Employees' Social Context and Change - oriented Citizenship: A Meta - analysis of Leader, Coworker, and Organizational Influences", *Group & Organization Management*, Vol. 38, No. 3, 2013, pp. 291 - 333.
④ Parker, S. K. and Collins, C. G., "Taking Stock: Integrating and Differentiating Multiple Proactive Behaviors", *Journal of Management*, Vol. 36, No. 3, 2010, pp. 633 - 662.

三类：

首先，学者们关于"能做"动机的研究主要集中在自我效能感和心理授权上。具体地，Kao 的研究发现，员工的自我效能感越高，其越有可能进行变革行为；① 而 López - Domínguez 等证明一种特定的自我效能感——角色宽度自我效能感，其更加强调员工所拥有的更为宽泛的角色胜任力，同样对变革行为具有重要的积极作用。② 此外，还有研究证明了心理授权以及心理安全对变革行为的正向影响。③④

其次，与"能做"动机反映个体对行为成本的评估不同，"想做"动机则提供了个体行动的逻辑原因。例如，变革行为的提出者 Bettencourt 首次发现，组织承诺能够显著预测员工的变革行为；⑤ Campbell 针对韩国政府部门 456 名公职人员的研究则发现，组织认同对变革行为的影响同样显著为正。⑥ 另一些学者聚焦义务感和动机的作用。譬如，Choi 的跨层次研究发现，团队层面和个体层面的变革义务感均对变革行为具有显著的促进作用；⑦ 陈

---

① Kao, R. H., "The Relationship between Work Characteristics and Change - oriented Organizational Citizenship Behavior: A Multi - level Study on Transformational Leadership and Organizational Climate in Immigration Workers", *Personnel Review*, Vol. 46, No. 8, 2017, pp. 1890 - 1914.

② López - Domínguez, M., Enache, M. and Sallan, J. M., et al., "Transformational Leadership as an Antecedent of Change - oriented Organizational Citizenship Behavior", *Journal of Business Research*, Vol. 66, No. 10, 2013, pp. 2147 - 2152.

③ Choi, J. N., "Change - oriented Organizational Citizenship Behavior: Effects of Work Environment Characteristics and Intervening Psychological Process", *Journal of Organizational Behavior*, Vol. 28, No. 4, 2007, pp. 467 - 484.

④ Younas, A., Wang, D. P. and Javed, B., et al., "Inclusive Leadership and Change - oriented Organizational Citizenship Behavior: Role of Psychological Safety", in Proceedings of the 2020 4th International Conference on Management Engineering, Software Engineering and Service Sciences (ICMSS 2020). *Association for Computing Machinery*, New York, NY, USA, 2020, pp. 169 - 173.

⑤ Bettencourt, L. A., "Change - oriented Organizational Citizenship Behaviors: The Direct and Moderating Influence of Goal Orientation", *Journal of Retailing*, Vol. 80, No. 3, 2004, pp. 165 - 180.

⑥ Campbell, J. W., "Identification and Performance Management: An Assessment of Change - oriented Behavior in Public Organizations", *Public Personnel Management*, Vol. 44, No. 1, 2015, pp. 46 - 69.

⑦ Choi, J. N., "Change - oriented Organizational Citizenship Behavior: Effects of Work Environment Characteristics and Intervening Psychological Process", *Journal of Organizational Behavior*, Vol. 28, No. 4, 2007, pp. 467 - 484.

振明和林亚清①、Shin②等则分别证明公共服务动机和内在动机对变革行为的显著正向影响。

最后，关于"激情"动机的研究则略显不足，在一项针对公共服务动机与变革行为的研究中，工作满意度——一种弱激活的积极情感，作为控制变量被证明对变革行为具有显著的正向影响。③ Li等通过对中国深圳一家信息技术公司的纵向数据调研发现，工作繁荣对员工的变革行为具有显著的正向影响。但实际上，工作繁荣同时反映了持续的认知过程和情感过程，④ 因此未来研究需要探究更为纯粹的"激情"动机的作用。

二　变革行为的影响效果研究

相较于变革行为影响因素研究，变革行为的影响效果研究相对较少。目之所及，仅Campbell和Im利用韩国政府部门480名公职人员的横截面数据样本，实证发现在公共管理领域实施变革行为减少了个体离职倾向，究其原因在于这一行为往往与个体在组织中的高投入相联系，这意味着个体更高的离职成本。⑤ Li和Xie的研究利用中国公务员的数据进一步发现，变革行为之所以降低了公务员的离职倾向，其作用机制是提升了他们的职业承诺。⑥

---

① 陈振明、林亚清:《政府部门领导关系型行为影响下属变革型组织公民行为吗？——公共服务动机的中介作用和组织支持感的调节作用》，《公共管理学报》2016年第1期。
② Shin, Y., Kim, M. and Lee, S. H., "Positive Group Affective Tone and Team Creative Performance and Change – oriented Organizational Citizenship Behavior: A Moderated Mediation Model", *Journal of Creative Behavior*, Vol. 53, No. 1, 2019, pp. 52 – 68.
③ Campbell, J. W. and Im, T., "PSM and Turnover Intention in Public Organizations: Does Change – oriented Organizational Citizenship Behavior Play a Role?" *Review of Public Personnel Administration*, Vol. 36, No. 4, 2016, pp. 323 – 346.
④ Li, M., Liu, W. and Han, Y., et al., "Linking Empowering Leadership and Change – oriented Organizational Citizenship Behavior: The Role of Thriving at Work and Autonomy Orientation", *Journal of Organizational Change Management*, Vol. 29, No. 5, 2016, pp. 732 – 750.
⑤ Campbell, J. W. and Im, T., "PSM and Turnover Intention in Public Organizations: Does Change – oriented Organizational Citizenship Behavior Play a Role?" *Review of Public Personnel Administration*, Vol. 36, No. 4, 2016, pp. 323 – 346.
⑥ Li, Y. and Xie, W., "Linking Change – oriented Organizational Citizenship Behavior to Turnover Intention: Effects of Servant Leadership and Career Commitment", *Public Personnel Management*, Vol. 51, No. 1, 2022, pp. 3 – 23.

为了进一步区分变革行为在私营部门和公共部门的研究现状，本书将上述变革行为的相关研究概括于表1-1和表1-2。其中，表1-1概括了变革行为在私营部门中的影响因素、影响效果与理论机制；表1-2则总结了变革行为在公共部门中的影响因素、影响效果和理论机制。

表1-1　　变革行为在私营部门中的研究现状

变量	影响因素	影响效果	理论机制
变革行为	**个体差异** 主动型人格（Marinova et al., 2015）、大五人格（Marinova et al., 2015）、学习目标导向（Bettencourt, 2004）、开放变革价值观（Seppala et al., 2012）、宗教信仰（Ul Haq et al., 2020）、社会互动（Clercq, 2020） **情境因素** 知识型工作特征（Kao, 2017）、自主、复杂性、任务重要性（Marinova et al., 2015）、工作组协定（Campbell, 2020）、工作不安全（Shin et al., 2019）、家庭工作矛盾（Clercq, 2020）、领导风格（Li et al., 2016; Seppala et al., 2012; Younas et al., 2020）、领导行为（陈振明和林亚清, 2016; Younas et al., 2021）、领导成员交换关系（Bettencourt, 2004）、组织氛围（López-Domínguez et al., 2013; Choi, 2007）、组织公正（Clercq, 2020）、人力资源管理实践（Lee et al., 2019）、领导、同事和组织支持（Chiaburu et al., 2013） **动机状态** 自我效能感（Kao, 2017）、角色宽度自我效能感（López-Domínguez et al., 2013）、心理授权（Choi, 2007）、心理安全（Younas et al., 2020）、组织承诺（Bettencourt, 2004）、变革义务感（Choi, 2007）、内在动机（Shin et al., 2019）、工作繁荣（Li et al., 2016）	个体层面 无 组织层面 实现组织目标（Bettencourt, 2004）	领导理论、社会嵌入理论、社会交换理论、自我决定理论、资源保存理论

资料来源：根据已有文献整理。

表1-2 变革行为在公共部门中的研究现状

变量	影响因素	影响效果	理论机制
变革行为	公共服务动机（Campbell & Im, 2016；陈振明和林亚清, 2016） 变革义务感（林亚清和张宇卿, 2019） 交易型领导（Vigoda - Gadot & Beeri, 2012） 变革型领导（Vigoda - Gadot & Beeri, 2012） 领导自恋（Ha, 2020） 领导成员交换关系（Vigoda - Gadot & Beeri, 2012；林亚清和张宇卿, 2019） 领导关系型行为（陈振明和林亚清, 2016） 人力资源管理实践（Campbell, 2015） 绩效管理、组织认同（Campbell, 2015）	离职倾向（Campbell & Im, 2015）、职业承诺（Li & Xie, 2021）	组织认同理论 领导理论 公共服务动机理论

资料来源：根据已有文献整理。

三 公共部门变革行为的研究述评

当前，无论是在发达国家还是发展中国家，公共部门变革行为相关研究均呈现出上升的趋势。究其原因，该类行为支持了公共部门改革的现实需求，引起了公共管理研究者的日益关注。但综观上述国内外研究成果，仍存在以下研究缺憾：

第一，已有文献对于公务员变革行为的影响因素研究尚待丰富。国内外学者对于公务员变革行为影响因素的研究重点主要集中于组织层面（如领导风格与行为、领导成员交换关系等）和个人层面（如公共服务动机等）。而针对公共部门繁文缛节、工作安全等工作特征以及公共服务动机对于变革行为的影响机制和边界条件都鲜有涉及。

第二，以往关于变革行为的形成机制研究仍然较为有限，针对公务员变革行为的形成机制则少之又少。相关研究发现，自我效能感、心理授权、组织承诺、组织认同、变革义务感、公共服务动机、工作满意度、工作繁荣等变量是变革行为形成的主要动机状态，既有研究涉及的相关理论有自我效能感理论、社会认同理论、公共服务动机理论等，对于诸如资源保存理论、激活理论、自我决定理论、匹配理论等涉及不多。

第三，以往关于变革行为的研究方法较为单一。已有公务员变革行为的实证研究，主要采用了一般线性回归或是结构方程模型的路径分析方法。与此同时，公共人力资源管理领域中复杂模型（如有调节的中介模型、倒 U 形曲线模型和正 U 形曲线模型等）的构建与检验也才刚刚开始，这些模型在公务员变革行为中的应用则更是少之又少。

综上所述，可以说，在公共管理领域中变革行为的研究才刚刚开始，这是一个方兴未艾的研究领域，仍然存在许多空白研究领域以及亟待进一步探索的空间。

第三节　公共部门变革相关行为的知识图谱分析

第二节采用传统的定性方法，针对变革行为的相关研究文献进行了系统梳理。本节将基于 Citespace 文献计量软件对 Web of Science 的核心合集数据库（Web of Science Core Collection）和中国知网的 CSSCI 期刊中与该主题相关的论文进行分析。需要指出的是，第二节研究发现公共部门"变革行为"的相关文献总体上相对薄弱，因此，为了更加系统和全方位地展现该领域的研究趋势，本节分析的文献范围不仅包括"变革行为"本身在公共部门的相关研究，还涉及诸如变革担当行为、主动性行为、创新行为等十余个与其相近概念的相关研究（即纳入文献计量的文献范围为公共部门"变革相关行为"），以期从整体上展现该研究领域的发展水平。与此同时，相对于定性综述的主题性、深刻性和条理性，文献计量的优势在于以"量"为特征的输出结果和结构化的脉络呈现，一方面可以更加高效地对大量的文献样本进行处理，另一方面也有利于对文献基本信息进行更为科学的描述，更具全面性、客观性与预测性。因此，本节采用文献计量方法能够与第二节的定性综述相互补充、相得益彰，更加全面地展现公共部门变革相关行为的研究现状、演进与发展趋势。

一　数据来源

本节的文献数据主要分为两部分：一部分是英文文献，以 Web of Science 的核心合集数据库为来源；另一部分是中文文献，以中国知网中的中文社会科学引文索引（CSSCI）数据库为来源。

国外学者认为与变革相关行为的概念包括变革型组织公民行为、变革导向型行为、主动性行为、建言行为、创新行为、积极主动行为、任务修正行为、担当负责行为和积极亲社会行为等。①② 我国学者谭新雨在对公务员创新行为进行文献综述时，将"Innovative behavior""Innovation implementation""Creativity"和"Rulebending"等主题关键词纳入文献搜索范围。③ 因此，结合上述研究，本节在 Web of Science 中的核心合集数据库中检索变革相关行为文献时，包括了主题中含有"Change – oriented OCB""Change – OCB""Change – oriented organizational citizenship behavior""Change – oriented organizational citizenship behaviour""Change – oriented behavior""Change – oriented behaviour""Employ voice""Taking charge""Proactive behavior""Proactive behaviour""Innovative behavior""Innovation implementation""Creativity"和"Rulebending"的论文。进一步地，针对检索后的文献选择"Article"和"Public Administration"进行提炼，共获得相关文献 106 篇。在此基础上，对上述搜索文献的标题、摘要和研究内容进行逐一阅读、排除与精练，最终获得 55 篇有效文献。

此外，在对国内变革相关行为文献的搜索中，为了保证论文的代表性和权威性，本节以 CNKI 数据库中的中文社会科学引文索引（CSSCI）数据库为来源。具体地，在 CNKI 数据库中，选择高级检索并采用主题检索的方式，以"变革行为""变革导向行为""担当作为""主动性行为""创新行为""责任行为"和"建言行为"等为主题关键词，在 CSSCI 数据库中搜索文献，得到 4119 个条目。由于本研究只关注公共管理领域中的变革与创新行为研究，因而进一步将"公共部门""政府部门""政府机关""行政机关"与"公务员""干部"等作为主题关键词进行提炼，同时运用"篇关摘"限定如"公共部门""政府部门""行政机关""公务员"和"干部"等词进行筛选，共获得 148 篇文献。最后，结合文献研究主题、标题和摘要等信息对文献深入筛选，最终获得 110 篇国内公共部门领域变革相关行为的文章。

---

① Choi, J. N., "Change – oriented Organizational Citizenship Behavior: Effects of Work Environment Characteristics and Intervening Psychological Process", *Journal of Organizational Behavior*, Vol. 28, No. 4, 2007, pp. 467 – 484.
② Chiaburu, D. S., Lorinkova, N. M., and Van Dyne, L., "Employees' Social Context and Change – oriented Citizenship: A Meta – analysis of Leader, Coworker, and Organizational Influences", *Group & Organization Management*, Vol. 38, No. 3, 2013, pp. 291 – 333.
③ 谭新雨：《公务员创新行为：文献述评与研究展望》，《公共行政评论》2021 年第 2 期。

二 公共部门变革相关行为研究现状

本节借助 Citespace 这一文献计量分析软件，将筛选后得到的 Web of Science 的核心合集数据库文献与 CSSCI 期刊文献作为研究对象，针对文献增长规律、来源期刊与发文作者情况进行了全面分析。

（一）Web of Science 核心合集数据库中公共部门变革相关行为研究现状

据表1-3可知，国际公共管理权威期刊对公共部门变革相关行为研究关注度较高，发文数量排名前十的期刊分别为 *Public Management Review*、*Public Performance & Management Review*、*Public Personnel Management*、*Review of Public Personnel Administration*、*Public Administration Review*、*Australian Journal of Public Administration*、*Public Administration*、*Journal of Public Administration Research and Theory*、*American Review of Public Administration*、*International Public Management Journal*、*International Review of Administrative Sciences*。可以看出，上述期刊既有综合性期刊，也有公共部门人力资源管理的专业性期刊，反映了国际学者对公共部门变革相关行为议题的重视；其中，*Public Management Review* 期刊发文量排名第1，占比高达21.05%，远超于其他期刊。

表1-3 公共部门变革相关行为研究发文数量排名前十的国际期刊

发文期刊	影响因子	发文量	占比
Public Management Review	6.004	12	21.05%
Public Performance & Management Review	2.806	6	10.53%
Public Personnel Management	2.600	5	8.77%
Review of Public Personnel Administration	4.072	5	8.77%
Public Administration Review	8.144	5	8.77%
Australian Journal of Public Administration	2.140	5	8.77%
Public Administration	4.013	4	7.27%
Journal of Public Administration Research and Theory	6.160	4	7.27%
American Review of Public Administration	4.929	3	5.26%
International Public Management Journal	2.951	2	3.51%
International Review of Administrative Sciences	2.397	2	3.51%

资料来源：笔者自制。

如图1-1所示，公共部门变革相关行为的研究最早出现在2010年，即Berman和Kim发表于 *Public Performance & Management Review* 的文章，该文介绍了韩国首尔政府通过改变原有奖励机制、管理方式和培训方式以鼓励官员推进创新进程的经验。① Vigoda - Gadot和Beeri首次将变革型组织公民行为引入公共部门，认为激励公职人员实施变革型组织公民行为有助于精简繁文缛节、克服缓慢程序、提升公共服务质量以及构建和谐健康的政府与公民关系。② 在这之后，这一领域的研究并未引起过多的关注，2016年以前每年的发文量都维持在5篇以内，2016年发文量达到6篇；然而，2017年的发文量又跌至2篇，自2017年以后，相关研究逐渐呈现出较为明显的增长趋势，2021年达到峰值16篇。

通过对该领域文献的作者共现图谱分析发现（如图1-2所示），主要研究者包括Arundel（2篇）、Campbell（2篇）、Demircioglu（2篇）、Hansen（2篇）、Jakobsen（2篇）和Torugsa（2篇）。

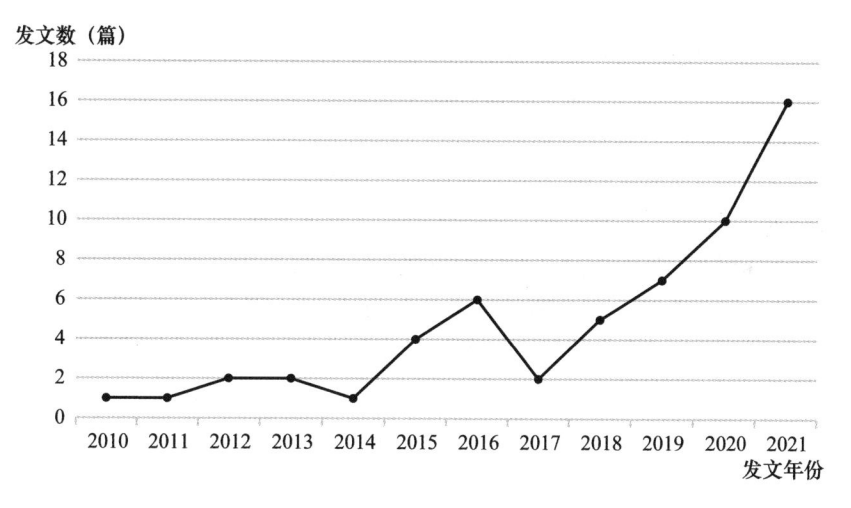

图1-1　Web of Science核心合集数据库关于公共部门变革相关行为文献数量的年度分布

资料来源：笔者自制。

---

① Berman, E. M. and Kim, C. G., "Creativity Management in Public Organizations", *Public Performance & Management Review*, Vol. 33, No. 4, 2010, pp. 619 - 652.

② Vigoda - Gadot, E. and Beeri, I., "Change - oriented Organizational Citizenship Behavior in Public Administration: The Power of Leadership and the Cost of Organizational Politics", *Journal of Public Administration Research and Theory*, Vol. 22, No. 3, 2012, pp. 573 - 596.

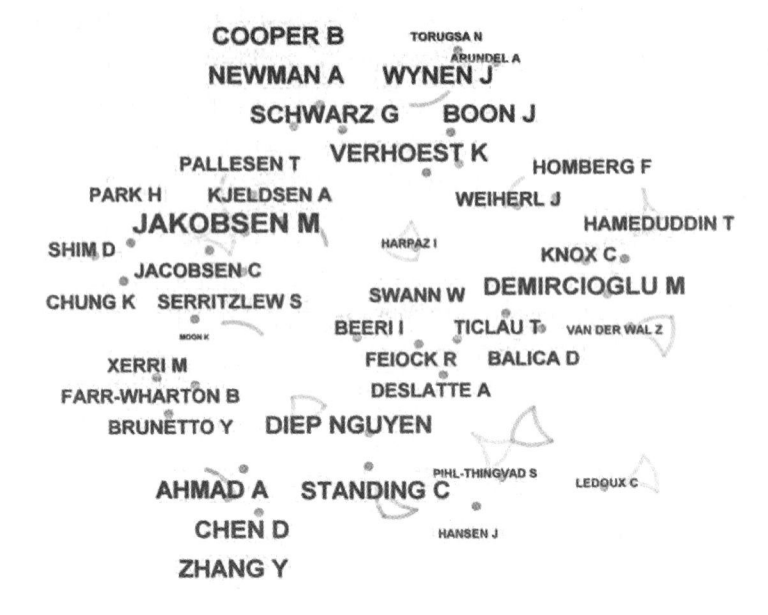

**图 1-2　Web of Science 核心合集数据库公共部门
变革相关行为研究作者共现图谱**

资料来源：笔者自制。

（二）CSSCI 期刊公共部门变革相关行为研究现状

CSSCI 期刊中关于公共部门变革相关行为研究的文献数量相对于英文期刊而言较为丰富，文章的主要来源期刊如表 1-4 所示，涉及《人民论坛》《党建》《红旗文稿》《前线》等党政类期刊以及《公共行政评论》《中国行政管理》等公共管理类期刊。其中，《人民论坛》发文量最高，达 24 篇，发文量占比已超过 20%，远远高于其他期刊；其次是《公共行政评论》，发文量为 8 篇，占 7.27%。

**表 1-4　2006—2021 年公共部门变革相关行为研究
发文数量排名前十的 CSSCI 期刊**

发文期刊	影响因子	发文量	占比
《人民论坛》	1.002	24	21.82%
《公共行政评论》	3.558	8	7.27%
《党建》	0.759	5	4.55%
《中国行政管理》	4.937	5	4.55%

续表

发文期刊	影响因子	发文量	占比
《红旗文稿》	1.233	4	3.64%
《前线》	0.652	4	3.64%
《学习与探索》	1.508	3	2.73%
《理论视野》	1.171	3	2.73%
《中国高等教育》	1.606	3	2.73%
《理论学刊》	1.919	2	1.82%

资料来源：笔者自制。

图1-3则直观地展示了国内学者关于这一主题领域研究发表论文数量的年度变化。据此可知，国内该领域的相关研究在2006年前后出现，2018年之前每年的发文量基本保持在个位数。2018年5月，中共中央办公厅印发《关于进一步激励广大干部新时代新担当新作为的意见》之后，这一领域的研究在近三年内发文量有较大增长，发展迅速。此外，作者共现图谱如图1-4所示，公共部门变革相关行为研究领域发文量排名前五的作者包括刘帮成（13篇）、谭新雨（7篇）、林亚清（3篇）、方振邦（3篇）和陈鼎祥（3篇）等，这些学者主要的研究方向为公共部门人力资源管理。

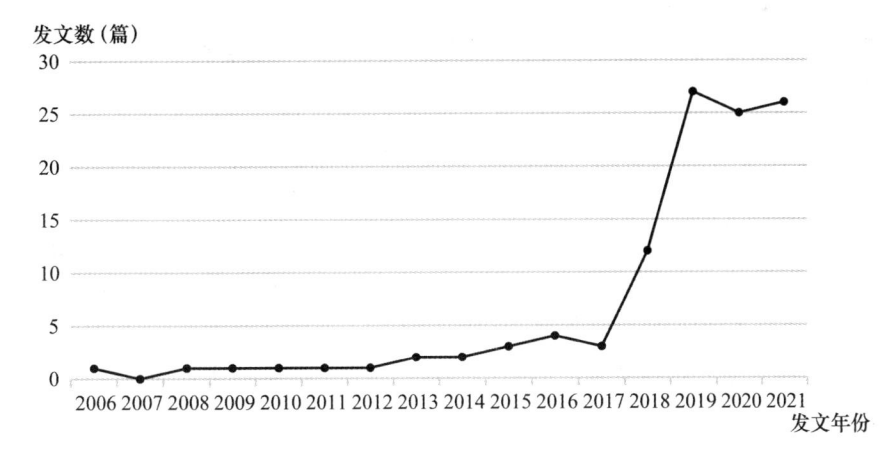

图1-3　CSSCI期刊公共部门变革相关行为文献数量的年度分布

资料来源：笔者自制。

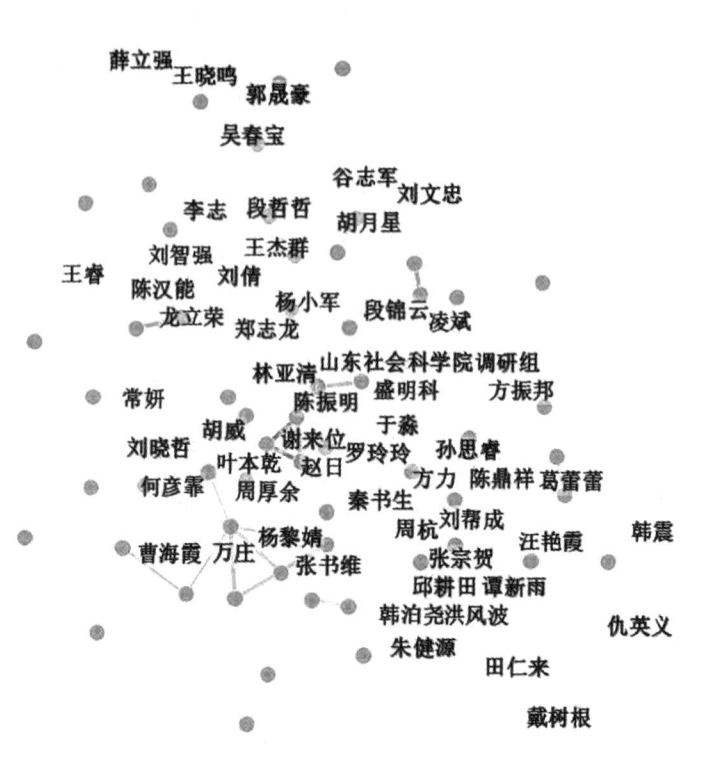

图 1-4　CSSCI 期刊公共部门变革相关行为研究作者共现图谱
资料来源：笔者自制。

三　公共部门变革相关行为研究可视化分析

本部分运用 Citespace 软件对 Web of Science 核心合集数据库和 CNKI 数据库中的 CSSCI 核心期刊的相关研究进行可视化分析。具体地，本部分针对该领域的关键词与研究热点等内容进行可视化分析，并根据高频关键词的频次及中心性描绘了关键词战略地图。其中，关键词是文章主题的高度概括和凝练，通过对其进行聚类分析可以了解已有文献中关键词的内在逻辑联系；词频分析可以推断出当前学者们关注的研究方向；突现词分析可以凸显该研究领域在某段时间内的研究热点；战略地图则通过将相关研究归为主流领域、高潜热点、孤岛领域和边缘地带等四个象限，直观反映该领域的研究热点和未来研究趋势。

（一）Web of Science 核心合集数据库公共部门变革相关行为研究可视化分析

本节运用 Citespace 软件选择寻径算法 "Path finder" 对 2010—2021

年 55 篇国外公共部门领域变革相关行为文献进行关键词可视化分析。首先，在 "Selection Criteria" 中选择 "Top 50 per slice" 与 "Top 10%"，在 "Keyword Labels" 选择 "By Degree"，获得关键词共现图谱，图中关键词字体大小代表其度中心性。度中心性（Degree Centrality）是网络分析中刻画节点中心性（Centrality）的直接度量指标，节点度越大就意味其度中心性越高，该节点在网络中越重要。其次，选择 LLR 的聚类分析算法，将文章关键词进行聚类。再次，在分析聚类关键词的基础上，进行突现词分析。最后，以 Citespace 软件输出的高频关键词的频次为 X 轴、中心度为 Y 轴，原点为频次和中心度的平均值绘制关键词战略地图。

1. 关键词聚类与高频关键词分析

结合 2010—2021 年的高频关键词表（如表 1-5 所示），可以得出，当前公共部门变革相关行为的研究主要围绕着"绩效""工作""管理""模型"等中心词汇展开。

表 1-5　　2010—2021 年核心合集数据库关于公共部门变革相关行为研究的高频关键词

序号	频次	中心性	年份	关键词	聚类	序号	频次	中心性	年份	关键词	聚类
1	16	0.39	2011	performance	2	11	4	0.00	2019	impact	6
2	12	0.22	2012	work	1	12	4	0.03	2020	employee	0
3	10	0.26	2013	management	2	13	3	0.03	2017	behavior	5
4	5	0.14	2013	model	3	14	3	0.02	2018	service motivation	4
5	4	0.02	2011	sector	3	15	3	0.02	2017	organization	2
6	4	0.03	2015	adoption	1	16	3	0.01	2013	innovative behavior	3
7	4	0.36	2013	job satisfaction	1	17	3	0.04	2018	transformational leadership	0
8	4	0.01	2016	government	6	18	3	0.00	2016	empirical analysis	1
9	4	0.18	2011	determinant	1	19	3	0.00	2020	public sector	1
10	4	0.01	2019	policy	1	20	3	0.23	2014	employee creativity	0

资料来源：笔者自制。

进一步地，结合高频关键词表（如表 1-5 所示）与关键词聚类图（如图 1-5 所示），可将公共部门人员变革行为的现有研究内容简要分为四类主题。

图 1-5 2010—2021 年 SSCI 期刊关于公共部门
变革行为相关研究的关键词聚类图谱分析

资料来源：笔者自制。

(1) 公共部门人员创造力的探索性研究

虽然已有研究针对私营部门的员工创造力展开了广泛而深入的讨论，但对公共部门，尤其是政府部门工作人员的创造力则明显关注不足。因此，该聚类研究基于这一现实背景，针对公务员创造力这一研究主题展开了深入探索。其中，Kruyen 和 Genugten 通过 43 次半结构化访谈收集了地方政府管理人员对创造力的认知，并将之与基于企业部门的研究结果进行对比，进而丰富了已有公共部门员工创造力的相关研究。[①] Steen 和 Schott 在梳理已有文献的基础上，规范性阐述了公共部门

---

① Kruyen, P. M. and Genugten, M. V., "Creativity in Local Government: Definition and Determinants", *Public Administration*, Vol. 95, No. 3, 2017, pp. 825–841.

工作人员如何分别依靠自己和在组织的帮助下持续实施变革行为以及应对工作环境的挑战。① Kruyen 和 Genugten 以荷兰 2292 名公务员为样本，对其进行了一项关于当前和未来工作能力要求的问卷调查，结果显示与创造性行为相关的能力受到了人们的广泛关注。②

（2）公共部门人员变革相关行为的组织和个体影响因素研究

公共部门变革相关行为的影响因素研究是该领域的核心与重点。综合来看，现有研究深入讨论了绩效管理、包容性管理、变革型领导和组织创新氛围等组织因素与公共服务动机、心理资本和组织认同感等个体因素对于公共部门人员变革相关行为产生的作用。

在组织层面的研究上，Campbell 以韩国中央政府部门的 480 名工作人员为研究对象，实证结果表明绩效管理通过组织认同对变革行为起积极影响。③ Moon 利用 2010—2014 年美国联邦雇员意见调查和企业人力资源整合数据库的大样本数据，验证了包容性管理能够有效地增强种族多样性对创新行为的促进作用。④ Campbell 基于韩国 640 份中央部委工作人员的调查数据，证实变革型领导和基于绩效的激励通过促进组织创新氛围，进而影响公务员的变革责任感，有助于推进政府部门的改革创新。⑤ Shim 等以韩国光州 646 名公共部门工作人员为研究样本，实证发现以绩效为导向的组织氛围能够加强服务型领导对创新行为的积极作用。⑥ Homberg 等以德国 1165 名洲警察为研究样本，实证结果表明公共服务动机在感知组织支持和资源获取与担当行为中发挥部分中介作用，公共服务动机是影响担当

---

① Steen, T. and Schott, C., "Public Sector Employees in a Challenging Work Environment", *Public Administration*, Vol. 97, No. 1, 2019, pp. 3 – 10.

② Kruyen, P. M. and Genugten, M. V., "Opening up the Black Box of Civil Servants' Competencies", *Public Management Review*, Vol. 22, No. 1, 2020, pp. 118 – 140.

③ Campbell, J. W., "Identification and Performance Management: An Assessment of Change - Oriented Behavior in Public Organizations", *Public Personnel Management*, Vol. 44, No. 1, 2015, pp. 46 – 69.

④ Moon, K. K., "Examining the Relationships between Diversity and Work Behaviors in U. S. Federal Agencies: Does Inclusive Management Make a Difference?" *Review of Public Personnel Administration*, Vol. 38, No. 2, 2018, pp. 218 – 247.

⑤ Campbell, J. W., "Felt Responsibility for Change in Public Organizations: General and Sector - specific Paths", *Public Management Review*, Vol 20, No. 2, 2018, pp. 232 – 253.

⑥ Shim, D. C., Park, H. H. and Chung, K. H., "Workgroup Innovative Behaviours in the Public Sector Workplace: The Influence of Servant Leadership and Workgroup Climates", *Public Management Review*, 2021, pp. 1 – 25.

行为的强有力解释变量,而繁文缛节并不影响担当行为。① Chen 等以天津 267 名公务员为研究样本,实证结果发现授权型领导通过工作重塑的中介机制进而提升变革型组织公民行为。② Taylor 通过分析来自 24600 余名澳大利亚公共服务提供者的调查数据,证明了组织裁员会促进同工作组内成员的创新行为。③ 类似的研究还有 Vigoda – Gadot 和 Beeri④、Kim 和 Yoon⑤、Jung 和 Lee⑥、Eldor 和 Harpaz⑦、Min⑧ 等以及 Jakobsen 等⑨。个别研究还关注组织特征、部门类型⑩以及不同的授权方式⑪对公共部门变

---

① Homberg, F., Vogel, R. and Weiherl, J., "Public Service Motivation and Continuous Organizational Change: Taking Charge Behaviour at Police Services", *Public Administration*, Vol. 97, No. 1, 2019, pp. 28 – 47.

② Chen, D., Zhang, Y. and Ahmad, A. B., et al., "How to Fuel Public Employees' Change – oriented Organizational Citizenship Behavior: A Two – wave Moderated Mediation Study", *Review of Public Personnel Administration*, 2021.

③ Taylor, J., "Personnel Reduction and Growth, Innovation, and Employee Optimism about the Long – term Benefits of Organizational Change", *International Review of Administrative Sciences*, Vol. 88, No. 3, 2022, pp. 607 – 625.

④ Vigoda – Gadot, E. and Beeri, I., "Change – oriented Organizational Citizenship Behavior in Public Administration: The Power of Leadership and the Cost of Organizational Politics", *Journal of Public Administration Research and Theory*, Vol. 22, No. 3, 2012, pp. 573 – 596.

⑤ Kim, S. and Yoon, G., "An Innovation – driven Culture in Local Government: Do Senior Manager's Transformational Leadership and the Climate for Creativity Matter?" *Public Personnel Management*, Vol. 44, No. 2, 2015, pp. 147 – 168.

⑥ Jung, C. S. and Lee, G., "Organizational Climate, Leadership, Organization Size, and Aspiration for Innovation in Government Agencies", *Public Performance & Management Review*, Vol. 39, No. 4, 2016, pp. 757 – 782.

⑦ Eldor, L. and Harpaz, I., "The Nature of Learning Climate in Public Administration: A Cross – sectorial Examination of Its Relationship with Employee Job Involvement, Proactivity, and Creativity", *American Review of Public Administration*, Vol. 49, No. 4, 2019, pp. 425 – 440.

⑧ Min, K. R., Ugaddan, R. G. and Park, S. M., "Is the Creative Tendency Affected by Organizational Leadership and Employee Empowerment? An Empirical Analysis of U. S. Federal Employees", *Public Performance & Management Review*, Vol. 40, No. 2, 2016, pp. 382 – 408.

⑨ Jakobsen, M. L., Kjeldsen, A. M. and Pallesen, T., "Distributed Leadership and Performance – related Employee Outcomes in Public Sector Organizations", *Public Administration*, Vol. 101, No. 2, 2023, pp. 500 – 521.

⑩ Lapuente, V. and Suzuki, K., "Politicization, Bureaucratic Legalism, and Innovative Attitudes in the Public Sector", *Public Administration Review*, Vol. 80, No. 3, 2020, pp. 454 – 467.

⑪ Fernandez, S. and Moldogaziev, T., "Using Employee Empowerment to Encourage Innovative Behavior in the Public Sector", *Journal of Public Administration Research and Theory*, Vol. 23, No. 1, 2013, pp. 155 – 187.

革相关行为的影响。

与此同时，在个体层面的研究上，学者们也进行了较为丰富的研究。例如，Campbell 和 Im 以韩国 480 名公职人员为研究对象，证实公共服务动机能对变革型组织公民行为发挥积极影响。① Bak 等对韩国 2070 名中央和地方政府雇员展开调查，实证研究结果表明心理资本在变革型领导对下属创新工作行为的影响关系中发挥中介作用。② 此外，Campbell 基于韩国 480 名政府雇员的实证研究发现，组织认同能够帮助个体减少阻碍并获得支持，从而促进变革行为的产生。③

除此之外，部分研究同时讨论了影响变革相关行为的组织因素和个体因素。Demircioglu 通过实证分析澳大利亚联邦政府就业数据库的调查数据，研究发现公共部门员工所处的组织规模越大越少创新，而受教育程度越高、越有经验的员工和经理越有可能创新。④ Brunetto 等以澳大利亚 163 名直接面向公民的公共部门医疗卫生系统专家为研究对象，研究结果表明心理安全氛围、心理资本和幸福感等个体因素均对个体的创新行为产生促进作用。⑤

（3）公共部门人员变革相关行为对组织和个体的影响效果研究

现有研究也深入讨论了公共部门变革相关行为对提高公共服务质量等组织绩效和工作满意度等个体产出的影响。例如，Torugsa 和 Arundel 以澳大利亚公共服务委员会 2011 年针对联邦政府雇员的大型问卷调查数据库中 4369 名雇员为样本，实证发现鼓励个人和团队的创造力这两大工作场

---

① Campbell, J. W. and Im, T., "PSM and Turnover Intention in Public Organizations: Does Change–oriented Organizational Citizenship Behavior Play a Role?" *Review of Public Personnel Administration*, Vol. 36, No. 4, 2016, pp. 323–346.

② Bak, H., Jin, M. H. and Mcdonald, B. D., "Unpacking the Transformational Leadership–innovative Work Behavior Relationship: The Mediating Role of Psychological Capital", *Public Performance & Management Review*, Vol 45, No. 1, 2022, pp. 80–105.

③ Campbell, J. W., "Identification and Performance Management: An Assessment of Change–oriented Behavior in Public Organizations", *Public Personnel Management*, Vol. 44, No. 1, 2015, pp. 46–69.

④ Demircioglu, M. A., "The Effects of Organizational and Demographic Context for Innovation Implementation in Public Organizations", *Public Management Review*, Vol. 22, No. 12, 2020, pp. 1852–1875.

⑤ Brunetto, Y., Saheli, N. and Dick, T., et al., "Psychosocial Safety Climate, Psychological Capital, Healthcare SLBs' Wellbeing and Innovative Behaviour during the COVID 19 Pandemic", *Public Performance & Management Review*, Vol. 45, No. 4, 2022, pp. 751–772.

所创新维度有利于组织实施复杂创新,① 进而有助于促进一系列复杂产出,包括降低行政成本、提高服务质量等组织产出和增强公务员工作满意度、公民满意度等个人产出。② Li 和 Xie 则以贵州和成都 365 名公务员为研究对象,证实了变革型组织公民行为能通过职业承诺降低公务员离职意愿的研究假设。③

（4）聚焦街头官僚这一特殊群体的变革相关行为研究

"街头官僚"的概念源于利普斯基,用以指代最直接与公民互动的一线政府工作人员。街头官僚数量庞大,是公共部门员工的重要组成部分,同时也是政策的执行者,具有一定的自由裁量权。在西方,教师和警察是街头官僚的典型代表。因此,许多学者讨论了教师、警察等街头官僚这一特殊群体的变革相关行为。Maroulis 基于社会网络的视角调查了 99 名教师的创新行为,发现当教师处于具有凝聚力的院系同伴关系网络时,其创新行为发生的概率更高。④ Masood 和 Nisar 以巴基斯坦旁遮普地区 137 名警察等街头官僚为研究对象,探讨其在资源短缺的情况下,如何利用创造力和非常规操作找到解决问题的方案。⑤ Frisch - Aviram 等对以色列 229 名护士和教师的实证研究显示,街头官僚的创新态度通过自我效能感的中介作用,进而影响其创新意愿—行为差距（Intention - behavior gap）,而组织创新氛围则正向加强了自我效能感对创新意愿—行为的积极影响。⑥

2. 突现词分析

赵曙明等指出,突现词的分析能够进一步地掌握特定领域文献研究的

---

① 复杂创新（innovation complexity）,与单一创新形式不同,该概念将创新视为多种创新形式的组成。在 Torugsa 和 Arundel 的研究中,复杂创新由政策创新、服务创新、服务提供方式的创新、组织和行政程序的创新以及观念创新组成。
② Torugsa, N. and Arundel, A., "Complexity of Innovation in the Public Sector: A Workgroup - level Analysis of Related Factors and Outcomes", *Public Management Review*, Vol. 18, No. 3, 2016, pp. 392 - 416.
③ Li, Y. and Xie, W., "Linking Change - oriented Organizational Citizenship Behavior to Turnover Intention: Effects of Servant Leadership and Career Commitment", *Public Personnel Management*, Vol. 51, No. 1, 2022, pp. 3 - 23.
④ Maroulis, S., "The Role of Social Network Structure in Street - level Innovation", *American Review of Public Administration*, Vol. 47, No. 4, 2017, pp. 419 - 430.
⑤ Masood, A. and Nisar, M. A., "Repairing the State: Policy Repair in the Frontline Bureaucracy", *Public Administration Review*, Vol. 82, No. 2, 2022, pp. 256 - 268.
⑥ Frisch Aviram, N., Beeri, I. and Cohen, N., "From the Bottom - up: Probing the Gap between Street - level Bureaucrats' Intentions of Engaging in Policy Entrepreneurship and Their Behavior", *American Review of Public Administration*, Vol. 51, No. 8, 2021, pp. 636 - 649.

演进历程。① 因此，为了更加全面地展示国际期刊中变革相关行为研究热点动态演化过程，本节运用 Citespace 对 Web of Science 核心合集数据库相关文献进行突现词分析，最终得到 2010—2021 年研究文献突现词演进情况如图 1-6 所示。

Keyword	Year	Strength	Begin	End	2010—2021
reinventing government	2011	1.01	2011	2013	
determinant	2011	1.63	2011	2015	
model	2013	1.84	2013	2015	
intrinsic motivation	2013	1.10	2013	2014	
adoption	2015	2.33	2015	2016	
performance	2011	1.59	2015	2016	
policy	2019	2.11	2019	2021	
impact	2019	2.11	2019	2021	

图 1-6　2010—2021 年核心合集数据库关于公共部门变革相关行为研究的突现词分布

资料来源：笔者自制。

结合突现词分布图（见图 1-6），可将公共部门变革相关行为的研究分为两个主要阶段。

第一个阶段是 2011—2016 年，该阶段以"决定因素""模型""内在动机"等为突现词。这一阶段的研究多为实证研究，研究内容由以下两方面组成：一是围绕影响公共部门变革相关行为发生的组织和个人因素展开；二是探讨了变革相关行为对组织和个人绩效产生的作用。

第二个阶段是 2019—2021 年，该阶段出现的关键词包括"影响"和"政策"等。这一阶段的研究内容虽然仍涉及对变革相关行为影响因素的讨论，但更侧重于进行国别比较。例如，Lee 等探讨儒家价值观和社会资本如何分别影响韩国和中国公共部门工作人员的公共服务动机和创新行为。② 此外，该阶段还聚焦具体政策执行或项目开展中的变革相关行为，例如，Dussuet 和 Ledoux 对法国养老金政策的地方执行主体展开了 33 次访谈和多次参与式

---

① 赵曙明、张紫滕、陈万思：《新中国 70 年中国情境下人力资源管理研究知识图谱及展望》，《经济管理》2019 年第 7 期。
② Lee, H. J., Kim, M. Y. and Park, S. M., et al., "Public Service Motivation and Innovation in the Korean and Chinese Public Sectors: Exploring the Role of Confucian Values and Social Capital", *International Public Management Journal*, Vol. 23, No. 4, 2020, pp. 496–534.

观察，发现政策执行者的变革行为会因政策对象的性别不同而产生差异。①

3. 研究趋势预测

战略图是一种能够更为直观地判断研究热点与趋势的方法。参考学者夏恩君等的研究②，以关键词出现频次为 X 轴、中心度为 Y 轴、原点为频次和中心度的中值，将高频关键词在战略图中显示（图 1-7）。

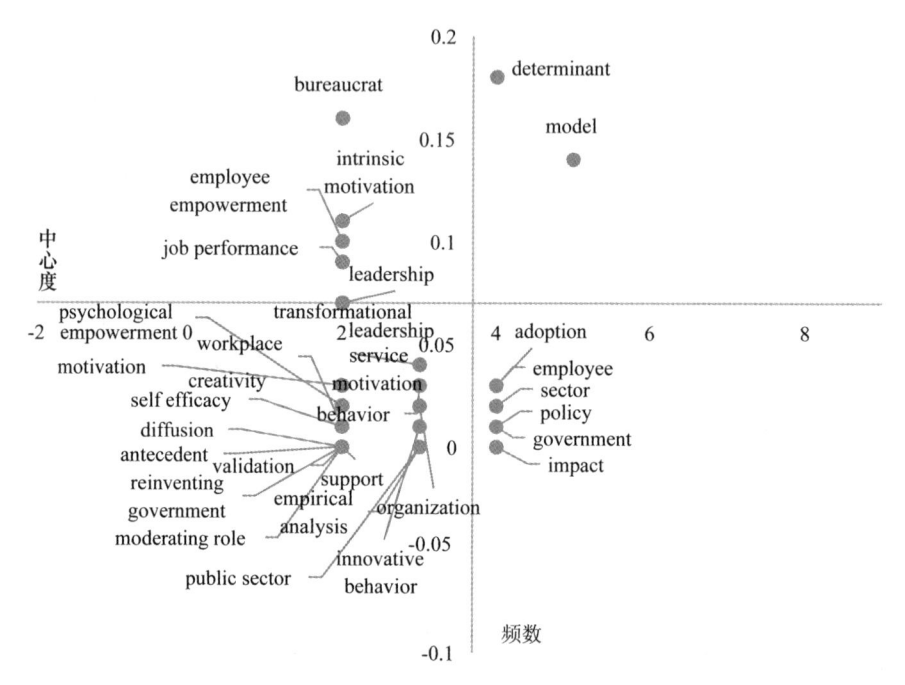

图 1-7　2010—2021 年核心合集数据库关于公共部门
变革行为相关研究的关键词战略图

资料来源：笔者自制。

结合公共部门变革行为研究关键词战略图（图 1-7），可以发现：

（1）第一象限：主流领域。

主流领域涵盖了具有高频词和高中心度的关键词，这些主题往往是该时期研究的重点和热点，且与其他主题具有较高的相关性。"决

---

① Dussuet, A. and Ledoux, C., "Implementing the French Elderly Care Allowance for Home - based Care: Bureaucratic Work, Professional Cultures and Gender Frames", *Policy and Society*, Vol. 38, No. 4, 2019, pp. 589-605.

② 夏恩君、王素娟、王俊鹏：《基于知识图谱的众筹研究现状及发展趋势分析》，《科研管理》2017 年第 6 期。

定因素"和"模型"等关键词归属于该象限，说明这些主题是当前研究的热门与重要话题。围绕影响公共部门变革相关行为的组织和个体因素，学者们开展了广泛的实证探索，并形成了丰富的研究成果。

（2）第二象限：高潜热点。

高潜热点主要指具有高频词和高中心度的关键词，这些主题通常是具有研究潜力的重要话题。"领导""内在动机""工作绩效"等归属于该象限，学者围绕上述主题展开了初步探索。例如，Min 等对美国联邦人事管理办公收集的 376577 份调查问卷展开分析，实证结果表明不同层级领导的特质及其行为会通过差异化授权方式直接影响下属的创新行为。[1] Yuriev 等通过分析 33 次半结构访谈获得的一手资料，归纳出若干影响公共部门工作人员创新绩效的因素。但总体而言，该象限主题开展的相关研究尚未充分，仍然具备广阔的研究前景。[2]

（3）第三象限：孤岛领域。

孤岛领域囊括既不具备高频次，也不具有高中心度的关键词。但对于该象限的研究主题应该区别对待，其可能处于研究边缘，也可能是新兴的研究热点。

结合图 1-7 和既有研究成果，可以发现，围绕"心理授权"和"变革型领导"等主题的相关研究正在逐步兴起。例如，Taylor 通过分析澳大利亚联邦政府机构中的 116 份调查问卷，实证发现心理授权在目标难度和变革相关行为的关系中发挥着显著的中介作用。[3] Kim 和 Yoon 以 1576 名韩国首尔公务员为分析样本，研究发现变革型领导通过创新组织氛围显著影响下属创新行为。[4]

（4）第四象限：边缘地带。

---

[1] Min, K. R., Ugaddan, R. G. and Park, S. M., "Is the Creative Tendency Affected by Organizational Leadership and Employee Empowerment? An Empirical Analysis of U. S. Federal Employees", *Public Performance & Management Review*, Vol. 40, No. 2, 2016, pp. 382–408.

[2] Yuriev, A., Boiral, O. and Talbot, D., "Is There a Place for Employee–driven Pro–environmental Innovations? The Case of Public Organizations", *Public Management Review*, Vol. 24, No. 9, 2022, pp. 1383–1410.

[3] Taylor, J., "Goal Setting in the Australian Public Service: Effects on Psychological Empowerment and Organizational Citizenship Behavior", *Public Administration Review*, Vol. 73, No. 3, 2013, pp. 453–464.

[4] Kim, S. and Yoon, G., "An Innovation–driven Culture in Local Government: Do Senior Manager's Transformational Leadership and the Climate for Creativity Matter?" *Public Personnel Management*, Vol. 44, No. 2, 2015, pp. 147–168.

边缘地带包括具有高频次和低中心度的关键词，这些关键词代表的主题研究相对较多，但与其他主题的相关性偏弱。"雇员""政府"和"部门"等是研究频次较高的关键词，这从侧面反映出大多数变革相关行为的研究主要以公务员群体为研究对象、以政府部门为分析场域展开。不过，由于此类关键词涉及研究范围较广，内容较多，与具体研究主题的关联度未能充分凸显，因而该关键词的中心度比较低。

（二）CSSCI 期刊公共部门变革相关行为研究可视化分析

本节运用 Citespace 可视化软件对 2006—2021 年 CSSCI 的 110 篇国内公共部门领域变革相关行为文献进行分析。参照上节关键词可视化分析方法，本节选择寻径算法 "Path finder" 进行聚类分析，在此基础上进行突现词分析以凸显该研究领域在某段时间内的研究热点，并最终绘制国内公共部门领域变革相关行为文献的关键词战略图以更直观地判断研究热点、预测未来研究趋势。

1. 关键词聚类与高频关键词分析

本节运用 Citespace 软件对 2006—2021 年 CSSCI 的 110 篇国内公共部门领域变革相关行为文献进行分析。根据高频关键词表（表 1-6）与关键词聚类图（图 1-8）可知，"担当作为""建言行为""创新行为""党员干部"和"容错纠错"等词是当前研究中的中心词汇。

表 1-6 2006—2021 年 CSSCI 期刊公共部门变革行为研究高频关键词

序号	频次	中心性	年份	关键词	类别	序号	频次	中心性	年份	关键词	类别
1	27	0.59	2018	担当作为	4	16	3	0.11	2016	领导干部	7
2	9	0.20	2013	建言行为	0	17	2	0.04	2010	调节作用	8
3	8	0.19	2006	创新行为	1	18	2	0.12	2019	干部问责	2
4	7	0.18	2018	党员干部	3	19	2	0.02	2020	习近平	4
5	7	0.12	2019	基层干部	9	20	2	0.00	2020	党的建设	/
6	6	0.08	2019	新时代	3	21	2	0.01	2019	干事创业	0
7	6	0.19	2018	容错机制	2	22	2	0.16	2014	政治品格	0
8	5	0.07	2014	敢于担当	0	23	2	0.02	2019	干部	7
9	4	0.05	2019	基层治理	5	24	2	0.02	2021	权责匹配	5
10	3	0.13	2019	担当	3	25	2	0.00	2018	干部担当	2
11	3	0.14	2018	激励机制	2	26	2	0.03	2021	群众评议	2
12	3	0.04	2019	容错纠错	4	27	2	0.11	2021	避责	5
13	3	0.00	2020	治理能力	7	28	2	0.04	2016	善作为	7
14	3	0.12	2019	制度环境	1	29	2	0.11	2019	基层减负	1
15	3	0.00	2019	勇于担当	5	30	1	0.00	2021	公务员	1

资料来源：笔者自制。

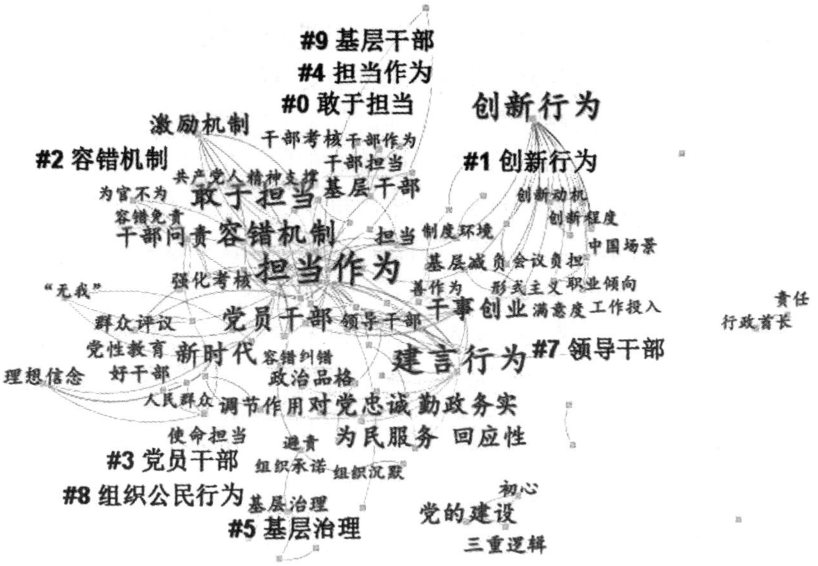

**图 1-8　2006—2021 年 CSSCI 期刊关于公共部门
变革行为相关研究的关键词聚类图谱分析**

资料来源：笔者自制。

进一步地，本节将相关研究分为基于战略性人力资源管理视角的变革相关行为本土化讨论与基于政策解读视角的变革相关行为讨论两大类。

基于战略性人力资源管理视角的变革相关行为本土化讨论，它关注公共部门中的各类领导风格（如服务型、交易型和变革型领导风格）、组织氛围（如差错管理氛围、关怀型伦理氛围）与公务员工作动机（如公共服务动机）对变革相关行为的影响，研究方法多以实证研究为主。特别地，"干部担当""容错机制""激励机制"等高频关键词反映了对于我国当前政府部门变革相关行为产生的制度因素探索。例如，孙思睿和刘帮成以 12 条街道、1 个街镇的 510 位事业单位工作人员为研究样本，构建多层次结构方程模型，提出高承诺工作系统能激励公共部门工作人员在变革情境下主动尽责、担当作为。① 谭新雨运用扎根理论研究法进行影响因素探索及理论模型构建，以基层执法部门和乡镇政府中的公务员为研究对象，发现制度环境、领导授权与公共服务动机能通过增强基层公务员的变

---

① 孙思睿、刘帮成：《变革情境下高承诺工作系统何以提升责任行为：灵丹妙药还是情境受限?》，《中国人力资源开发》2019 年第 12 期。

革承诺激励其变革行为等。①

另一类研究则着重讨论了党内建设、干部队伍建设与激励机制建设等和担当作为的关系，从政策解读视角来推动变革相关行为在中国情境中的发展，研究方法多以定性的逻辑推演研究为主。"党员干部""基层干部""容错机制"等聚类词体现了该阶段的研究重点，关注党中央方针政策的贯彻落实。"习近平""容错纠错""激励机制""干事创业"等中心性较高的关键词，则突出表现了干部担当作为的建设与具体要求。其中，李军鹏通过分析干部"不作为"的原因，提出锤炼忠诚干净担当的政治品格、坚持鲜明实绩导向、严管与厚爱相结合的措施建议；②杨小军也对中共中央办公厅出台的《关于进一步激励广大干部新时代新担当新作为的意见》进行了解读与研究，对健全激励机制和和容错纠错机制提出了具体建议。③

2. 突现词分析

在对关键词进行聚类分析的基础上，本节对2006—2021年间公共部门变革型行为研究的CSSCI期刊研究进行了突现词分析，得到图1-9。根据突现词分布表，将此期间CSSCI期刊与公共部门变革行为相关的研究划分为三阶段，具体如下：

Keyword	Year	Strength	Begin	End	2006—2021
创新行为	2006	1.46	2006	2013	
调节作用	2006	1.23	2010	2014	
建言行为	2006	3.14	2013	2017	
敢于担当	2006	1.20	2014	2019	
新时代	2006	1.40	2019	2021	

图1-9 2006—2021年CSSCI期刊关于公共部门变革行为相关研究的突现词分布
资料来源：笔者自制。

---

① 谭新雨：《外部环境变迁、服务动机激励与基层公务员变革行为——基于中国4省基层公务员调查的混合研究》，《公共行政评论》2019年第6期。
② 李军鹏：《新时代激发广大干部担当作为靠什么》，《人民论坛》2020年第Z1期。
③ 杨小军：《以激励机制促干部作为 以容错机制保干部担当》，《人民论坛》2018年第26期。

2013年之前的研究以"创新行为""调节作用"为突现词,探索了公务员创新等行为产生的影响因素与效果。例如,于森等证明了创造氛围能积极推动机关公务员创造行为。① 周厚余和田学红提出公务员主动性可以通过个人组织匹配提升公务员的工作满意度和组织公民行为。②

2013—2017年该领域热点以"建言行为"与"敢于担当"为突现词,深入检验了这些突现词的内涵与影响因素。例如,刘帮成和洪风波构建出中国公共部门建言行为的三个子维度,分别为基于理性、情感和规范的建言行为。③ 郑建君提出基层公务员组织承诺对其建言行为具有显著的正向预测作用。④

2017年之后,研究相关突现词转为"新时代"等,结合"新时代"对公务员变革相关行为的重要性及其推动路径进行了深入的讨论。相关研究主要以2018年中共中央办公厅印发的《关于进一步激励广大干部新时代新担当新作为的意见》为基础,对公共部门变革相关行为展开深入的探讨。例如,蒋刚根据习近平总书记讲话中强调的"为担当者担当、为干事者撑腰"的要求,为如何激发广大干部积极性和主动性,增强责任担当提出了坚定不移增强担当作为的思想定力、旗帜鲜明树立担当作为的用人导向等相关的政策建议。⑤ 李相芝认为改革创新本身就是一个不断试错的过程,必须保护干部改革创新的积极性,应当旗帜鲜明地对干部在改革创新中出现的失误合理"容错",因此提出了要给干事创业者"松绑",为改革创新者"兜底"等建议以充分调动和激发干部群众的积极性、主动性和创造性,在新时代担当新使命、展现新作为。⑥

3. 研究趋势预测

同样,以关键词出现频次为 x 轴、中心度为 y 轴、原点为频次和中心度的中值,将高频关键词在战略图中显示,具体如图1-10所示。

结合公共部门领域变革相关行为文献的关键词战略图(图1-10),可以发现:

---

① 于森、罗玲玲、赵日:《机关公务员创造力调查与分析》,《东北大学学报》(社会科学版)2008年第1期。
② 周厚余、田学红:《公务员的主动性对工作满意度、组织公民行为的作用》,《心理科学》2010年第2期。
③ 刘帮成、洪风波:《中国公共部门建言行为的结构研究》,《软科学》2016年第6期。
④ 郑建君:《基层公务员组织承诺和建言行为的关系——以领导成员关系为调节变量的模型检验》,《山西大学学报》(哲学社会科学版)2014年第5期。
⑤ 蒋刚:《让干部在担当作为中创造辉煌业绩》,《红旗文稿》2018年第13期。
⑥ 李相芝:《正确运用容错纠错机制为改革创新者担当》,《法制博览》2020年第8期。

(1) 第一象限：主流领域。

该象限包括"担当作为""创新行为""党员干部"等关键词，这类关键词具有高频次、高中心度的特点，是目前研究的重点与热点。譬如，孙思睿和刘帮成关注并提出公共部门工作人员担当作为的激励机制，证实变革情境下高承诺工作系统对担当作为的激励作用。① 在对担当作为激励机制进行探究之后，李伟娟提出要让干部担当作为有底气、有机会等建议②，牛敬丹则提出应该完善制度功能以实现全过程激励等建议。③

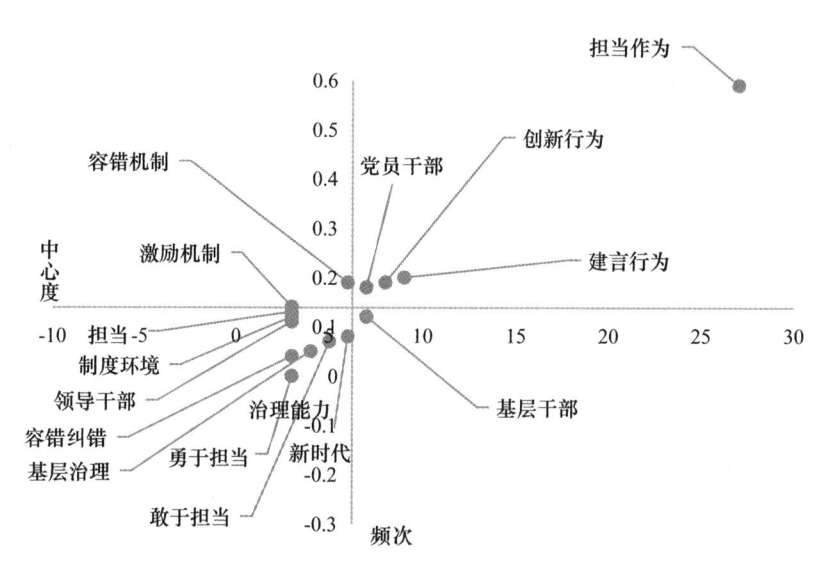

图 1-10　2006—2021 年 CSSCI 数据库关于国内公共部门领域变革相关行为文献的关键词战略图

资料来源：笔者自制。

(2) 第二象限：高潜热点。

该象限包括"容错机制"等关键词，这类关键词具有低频次、高中心度的特点，仍处于发展的初级阶段，但与其他主题联系紧密，是具有发

---

① 孙思睿、刘帮成：《变革情境下高承诺工作系统何以提升责任行为：灵丹妙药还是情境受限？》，《中国人力资源开发》2019 年第 12 期。
② 李伟娟：《构建地方领导干部担当作为的有效机制》，《沈阳干部学刊》2018 年第 5 期。
③ 牛敬丹：《政治生态视域下激励基层干部担当作为的对策研究》，《国际公关》2021 年第 12 期。

展潜力的新热点。代表性研究如吴春宝基于避责视角所展开分析的文章，该文重点关注容错低效运转如何塑造基层干部的避责行为及其类型，并认为基层干部的避责行为与容错机制的低效运转存在交互作用机理。因此通过抑制基层干部的避责行为可以促进基层干部勇于担当作为。①

（3）第三象限：孤岛领域。

该象限包括"领导干部""勇于担当"及"治理能力"等关键词，这类关键词具有低频次、低中心度的特点，说明相关研究发展尚未充分，且与其他主题联系较差。但是，这类研究亦有可能发展成为新兴的研究热点，如探索如何建立"勇于担当"的激励机制、如何加强干部"治理能力"等方面的研究可能在未来会受到更多的关注。既有探索性文献如何爱云的研究，该研究强调推进基层治理现代化过程中基层干部担当作为的重要性，提出应通过建立铸魂赋能机制、担当实绩的考核评价机制及关爱激励机制来激励干部担当作为以推动基层治理创新突破。②

（4）第四象限：边缘地带。

该象限包括"基层干部"等关键词，这类关键词具有高频次、低中心度的特点，围绕这类关键词开展的研究较为丰富，但与其他主题研究的关联度仍然相对较低。以"基层干部"为关键词的代表性论文有胡月星的文章，该文聚焦基层干部心理不适感的表现，提出工作过程中的委屈感和无力感、长期消耗下的身心疲劳感以及职业倦怠感等是由工作要求高、自主性低等现实因素诱致。③ 郝宇青则关注基层督查检查泛滥的成因，认为由于存在名目繁多、频率过高、多头重复、重留痕轻实绩等问题，地方和基层干部对于过多、过频、过滥的督查检查应接不暇、不堪重负。④ 值得注意的是，由于学者们围绕"基层干部"等关键词开展的研究范围较广，涉及内容多元复杂，因而导致其与具体研究主题的关联度未能充分凸显，该类关键词的中心度较低。

四 研究现状总结

当前，无论是在发达国家还是发展中国家，公共部门变革相关行为研

---

① 吴春宝：《基层治理中容错机制低效运转的生成逻辑与化解路径——基于避责的分析视角》，《探索》2021年第6期。
② 何爱云：《治理现代化进程中基层干部担当作为激励机制的现实逻辑与构建路径》，《中共济南市委党校学报》2021年第6期。
③ 胡月星：《基层干部心理不适感的诱因及表现》，《人民论坛》2020年第Z1期。
④ 郝宇青：《基层督查检查泛滥的成因》，《人民论坛》2020年第5期。

究均呈现出上升的趋势。究其原因，该类公务员行为支持了公共部门改革的现实需求，引起了公共管理研究者的日益关注。从上述的分析中，可以得出以下结论：

一方面，国外针对公共部门工作人员变革相关行为研究相对成熟，并在近十年内获得快速发展。早期的相关研究主要围绕着这类行为产生的影响因素及效果展开实证检验。近年来，针对这类行为的研究则侧重于国别比较研究及其在具体政策执行或项目开展中的应用。

另一方面，国内外关于该研究领域的联系较为紧密，国内对公共部门人员的变革相关行为研究虽然起步较晚，但发展速度较快。其中，一部分为战略性人力资源管理的实证研究，近三年内的研究也吸纳了国外相关的研究热点进一步展开；而另一部分更多地以"干部担当作为"的内涵、意义与激励形式为研究重点。具体而言，国内的相关研究探索了变革相关行为的本土化表现与影响因素，譬如，将本土的"担当作为"概念与西方背景中产生的变革行为概念相结合、把"容错"与"关爱干部"等干部管理举措操作化或理解为"组织支持感"等变量。

综上所述，从学术研究角度而言，对公共部门变革相关行为的已有研究分析可以把握当前的研究热点与未来的研究趋势，也为深入理解该领域研究提供了重要的理论基础。从管理实践角度来看，全面了解公共部门变革相关行为的研究现状，有助于管理者结合实际工作需求引入新的管理理念与方式。

第四节 研究问题、框架、思路与方法

一 研究问题

本书以公务员变革行为为研究核心，以广大公务员为研究对象，在系统地对变革行为尤其是公务员变革行为进行文献综述的基础上，结合当前政府干部队伍管理的现实，从组织情境和个体特征两个方面出发系统讨论中国情境下公务员变革行为的形成机制。上述分析表明，个体特征和组织情境是个体行为（如变革行为等）产生和变化的两大重要影响因素。进一步分析发现，关于二者对个体行为的影响，目前存在两种学术观点：一是"对立观"，要么主张组织情境是影响行为的最终决定因素，即只要所处的环境具有足够激励性，无论个体特征如何，

行为都会产生，①要么认为个体特征是影响行为的最终决定因素，而不考虑环境强度的变化；②③二是"协同观"，认为行为是个体特征和他/她所处的组织情境所共同决定的。④其中，"协同观"是当前学术界的主流观点，理论和实证分析均表明，由于个体行为的复杂性，忽视情境因素和个体特征任何一方在行为生成中的作用均失之偏颇。

因此，本书沿着"协同观"的路线，同时考虑组织情境和个体特征在公务员变革行为形成过程中的不同角色。具体而言，基于中国干部队伍管理现实，在组织情境上，本书主要关注能动性的"领导"（领导驱动力）和约束性的"制度"（制度障碍、制度激励）两方面的作用；在个体特征上，本书重点关注公务员为人民服务的理想信念和行动倾向——"公共服务动机"这一内生动力的影响。综上，本书的研究问题围绕着"在我国政府部门中如何推进公务员变革行为"展开，具体讨论了以下研究议题：

首先，从领导驱动力、制度障碍、制度激励和内生动力四个方面入手，分别考察了领导成员交换关系、繁文缛节、工作安全和公共服务动机对于公务员变革行为的影响。之所以选择上述四个方面是借鉴谭新雨对于公务员创新行为的影响因素分类，以期从领导、制度和内生动力方面对公务员变革行为的影响因素展开讨论。⑤此外，选取领导成员交换关系、繁文缛节、工作安全和公共服务动机作为上述四个方面因素的代表，主要是因为上述变量与公务员变革行为的研究具有重要的实践意义，然而已有的实证研究有待深入或相关研究结论不一致。具体而言，目前讨论领导成员交换关系、公共服务动机与公务员变革行为关系的相关文献并不多，其中的作用机制与边界条件也尚未涉及；而作为政府组织结构最典型的繁文缛节以及政府部门重要的激励因素工作安全与公务员变革行为的相关研究并未获得一致的实证结论。因此，以领导成员交换关系、繁文缛节、工作安全和公共服务动机作为切入点，分别讨论领导驱动力、制度障碍、制度激

---

① Mischel, W., *Personality and Assessment*, New York: John Wiley, 1968.
② Allport, G. A., *Personality: A Psychological Interpretation*, New York: Henry Holt, 1937.
③ Funder, D. C. and Colvin, C. R., "Explorations in Behavioral Consistency: Properties of Persons, Situations, and Behaviors", *Journal of Personality and Social Psychology*, Vol. 60, No. 5, 1991, pp. 773-794.
④ Meyer, R. D., Dalal, R. S. and Hermida, R., "A Review and Synthesis of Situational Strength in the Organizational Sciences", *Journal of Management*, Vol. 36, No. 1, 2010, pp. 121-140.
⑤ 谭新雨：《公务员创新行为：文献述评与研究展望》，《公共行政评论》2021年第2期。

励和内生动力对公务员变革行为的影响，能够大大地弥补已有的研究不足，系统且深入地讨论公务员变革行为的影响因素。

其次，从公务员变革行为的建设性、自主性和风险性等特征出发，以资源视角、激活视角、自我决定视角和匹配视角全面地回答了公务员变革行为如何形成。关于公务员变革行为形成机制的讨论，现有的研究视角较为有限。本书在论证了领导成员交换关系、繁文缛节、工作安全和公共服务动机对于公务员变革行为影响的基础上，进一步引入资源保存理论、激活理论、自我决定理论、个人—环境匹配理论和公共服务动机理论，讨论上述关系中的影响机制和边界条件，大大地丰富了公务员变革行为形成机制探讨的理论视角。进一步地，构建了有调节的中介模型、有调节的倒U形中介效应模型和U形中介效应模型等研究模型，通过大量的问卷调研与一系列实证检验，最终实证检验了资源视角、激活视角、自我决定视角和匹配视角下的公务员变革行为形成机制。

最后，分别从本书的实证结果和我国干部管理实践出发，从操作层面回答了如何提升我国公务员的变革行为。一方面，结合一系列实证检验结论，借鉴国内外文献中提出的政策和建议，围绕着领导驱动力、制度障碍、制度激励和内生动力四个方面，为公务员变革行为培养提供系统的推进路径；另一方面，从我国干部管理理论与实践出发，从担当作为新要求、抓好关键少数、力戒形式主义和官僚主义、加强干部队伍建设和"不忘初心，牢记使命"主题教育等干部管理实践的视角，讨论了我国公务员变革行为本土化研究的展望。

二 研究框架

围绕着"在我国政府部门中如何推进公务员变革行为"这一核心研究问题以及"文献综述—理论基础与分析框架—研究模型构建与实证检验—推进路径—研究展望"的研究思路，本书分为八章，全书的章节框架如图1-11所示。

第一章 绪论。该章从我国当前国内外的政治环境出发，引出公务员变革行为研究的重要性；并在对变革行为及相关行为系统文献综述和述评的基础上，寻找研究不足，提出以领导成员交换关系、繁文缛节、工作安全和公共服务动机作为切入点，分别讨论领导驱动力、制度障碍、制度激励和内生动力对公务员变革行为的影响；最后，总结了本书的研究问题、研究思路、研究框架和研究方法。

第二章 理论基础与分析框架。该章在对变革行为文献进行系统梳理

第一章 绪论

```
第一章 → 绪论
         ├── 研究背景
         ├── 变革行为文献综述
         └── 公共部门变革相关行为文献计量分析

第二章 → 理论基础与分析框架
         ├── 变革行为的概念解析与测量
         ├── 理论基础
         └── 分析框架

第三章至第六章 → 研究模型假设提出与实证检验
         ├── 资源视角：资源转化为变革行为
         ├── 激活视角：从刺激源到变革行为
         ├── 自我决定视角：从信息的双重性到变革行为
         └── 匹配视角：动机转化为变革行为

第七章 → 推进路径
         ├── 强化领导支持，树立变革思维
         ├── 破除制度障碍，释放变革活动
         ├── 完善制度激励，厚植变革土壤
         └── 激发内生动力，坚定变革信念

第八章 → 本土化研究展望
         ├── 担当作为与变革行为
         ├── "关键少数"与变革行为
         ├── 形式主义、官僚主义与变革行为
         ├── 干部队伍建设与变革行为
         └── "不忘初心、牢记使命"与变革行为
```

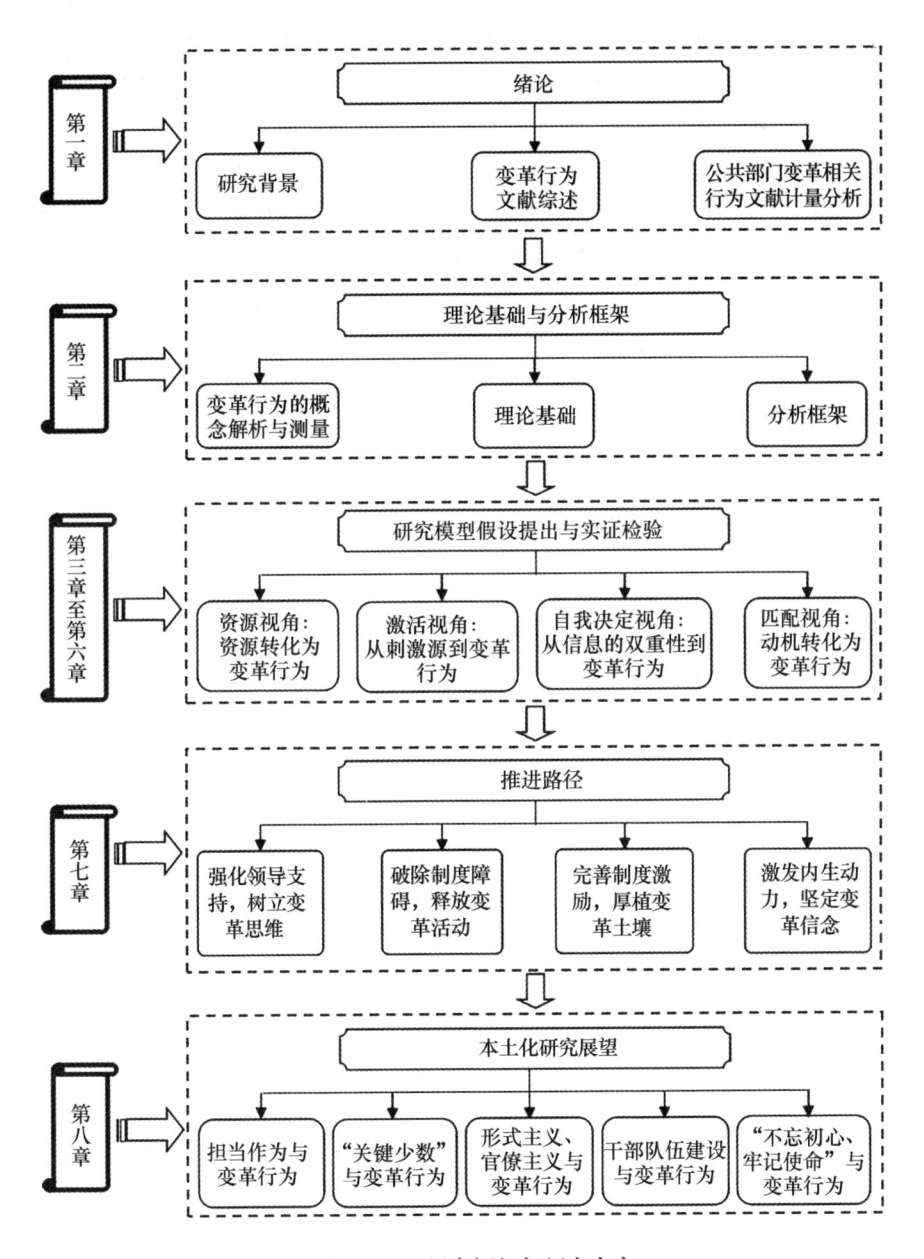

图 1-11　研究框架与研究内容

资料来源：笔者自制。

的基础上，清晰界定和辨析了变革行为概念和系统介绍了资源保存理论、激活理论、自我决定理论、个人—环境匹配理论和公共服务动机理论的主要内容和理论应用，总结提出了公务员变革行为形成机制分析框架，即本书实证研究模型的总思路。

第三章至第六章 研究模型构建与实证检验。根据第二章总结的公务员变革行为形成机制分析框架，第三章至第六章分别基于资源视角、激活视角、自我决定视角和匹配视角对公务员变革行为形成机制进行了深入的理论探讨和实证检验。这四章主要是围绕着领导驱动力、制度障碍、制度激励和内生动力四个方面，对领导成员交换关系、繁文缛节、工作安全和公共服务动机与公务员变革行为二者之间的关系、影响机制与边界条件进行理论模型构建和实证检验，其中涉及了有调节的中介模型、有调节的倒 U 形曲线中介模型、U 形曲线中介模型等前沿实证研究模型。

第七章 推进路径。基于第三章至第六章的实证分析结论，该章总结了资源—投资机制、刺激—修正机制、干预—评估机制和个人—环境匹配机制四类公务员变革行为形成机制，并提出了"强化领导支持，树立变革思维""破除制度障碍，释放变革活力""完善制度激励，厚植变革土壤"和"激发内生动力，坚定变革信念"四条公务员变革行为的推进路径，具体包括了诸如"提升领导干部变革型领导力"等十条具体举措。

第八章 本土化研究展望：推动变革行为研究与中国干部管理理论与实践的结合。立足本书前述章节的讨论，本章进一步基于完善本土化研究的视角，探讨了如何根据中国干部管理的理论与实践有效推进未来的变革行为研究。具体而言，该章从担当作为新要求、抓好"关键少数"、力戒形式主义和官僚主义、加强干部队伍建设和"不忘初心、牢记使命"主题教育等我国干部管理的理论与实践入手，讨论了上述内容对公务员变革行为未来研究的启示。

三 研究思路

围绕着上述核心研究问题，本书的基本思路将以"文献综述—理论基础与分析框架—研究模型构建与实证检验—推进路径—研究展望"展开。其中，针对公务员变革行为系统的文献综述与述评是本书的研究基础，针对以往研究不足，选取领导成员交换关系、繁文缛节、工作安全和公共服务动机作为切入点，分别讨论领导驱动力、制度障碍、制度激励和内生动力对公务员变革行为的影响。进一步地，以资源保存理论、激活理论、自我决定理论、个人—环境匹配理论和公共服务动机理论为理论基础，结合访谈材料分别构建了资源视角、激活视角、自我决定视角和匹配视角四种不同理论视角下公务员变革行为的形成机制研究模型，在实证检验的基础上根据研究结论，借鉴国内外研究成果，提出公务员变革行为的推进路径。最后，基于我国干部管理的理论发展与实践情况，讨论了担当作为新要求、抓好关键少数、力戒形式主义和官僚主义、加强干部队伍建设和"不忘初心，牢记使命"主题教育等干部管理实践对于公务员变革行为未来研究的展望。

四　研究方法

根据研究内容，本书所涉及的研究方法具体如下：

（1）规范研究与文献计量分析。在整理和分析国内外已有文献与知识图谱分析的基础上，本书将融合政治学、公共人力资源管理、公共组织行为学和领导学等多学科的专业理论，对我国公务员变革行为的研究现状、推进路径与研究展望等内容进行规范分析和定性演绎。

（2）访谈法。为了进一步增强理论和假设推导的说服力，本书在理论分析和假设提出部分还增加了一些半结构化访谈的文本作为论据。访谈对象主要以 J 市机关和基层公务员为主，按比例进行抽样，共有效访谈 34 人。其中，男性 23 人（67.65%），女性 11 人（32.35%）；行政编制 16 人（47.06%），事业编制 18 人（52.94%）；25 岁及以下 3 人（8.82%），26—30 岁 7 人（20.59%），31—35 岁 21 人（61.76%），35 岁以上 3 人（8.82%）；大专及以下学历 3 人（8.82%），本科学历 23 人（67.65%），硕士研究生学历 7 人（20.59%），博士研究生学历 1 人（2.94%）；工作年限为 0—5 年的 13 人（38.24%），6—10 年的 8 人（23.53%），10 年以上的 13 人（38.24%）。

访谈问题主要包括"您（领导、同事）在工作中会不会对工作理念、政策和程序有做出调整/改变的想法并付诸实践？""您（领导、同事）在工作中对工作理念、政策和程序做出调整/改变的想法并付诸实践的初衷是（领导因素、制度因素、个人因素）？如果没有，也请谈谈您为什么不愿意或者没能在工作中做出调整/改变。"通过对 34 名机关和基层公务员的访谈，笔者整理了近 16 万字的访谈文本，并根据访谈日期和访谈名单顺序进行编码，如 J01，J02，J03，等等。其中，"J"代表了访谈的月份，即 7 月；"01""02""03"等则代表了访谈对象在访谈名单中的排序。该访谈文本将为本书的理论推导和研究假设的提出提供现实依据。

（3）问卷调研法。问卷调研是第三章到第六章实证研究的重要数据来源，问卷调研对象以 F 省公务员为主，具体问卷调研的研究设计将在这些章节中详细阐述。值得注意的是，本书在问卷数据收集中还采用了滞后时间设计，旨在规避横向研究设计变量之间的内生性问题，从而更为严谨地检验变量间的因果关系。

（4）实证研究。本书主要采用 SPSS 22.0、AMOS 17.0 和 MPLUS 7.0 等统计分析软件对问卷数据进行实证分析，具体运用信度分析、验证性因子分析、区分效度检验、相关分析、回归分析和 Bootstrap 检验等统计方法对相关研究假设进行了实证检验。

（5）案例研究。为了更加形象和深刻地展现公务员变革行为在现实工作场域中是如何发生的，以及各类不同的因素如何具体作用于公务员变革行为的生成，增强实证研究结论的说服力和外推性，本书在第三章至第六章的结论与讨论部分进一步采用了案例研究方法佐证实证研究中的相关发现，旨在深化对变革行为形成机制的逻辑机理解释。同访谈一致，相关典型案例主要来源笔者针对 J 市机关和基层公务员开展的调查研究。

（6）政策文本分析。在干部管理政策文本分析中，本书采用 R 语言绘制高频关键词的词云图和利用 ROSTCM 6.0、Gephi 0.9 进行语义网络分析，为提出担当作为、"关键少数"、形式主义和官僚主义、干部队伍建设和"不忘初心、牢记使命"等干部管理实践与公务员变革行为之间可能存在的研究契机奠定基础。

具体每一章节所涉及的方法如表 1-7 所示。

表1-7　　　本书各部分内容运用的研究方法汇总

研究内容		规范研究	文献计量	问卷调研访谈	纵向追踪研究	实证研究	政策文本分析
第一章	绪论	√	√				
第二章	理论基础与分析框架	√					
第三章至第六章	形成机制构建与实证检验	√		√	√	√	
第七章	推进路径	√					
第八章	研究展望	√	√				√

资料来源：笔者自制。

第五节 研究创新与不足

一 研究创新

本书可能在以下几方面具有重要的研究创新与边际贡献。

(1) 从多个理论视角探讨并揭示了公务员变革行为的形成机制。本书运用资源保存理论、激活理论、自我决定理论、个人—环境匹配理论和公共服务动机理论系统地讨论了领导成员交换关系、繁文缛节、工作安全、公共服务动机等因素对于变革行为的复杂影响机制,总结了资源—投资机制、刺激—修正机制、干预—评估机制和个人—环境匹配机制四类公务员变革行为形成机制,为公务员变革行为形成机制的系统性研究提供了独特的研究视角。

(2) 探索并丰富了多种前沿实证研究方法在公共管理领域特别是公务员变革行为研究领域的运用。本书较早地采用有调节的中介模型、U 形曲线模型以及有调节的倒 U 形曲线模型等前沿实证模型对变革行为进行检验,为公务员变革行为研究领域的实证模型构建提供了新的研究思路,拓展了该领域的研究方法。同时,本书针对变革行为以及担当作为、"关键少数"、形式主义和官僚主义、干部队伍建设和"不忘初心、牢记使命"等相关文献进行了知识图谱分析,并对担当作为等政策文本采用 R 语言绘制高频关键词的词云图以及利用 ROSTCM 6.0、Gephi 0.9 进行语义网络分析,也为相关领域进行定量与定性相结合的研究提供了有价值的参考。

(3) 为多学科理论视角的融合提供了新的理论思考和经验证据。本书根植于我国干部管理的相关重要政策与实践背景,力图综合运用政治学、公共人力资源管理、公共组织行为学和领导学等领域的相关理论,系统深入地探究我国公务员变革行为背后深刻的形成机制、理论解释及其推进路径。本书对多学科融合视角下公务员变革行为的理论分析、检验与探索,在理论上为进一步构建和完善中国特色公务员变革行为的理论分析框架,推进基于交叉学科理论视角廓清公务员变革行为背后的理论逻辑提供了新的理论思考和经验证据,在实践上则为优化我国干部队伍管理建设、推动公务员变革行为提供了有益的参考和借鉴。

二 研究不足

诚然,本书也不可避免地存在一定的研究不足。

首先，本书主要关注一般意义上的公务员变革行为，而对具体实践情境中的变革行为的讨论较少。现有文献主要将变革行为视为一个普适性问题加以探讨，并开发出了适用于各个场域、不同情境的权威量表，进而对变革行为的一般影响因素和影响效果展开实证研究。本书遵循该研究思路，重点研究一般意义上的公务员变革行为及其形成机制。必须承认的是，尽管该研究范式具有一定的合理性和优势，但也在一定程度上忽视了对具体领域变革行为及其形成机制差异的深入讨论。因此，未来的研究可尝试对既有量表进行情境化修正，并在不同情境中讨论公务员变革行为的具体表现与形成机制，以期对其形成更为全面深刻的认识。

其次，由于人力、物力等客观条件的限制，本书的调查范围主要集中在F省内，该研究样本不可避免地具有一些局限性。但应该指出，选择F省公务员作为研究样本仍然具有较强的代表性。从F省基本情况来看，该省省内各地区的发展并不均衡，各地区在经济发展、社会治理、政府治理方面差异较大，且其在地形分布上既囊括了沿海地区也有内陆山区，能够在一定程度上代表中国不同地区的情况。同时，为了缓解单一省份的调查范围对研究成果支撑性和说服力带来的不利影响，本书在定量分析基础上进一步补充了相关的案例和访谈以佐证实证研究结论，从而提升了研究结论的说服力和外推性。尽管如此，研究样本的地域局限仍然是本书的一个研究不足。对此，未来的研究可以采取诸如扩大调研范围、增加研究样本数量等策略提升样本的代表性，增强研究结论的效度。

再次，本书对主要变量（如领导成员交换关系、变革行为、变革义务感以及公共服务动机等）的测度均采用西方较为成熟的测量量表，缺乏对本土情境适用性的深入讨论。虽然我们在研究中通过咨询专业人士尽可能保证量表翻译转换后符合中国现实环境，但这些量表本质上仍然是对西方已有成果的沿用，未必完全适用于中国情境。鉴于此，未来的研究可以进一步关注西方情境与中国情境的差异，结合具体的本土化情境开发相关量表，并将其用于中国情境的实证研究。

最后，本书的所有数据均来自公务员的自我感知打分，这在一定程度上会带来回忆偏差和社会期许偏差问题。虽然本书在部分章节中采用了两阶段研究设计尽可能地克服这一问题，而且所有的问卷量表也通过了信效度检验，但是上述两类偏差仍然可能存在潜在的负面影响。未来的研究还可以采用纵向设计、实验法、领导/同事—员工配对样本等研究设计更加精准地识别变量间的因果关系。比如，在测量变革行为时，不仅要关注公务员的自我打分，还可以通过上级领导或同事的打分更客观地评价公务员的变革实践；又如，对于领导成员关系、繁文缛节、工作安全、变革型领导这类组织因素，可采用领导评价或员工聚合的方式进行测量，并进一步运用跨层次回归模型予以更为精确的检验。

第二章 理论基础与分析框架

诚如首章强调，公务员变革行为研究是公共管理领域一个新兴而又重要的研究话题。因此，考虑到对公务员变革行为的研究离不开相关概念界定与理论应用，本章在清晰界定变革行为这一概念的基础上，系统地介绍了资源保存理论、激活理论、自我决定理论、个人—环境匹配理论和公共服务动机理论的主要内容和理论应用。其中，资源保存理论、激活理论、自我决定理论和个人—环境匹配理论是经典、前沿的管理学理论；而公共服务动机理论则是公共部门人力资源管理中具有公共部门特色的个体动机理论。上述概念界定和理论介绍为后续公务员变革行为形成机制分析框架的提出，提供了重要的文献和理论基础。

第一节 变革行为的概念解析与测量

一 变革行为的概念解析

变革行为是传统型组织公民行为这一概念的延伸，[1][2] 它是在外部环境和组织变革需求加剧的背景下提出的。传统型组织公民行为亦称为关系导向型组织公民行为，即为 Organ 首次提出的组织公民行为这一概念，[3][4]

---

[1] Morrison, E. W. and Phelps, C. C., "Taking Charge at Work: Extra Role Efforts to Initiate Workplace Change", *Academy of Management Journal*, Vol. 42, No. 4, 1999, pp. 403 – 419.

[2] Bettencourt, L. A., "Change – oriented Organizational Citizenship Behaviors: The Direct and Moderating Influence of Goal Orientation", *Journal of Retailing*, Vol. 80, No. 3, 2004, pp. 165 – 180.

[3] Choi, J. N., "Change – oriented Organizational Citizenship Behavior: Effects of Work Environment Characteristics and Intervening Psychological Process", *Journal of Organizational Behavior*, Vol. 28, No. 4, 2007, pp. 467 – 484.

[4] Han, Y., Sears, G. and Zhang, H. Y., "Revisiting the 'Give and Take' in LMX: Exploring Equity Sensitivity as a Moderator of the Influence of LMX on Affiliative and Change – oriented OCB", *Personnel Review*, Vol. 47, No. 2, 2018, pp. 555 – 571.

界定为能够对有利于任务绩效的组织社会和心理环境提供维持和增强作用的个体行为。① 该概念侧重于关注亲和的表现形式，如利他行为、文明礼貌、运动员精神、责任意识和公民美德等。② 具体而言，变革行为是指个人为改变工作现状和组织绩效，针对工作理念、政策和程序进行改进的建设性行为。③ 与传统的组织公民行为侧重于保持和加强现状不同，变革行为更加强调组织内员工发挥主观能动性，打破现有社会关系，具有激烈性、推动性、挑战性等特点，当然这也使得员工在工作场所中更有可能处于被动的地位。进一步地，为了深刻地解析变革行为，本节将对变革行为与任务绩效、建言行为、担当与主动性行为、个体行为和个体工作绩效等概念进行辨析。

首先，变革行为与任务绩效。任务背景和社会背景是组织构成诸如社会技术系统理论的两大基础。Borman 和 Motowidlo 通过对前人研究的总结，结合自己的研究，提出了著名的"关系绩效—任务绩效"二维模型。④ 其中，任务绩效与角色内绩效同义，与工作分析中组织所规定必须履行的工作内容密切相关。具体地，当员工在组织关键技术流程中运用与工作有关的技术和知识生产产品或提供服务时，或完成某项特定的任务以支撑组织的关键职能发挥作用时，他们的表现被视为任务绩效。

随着组织所面对的外部环境的不确定性和相互依赖性越来越强，仅仅关注工作说明书所规定的任务绩效难以涵盖所有对于组织有效和贡献的个体行为。⑤ 因此，任务绩效的界定也在不断地变化。个体的任务绩效是组织效率最重要的个体产出。所有这类绩效的类型都与核心的职责和工作的责任相关，并且直接与正式工作描述所列的职责相关。Mcshane 和 Von

---

① Organ, D. W., *Organizational Citizenship Behavior: The Good Soldier Syndrome*, Lexington, MA: Lexington Books, 1988.

② Choi, J. N., "Change-oriented Organizational Citizenship Behavior: Effects of Work Environment Characteristics and Intervening Psychological Process", *Journal of Organizational Behavior*, Vol. 28, No. 4, 2007, pp. 467–484.

③ Choi, J. N., "Change-oriented Organizational Citizenship Behavior: Effects of Work Environment Characteristics and Intervening Psychological Process", *Journal of Organizational Behavior*, Vol. 28, No. 4, 2007, pp. 467–484.

④ Borman, W. C. and Motowidlo, S. J., "Expanding the Criterion Domain to Include Elements of Contextual Performance", in Schmitt, N., Borman, W. C. and associates, eds. *Personnel Selection in Organizations*, San Francisco: Jossey-Bass, 1993.

⑤ Griffin, M. A., Neal, A. and Parker, S. K., "A New Model of Work Role Performance: Positive Behavior in Uncertain and Interdependent Contexts", *Academy of Management Journal*, Vol. 50, No. 2, 2007, pp. 327–347.

Glinow 的经典著作将任务绩效划分为常规型、适应型和主动型三类。① 其中，主动型也称为创新的任务绩效，指员工如何发挥主观能动性去参与到新的工作模式中以焕发组织活力。这一类型的任务绩效与变革行为多强调的"创新"和"发挥主观能动性"具有相似之处，而两者最重要的区别在于是否是组织直接、正式规定的工作内容。

其次，变革行为与建言行为、担当、主动性行为。根据 Bettencourt 的定义，变革行为是指"个人超越既有工作任务要求，识别和执行有关组织工作程序、方法和政策完善的建设性和角色外的努力"②。虽然 Bettencourt 首次提出变革行为，但其并没有对该概念的表现形式作过多的介绍。Choi 肯定和沿用了这一概念，并进一步认为，变革行为实际上是一种整合的视角，可以将原有的概念如个体自主性、任务修正、建言、创新行为、变革担当行为整合在这样一个概念体系中。Choi 指出，上述概念虽然存在细微的差别，但本质上都反映了员工对工作和任务环境的建设性改变，而变革行为的提出刚好顺应了概念整合和现实发展的需要。③

再次，变革行为与个体行为、个体工作绩效。Mcshane 和 Von Glinow 提出的五种类型的个体行为：任务绩效、组织公民行为、反生产行为、出勤率以及加入和保留在一个组织。④ 因此，变革行为是组织中个体的行为表现之一。组织行为学中的个体工作绩效是指一系列促进或阻碍组织目标实现的员工行为。⑤⑥ 从这一定义可以看出：（1）无论是促进组织目标实现的个体积极行为，还是阻碍组织目标实现的个体消极行为均是个体工作绩效的表现；（2）行为与绩效的关系。不是所有的行为都是绩效，能成为绩效的行为是与组织目标实现相关的。结合变革行为的定义，可以发现变革行为聚焦解决组织存在的问题以及为组织发展提出建议，因此对于组

---

① Mcshane, S. L. and Von Glinow, M. A., *Organizational Behavior: Emerging Knowledge, Global Reality*, Mc Graw Hill Education, 2018.

② Bettencourt, L. A., "Change-oriented Organizational Citizenship Behaviors: The Direct and Moderating Influence of Goal Orientation", *Journal of Retailing*, Vol. 80, No. 3, 2004, pp. 165–180.

③ Choi, J. N., "Change-oriented Organizational Citizenship Behavior: Effects of Work Environment Characteristics and Intervening Psychological Process", *Journal of Organizational Behavior*, Vol. 28, No. 4, 2007, pp. 467–484.

④ Mcshane, S. L. and Von Glinow, M. A., *Organizational Behavior: Emerging Knowledge, Global Reality*, Mc Graw Hill Education, 2018.

⑤ Colquitt, A., LePine, J. A. and Wesson, M. J., *Organizational Behavior Improving Performance and Commitment in the Workplace*, McGraw Hill Education, 2015.

⑥ Robbins, S. P. and Judge, T. A., *Organizaitonal Behavior*, Global edition, 2017.

织具有积极作用,并且支持组织目标的实现。①

最后,综上所述,可以得出以下结论:(1)变革行为是个体在组织中所表现出的一种行为类型,是一种对组织有益的工作绩效;(2)早期的变革行为研究,将其定义为个体的一种角色外行为,是传统组织公民行为的延伸;(3)随着任务绩效内涵的不断扩展,变革行为有可能成为组织所规定的弹性或鼓励的角色行为;(4)变革行为与建言行为、担当和创新行为等概念具有较大的相似性,但也存在一些细微的差别。

二 变革行为的测量

综观现有文献,学者们使用的变革行为量表工具均较为统一。已有实证研究大多以 Morrison 和 Phelps 开发的量表为测量工具。②③ 该量表以 MBA 学生为样本,将变革导向的员工行为操作化为"这个人经常试图通过改进的程序来完成他或她的工作"等十个项目,采用李克特 5 点计分法进行评分。Bettencourt 将上述量表运用于变革行为的测量,在进行信效度检验的基础上,保留了其中的九个条目,采用李克特 7 点计分法进行评分。④ Vigoda - Gadot 和 Beeri 首次在公共部门检验变革行为,并沿用了 Bettencourt 使用的测量量表,具体包括"努力地采用改善后的程序来工作""努力改变工作完成的方式以提高效率""努力为组织引进改善后的工作程序""努力建立提高组织工作效率的新的工作方法""为改善组织的运作,提出建设性意见""努力纠正不够完善/错误的工作程序或措施""努力消除多余的或不必要的工作环节""努力为部门面临的问题提出解决措施"和"努力引进新的工作方法以提升工作效率"九

---

① Bettencourt, L. A., "Change - oriented Organizational Citizenship Behaviors: The Direct and Moderating Influence of Goal Orientation", *Journal of Retailing*, Vol. 80, No. 3, 2004, pp. 165 - 180.

② Mcallister, D. J., Kamdar, D. and Morrison, E. W., et al., "Disentangling Role Perceptions: How Perceived Role Breadth, Discretion, Instrumentality, and Efficacy Relate to Helping and Taking Charge", *Journal of Applied Psychology*, Vol. 92, No. 5, 2007, pp. 1200 - 1211.

③ Li, N., Chiaburu, D. S. and Kirkman, B. L., et al., "Spotlight on the Followers: An Examination of Moderators of Relationships between Transformational Leadership and Subordinates' Citizenship and Taking Charge", *Personnel Psychology*, Vol. 66, No. 1, 2013, pp. 225 - 260.

④ Bettencourt, L. A., "Change - oriented Organizational Citizenship Behaviors: The Direct and Moderating Influence of Goal Orientation", *Journal of Retailing*, Vol. 80, No. 3, 2004, pp. 165 - 180.

条目量表，采用李克特 5 点计分法进行评分。① 进一步地，国内关于变革行为的研究也均沿用了这九条目的测量量表。②③④

此外，相似概念如变革担当行为、主动性行为的测量还有以下测量量表。Dysvik 等还提出了自我报告变革担当行为的想法（α = 0.86），它与 Morrison 和 Phelps 量表采用同样的尺度进行衡量，包括"我经常尝试制定对公司更有效的新工作方法"等 10 条目。⑤ 在此基础上，部分学者根据具体情境对量表项目进行适当删减。Xu 等选取其中三个具有最高系数负荷的项目来衡量变革担当行为的程度。⑥ Li 从原始量表中选择六个最高因子载荷量来衡量下属的变革担当行为程度。⑦ 此外，我国学者也针对中国情境开发修订担当行为的量表。张树旺等参考 Parker 和 Collins⑧ 关于主动性行为的研究成果，将敢于担当行为划分为主动工作行为、个体—组织匹配行为和主动战略行为三维度。问卷共包括"为了单位的利益，我敢于发表与领导相左的建议""在单位中提出新设想并积极实施"等 10 个项目。⑨ 另外，我国学者李力基于中国情境将担当行为划分为自我担当、家庭担当、集体担当和国家社会担当四个维度，量表共有 4 个条目，具体条目如下："我一直为自己规划人生，尽力不依赖他人""我对父母很孝顺，对男（女）朋友保持高度忠诚"

---

① Vigoda - Gadot, E. and Beeri, I., "Change - oriented Organizational Citizenship Behavior in Public Administration: The Power of Leadership and the Cost of Organizational Politics", *Journal of Public Administration Research and Theory*, Vol. 22, No. 3, 2012, pp. 573 - 596.

② 陈振明、林亚清：《政府部门领导关系型行为影响下属变革型组织公民行为吗？——公共服务动机的中介作用和组织支持感的调节作用》，《公共管理学报》2016 年第 1 期。

③ 林亚清、张宇卿：《领导成员交换关系会影响公务员变革组织公民行为吗？——变革义务感的中介作用与公共服务动机的调节作用》，《公共行政评论》2019 年第 1 期。

④ 谭新雨：《外部环境变迁、服务动机激励与基层公务员变革行为——基于中国 4 省基层公务员调查的混合研究》，《公共行政评论》2019 年第 6 期。

⑤ Dysvik, A., Kuvaas, B. and Buch, R., "Perceived Investment in Employee Development and Taking Charge", *Journal of Managerial Psychology*, Vol. 31, No. 1, 2016, pp. 50 - 60.

⑥ Xu, Q., Zhao, Y. X. and Xi, M., et al., "Impact of Benevolent Leadership on Follower Taking Charge Roles of Work Engagement and Role - breadth Self - efficacy", *Chinese Management Studies*, Vol. 12, No. 4, 2018, pp. 741 - 755.

⑦ Li, S. L., "When and Why Empowering Leadership Increases Followers' Taking Charge: A Multilevel Examination in China", *Asia Pacific Journal of Management*, Vol. 32, No. 3, 2015, pp. 645 - 670.

⑧ Parker, S. K. and Collins, C. G., "Taking Stock: Integrating and Differentiating Multiple Proactive Behaviors", *Journal of Management*, Vol. 36, No. 3, 2010, pp. 633 - 662.

⑨ 张树旺、卢倩婷、Jeff, W. 等：《论组织支持感对基层公务员敢于担当行为的影响——基于珠三角地区的调查数据》，《华南理工大学学报》（社会科学版）2017 年第 4 期。

"我在我的组织中与同事关系保持融洽,努力为他人着想"和"我遵纪守法,努力工作,积极创新"。①

三 变革行为在公共部门中研究的适用性

早期的文献主要以私人部门为背景对变革行为展开研究,探讨组织愿景、创新气候、领导—成员交换关系等情境因素在激发员工此类行为上的重要影响。②③ Vigoda – Gadot 和 Beeri 首次将变革行为引入公共部门,认为激励公职人员参与变革行为有助于精简繁文缛节、克服缓慢程序、提升公共服务质量以及构建和谐健康的政府与公民关系。④ 在此之后,越来越多的公共管理学者开始进一步挖掘变革行为在政府部门的适用性和实践价值,并深入探讨如何有效激发公务员的变革行为。这些研究认为,在等级分明、规则导向的政府部门中,公共服务动机和领导支持是催生其成员参与变革行为的力量源泉,其中领导的支持可外显为变革型领导、领导关系型行为、领导—成员交换等积极领导因素的影响。⑤⑥ 而后,随着中国政府对于干部担当作为越发关注,2018 年 5 月中共中央办公厅印发了《关于进一步激励广大干部新时代新担当新作为的意见》(简称《意见》),公务员变革行为逐渐进入中国公共管理学者的研究视野,至今方兴未艾。相关实证研究探讨了中国政府情境下公务员公共服务动机与其变革行为的积极关系,⑦ 并创新性地检验了领导变革行为、领导公共服务动机、授权型

---

① 李力:《青年"担当"行为意愿研究——基于结构计划行为理论(DTPB)》,《中国青年研究》2018 年第 3 期。

② Bettencourt L. A., "Change – oriented Organizational Citizenship Behaviors: The Direct and Moderating Influence of Goal Orientation", *Journal of Retailing*, Vol. 80, No. 3, 2004, pp. 165 – 180.

③ Choi J. N., "Change – oriented Organizational Citizenship Behavior: Effects of Work Environment Characteristics and Intervening Psychological Processes", *Journal of Organizational Behavior*, Vol. 28, No. 4, 2007, pp. 467 – 484.

④ Vigoda – Gadot E., Beeri I., "Change – oriented Organizational Citizenship Behavior in Public Administration: The Power of Leadership and the Cost of Organizational Politics", *Journal of Public Administration Research and Theory*, Vol. 22, No. 3, 2012, pp. 573 – 596.

⑤ 陈振明、林亚清:《政府部门领导关系型行为影响下属变革型组织公民行为吗?——公共服务动机的中介作用和组织支持感的调节作用》,《公共管理学报》2016 年第 1 期。

⑥ Rainey H. G. and Steinbauer P., "Galloping Elephants: Developing Elements of a Theory of Effective Government Grganizations", *Journal of Public Administration Research and Theory*, Vol. 9, No. 1, 1999, pp. 1 – 32.

⑦ 林亚清:《限制抑或激活:繁文缛节如何影响公务员变革行为?》,《公共行政评论》2021 年第 3 期。

领导等领导因素对下属变革行为的促进作用。①②③

值得注意的是，越来越多的研究发现公务员变革行为在中国政府部门情境中广泛存在，且不同职级的公务员均可能发生变革行为。譬如，陈振明和林亚清以科员及以下、副科、正科和副处及以上四个级别的厦门市公务员为研究样本，研究发现政府部门领导关系型行为有助于促进公务员变革行为，公共服务动机在其中扮演了中介角色。④ 类似地，Chen 等以天津市人力资源部门组织的公务员改革能力培训课程中各个专业职位的 267 名公务员为样本，实证发现授权型领导对变革行为具有显著的促进作用。⑤ 与此同时，亦有研究聚焦"基层干部"或"基层公务员"的变革行为研究，认为基层公务员同样可以开展变革行为。⑥⑦ 例如，谭新雨对基层执法部门和乡镇政府公务员的定性访谈观察到，变革行为的确越来越多地发生在基层公务员身上，具体表现为"在推进基层党建与精准扶贫有机结合过程中，一线干部需拓展新思路、探索新方法让改革更贴近群众""积极思考如何创新'营改增'宣传方式、改进服务方式、引入服务技巧"等。⑧ 可见，公务员变革行为不仅出现在职级较高的公务员，也发生在长期接触一线、对于工作程序和方法较为熟悉的基层公务员中。

---

① 陈鼎祥、刘帮成：《基层公务员变革担当行为的形成机理研究——公共服务动机的涓滴效应检验》，《公共管理评论》2021 年第 1 期。
② 谭新雨：《外部环境变迁、服务动机激励与基层公务员变革行为——基于中国 4 省基层公务员调查的混合研究》，《公共行政评论》2019 年第 6 期。
③ 谭新雨、朴龙：《为担当者担当：基层领导干部担当作为的"涓滴效应"研究》，《公共管理评论》2022 年第 2 期。
④ 陈振明、林亚清：《政府部门领导关系型行为影响下属变革型组织公民行为吗？——公共服务动机的中介作用和组织支持感的调节作用》，《公共管理学报》2016 年第 1 期。
⑤ Chen D., Zhang Y. and Ahmad A. B., et al., "How to Fuel Public Employees' Change-oriented Organizational Citizenship Behavior: A Two-wave Moderated Mediation Study", *Review of Public Personnel Administration*, 2021.
⑥ 陈鼎祥、刘帮成：《基层公务员变革担当行为的形成机理研究——公共服务动机的涓滴效应检验》，《公共管理评论》2021 年第 1 期。
⑦ 谭新雨：《外部环境变迁、服务动机激励与基层公务员变革行为——基于中国 4 省基层公务员调查的混合研究》，《公共行政评论》2019 年第 6 期。
⑧ 谭新雨：《外部环境变迁、服务动机激励与基层公务员变革行为——基于中国 4 省基层公务员调查的混合研究》，《公共行政评论》2019 年第 6 期。

第二节 理论基础

一 资源保存理论

资源保存理论（Conservation of resource theory，以下简称 COR 理论）于 1988 年由 Hobfoll 首次较为系统地提出，① 历经 30 多年的发展完善，该理论已成为组织心理和组织行为学研究领域引用率最高的理论之一。作为一种经典的压力理论，其早期旨在解释和揭示工作场所中普遍的压力现象，并更为深入地讨论耗竭产生的过程。COR 理论既关注产生压力的环境也关注压力产生的后果，并提出了促进工作场所压力预测、压力产生的结果和潜在的限制压力和耗竭的干预机制。② 近年来，COR 理论也被广泛地视为一种激励理论。③ 例如，Halbesleben 等详细阐释了个体保存资源和获取资源的动机，着重突出了 COR 理论作为动机理论的本质。④

该理论的一大核心概念"资源"的界定，引起了学术界的大量讨论。早期 COR 理论对资源的定义及分类更注重其客观共享的普遍价值成分，⑤ Halbesleben 等进一步在这一概念中纳入了主观感知和评估因素，重新定义资源为"个体认为有助于实现其目标的事物"。这一定义强调了个体对资源价值的主观感知，而并非这些资源切实在目标实现中发挥了促进作用。⑥ 同时，目标导向的性质也暗示了资源的价值将会随着情境的改变而

---

① Hobfoll, S. E., "Conservation of Resources – A New Attempt at Conceptualizing Stress", *American Psychologist*, Vol. 44, No. 3, 1989, pp. 513–524.

② Hobfoll, S. E., "Conservation of Resources – A New Attempt at Conceptualizing Stress", *American Psychologist*, Vol. 44, No. 3, 1989, pp. 513–524.

③ Hobfoll, S. E., "The Influence of Culture, Community, and the Nested – self in the Stress Process: Advancing Conservation of Resources Theory", *Applied Psychology – an International Review – Psychologie Appliquee – Revue Internationale*, Vol. 50, No. 3, 2001, pp. 337–370.

④ Halbesleben, J. R. B., Neveu, J. P. and Paustian – Underdahl, S. C., et al., "Getting to the 'COR': Understanding the Role of Resources in Conservation of Resources Theory", *Journal of Management*, Vol. 40, No. 5, 2014, pp. 1334–1364.

⑤ Hobfoll, S. E., "The Influence of Culture, Community, and the Nested – self in the Stress Process: Advancing Conservation of Resources Theory", *Applied Psychology – an International Review – Psychologie Appliquee – Revue Internationale*, Vol. 50, No. 3, 2001, pp. 337–370.

⑥ Halbesleben, J. R. B., Neveu, J. P. and Paustian – Underdahl, S. C., et al., "Getting to the 'COR': Understanding the Role of Resources in Conservation of Resources Theory", *Journal of Management*, Vol. 40, No. 5, 2014, pp. 1334–1364.

发生显著变化。① 值得注意的是，Hobfoll 强调虽然大部分的资源均具有普遍的价值，但是资源的相对重要性有可能会根据文化的差异而不同。② 在此基础上，Halbesleben 等针对个体对资源价值的评判进一步区分了意识普适性路径（Nomotheic approaches）和特异性路径（Idiographic approaches）这两种方式，既强调了一些资源的普适价值，又强调了资源与个体当前需求（或目标）的匹配程度。

（一）主要内容

COR 理论的基本假设是个人总是在积极努力地获得、维持、保护和培育他们所重视的资源；这些资源的潜在或实际损失，对他们而言是一种威胁。这揭示了人们并不是被动地应对资源损失的威胁，反而是会主动应对各种情境的变化。特别地，当面临着核心或关键资源的潜在或实际损失带来的严重压力时，个体会积极调动资源防止或抵消损失以保护现有资源；而当压力较小时，人们将会努力利用机会创造资源盈余，建立可持续的资源池以备未来之需。经过 30 多年的发展，至 2018 年，学者们共总结出了 COR 五条原则和三条推论。

原则一：损失首要原则。损失被认为是所有心理压力源的核心，在心理上是最具威胁的。③ 在压力体验中，资源损失以其影响程度大、作用速度快、持续时间长的特点而比资源收益更为突出，人们往往会高估资源损失而低估资源收益。④ 这一原则得到了前景理论的支持。⑤ 该理论指出，损失梯度比增益梯度更陡，损失事件比数学上等价的收益事件风险更大。实证研究表明，资源损失能够有力预测创伤后应激障碍和心理压力。⑥

---

① Halbesleben, J. R. B., Neveu, J. P. and Paustian – Underdahl, S. C., et al., "Getting to the 'COR': Understanding the Role of Resources in Conservation of Resources Theory", *Journal of Management*, Vol. 40, No. 5, 2014, pp. 1334 – 1364.

② Hobfoll, S. E., "The Influence of Culture, Community, and the Nested – self in the Stress Process: Advancing Conservation of Resources Theory", *Applied Psychology – an International Review – Psychologie Appliquee – Revue Internationale*, Vol. 50, No. 3, 2001, pp. 337 – 370.

③ Hobfoll, S. E., "Conservation of Resources – A New Attempt at Conceptualizing Stress", *American Psychologist*, Vol. 44, No. 3, 1989, pp. 513 – 524.

④ Hobfoll, S. E., Halbesleben, J. and Neveu, J. P., et al., "Conservation of Resources in the Organizational Context: The Reality of Resources and their Consequences", *Annual Review of Organizational Psychology and Organizational Behavior*, Vol. 5, 2018, pp. 103 – 128.

⑤ Tversky, A. and Kahneman, D., "Judgement under Uncertainty: Heuristics and Biases", *Science*, Vol. 185, No. 4157, 1974, pp. 1124 – 1131.

⑥ Ironson, G., Wynings, C. and Schneiderman, N., et al., "A. Post – traumatic Stress Symptoms, Intrusive Thoughts, Loss, and Immune Function after Hurricane Andrew", *Psychosomatic Medicine*, Vol. 59, No. 2, 1997, pp. 128 – 141.

原则二：资源投资原则。"人们必须投入资源，以防止资源损失，从损失中恢复，并获得额外资源。"①② 该原则阐述了资源损失、获得和困境对于一系列健康行为的复杂关系。人们往往通过投资资源以防止健康资源的损失，例如，人们通过优质的睡眠或平衡的饮食从而保护免疫功能；通过请假养病或是花钱看医生以从健康资源的损耗中恢复过来；最后，通过花时间和金钱改善心血管健康从而获得进一步的健康资源。

因此，个体将他们的时间、精力等资源投入工作活动中，试图获得报酬、权力、晋升或满意等更珍贵的资源。③ 具体地，面临资源损失的压力时，个体期望未来获得相同资源或其他等价替代资源的收益而进行投资以减少资源的净损失。④⑤ 当目前并不存在较大压力时，个体也会积极努力地创造资源盈余，构建和维护其当前的资源储备以应对未来资源损失的可能性。研究发现，工作场所中的组织公民行为、建言等行为均可以视为资源投资。⑥

原则三：收益悖论原则。在资源损失的情况下，资源收益将会变得尤其重要。收益有助于保护个体免受未来的损失，并能提供一定安慰，⑦ 为资源匮乏的个体注入新的资源将对其力量和动力的提升方面产生重要的作用。这一原则与损失首要原则是相矛盾的，但同时也突出了 COR 理论的复杂性和较高的现实解释力。

原则四：资源绝境原则。在资源耗尽的情境下，个体可能会进入防御模式来保护具有攻击性的和非理性的自我。这种退缩策略为个体重新部署

---

① Hobfoll, S. E., "Conservation of Resources – A New Attempt at Conceptualizing Stress", *American Psychologist*, Vol. 44, No. 3, 1989, pp. 513 – 524.
② Hobfoll, S. E., "The Influence of Culture, Community, and the Nested – self in the Stress Process: Advancing Conservation of Resources Theory", *Applied Psychology – an International Review – Psychologie Appliquee – Revue Internationale*, Vol. 50, No. 3, 2001, pp. 337 – 370.
③ Hobfoll, S. E., "Conservation of Resources – A New Attempt at Conceptualizing Stress", *American Psychologist*, Vol. 44, No. 3, 1989, pp. 513 – 524.
④ Hobfoll, S. E., "Conservation of Resources – A New Attempt at Conceptualizing Stress", *American Psychologist*, Vol. 44, No. 3, 1989, pp. 513 – 524.
⑤ Hobfoll, S. E., Halbesleben, J. and Neveu, J. P., et al., "Conservation of Resources in the Organizational Context: The Reality of Resources and their Consequences", *Annual Review of Organizational Psychology and Organizational Behavior*, Vol. 5, 2018, pp. 103 – 128.
⑥ Astakhova, M. N., "The Curvilinear Relationship between Work Passion and Organizational Citizenship Behavior", *Journal of Business Ethics*, Vol. 130, No. 2, 2015, pp. 361 – 374.
⑦ Hobfoll, S. E., "The Influence of Culture, Community, and the Nested – self in the Stress Process: Advancing Conservation of Resources Theory", *Applied Psychology – an International Review – Psychologie Appliquee – Revue Internationale*, Vol. 50, No. 3, 2001, pp. 337 – 370.

应对方式、等待他人帮助或等待压力源的自行消失提供了一定的缓冲时间，①因而也具有一定的积极作用。这一战略旨在为以后的投资保存资源，有助于解释为什么在许多情况下个人在解决他们当前或潜在的压力源时看似不那么积极主动的问题。②特别地，这一原则虽然具有较高的解释力，但其研究却相对较少。③

原则五：资源车队和通道原则。资源是相互联系的而并非单独存在的，拥有或缺乏某一主要资源通常与拥有或缺乏其他资源密切相关。④这些聚集的资源就像一起行进的车队一样在特定的通道中共同发展。⑤资源通道即资源所处的生态系统，对资源起着维持、培育、创造的促进作用或是限制、削弱、破坏的阻碍作用。通道的概念在一定程度上解释了资源之间的紧密联系，以及为什么它们倾向于组成车队共同旅行。⑥例如，拥有自我效能感往往与乐观、自尊等个人资源高度相关。⑦

推论一：由于资源可以弥补压力应对过程中的损耗以及其在获得或维持理想资源方面的工具性作用，因而资源较多的个体和组织不太容易遭受资源损失，且更有能力获得资源。反之，缺乏资源的个体和组织更容易受到资源损失的影响，且更难获得资源。⑧

---

① Hobfoll, S. E., Halbesleben, J. and Neveu, J. P., et al., "Conservation of Resources in the Organizational Context: The Reality of Resources and their Consequences", *Annual Review of Organizational Psychology and Organizational Behavior*, Vol. 5, 2018, pp. 103 – 128.

② Hobfoll, S. E., "The Influence of Culture, Community, and the Nested – self in the Stress Process: Advancing Conservation of Resources Theory", *Applied Psychology – an International Review – Psychologie Appliquee – Revue Internationale*, Vol. 50, No. 3, 2001, pp. 337 – 370.

③ Hobfoll, S. E., Halbesleben, J. and Neveu, J. P., et al., "Conservation of Resources in the Organizational Context: The Reality of Resources and their Consequences", *Annual Review of Organizational Psychology and Organizational Behavior*, Vol. 5, 2018, pp. 103 – 128.

④ Hobfoll, S. E., "The Influence of Culture, Community, and the Nested – self in the Stress Process: Advancing Conservation of Resources Theory", *Applied Psychology – an International Review – Psychologie Appliquee – Revue Internationale*, Vol. 50, No. 3, 2001, pp. 337 – 370.

⑤ Hobfoll, S. E., "The Influence of Culture, Community, and the Nested – self in the Stress Process: Advancing Conservation of Resources Theory", *Applied Psychology – an International Review – Psychologie Appliquee – Revue Internationale*, Vol. 50, No. 3, 2001, pp. 337 – 370.

⑥ Hobfoll, S. E., "Conservation of Resources and Disaster in Cultural Context: The Caravans and Passageways for Resources", *Psychiatry*, Vol. 75, No. 3, 2012, pp. 227 – 232.

⑦ Hobfoll, S. E., "Social and Psychological Resources and Adaptation", *Review of General Psycholog*, Vol. 6, No. 4, 2002, pp. 307 – 324.

⑧ Hobfoll, S. E., Halbesleben, J. and Neveu, J. P., et al., "Conservation of Resources in the Organizational Context: The Reality of Resources and their Consequences", *Annual Review of Organizational Psychology and Organizational Behavior*, Vol. 5, 2018, pp. 103 – 128.

推论二：资源损失螺旋。缺乏资源的个体不仅更容易遭受资源损失，而且最初的资源损失会导致现有资源储备的进一步流失。具体地，在资源损失的压力下，资源投资往往不尽如人意，[1] 且随着损失螺旋的每一次迭代，个体能够用以抵御压力的资源越来越少，并将感受到累积更强、持续加剧的负面压力体验。[2] 此外，由于资源损失的首要性，资源损失螺旋也更具有快速性、激烈性。[3]

推论三：资源增值螺旋。资源充足的个体更有能力获得资源，而且最初的资源收益会带来进一步的收益。[4] 然而，资源收益螺旋发展较为缓慢、温和，其力量和速度均小于资源损失。[5]

值得注意的是，这三个推论是高度相关的。其中，推论一是过程的起点，推论二和三是资源顺势变化的结果及影响。[6]

（二）理论应用

COR 理论从资源的损耗和收益的视角丰富了已有研究关于解释个体压力产生的理论机制。超越以往的压力理论或模型，COR 理论不仅阐明了个体在压力情境下的心理和行为反应，而且论证了在非压力的情境下个体的行为反应，更具有系统性、全面性。该理论现已成为压力领域广为应用的代表性理论之一。与此同时，虽然 COR 理论最早起源于职业压力领域并在该领域得到了广泛应用，但其贡献和应用范围远不止于此。特别地，其本质上也可以是一种动机理论。COR 理论揭示了个体对资源的保存和获取动机，随着不同情境下资源储备的波动变化，可以用于预测个体

---

[1] 曹霞、瞿皎姣：《资源保存理论溯源、主要内容探析及启示》，《中国人力资源开发》2014 年第 15 期。

[2] Hobfoll, S. E., Halbesleben, J. and Neveu, J. P., et al., "Conservation of Resources in the Organizational Context: The Reality of Resources and their Consequences", *Annual Review of Organizational Psychology and Organizational Behavior*, Vol. 5, 2018, pp. 103 – 128.

[3] Hobfoll, S. E., Halbesleben, J. and Neveu, J. P., et al., "Conservation of Resources in the Organizational Context: The Reality of Resources and their Consequences", *Annual Review of Organizational Psychology and Organizational Behavior*, Vol. 5, 2018, pp. 103 – 128.

[4] Hobfoll, S. E., "The Influence of Culture, Community, and the Nested – self in the Stress Process: Advancing Conservation of Resources Theory", *Applied Psychology – an International Review – Psychologie Appliquee – Revue Internationale*, Vol. 50, No. 3, 2001, pp. 337 – 370.

[5] Hobfoll, S. E., Halbesleben, J. and Neveu, J. P., et al., "Conservation of Resources in the Organizational Context: The Reality of Resources and their Consequences", *Annual Review of Organizational Psychology and Organizational Behavior*, Vol. 5, 2018, pp. 103 – 128.

[6] Halbesleben, J. R. B., Neveu, J. P. and Paustian – Underdahl, S. C., et al., "Getting to the 'COR': Understanding the Role of Resources in Conservation of Resources Theory", *Journal of Management*, Vol. 40, No. 5, 2014, pp. 1334 – 1364.

资源的积累、保护、投资和重置。近年来,有学者将该理论拓展至工作投入、个体行为、绩效等工作情境领域以及工作—家庭关系研究等跨工作情境领域,既丰富了已有研究对上述领域的理解和认识,也使得资源保存理论得到进一步发展。

此外,对个体而言,COR 理论提供了个体应对压力的选择方式和途径,并能帮助个体更好创造资源。该理论表明,中断损失周期和创造增值周期是对抗压力的最佳途径。① 具体而言,个体应该对初始的资源损失保持警惕,积极应对资源损失,并努力在其获得势能和动能之前中断损失螺旋。② 因此,个体可以根据自己的资源对自身进行积极定位,选择与自身资源相匹配的环境,从而获得主动权,创造更多资源获得的机会。③ 另外,对 COR 理论的系统理解有助于个体灵活地选择资源策略。例如,当陷入资源僵局时,个体可以换用不同的资源以追求目标,或是修正目标,确定与当前资源状况相符合的子目标。④ 同时,COR 理论也表明,暂时的休息有利于资源的恢复补充,从而产生对资源的积极影响。⑤

对管理者和组织而言,一方面,管理者应该采取相应策略来缓解工作需求过度与工作资源不足而导致的员工工作倦怠问题。根据员工具体资源需求以提供其最为需要的资源,从而缓解资源不足所带来的消极情绪,消除压力隐患。⑥ 另一方面,组织应该创造支持、促进、丰富和保护个体资源的环境条件,塑造一种生态系统来为这些资源的传输、保护、共享、培养和聚合创造通道。具体地,组织可以尝试从人力资源管理实践,如工作

---

① Bandura, A., "Self – efficacy Mechanism in Human Agency", *American Psychologist*, Vol. 37, No. 2, 1982, pp. 122 – 147.

② Hobfoll, S. E., "The Influence of Culture, Community, and the Nested – self in the Stress Process: Advancing Conservation of Resources Theory", *Applied Psychology – an International Review – Psychologie Appliquee – Revue Internationale*, Vol. 50, No. 3, 2001, pp. 337 – 370.

③ Hobfoll, S. E., "The Influence of Culture, Community, and the Nested – self in the Stress Process: Advancing Conservation of Resources Theory", *Applied Psychology – an International Review – Psychologie Appliquee – Revue Internationale*, Vol. 50, No. 3, 2001, pp. 337 – 370.

④ Halbesleben, J. R. B., Neveu, J. P. and Paustian – Underdahl, S. C., et al., "Getting to the 'COR': Understanding the Role of Resources in Conservation of Resources Theory", *Journal of Management*, Vol. 40, No. 5, 2014, pp. 1334 – 1364.

⑤ Halbesleben, J. R. B., Neveu, J. P. and Paustian – Underdahl, S. C., et al., "Getting to the 'COR': Understanding the Role of Resources in Conservation of Resources Theory", *Journal of Management*, Vol. 40, No. 5, 2014, pp. 1334 – 1364.

⑥ 曹霞、瞿皎姣:《资源保存理论溯源、主要内容探析及启示》,《中国人力资源开发》2014 年第 15 期。

设计、培训开发、薪酬和绩效管理、职业规划等方面入手来建立资源平衡型的人力资源管理系统。

二 激活理论

激活理论是解释组织行为现象的一种广泛适用的理论，常被用来预测刺激源和行为效率、积极情感以及刺激—修正行为之间的曲线关系。该理论最初起源于神经心理学研究领域。20世纪40年代后期，心理学家发现网状结构能够产生普遍的唤醒或激活。而随着网状结构和大脑刺激实验的研究的深入，激活逐渐引起不同领域的心理学家的关注和重视，被视为生物体的各种行为过程中的一个主要变量，并在此基础上形成了激活理论。随后，这一理论在20世纪60年代被不断引入工作行为领域，为重复性工业任务中经常观察到的绩效下降和不满意等现象提供了新的解释。[1]

（一）主要内容

刺激是激活理论中的最前端因素，具有多种来源，包括外部（如温度、噪声）、内部（如心率）和大脑皮层（如认知）。[2] 来自任务或工作的刺激影响，以及工作环境的刺激影响被激活理论所重点关注。而激活理论中的核心概念激活水平，即中枢神经系统中网状激活系统的神经活动水平，便被假设为与个体总刺激相关。该理论认为，个体的行为在很大程度上受到所经历的激活水平变化的影响。[3] 由于激活水平难以直接测量，通常通过测量中枢神经系统激活（如脑电图）或生理唤醒（如皮肤电导）来推断。[4]

激活理论指出，每个个体都拥有一个独特的最佳激活水平（Characteristic level of activation）。最佳激活水平是使中枢神经系统，特别是大脑皮层，以最有效的方式运作的激活水平。这反过来又导致了最佳的大脑活动（如信息处理）效率、行为活动（如反应时间）效率和积极情感水平。当个体经历的激活水平积极或消极地偏离最佳激活水平时，中枢神经系统

---

[1] Scott, W. E., "Activation Theory and Task Design", *Organizational Behavior and Human Performance*, Vol. 1, No. 1, 1966, pp. 3 – 30.

[2] Gardner, D. G., "Activation Theory and Task Design: An Empirical Test of Several New Predictions", *Journal of Applied Psychology*, Vol. 71, No. 3, 1986, pp. 411 – 418.

[3] Gardner, D. G., "Task Complexity Effects on Non – task – related Movements: A Test of Activation Theory", *Organizational Behavior and Human Decision Processes*, Vol. 45, No. 2, 1990, pp. 209 – 231.

[4] Gardner, D. G., "Activation Theory and Task Design: An Empirical Test of Several New Predictions", *Journal of Applied Psychology*, Vol. 71, No. 3, 1986, pp. 411 – 418.

的效率就会降低,① 运动反应和思维过程的质量也会降低,积极情绪也会减少。基于对中枢神经系统功能的影响,激活理论提出了个体所经历的激活水平与行为效率、积极情感之间的倒 U 形关系假说。

该理论进一步认为,个体有着维持他们的最佳激活水平的动机。②③也就是说,如果个体受到的来自内部和外部的总刺激(即情境影响)导致经历的激活水平显著偏离最佳激活水平,那么他们就会发起行为使经历的激活水平朝着最佳激活水平的方向改变。如果情境影响较小而导致与最佳激活水平的负偏差,个体会进行增加激活的行为。如果情境影响高而导致正偏差,个体将会参与到减少激活的行为中。④ 这些有目的地改变个体经历的激活水平的行为被称为刺激—修正行为,它旨在通过改变对网状激活系统外部的、内部的或脑部来源的刺激,从而直接影响个体的激活水平。⑤ 刺激—修正行为的表现形式有很多,常见的如看电视、做白日梦和伸展等。⑥ 激活理论预测了激活水平与刺激—修正行为之间的 U 形曲线关系。

与此同时,该理论也指出,由于工作规则、个人财务状况、他人的期望等各种情境约束的存在,个人通常没有完全的自由来发起刺激—修正行为,即这一维持最佳激活水平的行为往往会受到限制。但是仍然可以预期,在所经历的激活水平接近最佳激活水平的情境下,或者个体拥有一定的灵活性的情境中,而非在那些较大偏离个体最佳激活水平或严重限制个体思想行为的情境中,个体将会表现出更多的积极情感和更有效的目标导向行为。此外,除了任务本身和情境的限制,个体发起刺激—修正行为的

---

① Lorente de No, R., "Transmission of Impulses through Cranial Motor Nuclei", *Journal of Neurophysiology*, Vol. 2, No. 5, 1939, pp. 402 – 464.
② Fiske, D. W. and Maddi, S. R., *Functions of Varied Experience*, Homewood, IL: Dorsey Press, 1961.
③ Scott, W. E., "Activation Theory and Task Design", *Organizational Behavior and Human Performance*, Vol. 1, No. 1, 1966, pp. 3 – 30.
④ Gardner, D. G. and Cummings, L. L., "Activation Theory and Job Design: Review and Reconceptualization", in Staw, B. and Cummings, L. L., eds. *Research in Organizational Behavior*. Greenwich, CT: JAI Press Inc, 1988.
⑤ Gardner, D. G., "Task Complexity Effects on Non – task – related Movements: A Test of Activation Theory", *Organizational Behavior and Human Decision Processes*, Vol. 45, No. 2, 1990, pp. 209 – 231.
⑥ Gardner, D. G. and Cummings, L. L., "Activation Theory and Job Design: Review and Reconceptualization", in Staw, B. and Cummings, L. L., eds. *Research in Organizational Behavior*. Greenwich, CT: JAI Press Inc, 1988.

能力也会对其行为效果以及随之的激活水平、积极情感、行为效率产生一定的影响。①

综上所述，激活理论通过以中枢神经系统功能效率作为中介变量，提出了个体经历的激活水平与其行为效率和积极情感之间的倒 U 形关系，以及这一经历的激活水平与刺激—修正行为之间的 U 形关系。倒 U 形曲线和 U 形曲线的顶点是个体最佳激活水平，个体有动机去维持这一水平，但由于情境的限制，他们往往可能无法做到。

值得注意的是，激活理论应用于工作设计研究领域时，主要关注任务或工作中的刺激，这些刺激会形成工作影响（Job impact）。不同的工作影响会使员工经历不同的激活水平。一般认为，工作影响低则激活水平低，工作影响高则激活水平高。而区分工作影响高低的工作和任务特征包括：

①强度：同一形态的一个或几个感受器（如触觉）向网状激活系统发送神经脉冲的程度。

②复杂性：各种感受器向网状激活系统发送脉冲的程度，不同感觉形态的数量越多，工作的复杂性就越大。

③联想性：感觉冲动对大脑皮层的影响程度并提示神经关联的程度（如认知、信息处理）。

④新颖性：工作刺激出乎意料和/或从未经历过的程度。

⑤刺激的变化性：工作刺激的变化程度足以防止网状激活系统习惯化过程的程度，工作的重复性和单调性越低，就越难以习惯基于工作的刺激。

对上述五个特征进行测量和总结将会得到一个相当全面的潜在工作影响指数，但它并不能完全预测工作执行者的激活水平，因为不同的工作在限制刺激—修正行为的程度上是不同的。②

（二）理论应用

激活理论自提出以来，便被广泛应用于组织行为学研究领域，综合来看，相关的文献大致可以分为三个方面。

---

① Gardner, D. G. and Cummings, L. L., "Activation Theory and Job Design: Review and Reconceptualization", in Staw, B. and Cummings, L. L., eds. *Research in Organizational Behavior*. Greenwich, CT: JAI Press Inc, 1988.

② Gardner, D. G. and Cummings, L. L., "Activation Theory and Job Design: Review and Reconceptualization", in Staw, B. and Cummings, L. L., eds. *Research in Organizational Behavior*. Greenwich, CT: JAI Press Inc, 1988.

第一，工作要求研究。激活理论为工作压力的产生提供了一个解释：每个个体都有最佳的激活水平，当工作相关的刺激源（如工作要求）导致个体经历的激活水平偏离最佳激活水平时，工作压力就会出现。沿着这一逻辑，Xie 和 Johns 认为，当工作边界低于或高于最佳水平时，工作就会成为一种压力源，并通过实证检验证明了工作边界与情绪耗竭之间的 U 形曲线关系。[1] 类似地，Hochwarter 等将员工的责任感视为一种潜在的工作压力源，基于激活理论实证检验了其与工作紧张之间的 U 形曲线关系，并发现消极情感负向调节这一关系。[2] 在后续的研究中，Hochwarter 及其同事还证明了组织政治感知（一种外部要求）与员工工作满意度之间的倒 U 形曲线关系以及与员工工作紧张之间的 U 形曲线关系。[3]

另一类研究关注工作要求与工作绩效的关系。激活理论假设，在涉及复杂工作要求的情况下，适度激活可能会促成最佳绩效。例如，Zhang 和 Bartol 基于中国一家大型信息技术公司 367 份员工—领导配对数据的实证检验表明，创造性过程投入（一种认知要求）对员工工作绩效呈现先上升后下降的倒 U 形曲线影响。[4] 运用激活理论，Baer 和 Oldham 假设，高水平和低水平的创造时间压力都会限制创造力，而中等压力则会增强创造力，由此形成倒 U 形线关系，并基于 170 名员工的实证数据检验了这一假设，最终发现在经验开放性和创造支持程度高的情况下这种倒 U 形曲线效应最强。[5] Montani 等则通过对来自不同行业的法裔加拿大公司 160 名员工的两阶段调研数据的实证检验发现，工作负荷与员工工作投入之间

---

[1] Xie, J. and Johns, G., "Job Scope and Stress: Can Job Scope be too High?", *The Academy of Management Journal*, Vol. 38, No. 5, 1995, pp. 1288–1309.

[2] Hochwarter, W. A., Perrewé, P. L. and Hall, A. T., et al., "Negative Affectivity as a Moderator of the Form and Magnitude of the Relationship between Felt Accountability and Job Tension", *Journal of Organizational Behavior*, Vol. 26, No. 5, 2005, pp. 517–534.

[3] Hochwarter, W. A., Perrewé, P. L. and Hall, A. T., et al., "Negative Affectivity as a Moderator of the Form and Magnitude of the Relationship between Felt Accountability and Job Tension", *Journal of Organizational Behavior*, Vol. 26, No. 5, 2005, pp. 517–534.

[4] Zhang, X. M. and Bartol, K. M., "The Influence of Creative Process Engagement on Employee Creative Performance and Overall Job Performance: A Curvilinear Assessment", *Journal of Applied Psychology*, Vol. 95, No. 5, 2010, pp. 862–873.

[5] Baer, M. and Oldham, G. R., "The Curvilinear Relation between Experienced Creative Time Pressure and Creativity: Moderating Effects of Openness to Experience and Support for Creativity", *Journal of Applied Psychology*, Vol. 91, No. 4, 2006, pp. 963–970.

呈现倒 U 形曲线关系。①

值得注意的是，Fried 等还基于激活理论检验了工作丰富度对员工肥胖的 U 形曲线影响。作者认为，较低和较高的工作丰富度都会被员工感知为压力源，前者让员工在工作中感到厌倦、控制感低、反馈少、缺乏意义和认同感，后者则以工作量大、任务繁重、要求高、节奏快、风险高等为特征，两种情况都会对员工健康产生不利影响。②

第二，领导研究。Lee 等考察了辱虐管理对员工创造力的影响。与较低和较高辱虐管理水平相比，中等水平的辱虐管理提供了适度的激活水平，有助于个体充分参与任务，最佳地利用认知资源并调整情绪，因而其在中等激活水平时可能会更有创造力。作者通过对韩国一家企业 203 份员工—领导的配对样本的实证检验证实了辱虐管理与创造力之间的倒 U 形曲线关系。③

第三，负面情绪经历研究。Peng 等根据激活理论探究了员工心理契约违背（一种员工感知契约破裂后的情绪反应）后的行为反应。基于对澳门特别行政区 439 名中小学教师的实证调研发现，心理契约违背与员工的建言行为、忠诚行为以及忽视行为均呈现先上升后下降的倒 U 形曲线关系。而作者虽然假设心理契约违背与员工退出行为具有倒 U 形曲线关系，但实证结果只显示了线性的正向影响。④ Pan 等依据澳门四家酒店集团 198 名员工的调研数据实证发现，工作不满意对员工工作导向的建设性偏差具有显著的倒 U 形曲线效应。⑤

---

① Montani, F., Vandenberghe, C. and Khedhaouria, A., et al., "Examining the Inverted U‐shaped Relationship between Workload and Innovative Work Behavior: The Role of Work Engagement and Mindfulness", *Human Relations*, Vol. 73, No. 1, 2020, pp. 59 – 93.

② Fried, Y., Laurence, G. A. and Shirom, A., et al., "The Relationship between Job Enrichment and Abdominal Obesity: A Longitudinal Field Study of Apparently Healthy Individuals", *Journal of Occupational Health Psychology*, Vol. 18, No. 4, 2013, pp. 458 – 468.

③ Lee, S., Yun, S. and Srivastava, A., "Evidence for a Curvilinear Relationship between Abusive Supervision and Creativity in South Korea", *Leadership Quarterly*, Vol. 24, No. 5, 2013, pp. 724 – 731.

④ Peng, K. Z., Wong, C. S. and Song, J. L., "How do Chinese Employees React to Psychological Contract Violation?" *Journal of World Business*, Vol. 51, No. 5, 2016, pp. 815 – 825.

⑤ Pan, W., Sun, L. and Sun, L. Y., et al., "Abusive Supervision and Job‐oriented Constructive Deviance in the Hotel Industry: Test of a Nonlinear Mediation and Moderated Curvilinear Model", *International Journal of Contemporary Hospitality Management*, Vol. 30, No. 5, 2018, pp. 2249 – 2267.

三 自我决定理论

自我决定理论（Self-determination theory，以下简称SDT）产生的历史根源可以追踪到人文心理学，本质上是一次强调个人追求自我实现的内在倾向的心理运用。20世纪，行为主义作为实验心理学的代表，认为人的行为是受到环境中的报酬与惩罚而被动产生的。人文心理学的产生正是对行为范式研究的批判。20世纪70年代，随着社会心理学实验的产生，SDT被孕育出来并逐渐走进学者们的视野。这一理论提出，金钱等外部激励可能会降低个人对于完成任务的兴趣和乐趣。相关研究结果表明，人的动机不是完全受外部驱动的，而是有可能来自其自身的自主性。

历经40多年的发展，SDT不断地经历实证检验和理论完善。目前，SDT由认知评估理论（Cognitive evaluation theory）、有机整合理论（Organismic integration theory）、因果定向理论（Causality orientations theory）、基本心理需求理论（Basic psychological needs theory）、目标内容理论（Goal contents theory）和关系动机理论（Relationships motivation theory）六大子理论组成。① 随着研究的深入，自我决定理论已经成为前沿激励理论中的主导范式之一，被广泛地运用于教育、工作生产、亲密关系和心理治疗等领域。②

（一）主要内容

SDT六大子理论相互联系、密不可分。关于这六大子理论之间的相互关系，Ryan和Deci在2017年最新著作《自我决定理论：动机、发展和幸福感中的基本心理需求》（Self-Determination Theory: Basic Psychological Needs in Motivation, Development, and Wellness）中的主要观点如下：③

第一，该理论认为个体所有的行为都是其自主决定的，这种决定可以是由个体的内在动机或是个体通过内化外部环境的规则进行自我调节的外在动机决定的。④ 自主动机包括内在动机和内化的外在动机，外在动机根

---

① Prentice, M., Jayawickreme, E. and Fleeson, W., "Integrating Whole Trait Theory and Self-determination Theory", *Journal of Personality*, Vol. 87, No. 1, 2019, pp. 56–69.
② Ryan, R. M. and Deci, E. L., *Self-Determination Theory: Basic Psychological Needs in Motivation, Development, and Wellness*. The Guilford Press, 2017.
③ Ryan, R. M. and Deci, E. L., *Self-determination Theory: Basic Psychological Needs in Motivation, Development, and Wellness*. The Guilford Press, 2017.
④ Deci, E. L. and Ryan, R. M., "Self-determination Theory: A Macrotheory of Human Motivation, Development, and Health", *Canadian Psychology*, Vol. 49, No. 3, 2008, pp. 182–185.

据自我决定程度由高到低可以分为整合调节、认同调节、摄入调节和外部调节,其中自主动机最强的外在动机为整合动机,即将组织目的、管理规则内化与自身价值和需求完全融为一体。但是,与内在动机源于个体内心、兴趣和热爱不同,整合动机的驱动来自外部环境,受个体为获得外部给予的奖励、荣誉或规避惩罚等因素影响。无论是内在动机还是认同、整合调节的外在动机都依赖于人的自主、胜任和关系三大基本心理需求的满足,基本心理需求理论阐述了环境因素是通过内在心理需求的中介对个体的行为与心理产生影响的。进一步地,SDT 强调这三大需求是个体成长、正常履行职责和幸福的基础。

第二,认知评估理论强调,为个体提供支持型而非控制型的组织条件对于个体能动性的发挥具有积极作用,因此要区分外部控制型环境和支持型环境。但是这种外部环境在影响个体过程中受到个体对于环境主观感受的影响,所以个体特征就显得特别重要。因此,就产生了自我决定理论的因果定向理论和目标内容理论这两大个体特征子理论。

第三,因果定向理论讨论的是个体特征如何影响人对目标和行为的调节。该子理论认为,个体因果定向的类型是影响个体动机与行为的重要个体特征变量。Koestner 和 Zuckerman 将因果定向分为自主定向、控制定向与非个人定向三种。[1]

第四,目标内容理论认为,人们之所以会进行认知评估、有机整合是因为他们受到了自身目标内容影响。目标内容理论将人们的目标分为内在目标和外在目标。相较于外在动机,更大的内在动机目标定位与更大的基本心理需求满足和积极作用联系在一起。

第五,关系动机理论将关系正式引入成为人的三大基本心理需求之一,关系不仅仅是关系需求产生的基础,而且能够促进其他需求尤其是自主需求的满足。

因此,根据自我决定理论中提及的组织环境、个体特征、基本需求满足、动机与行为之间的关系,本章提出图 2-1 的整体研究框架。

(二) 理论应用

第一,认知评估理论中环境因素的确定。自主决定理论的前提条件是假定人天生就追求自身最大的潜能开发与成长,重点关注个体的内在动

---

[1] Koestner, R. and Zuckerman, M., "Causality Orientations, Failure, and Achievement", *Journal of Personality*, Vol. 62, No. 3, 1994, pp. 321–346.

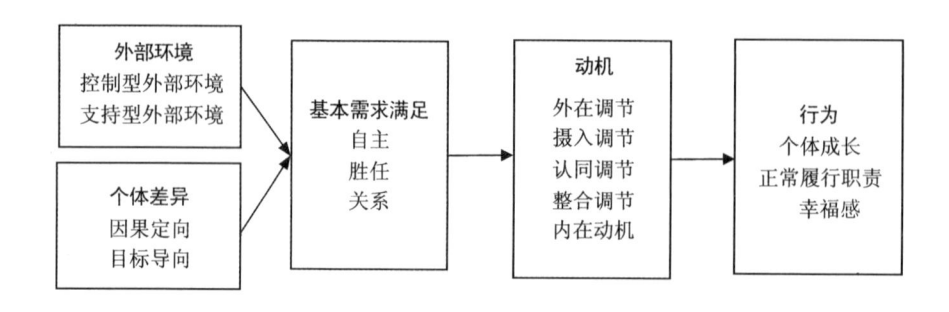

图 2-1　自我决定理论的整体研究框架

资料来源：根据相关文献整理。

机、成长趋势和心理需求。① 因此，社会—背景事件并不是"导致"内在动机的因素，相反，内在动机被认为是一种人类进化和固有的倾向。因此，社会—背景事件只能是提升或是削弱了这种内在动机。研究发现，当外部薪酬被用来控制个体行为时，会使得人们远离他们的价值观和兴趣，减少对质量、绩效、创造力甚至是道德标准的追求。究其原因，这种控制事件会使得个体的胜任需求、关系需求、自主需求受损，从而限制了个体的行为更加地受到外在调节的影响；相反，当外部事件传递出支持性的信息，就能够促进个体的胜任需求、关系需求和自主需求，从而增加个体的自主行为。

因此，认知评估理论认为如何设计满足个体胜任需求、关系需求和自主需求的支持型外部环境条件是促进个体内在动机的关键。正是由于满足这些需求的重要性，很多SDT的研究将促进和阻碍这些心理需求满足的因素作为重要的研究对象。② 此外，虽然自我决定理论总结了不少支持型外部环境条件的因素，但是控制型环境条件和支持型环境条件是否会相互影响，控制型环境条件与支持型环境条件之间是否存在转换等问题均还未有涉及，未来的研究需要结合相关具体的事件来进一步检验。

---

① Deci, E. L. and Ryan, R. M., "The 'What' and 'Why' of Goal Pursuits: Human Needs and the Self-determination of Behavior", *Psychological Inquiry*, Vol. 11, No. 4, 2000, pp. 227-268.

② Deci, E. L. and Ryan, R. M., "The 'What' and 'Why' of Goal Pursuits: Human Needs and the Self-determination of Behavior", *Psychological Inquiry*, Vol. 11, No. 4, 2000, pp. 227-268.

第二，自我决定理论在创新等行为中的应用。自我决定理论的研究发现高水平的自我决定会为组织和个人创造积极的影响。当员工不断地向内在动机发展时（如高的自我决定），会产生一系列的结果：（1）行为变化的稳定性；（2）高绩效，特别是当任务涉及创造性、概念理解能力和认知的柔性；（3）更高的工作满意度；（4）更好的工作态度；（5）组织公民行为；（6）个人的幸福感和心理调整。①② 而自我决定理论对于个体创新行为等相关概念的研究才刚刚开始，如何运用六大子理论及其诸如环境条件、三大基本心理需求、自主决定动机、因果定向、目标导向等概念，去探索个体创新行为的影响机制与边界条件是一个方兴未艾的前沿研究方向。③

第三，自我决定理论的整体研究框架的实证检验与发展。本章根据 Ryan 和 Deci 在 2017 年的新著《自我决定理论：动机、发展和幸福感中的基本心理需求》(*Self - Determination Theory: Basic Psychological Needs in Motivation, Development, and Wellness*) 提出的相关假设，④ 构建了如图 2-1 的整体模型。自我决定理论从诞生之初就是建立在一系列实验、实证的检验基础之上。因此，自我决定理论的整体研究框架也需要进一步地通过一系列的实验、实证等方法进行检验，从而得到进一步的支持。特别地，各大子理论之间的关系、理论中核心变量的相互关系均需要展开更为深入地讨论，从而不断地扩展自我决定理论的整个理论体系。

四 个人—环境匹配理论

过去 100 年间，个人—环境匹配（P-E fit）研究在组织行为、组织心理以及人力资源管理研究领域中占据了核心地位。尽管这一概念的提出始于 Plato 关于建议领导者应该根据员工的个性和能力来分配其的工作的

---

① Gagné, M. and Deci, E. L., "Self - determination Theory and Work Motivation", *Journal of Organizational Behavior*, Vol. 26, No. 4, 2005, pp. 331 - 362.

② Parmar, B. L., Keevil, A. and Wicks, A. C., "People and Profits: The Impact of Corporate Objectives on Employees' Need Satisfaction at Work", *Journal of Business Ethics*, Vol. 154, No. 4, 2019, pp. 1 - 21.

③ Martinaityte, I., Sacramento, C. and Aryee, S., "Delighting the Customer: Creativity - oriented High - performance Work Systems, Frontline Employee Creative Performance, and Customer Satisfaction", *Journal of Management*, Vol. 45, No. 2, 2019, pp. 728 - 751.

④ Ryan, R. M. and Deci, E. L., *Self - Determination Theory: Basic Psychological Needs in Motivation, Development, and Wellness*, The Guilford Press, 2017.

研究,① 但现有研究普遍认为早期的个人—环境匹配研究实际上可以追溯到 Parsons 提出的职业选择理论,该理论指出,求职者在选择工作时,首先要了解自己的技能、能力和目标,并努力使之与工作要求相匹配,以确保职业成功。② 根据 Lewin 的场理论,行为(B)是个人(P)与环境(E)的函数(F),即 B = F (P, E)。进一步地,作者认为,只有同时了解个人和环境而非其中的一项,才能准确地解释和理解个人行为。③ 在 20 世纪 70 年代和 80 年代,个人—环境匹配概念在职业压力领域得到了极大的发展,该概念进一步走向成熟。例如,French 等应用个人—环境匹配理论解释员工工作压力与抑郁等压力症状之间的关系,其中,工作压力被定义为个人和环境之间在需求满足方面的不匹配感知。④

(一) 主要内容

近年来,学者们普遍认为,个人—环境匹配是指"个人特征与环境特征能够较好匹配时形成的两者间的兼容性"⑤。该理论认为,个人和环境都是行为的直接影响因素,但两者的交互作用比任何一方对结果的预测作用都更为强有力。⑥⑦ 具体而言,该理论蕴含着以下三个基本假设:(1) 个体在人格、能力、价值观和偏好方面是异质的;(2) 不同个体对环境的感知不同;(3) 个体差异和环境共同影响个体行为。⑧ 根据这一框架,个人—环境匹配性越高,越有可能产生有益的工作成果,如提高工作满意度和组织承诺、降低工作离职倾向。

---

① Dumont, F. and Carson, A. D., "Precursors of Vocational Psychology in Ancient Civilizations", *Journal of Counseling and Development*, Vol. 73, No. 4, 1995, pp. 371-378.
② Parsons, F., *Choosing a Vocation*, Boston. MA: Houghton Mifflin, 1909.
③ Lewin, K. A., *Dynamic Theory of Personality*, New York: McGraw-Hill, 1935.
④ French, J. R. P., Caplan, R. D. and Harrison, R. V., *The Mechanisms of Job Stress and Strain*, London: Wiley, 1982.
⑤ Kristof-Brown, A. L., Zimmerman, R. D. and Johnson, E. C., "Consequences of Individual's Fit at Work: A Meta-analysis of Person-job, Person-organization, Person-group, and Person-supervisor Fit", *Personnel Psychology*, Vol. 58, No. 2, 2005, pp. 281-342.
⑥ Chatman, J., "Improving Interactional Organizational Research: A Model of Person-organization Fit", *Academy of Management Review*, Vol. 14, No. 3, 1989, pp. 333-349.
⑦ Van Vianen, A. E. M., "Person-environment Fit: A Review of its Basic Tenets", *Annual Review of Organizational Psychology and Organizational Behavior*, Vol. 5, 2018, pp. 75-101.
⑧ Chatman, J., "Improving Interactional Organizational Research: A Model of Person-organization Fit", *Academy of Management Review*, Vol. 14, No. 3, 1989, pp. 333-349.

1. 个人—环境匹配机制

个人—环境匹配的机制受到了产生重要选择结果时个体与环境变化一致性或互补性程度，即一致性匹配和互补性匹配的影响。① 其中，一致性匹配是指个人与环境在某些特征如价值、文化、目标等上存在的相似性或一致性，当个人在环境中"补充、修饰或拥有与其他人相似的特征"时，一致性匹配就会发生。尽管"补充"和"修饰"这两个词意味着个体为社会环境提供了独特的东西，但学者们在讨论一致性匹配时，往往强调人际的相似性。② 相反，互补性匹配则指当"环境或个体的缺陷或需求被对方的力量所抵消"时，则会发生互补性匹配。换言之，互补性匹配涉及个体与环境各自满足对方需求的程度。根据需求是来源于环境还是个体，可以进一步区分互补性匹配的类型。③ 一方面，环境需求是指任务、工作角色或更广泛的社会背景等对个体提出的要求。个体的知识、技能、能力和资源（如时间、精力）在多大程度上满足这些要求，即为要求—能力匹配（Demands – abilities fit）。④ 另一方面，个体需求则反映他或她自身的需要，包括生理上的生存需要和心理上的欲望、动机和目标等。⑤ 环境供给在多大程度上满足这些需求则反映了需求—供给匹配（Needs – supplies fit）。⑥ 其中，Muchinsky 和 Monahan 最初仅探讨了环境需求和个体能力方面的互补性匹配，⑦ 随后的研究则进一步将这一概念扩展到了需求—

---

① Muchinsky, P. M. and Monahan, C. J., "What is Person – environment Congruence? Supplementary Versus Complementary Models of Fit", *Journal of Vocational Behavior*, Vol. 31, No. 3, 1987, pp. 268 – 277.

② Day, D. V. and Bedeian, A. G., "Personality Similarity and Work – related Outcomes among African – American Nursing Personnel: A Test of the Supplementary Model of Person – environment Congruence", *Journal of Vocational Behavior*, Vol. 46, No. 1, 1995, pp. 55 – 70.

③ Kristof, A. L., "Person – organization Fit: An Integrative Review of Its Conceptualizations, Measurement, and Implications", *Personnel Psychology*, Vol. 49, No. 1, 1996, pp. 1 – 49.

④ French, J. R. P., Caplan, R. D. and Harrison, R. V., *The Mechanisms of Job Stress and Strain*. London: Wiley, 1982.

⑤ French, J. R. P., Rodgers, W. and Cobb, S., "Adjustment as Person – environment Fit", in Coelho, G., Hamburg, D. and Adams, J., eds. *Coping and Adaptation*, New York: Basic Books, 1974.

⑥ Kristof, A. L., "Person – organization Fit: An Integrative Review of Its Conceptualizations, Measurement, and Implications", *Personnel Psychology*, Vol. 49, No. 1, 1996, pp. 1 – 49.

⑦ Muchinsky, P. M. and Monahan, C. J., "What is Person – environment Congruence? Supplementary Versus Complementary Models of Fit", *Journal of Vocational Behavior*, Vol. 31, No. 3, 1987, pp. 268 – 277.

供给匹配。①

2. 个人—环境匹配类型

根据相称性评估的概念化操作,个人—环境匹配可以被区分为五种特定的类型:个人—职业匹配、个人—工作匹配、个人—组织匹配、个人—群体匹配以及个人—个人匹配。有学者指出,尽管这些不同类型的匹配之间可能存在正相关关系,但由于其涉及工作环境的不同方面,因而往往被认为是独立的构念,对结果变量具有独特的影响。②

3. 匹配动机与匹配策略

以往的研究认为,组织可以通过吸引、雇用和社会化策略,创造和发展个人—环境匹配。③④ 同样,求职者亦被建议选择他们认为适合自己的工作和组织。⑤ 这些实现匹配的做法创造了这样一种范式,即个人—环境匹配通常被概念化为一种外生变量,这种外生变量仅仅是由于个人工作选择或组织人力资源管理实践(如招聘、选拔和社会化)而存在的,而忽视了个体在工作中主动创造匹配的过程。⑥

鉴于以往研究的不足,Yu 从个人匹配动机和匹配策略的角度出发,强调了个体在个人—环境匹配中的主动角色。具体地,Yu 归纳了五种具有代表性的匹配动机:一致性动机、享乐动机、不确定性减少动机、控制

---

① Cable, D. M. and DeRue, D. S., "The Convergent and Discriminant Validity of Subjective Fit Perceptions", *Journal of Applied Psychology*, Vol. 87, No. 5, 2002, pp. 875 – 884.

② Kristof – Brown, A. L., Zimmerman, R. D. and Johnson, E. C., "Consequences of Individual's Fit at Work: A Meta – analysis of Person – job, Person – organization, Person – group, and Person – supervisor Fit", *Personnel Psychology*, Vol. 58, No. 2, 2005, pp. 281 – 342.

③ Kristof, A. L., "Person – organization Fit: An Integrative Review of its Conceptualizations, Measurement, and Implications", *Personnel Psychology*, Vol. 49, No. 1, 1996, pp. 1 – 49.

④ Yu, K. Y. T. and Cable, D. M., "Recruitment and Competitive Advantage: A Brand Equity Perspective", in S. W. J. Kozlowski, ed. *Oxford Handbook of Industrial – Organizational Psychology*. New York: Oxford University Press, 2009.

⑤ Cable, D. M. and Judge, T. A., "Person – organization Fit, Job Choice Decisions, and Organizational Entry", *Organizational Behavior and Human Decision Processes*, Vol. 67, No. 3, 1996, pp. 294 – 311.

⑥ Yu, K. Y. T., "A Motivational Model of Person – environment Fit: Psychological Motives as Drivers of Change", in Kristof – Brown, A. L. and Billsberry, J., eds. *Organizational Fit: Key Issues and New Directions*, West Sussex: John Wiley and Sons Ltd, 2013.

动机以及归属动机。①（1）一致性动机，会驱动个体努力调整自身或环境的不相容状态，以减少紧张感或重新建立平衡。②（2）享乐动机，被广泛认为是一种基本和普遍的动机，这意味着人们为了享受匹配带来的积极后果而寻求个人—环境匹配。③（3）不确定性减少动机，源于个体对认知终结的需求，这表现在对可预测性、建设性的追求以及对模糊性的低容忍上，④ 这种动机会导致其追求体个人—环境匹配，因为匹配被视为减少不确定性的一种方法。（4）控制动机，即一种天生的需求、本能或动力，⑤ 个体被激励寻求可以满足要求—能力匹配的工作，以使其能够对工作角色和责任施加更多的控制，⑥ 抑或是试图调整与工作相关的价值观，使之与组织的文化相适应，以便能够享受控制感，最大限度地提高工作绩效和满意度。⑦（5）归属动机认为归属和关系需求可能促使个体倾向于与相似的他人相处或寻求在价值观一致的组织中工作，⑧ 因为提高个人—环境匹配对改善个体归属感至关重要。

同时，Yu 还总结了四种匹配策略：偏见认知与探索式（Biases and heuristics）、对工作满意度的反应（Responses to job satisfaction）、压力应对与调节（Coping, stress and regulation）和主动性行为（Proactive behaviors）。特别地，有关主动性行为的研究是个人—环境匹配主动策略研究

---

① Yu, K. Y. T., "A Motivational Model of Person – environment Fit: Psychological Motives as Drivers of Change", in Kristof – Brown, A. L. and Billsberry, J., eds. *Organizational Fit: Key Issues and New Directions*, West Sussex: John Wiley and Sons Ltd, 2013.

② Eagly, A. and Chaiken, S., *The Psychology of Attitudes*. FortWorth TX: Harcourt Brace Jovanovich, 1993.

③ Lazarus, R. S. and Folkman, S., *Stress, Appraisal, and Coping*, New York: Springer, 1984.

④ Webster, D. M. and Kruglanski, A. W., "Individual Differences in Need for Cognitive Closure", *Journal of Personality and Social Psychology*, Vol. 67, No. 6, 1994, pp. 1049 – 1062.

⑤ White, R. W., "Motivation Reconsidered: The Concept of Competence", *Psychological Review*, Vol. 66, 1959, pp. 297 – 333.

⑥ Wrzesniewski, A. and Dutton, J. E., "Crafting a Job: Revisioning Employees as Active Crafters of Their Work", *Academy of Management Review*, Vol. 26, No. 2, 2001, pp. 179 – 201.

⑦ Ashford, S. J. and Black, J. S., "Proactivity during Organizational Entry: The Role of Desire for Control", *Journal of Applied Psychology*, Vol. 81, No. 2, 1996, pp. 199 – 214.

⑧ Mitchell, T. R., Holtom, B. C. and Lee, T. W., et al., "Why People Stay: Using Job Embeddedness to Predict Voluntary Turnover", *Academy of Management Journal*, Vol. 44, No. 6, 2001, pp. 1102 – 1121.

的重点和热点。Yu介绍了三种实现匹配的主动性行为：工作重塑、角色调整以及工作谈判。①

第一种匹配的主动性行为——工作重塑。Wrzesniewski和Dutton首次提出工作重塑并将其定义为个体主动塑造和调整工作中的任务、关系或认知元素以改变工作设计和所处的社会环境。② 而Tims等基于JDR模型认为工作重塑涉及平衡工作要求和工作资源以实现个人—环境匹配。③ 整合这两种定义，工作重塑强调个体主动地改造环境使之与自身的目标、偏好和需求等相匹配的过程，因而可以被看作一种个体主动创造个人—环境匹配的手段。

第二种匹配的主动性行为——角色调整。这类行为往往发生在员工的高绩效创造了其对工作的胜任感知，并增加了领导者对其的信任。这种信任促使领导者通过分配给高绩效员工更多的责任来拓展其工作角色；同时，高绩效也释放出员工有能力胜任更多工作的信号，激发起自发地拓展自身的工作角色。

第三种匹配的主动性行为——工作谈判。④ 这种做法突出了主管在改变下属工作方面所起的作用。Rousseau等在先前关于员工如何与领导者协商角色变化的研究成果⑤的基础上，提出了个性化契约（I-deals）的概念，用以描述独特和定制的雇用条款，这些条款是员工与其主管协商的产物。⑥ 作为满足员工独特需求的一种尝试，当员工拥有值得特别考虑的高价值专业技能或特别需要灵活工作安排的生活状

---

① Yu, K. Y. T., "A Motivational Model of Person - environment Fit: Psychological Motives as Drivers of Change", in Kristof - Brown, A. L. and Billsberry, J., eds. *Organizational Fit: Key Issues and New Directions*, West Sussex: John Wiley and Sons Ltd, 2013.

② Wrzesniewski, A. and Dutton, J. E., "Crafting a Job: Revisioning Employees as Active Crafters of Their Work", *Academy of Management Review*, Vol. 26, No. 2, 2001, pp. 179 - 201.

③ Tims, M., Bakker, A. B. and Derks, D., "Development and Validation of the Job Crafting Scale", *Journal of Vocational Behavior*, Vol. 80, No. 1, 2012, pp. 173 - 186.

④ Grant, A. M. and Parker, S. K., "Redesigning Work Design Theories: The Rise of Relational and Proactive Perspectives", *Academy of Management Annals*, Vol. 3, 2009, pp. 317 - 375.

⑤ Graen, G. B. and Scandura, T. A., "Toward a Psychology of Dynamic Organizing", *Research in Organizational behavior*, Vol. 9, 1987, pp. 175 - 208.

⑥ Rousseau, D. M., Ho, V. T. and Greenberg, J., "I - deals: Idiosyncratic Terms in Employment Relationships", *Academy of Management Review*, Vol. 31, No. 4, 2006, pp. 977 - 994.

况时实施。[1] 这些个性化契约能够通过满足雇员的个人需求，使得雇主可以更好地留住有价值的人力资源，既有利于雇主，也有利于雇员。[2]

（二）理论应用

个人—环境匹配框架在公共部门中的应用往往与公共服务动机理论交织在一起。公共服务动机的提出者 Perry 和 Wise 将其定义为"对公共部门所具有的重要或特有目标做出敏感反应的个体倾向"[3]。也就是说，个体可能被公共部门的目标和使命所吸引而选择公共组织。这是因为，公共组织提供了足以满足高公共服务动机个体所需的参与公共决策、实现公共利益承诺的广泛机会；相应地，公共组织更有可能选择高公共服务动机的个体以期更高地实现组织目标和绩效。[4][5] 这一需求满足机制反映了个人—环境匹配中的互补性匹配思想。相关的实证研究证明了上述假设，如 Lewis 和 Frank 利用芝加哥大学进行的一项全国性的社会调查发现，公共服务动机高的个体更喜欢在政府部门工作，且实际上选择政府部门的概率更高；[6] 类似地，Holt 发现，相比私人部门，公共服务动机高的个体选择在公共部门和非营利组织工作的概率更大。[7]

进一步，个人—环境匹配理论进一步从一致性匹配的视角补充了公共服务动机的观点，强调高公共服务动机的个体与公共组织之间也因为价值观的一致性而相互吸引，这种一致性可能反映在应聘者与招聘者之间。[8]

---

[1] Greenberg, J., Roberge, M. E. and Ho, V. T., et al., "Fairness in Idiosyncratic Work Arrangements: Justice as an Ideal", in Martocchio, J. J., eds. *Research in Personnel and Human Resources Management*, Greenwich, CT: Elsevier Science/JAI Press, 2004.

[2] Rousseau, D. M., Ho, V. T. and Greenberg, J., "I-deals: Idiosyncratic Terms in Employment Relationships", *Academy of Management Review*, Vol. 31, No. 4, 2006, pp. 977–994.

[3] Perry, J. L. and Wise, L. R., "The Motivational Bases of Public Service", *Public Administration Review*, Vol. 50, No. 3, 1990, pp. 367–373.

[4] Gailmard, S., "Politics, Principal-agent Problems, and Public Service Motivation", *International Public Management Journal*, Vol. 13, No. 1, 2010, pp. 35–45.

[5] Perry, J. L., Brudney, J. L. and Coursey, D., et al., "What Drives Morally Committed Citizens? A Study of the Antecedents of Public Service Motivation", *Public Administration Review*, Vol. 68, No. 3, 2008, pp. 445–458.

[6] Lewis, G. B. and Frank, S. A., "Who Wants to Work for the Government?", *Public Administration Review*, Vol. 62, No. 4, 2002, pp. 395–404.

[7] Holt, S. B., "For Those Who Care: The Effect of Public Service Motivation on Sector Selection", *Public Administration Review*, Vol. 78, No. 3, 2018, pp. 457–471.

[8] Edwards, J. R. and Cable, D. M., "The Value of Value Congruence", *Journal of Applied Psychology*, Vol. 94, No. 3, 2009, pp. 654–677.

因此，结合个人—环境匹配理论，可以更好地解释高公共服务动机的个体为什么选择从事公共服务或在公共组织工作。在这些研究的基础上，个人—环境匹配还被作为解释公共服务动机影响个体工作产出的重要机制，学者们强调高公共服务动机更容易被公共部门或公共服务工作所吸引，由于价值观、技能等的兼容而具有更高的绩效和更为积极的工作态度。①② 另外，结合个人—环境匹配理论还衍生出了公共服务动机匹配的概念（PSM fit），公共服务动机被认为是一种特定的"需求"需要特定的工作或组织加以满足，因此，公共服务动机匹配是指个体对公共服务动机的需求与需求被满足之间的匹配程度，其本质是一种个人—组织匹配或个人—工作匹配。③

五 公共服务动机理论

20世纪80年代，已有的理论难以解释某些特定的官僚行为。④⑤ 例如，以"经济人"假设为前提且强调个人利益最大化的经典理性选择模型，能够很好地解释和预测为什么官僚在工作中会逃避、变节和偷窃，但是它无法解释公共服务中许多官僚熟悉的其他行为，如努力工作、支持公共利益（把公共目标和组织目标放在私人目标之前）、自我牺牲（凌驾于私人目标之上）等。⑥ 同时，理性选择理论和委托代理模型解释了为何官僚追求预算最大化，而无法解释为什么其像守护自身钱包一样守护公共资金；它解释了为什么部分官僚想方设法对抗监督系

---

① Bright, L., "Does Person – organization Fit Mediate the Relationship between Public Service Motivation and the Job Performance of Public Employees?" *Review of Public Personnel Administration*, Vol. 27, No. 4, 2007, pp. 361 – 379.

② Gould – Williams, J. S., Mostafa, A. M. S. and Bottomley, P., "Public Service Motivation and Employee Outcomes in the Egyptian Public Sector: Testing the Mediating Effect of Person – organization Fit", *Journal of Public Administration Research and Theory*, Vol. 25, No. 2, 2015, pp. 597 – 622.

③ Steijn, B., "Person – environment Fit and Public Service Motivation", *International Public Management Journal*, Vol. 11, No. 1, 2008, pp. 13 – 27.

④ Perry, J. L. and Wise, L. R., "The Motivational Bases of Public Service", *Public Administration Review*, Vol. 50, No. 3, 1990, pp. 367 – 373.

⑤ Holt, S. B., "For Those Who Care: The Effect of Public Service Motivation on Sector Selection", *Public Administration Review*, Vol. 78, No. 3, 2018, pp. 457 – 471.

⑥ DiIulio, J. J., "Principled Agents: The Cultural Bases of Behavior in a Federal Government Bureaucracy", *Journal of Public Administration Research and Theory*, Vol. 4, No. 3, 1994, pp. 277 – 318.

统，而无法解释为什么许多人为了做好工作而愿意经常暴露在严重的心理压力和危险中。因此，学者们重新审视了官僚的行为动机这一研究议题，将经典问题"官僚们都是懒惰的吗"重新构想为更积极的问题，如"官僚们如何能够在低回报和不利的环境中坚持下去？"在这种背景下，研究焦点亦从"为什么官僚要做他们不该做的事"向"官僚为什么要做他们应该做的事"进行了转移。

在这种实践呼唤和研究视角转变的背景下，Perry 和 Wise 首次提出公共服务动机理论作为研究公共部门和非营利组织动机的代替性框架，并将公共服务动机定义为一种"对公共部门所具有的重要或特有目标做出的敏感反应的个体倾向"[①]。换言之，公共服务动机反映了个体对公共服务事业的特殊兴趣和偏好，是公共部门的价值理念的重要体现。

（一）主要内容

为了弥补理性选择理论在解释官僚行为上的不足，Perry 构建了公共服务动机理论，主要以以下四个基本假设为基础。[②]

第一个假设，即个体受理性、规范、情感过程的激励。根据理性选择模型，个人根据效用最大化原则在行动方案中进行选择，通过可操作化的成本—收益计算选择期望最大化的代替方案。进一步地，针对该模型的不足，Knoke 和 Wright – Isak 提出规范一致性作为一种可行的替代性动机倾向，认为社会行为"结合了个体自愿意志和社会规范内化所代表的集体主义要素"，由社会规范创造的规范性规制过程"决定所追求的目标，并对追求目标的手段实施限制"[③]。除理性和规范过程外，Knoke 和 Wright – Isak [④]、Shamir[⑤] 提出了动机过程的第三个基础——"情感纽带"，具体指对社会情境做出情感反应的行为。Shamir 甚至认为，动机不一定是目标导向或目的性的，而可以是个体的情感表达或自我概念。他根据人是由多元倾向所驱动的这一假设建构了公共服务动机理论

---

① Perry, J. L. and Wise, L. R., "The Motivational Bases of Public Service", *Public Administration Review*, Vol. 50, No. 3, 1990, pp. 367 – 373.

② Perry, J. L., "Bringing Society in: Toward a Theory of Public – service Motivation", *Journal of Public Administration Research and Theory*, Vol. 10, No. 2, 2000, pp. 471 – 488.

③ Knoke, D. and Wright – Isak, C., "Individual Motives and Organizational Incentive Systems", *Research in the Sociology of Organizations*, Vol. 1, No. 2, 1982, pp. 209 – 254.

④ Knoke, D. and Wright – Isak, C., "Individual Motives and Organizational Incentive Systems", *Research in the Sociology of Organizations*, Vol. 1, No. 2, 1982, pp. 209 – 254.

⑤ Shamir, B., "Meaning, Self and Motivation in Organizations", *Organization Studies*, Vol. 12, No. 3, 1991, pp. 405 – 424.

的结构基础。① 公共服务动机最初的四个维度——公共政策吸引力、公共利益承诺/公民责任、同情心和自我牺牲精神，分别体现了上述三个影响动机的过程。具体地，公共政策吸引力属于理性选择过程，因为其对强化自我重要性的形象具有重要作用；公共利益承诺/公民责任属于规范过程；同情心和自我牺牲精神则可认为是情感过程。

第二个假设，即每个人受自我观念所驱动。March 和 Olsen 提出了两种动机的一般模型，一种与"结果性逻辑"相关，另一种与"适当性逻辑"相关。根据两种逻辑的决策序列，公共组织和非营利组织中的许多行为应当采用"适当性逻辑"进行解释。进一步地，以适当性逻辑为基础的动机的核心要素是自我概念。② Katz 和 Kahn 指出，为了实现价值表达和自我的理想化，组织中的个体有动机建立和维持一个令人满意的自我概念。③ 例如，道德模范会无视追求道德目标的代价和后果，他们的行动具有道德确定性，认为道德上正确的道路只有一条。④

第三个假设，即偏好或价值是内生的。政治学者可能会声称偏好是利益的产物，却无法获知人们如何拥有偏好。⑤ 类似地，经济学者则认为偏好是外生的，⑥ 却无力创造一个偏好形成和发展的理论。

第四个假设，即偏好是在社会过程中习得的。根据文化认同理论⑦和社会学习理论，⑧ 偏好与社会过程直接相关。换言之，偏好或内在标准来源于社会。比如，教会、学校和慈善机构等为青少年提供了明确的价值选

---

① Shamir, B., "Meaning, Self and Motivation in Organizations", *Organization Studies*, Vol. 12, No. 3, 1991, pp. 405 – 424.
② March, J. G. and Olsen, J. P., *Rediscovering Institutions: The Organizational Basis of Politics*, New York: Free Press, 1989.
③ Katz, D. and Kahn, R. L., *The Social Psychology of Organizations*, New York: Wiley, 1966.
④ Colby, A. and Damon, W., *Some Do Care: Contemporary Lives of Moral Commitment*, New York: Free Press, 1992.
⑤ Wildavsky, A., "Choosing Preferences by Constructing Institutions: A Cultural Theory of Preference Formation", *American Political Science Association*, Vol. 81, No. 1, 1987, pp. 3 – 21.
⑥ Lewin, S. B., "Economics and Psychology: Lessons for Our Own Day from the Early Twentieth Century", *Journal of Economic Literature*, Vol. 34, No. 3, 1996, pp. 1293 – 1323.
⑦ Wildavsky, A., "Choosing Preferences by Constructing Institutions: A Cultural Theory of Preference Formation", *American Political Science Association*, Vol. 81, No. 1, 1987, pp. 3 – 21.
⑧ Bandura, A., *Social Foundations of Thought and Action: A Social Cognitive Theory*, Englewood Cliffs, N. J.: Prentice – Hall, 1986.

择，以帮助区分与社会相关的身份；① 又如，Ostrom 认为，个体学习塑造其行为的社会规范。②

上述四个假设为公共服务动机过程理论的形成奠定了根基（如图 2-2 所示）。也就是说，工作行为存在许多根源，其中既有理性选择，也有规范一致性和情感联结。此外，个体的自我概念（即他或她的身份和价值观）是这些动机过程运作的重要过滤器。而自我概念并不是无中生有的；相反，个体被暴露在社会发展的各种体制和机制中，以各种方式构筑自身的身份和价值观。由此，Perry 提出了公共服务动机的过程理论，③ 该理论参考了 Bandura 的三因素（即环境事件、认知与其他个人因素、行为）互动关系理论，④ 并将公共服务动机过程的关键变量分成四个方面：社会历史背景、动机环境、个人特征和行为。其中，社会历史背景是激励个体的影响来源和性质之一，具体包括家庭、宗教、学校等各项制度以及工作前和非工作环境中的生活事件；组织行为的情境因素，包括工作特征、组织激励以及工作环境，个体特征涉及自我概念和自我调节等；最后，行为包括理性约束行为、规则控制行为以及责任行为。

此外，一些学者认为，公共服务动机反映了相对持久的个人倾向，是一种带有亲社会特征的个性。个性往往表现为一个人相对持久的思想、情感和行为模式，以及这些特征背后的心理过程。⑤ 具体而言，首先，公共服务动机具有个体倾向性，Perry 和 Wise 提出公共服务动机，并将其定义为个体对公共机构和组织中主要或独特的激励作出反应的个人倾向。⑥ 也就是说，拥有公共服务动机的个体具有强烈的内在渴望去做好事以及为社会、他人谋福利，更可能加入、情感上依恋并留在公共服务组织中，这些

---

① Yates, M. and Youniss, J., "Community Service and Political – moral Identity in Adolescents", *Journal of Research on Adolescence*, Vol. 6, No. 3, 1996, pp. 271 – 284.
② Ostrom, E. A., "Behavioral Approach to the Rational Choice Theory of Collective Action", *American Political Science Review*, Vol. 92, No. 1, 1998, pp. 1 – 22.
③ Perry, J. L., "Bringing Society in: Toward a Theory of Public – service Motivation", *Journal of Public Administration Research and Theory*, Vol. 10, No. 2, 2000, pp. 471 – 488.
④ Bandura, A., *Social Foundations of Thought and Action: A Social Cognitive Theory*, Englewood Cliffs, NJ.: Prentice – Hall, 1986.
⑤ Mcshane, S. L. and Von Glinow, M. A., *Organizational Behavior: Emerging Knowledge. Global Reality*, Mc Graw Hill Education, 2018.
⑥ Perry, J. L. and Wise, L. R., "The Motivational Bases of Public Service", *Public Administration Review*, Vol. 50, No. 3, 1990, pp. 367 – 373.

组织允许他们做出有益于他们和社会的善行。① 其次，公共服务动机是多种心理特征或过程的融合。Perry 和 Wise 阐释了公共服务动机的三种心理机制：追求个体效用最大化的理性机制、将社会文化内在化的规范机制以及对公共服务和项目的强烈认同所产生的情感机制。② 最后，公共服务动机中蕴含的自我概念决定了其必然带有一定的稳定性特征。自我概念以价值观和个人身份为基础，是个体对自身的综合性看法。③

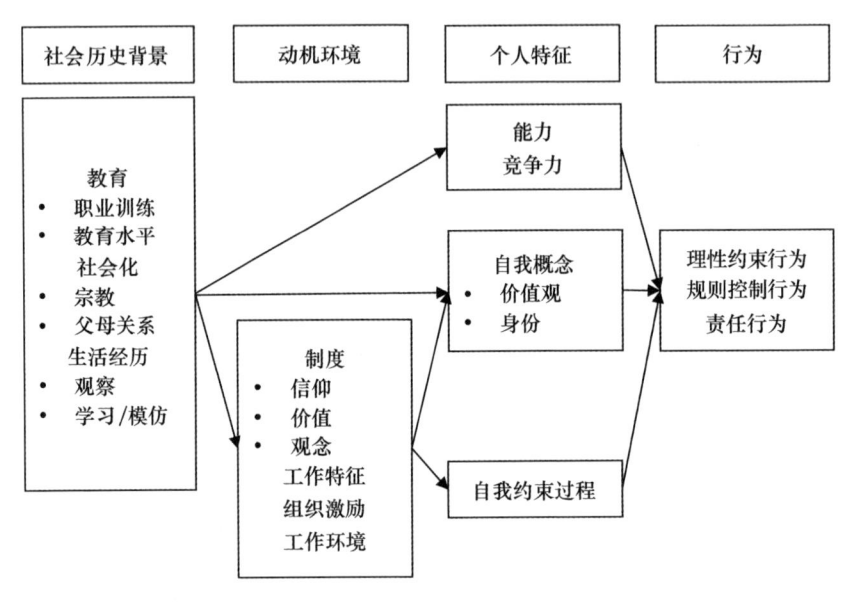

图 2-2　公共服务动机过程理论

资料来源：根据已有文献整理。④

（二）理论应用

Perry 和 Wise 在对公共服务动机给予明确定义的基础上提出了三个重

---

① Crewson, P. E., "Public Service Motivation: Building Empirical Evidence of Incidence and Effect", *Journal of Public Administration Research and Theory*, Vol. 7, No. 4, 1997, pp. 499–518.
② Perry, J. L. and Wise, L. R., "The Motivational Bases of Public Service", *Public Administration Review*, Vol. 50, No. 3, 1990, pp. 367–373.
③ Perry, J. L., "Bringing Society in: Toward a Theory of Public–service Motivation", *Journal of Public Administration Research and Theory*, Vol. 10, No. 2, 2000, pp. 471–488.
④ Perry, J. L., "Bringing Society in: Toward a Theory of Public–service Motivation", *Journal of Public Administration Research and Theory*, Vol. 10, No. 2, 2000, pp. 471–488.

要命题：（1）个体的公共服务动机越高，其越有可能寻求与公共组织建立联系；（2）在公共组织中，公共服务动机与个体绩效积极相关；（3）拥有高公共服务动机员工的公共组织较少地依赖功利主义的激励措施来管理个体绩效。① 后续研究继承和拓展了这三个命题，推动了公共服务动机理论在解释个体就业选择、公共组织绩效以及官僚行为等领域的广泛应用。

第一，公共服务动机理论对个体择业的解释。公共服务动机理论对个体择业的解释，主要与匹配的观点相关联。Perry 和 Wise 认为，高公共服务动机的个体更可能与公共组织建立联系，公共组织环境可以满足个体的理性、规范和情感动机需要。② 比如，基于吸引—选择—磨合框架，Lewis 和 Frank 指出，公共服务动机高者更有可能选择政府部门以满足其内在偏好，他们利用芝加哥大学进行的一项全国性的社会调查发现，公共服务动机高的个体确实更喜欢在政府部门工作，且实际上选择政府部门的概率更高，证明了其理论假设。③ Holt 在公共服务动机过程理论的基础上提出，以身份和价值为基本元素的自我概念对外在动机和内在动机做出行为反应，因而高公共服务动机个体更容易被强调亲社会价值观的公共部门吸引。实证研究得到了与理论相一致的结论，相比私人部门，公共服务动机高的个体选择在公共部门和非营利组织工作的概率更大。④

第二，公共服务动机理论对官僚行为的解释。自公共服务动机理论提出以来，其便与经典的韦伯官僚制理论、代表性官僚以及公共选择理论成为公共管理领域解释官僚行为的四大代表性理论流派。⑤ 与其他三大理论相比，公共服务动机更多地强调无私性和自愿性的特征，因而往往与官僚的亲社会行为联系紧密。这一动机涉及个体为了满足自身需要而做出有利于公共利益的行为过程，而非根据组织的外在激励采取行动。进一步地，公共服务动机不仅为教育和授权公民的活动提供了基础，而且一定程度上

---

① Perry, J. L. and Wise, L. R., "The Motivational Bases of Public Service", *Public Administration Review*, Vol. 50, No. 3, 1990, pp. 367–373.
② Perry, J. L. and Wise, L. R., "The Motivational Bases of Public Service", *Public Administration Review*, Vol. 50, No. 3, 1990, pp. 367–373.
③ Lewis, G. B. and Frank, S. A., "Who Wants to Work for the Government?", *Public Administration Review*, Vol. 62, No. 4, 2002, pp. 395–404.
④ Holt, S. B., "For Those Who Care: The Effect of Public Service Motivation on Sector Selection", *Public Administration Review*, Vol. 78, No. 3, 2018, pp. 457–471.
⑤ Wise, L. R., "Bureaucratic Posture: On the Need for a Composite Theory of Bureaucratic Behavior", *Public Administration Review*, Vol. 64, No. 6, 2004, pp. 669–680.

能够促进公职人员克服自私自利、道德惰性和风险规避的弊病。① 公共行政学者显然更关注后者,如 Brewer 和 Selden 通过理论分析和实证研究表明,公共服务动机显著促进了联邦政府人员的揭发行为;② Shim 和 Faerman 通过对韩国地方政府 452 名公职人员的实证调研发现,公共服务动机越高,个体越有可能实施组织公民行为。③

第三,公共服务动机理论对个体绩效的解释。Perry 和 Wise 认为,在公共组织中,公共服务动机可以促进个体绩效。这是因为,当个体认为工作是有意义的且对工作产出负有责任时,其将会努力工作。具体地,高公共服务动机的个体表现出对工作的更大承诺、对政府就业更积极的态度,以及对薪酬等工具性激励的更少需求。④ 在最初的研究中,Naff 和 Crum 利用一项对美国联邦机构公职人员的绩效调查发现,公共服务动机显著提升了员工感知的工作绩效;⑤ 使用同样的数据库,Brewer 和 Selden 则首次检验了公共服务动机对员工感知的组织绩效的积极影响。⑥ 值得注意的是,在针对教师的研究中,Andersen 使用学生成绩作为对其工作绩效的衡量,同样证明了公共服务动机对工作绩效的正向影响。⑦ 由于学生成绩这一指标的客观性更强,因而可以克服主观测量绩效带来的误差问题。

---

① Wise, L. R., "The Public Service Culture", in Stillman, R., eds. *Public Administration Concepts and Cases*, Boston: Houghton Mifflin, 2000.
② Brewer, G. A. and Selden, S. C., "Whistle Blowers in the Federal Civil Service: New Evidence of the Public Service Ethic", *Journal of Public Administration Research and Theory*, Vol. 8, No. 3, 1998, pp. 413–439.
③ Shim, D. C. and Faerman, S., "Government Employees' Organizational Citizenship Behavior: The Impacts of Public Service Motivation, Organizational Identification, and Subjective OCB Norms", *International Public Management Journal*, Vol. 20, No. 4, 2017, pp. 531–559.
④ Perry, J. L. and Wise, L. R., "The Motivational Bases of Public Service", *Public Administration Review*, Vol. 50, No. 3, 1990, pp. 367–373.
⑤ Naff, K. C. and Crum, J., "Working for America does Public Service Motivation Make a Difference", *Review of Public Personnel Administration*, Vol. 19, No. 1, 1999, pp. 5–16.
⑥ Brewer, G. A. and Selden, S. C., "Why Elephants Gallop: Assessing and Predicting Organizational Performance in Federal Agencies", *Journal of Public Administration Research and Theory*, Vol. 10, No. 4, 2000, pp. 685–711.
⑦ Andersen, L. B., "How does Public Service Motivation among Teachers Affect Student Performance in Schools?" *Journal of Public Administration Research and Theory*, Vol. 24, No. 3, 2014, pp. 651–671.

第三节　分析框架

一　多种理论视角下的公务员变革行为

结合变革行为已有的研究文献，不难发现变革行为具有如下特点：第一，变革行为是面向未来的，具有建设性。变革行为本质上是面向变化的，这意味着它敦促员工挑战现状，带来旨在改善个人、团队或组织绩效的职能变化。[①] 第二，变革行为是自愿的，这意味着该行为是组织中的个体自发的，是一种没有正式要求的角色外行为。[②] 第三，变革行为具有挑战性。与传统组织公民行为不同，变革行为需要对所采取行动的可能后果承担责任，具有一定的风险性。[③] 因此，在探索公务员变革行为产生的影响因素及其形成机制时，需要结合多种组织因素、个人因素，并且从不同理论视角加以讨论。

资源保存理论、激活理论、自我决定理论、个人—环境匹配理论和公共服务动机理论五种理论视角的选择能够深刻地剖析领导成员交换关系、繁文缛节、工作安全和公共服务动机对公务员变革行为的影响机制，为领导驱动力、制度障碍、制度激励和内生动力对公务员变革行为的影响研究提供新的理论视角。可以说，上述五种理论视角从不同的视域全方位地考察了何谓变革行为以及何以变革等重要研究议题。因此，本书将以资源保存理论、激活理论、自我决定理论和个人—环境匹配理论为基础讨论资源视角、激活视角、自我决定视角和匹配视角下的公务员变革行为形成机制，其中多个视角将结合公共服务动机理论，构建相应的理论模型。

如表2-1所示，不同理论视角下变革行为具有不同的内涵，有助于为公务员变革行为的形成提供全方面的思考，并且四种不同理论视角呼应了变革行为所具有的不同特征。因此，本书将以资源视角、激活视角、自

[①] Morrison, E. W. and Phelps, C. C., "Taking Charge at Work: Extra Role Efforts to Initiate Workplace Change", *Academy of Management Journal*, Vol. 42, No. 4, 1999, pp. 403-419.

[②] Moon, H., Kamdar, D. and Mayer, D. M., et al., "Me or we? The Role of Personality and Justice as Other-centered Antecedents to Innovative Citizenship Behaviors within Organizations", *Journal of Applied Psychology*, Vol. 93, No. 1, 2008, pp. 84-94.

[③] Mcallister, D. J., Kamdar, D. and Morrison, E. W., et al., "Disentangling Role Perceptions: How Perceived Role Breadth, Discretion, Instrumentality, and Efficacy Relate to Helping and Taking Charge", *Journal of Applied Psychology*, Vol. 92, No. 5, 2007, pp. 1200-1211.

我决定视角和匹配视角对公务员的变革行为形成展开系统讨论和实证检验。

表 2-1　　　　　　　　不同理论视角下的变革行为定义

理论视角	变革行为的内涵	变革行为特征
资源视角	变革行为是需要资源累积到一定程度的资源投资行为	建设性、风险性
激活视角	变革行为是个体为组织提供建设性意见具有修正作用的个体修正行为	建设性
自我决定视角	变革行为是具有风险性，且要发挥个人能动性的个体自主行为	风险性、自主性
匹配视角	变革行为需要公共服务动机的内在驱动，但是需要匹配策略的转换	建设性

资料来源：笔者自制。

二　分析框架：公务员变革行为形成机制模型

在上述基础上，本书提出公务员变革行为形成机制分析框架（如图2-3所示）。首先，以领导成员交换关系、繁文缛节、工作安全和公共服务动机为切入点，考察了领导驱动力、制度障碍、制度激励和内生动力四个方面对于公务员变革行为的影响；其次，分别结合资源保存理论、激活理论、自我决定理论、匹配理论和公共服务动机理论探索了上述关系的影响机制与边界条件，其中涉及变革义务感、组织支持感、工作重塑、变革型领导和基本心理需求满足等变量。以图2-3为基础，本书第三章到第六章的研究分别围绕特定的理论视角开展实证研究，提出相应的研究假设，基于研究假设构建研究模型，并利用大规模调查数据予以实证检验。具体的研究内容如下：

第三章基于资源视角展开，基于资源保存理论讨论了以领导成员交换关系为领导驱动力切入点的领导因素对公务员变革行为的影响以及变革义务感、公共服务动机在上述影响过程中分别发挥的中介作用与调节作用。

第四章基于激活视角展开，基于激活理论检验了繁文缛节这一制度障碍对公务员变革行为的倒 U 形曲线关系，并且考察了公共服务动机和组织支持感在上述关系中分别发挥的中介作用与调节作用。

第五章基于自我决定视角展开，基于自我决定理论论证了工作安全这一制度激励对公务员变革行为的 U 形曲线关系，并且考察了基本心理需求满足在上述关系中的中介作用。

第六章基于匹配视角展开，基于匹配理论考察了公共服务动机该内生动力对公务员变革行为的影响，并且探讨了工作重塑和变革型领导在上述关系中分别发挥的中介作用和调节作用。

可以说，图2-3的理论分析框架在本书中具有统领性作用。在现有变革行为研究的基础上，该框架整合了资源保存理论、激活理论、自我决定理论和个人—环境匹配理论等多重理论视角，拓展了已有公务员变革行为研究的深度、广度与研究视角，并对第三章到第六章理论模型的构建和实证检验思路进行了系统性概括。并且，之后第七章的形成机制和推进路径总结以及第八章的变革行为本土化研究展望，亦是建立在该框架所提出的分析视角以及第三章至第六章实证研究的基础上。

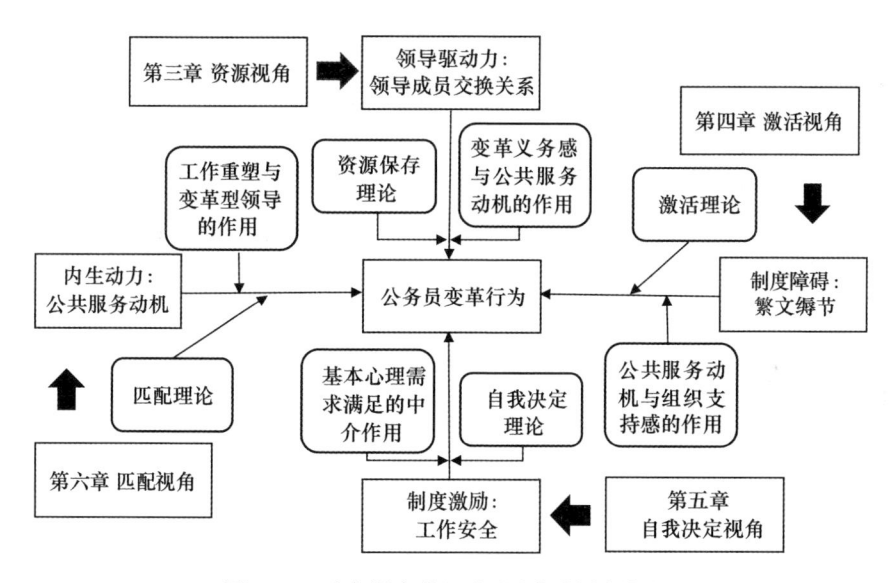

图 2-3　公务员变革行为形成机制分析框架

资料来源：笔者自制。

第三章 资源视角：资源转化为变革行为[*]

根据第二章提出的公务员变革行为形成机制分析框架，本章基于资源视角对公务员变革行为展开研究。资源视角的研究以资源保存理论展开，将公务员变革行为视为一种资源投资行为，这种行为需要大量的资源积累以应对该行为可能出现的风险。结合该视角，本章较早地以我国公务员为研究对象，将领导成员交换关系视为我国公务员在工作场所中所拥有的资源，构建了一个有调节的中介模型，系统地讨论了领导成员交换关系与变革行为之间的关系、影响机制与边界条件。以 380 名 X 市公务员为研究样本，采用 SPSS22.0 及其 PROCESS 宏插件对上述模型进行了实证检验，研究结论不仅丰富了领导成员交换关系与公务员变革行为两者关系的影响机制与边界条件的讨论，而且拓展了资源保存理论视角下的公务员变革行为研究。

第一节 资源转化：领导成员交换关系与公务员变革行为

一 研究背景

"全面建设社会主义现代化国家，必须有一支政治过硬、适应新时代要求、具备领导现代化建设能力的干部队伍。"[①] 随着党的二十大胜利召开，干部队伍建设在国家治理体系中的战略性意义被提到了一个新高度。

---

* 该章主要内容已正式发表，详见林亚清、张宇卿《领导成员交换关系会影响公务员变革型组织公民行为吗？——变革义务感的中介作用与公共服务动机的调节作用》，《公共行政评论》2019 年第 1 期。

① 习近平：《高举中国特色社会主义伟大旗帜 为全面建设社会主义现代化国家而团结奋斗——在中国共产党第二十次全国代表大会上的报告》，人民出版社 2022 年版，第 66 页。

其中,"激励干部敢于担当、积极作为"① 被写入报告,成为新时期高素质专业化干部队伍建设的引领性指南。激励干部担当作为这一思想的提出始于 2018 年 5 月中共中央办公厅印发的《关于进一步激励广大干部新时代新担当新作为的意见》(以下简称《意见》)。《意见》明确指出,应将讲担当、重担当作为选人用人的新导向,鼓励广大干部努力变革创新、攻坚克难、不断锐意进取、担当作为。根据《意见》,担当不仅可以表现为一种首创精神,而且可以体现为一种积极的探索精神,如积极探索新思路、新方法为党和人民干实事。可见,鼓励广大干部变革创新、担当作为已经成为新时代干部队伍建设的新趋势。在这种背景下,研究我国政府部门中干部队伍的变革行为有着特殊的时代意义。变革行为,作为个体创新行为的一种表现,是指个人为了改善工作现状与绩效,发挥自身能动性,超越既有工作任务要求,针对组织工作程序、方法和政策提出建设性意见的行为。②③ 遗憾的是,目前国内关于变革行为等公务员的创新行为研究还较为匮乏。④

与此同时,与传统领导理论仅仅关注领导或员工的单一研究视角不同,领导成员交换关系理论突破了传统领导理论的上述局限,将社会交换、角色分析、垂直二元联结理论等多种理论相融合来研究领导与成员一对一互动关系。⑤ 该理论认为,由于在时间、资源方面的限制,领导无法对管辖范围内的所有员工给予同等的关注,由此就会因为投入时间、资源的差异,形成质量不同、亲疏各异的领导成员关系。简言之,领导成员交

---

① 习近平:《高举中国特色社会主义伟大旗帜 为全面建设社会主义现代化国家而团结奋斗——在中国共产党第二十次全国代表大会上的报告》,人民出版社 2022 年版,第 67 页。
② Vigoda - Gadot, E. and Beeri, I., "Change - oriented Organizational Citizenship Behavior in Public Administration: The Power of Leadership and The Cost of Organizational Politics", *Journal of Public Administration Research and Theory*, Vol. 22, No. 3, 2012, pp. 573 - 596.
③ Han, Y., Sears, G. and Zhang, H. Y., "Revisiting the 'Give and Take' in LMX: Exploring Equity Sensitivity as a Moderator of the Influence of LMX on Affiliative and Change - oriented OCB", *Personnel Review*, Vol. 47, No. 2, 2018, pp. 555 - 571.
④ 陈振明、林亚清:《政府部门领导关系型行为影响下属变单型组织公民行为吗?——公共服务动机的中介作用和组织支持感的调节作用》,《公共管理学报》2016 年第 1 期。
⑤ Dansereau, F., Graen, G. and Haga, W. J., "A Vertical Dyad Linkage Approach to Leadership within Formal Organizations: A Longitudinal Investigation of the Role Making Process", *Organizational Behavior and Human Performance*, Vol. 13, No. 1, 1975, pp. 46 - 78.

换关系是指个体与其直接上级交换关系的质量。① 可以说，已有关于领导成员交换关系的研究已经取得了较为丰富的成果，对于领导成员交换关系与个体行为的研究也颇为丰富。然而，领导成员交换关系这一重要话题在公共管理领域中仍然研究不足，亟待深入探讨。② 再加之，我国是典型的关系主导型社会，与其他关系一样，领导成员交换关系的亲疏远近将决定个体在工作中能够从上级手中获得多少的资源。毋庸置疑，在我国公共部门讨论领导成员交换关系对于变革行为的影响无疑具有更加重要的理论和现实意义。

值得注意的是，以往关于领导成员交换关系与变革行为两者之间的关系研究鲜有学者问津，而针对我国政府部门为背景的讨论则几乎空白。据笔者目之所及，国外关于两者之间关系的检验，仅有 Bettencourt、Vigoda - Gadot 和 Beeri 这两篇文章。其中，Bettencourt 较早以企业为研究样本，对领导成员交换关系与变革行为的关系进行了实证检验。③ 此后，Vigoda - Gadot 和 Beeri 首次将上述两者之间的关系引入公共部门进行讨论，以以色列医疗服务系统的工作人员为研究样本，实证检验了上述两者之间的关系。④ 尽管如此，关于领导成员交换关系与变革行为关系的研究仍然存在许多空白，尤其是两者之间的影响机制与边界条件等诸多问题尚待深入探索。

为弥补已有文献的上述研究缺憾，本章旨在首次以我国政府为研究背景，深入讨论领导成员交换关系与变革行为两者之间的关系。进一步地，本章还揭示了领导成员交换关系如何以及在何种情况下影响变革行为。具体而言，一方面，本章提出以变革义务感作为中介变量来解释领导成员交换关系影响变革行为的机制。Campbell 首次将这一概念引入公共管理领

---

① Graen, G. and Uhi - Bien, M., "Relationship - based Approach to Leadership: Development of Leader - member Exchange (LMX) Theory of Leadership over Years: Applying an Ulti - level Multi - domain Perspective", *Leadership Quarterly*, Vol. 6, No. 2, 1995, pp. 219 - 247.

② Hassan, S. and Hatmaker, D. M., "Leadership and Performance of Public Employees: Effects of the Quality and Characteristics of Manager - employee Relationships", *Journal of Public Administration Research and Theory*, Vol. 25, No. 4, 2015, pp. 1127 - 1155.

③ Bettencourt, L. A., "Change - oriented Organizational Citizenship Behaviors: The Direct and Moderating Influence of Goal Orientation", *Journal of Retailing*, Vol. 80, No. 3, 2004, pp. 165 - 180.

④ Vigoda - Gadot, E. and Beeri, I., "Change - oriented Organizational Citizenship Behavior in Public Administration: The Power of Leadership and The Cost of Organizational Politics", *Journal of Public Administration Research and Theory*, Vol. 22, No. 3, 2012, pp. 573 - 596.

域，认为培养公务员变革义务感有助于政府部门的持续创新与绩效提升。① 为此，本章将变革义务感引入了领导成员交换关系与变革行为的关系研究，并实证检验了其中介作用。同时，本章提出并检验了公共服务动机在领导成员关系与变革义务感两者之间的调节作用。已有研究指出，公共服务动机是一种典型的亲社会动机，是公务员这一群体的重要个体特征之一。② 结合以往的研究，这种特征会影响领导成员交换关系这一组织情境对于个体的作用。③ 由此，本章构建了一个整合的被调节的中介模型，系统地研究了公务员领导成员关系影响其变革行为的心理机制和边界条件，为政府提升公务员变革行为和加强干部队伍建设提供参考，助力政府职能转型。

二 领导成员交换关系的影响效果研究综述

（一）领导成员交换关系研究的兴起

领导成员交换关系的研究是在打破传统领导理论局限的基础上，利用社会交换和角色分析理论来研究领导与成员一对一互动关系的理论。传统领导科学理论分为两种：一种是一般领导风格理论。这种理论主要通过与非领导者对比，探讨领导者个人所具有的特征品质与领导行为对领导效能以及员工工作绩效的影响，该理论假设领导采用同一种方式对待所辖范围内的所有员工，而团队内的所有员工也会对领导的行为产生相同的反馈，由此形成交换关系。另一种是混合领导模式。这种模式在部分吸收一般领导风格理论的假设，即领导与员工关系发生过程中，领导会以相同的方式对待所有员工的基础上，试图通过对团队中的个人行为研究来了解领导过程，由此产生如下结论：个体由于自身特征差异会对领导行为产生不同的反应回馈与行为输出，进而对组织绩效产生不同的影响。

而领导成员交换理论研究则冲破了传统领导理论仅从领导或员工单方面研究的桎梏，在垂直二元联结理论（Vertical dyad linkage，以下简称

---

① Campbell, J. W., "Felt Responsibility for Change in Public Organizations: General and Sector-specific Paths", *Public Management Review*, Vol. 20, No. 2, 2018, pp. 232–253.

② Bottomley, P., Mostafa, A. M. S. and Gould-Williams, J. S., et al., "The Impact of Transformational Leadership on Organisational Citizenship Behaviours: The Contingent Role of Public Service Motivation", *British Journal of Management*, Vol. 27, No. 2, 2016, pp. 390–405.

③ Potipiroon, W. and Ford, M. T., "Does Public Service Motivation Always Lead to Organizational Commitment? Examining the Moderating Roles of Intrinsic Motivation and Ethical Leadership", *Public Personnel Management*, Vol. 46, No. 3, 2017, pp. 211–238.

VDL）的基础上研究领导与成员二元互动关系。VDL 核心理论认为，领导与员工在互动过程中属于一对一的垂直对应关系，即一个领导对应一个下属。① 在 VDL 理论的基础上，Graen 和 Uhl – Bien 提出了领导成员交换关系理论，该理论认为由于在时间、资源方面的限制，领导无法对范围内的所有员工给予同等的关注，由此就会因为投入时间、资源的差异，形成质量不同、亲疏各异的领导成员关系，领导会对不同成员采取不同的管理风格与方式。②

领导只能选择一部分成员，给予他们更多的信任、工作支持与工作机会，建立起亲密的高质量互动关系，这部分成员就属于"圈内人"，圈内人由于在资源、权力和人际支持方面的占有优势，更便于达成目标任务并得到领导的赏识与称赞，而作为回报反馈，圈内人由此对领导产生信任、喜爱、尊重等情感，形成较高水平的相互作用。③ 而"圈外"成员则相对地被束缚在正式的权力关系中，受严格的规则、政策管理，与领导的工作互动与交流机会有限，日常工作也局限在平凡的任务中，行为显示出单一的工作任务导向，缺乏对领导的信任支持以及互动积极性，因此，就产生了领导与不同成员之间质量高低差异的互动关系，交换水平也随之表现出明显的区别。

（二）领导成员交换关系的影响效果

领导成员交换关系概念发轫于企业管理研究，自提出以来便受到管理学者的广泛关注。来自私营部门的研究发现，领导成员关系显著提升了员工的工作满意度、工作承诺，激发了员工的组织公民行为，并降低了他们的离职倾向。④⑤ 此外，Dulebohn 等采用元分析技术对已有的研究进行总

---

① Dansereau, F., Graen, G. and Haga, W. J., "A Vertical Dyad Linkage Approach to Leadership within Formal Organizations: A Longitudinal Investigation of the Role Making Process", *Organizational Behavior and Human Performance*, Vol. 13, No. 1, 1975, pp. 46 – 78.

② Graen, G. and Uhi – Bien, M., "Relationship – Based Approach to Leadership: Development of Leader – member Exchange (LMX) Theory of Leadership over Years: Applying an Ulti – level Multi – domain Perspective", *Leadership Quarterly*, Vol. 6, No. 2, 1995, pp. 219 – 247.

③ Dienesch, R. M. and Liden, R. C., "Leader – member Exchange Model of Leadership: A Critique and Further Development", *Academy of Management Review*, Vol. 11, No. 3, 1986, pp. 618 – 634.

④ Charlotte, R. G. and David, V. D., "Meta – analytic Review of Leader – member Exchange Theory: Correlates and Construct Issues", *Journal of Applied Psychology*, Vol. 82, No. 6, 1997, pp. 827 – 844.

⑤ Ilies, R., Nahrgang, J. D. and Morgeson, F. P., "Leader – member Exchange and Citizenship Behaviors: A Meta – analysis", *Journal of Applied Psychology*, Vol. 92, No. 1, 2007, pp. 269 – 277.

结，发现领导成员关系显著地影响了薪酬满意度、组织规范认同和情感认同等员工态度变量，同时对于领导成员交换关系与程序公平、分配公平和政策理解等心理感知层面的结果变量研究也不断丰富。①

随着研究的推进，也有学者开始关注公共部门中的领导成员交换关系，相关的研究成果持续产出。综合来看，在公共部门的背景下，学者们主要探索和检验了领导成员交换关系对公职人员态度、经历、行为、绩效、家庭—工作平衡等的影响。

第一，领导成员交换关系会塑造个体的积极心理或态度，减少其消极心理或态度。首先，工作满意度、组织承诺是经典的两个工作态度变量，研究发现领导成员交换关系显著提升了个体的组织承诺和工作满意度。例如，Reid 等通过对政府部门 109 名信息技术员工的实证调研发现，领导成员交换关系越强，员工的组织承诺越高。② 类似地，Brunetto 等通过对澳大利亚公立医院 1064 名员工的横截面数据分析发现，领导成员交换关系通过提升员工的士气促进了他们的组织承诺。③ Brunetto 等在另一项研究中还发现，领导成员交换质量显著改善了员工的家庭—工作矛盾，从而提升了他们的工作满意度。④ 其次，领导成员交换关系提升了个体的幸福感。Nelson 等基于巴西东北部四家公立医院 868 名员工的实证分析表明，领导成员交换质量越高，个体的幸福感越高。⑤ Trinchero 等基于意大利公立医院和私立医院的混合数据同样得出了这一结论。⑥ Brunetto 等的实证

---

① Dulebohn, J. H., Bommer, W. H. and Liden, R. C., "A Meta-analysis of Antecedents and Consequences of Leader-member Exchange: Integrating the Past with an Eye toward the Future", *Journal of Management*, Vol. 38, No. 6, 2012, pp. 1715–1759.

② Reid, M. F., Allen, M. W. and Riemenschneider, C. K., et al., "The Role of Mentoring and Supervisor Support for State IT Employees' Affective Organizational Commitment", *Review of Public Personnel Administration*, Vol. 28, No. 1, 2008, pp. 60–78.

③ Brunetto, Y., Farr-Wharton, R. and Shacklock, K., "The Impact of Supervisor-subordinate Relationships on Morale: Implications for Public and Private Sector Nurses' Commitment", *Human Resource Management Journal*, Vol. 20, No. 2, 2010, pp. 206–225.

④ Brunetto, Y., Farr-Wharton, R. and Ramsay, S., et al., "Supervisor Relationships and Perceptions of Work-family Conflict", *Asia Pacific Journal of Human Resources*, Vol. 48, No. 2, 2010, pp. 212–232.

⑤ Nelson, S. A., Azevedo, P. R. and Dias, R. S., et al., "The Influence of Bullying on the Wellbeing of Brazilian Nursing Professionals", *Public Money & Management*, Vol. 34, No. 6, 2014, pp. 397–404.

⑥ Trinchero, E., Borgonovi, E. and Farr-Wharton, B., "Leader-member Exchange, Affective Commitment, Engagement, Wellbeing, and Intention to Leave: Public Versus Private Sector Italian Nurses", *Public Money & Management*, Vol. 34, No. 6, 2014, pp. 381–388.

研究则系统地发现，无论是公共部门还是私营部门，高质量的领导成员交换关系带来了更高的团队合作满意度，降低了角色模糊性，最终促进了员工幸福感的提升。[1] 再次，领导成员交换关系增加了公共部门员工的工作投入和工作努力。一项基于澳大利亚和美国政府部门516名公职人员调研数据的实证研究表明，领导成员交换关系显著提升了个体的工作投入。[2] Tummers 和 Knie 的研究发现，领导成员交换关系显著促进了个体的工作努力。[3] 进一步地，Buch 等的研究发现，假设中经济型领导成员交换关系对个体的工作努力起到了负向影响，社会型领导成员交换关系对个体工作努力则具有显著的正向影响，内在动机在上述影响中分别发挥了正向和负向的调节作用。[4] 最后，领导成员交换关系有利于减少个体的消极态度，降低其离职倾向。已有的研究发现，领导成员交换减少了员工的组织犬儒主义，即一种对组织感到绝望、挫败以及幻灭特征的消极态度，[5] 并降低了他们的情绪耗竭。[6] 此外，还有一些研究考察了领导成员交换关系对绩效评估系统接受性[7]、对反馈的态度[8]等的正向影响。

第二，领导成员交换关系影响个体的工作场所经历，包括积极经历

---

[1] Brunetto, Y., Farr-Wharton, R. and Shacklock, K., "Supervisor-nurse Relationships, Teamwork, Role Ambiguity and Well-being: Public Versus Private Sector Nurses", *Asia Pacific Journal of Human Resources*, Vol. 49, No. 2, 2011, pp. 143-164.

[2] Brunetto, Y., Teo, S. and Farr-Wharton, R., et al., "Comparison of Impact of Management on Local Government Employee Outcomes in US and Australia", *Local Government Studies*, Vol. 41, No. 2, 2015, pp. 495-515.

[3] Tummers, L. G. and Knies, E., "Leadership and Meaningful Work in the Public Sector", *Public Administration Review*, Vol. 73, No. 6, 2013, pp. 859-868.

[4] Buch, R., Kuvaas, B. and Dysvik, A., et al., "If and When Social and Economic Leader-member Exchange Relationships Predict Follower Work Effort: The Moderating Role of Work Motivation", *Leadership & Organization Development Journal*, Vol. 35, No. 8, 2014, pp. 725-739.

[5] Gkorezis, P., Petridou, E. and Xanthiakos, P., "Leader Positive Humor and Organizational Cynicism: LMX as A Mediator", *Leadership & Organization Development Journal*, Vol. 35, No. 4, 2014, pp. 305-315.

[6] Ertürk, A., "Influences of HR Practices, Social Exchange, and Trust on Turnover Intentions of Public IT Professionals", *Public Personnel Management*, Vol. 43, No. 1, 2014, pp. 140-175.

[7] Kim, T. and Holzer, M., "Public Employees and Performance Appraisal: A Study of Antecedents to Employees' Perception of the Process", *Review of Public Personnel Administration*, Vol. 36, No. 1, 2016, pp. 31-56.

[8] Fenwick, K. M., Brimhall, K. C. and Hurlburt, M., et al., "Who Wants Feedback? Effects of Transformational Leadership and Leader-member Exchange on Mental Health Practitioners' Attitudes toward Feedback", *Psychiatric Services*, Vol. 70, No. 1, 2019, pp. 11-18.

和消极经历,也包括行为经历和心理经历。一般来说,领导成员交换关系质量越高,个体在工作中感受到的资源支持越多。Brunetto 等利用澳大利亚和美国政府部门 516 名公职人员调研数据实证研究发现,领导成员交换关系对员工感知的资源充足性影响显著为正。[1] 另一些研究检验了领导成员交换对具体资源获得的影响。比如,基于社会交换理论,Brunetto 等的研究发现,领导成员交换增加了员工的自由裁量权和组织支持感。[2] Brimhall 等基于对一家大型公共儿童福利机构 187 名员工的两阶段数据的实证分析发现,领导成员交换让个体感受到了组织的多样性氛围,进而体会到组织的包容性,提高了工作满意度,最终降低了离职倾向。[3] Ali Chughtai 基于巴基斯坦东部城市一家大型公立医院 172 名医生为研究样本,实证研究发现领导成员交换关系在伦理领导影响员工创造力的积极影响过程中发挥了重要的中介作用。[4] 以美国 588 名警察为研究样本,Brunetto 等则证明了领导成员交换与员工心理资本之间的积极关系。[5] 类似地,Hassan 等通过对美国某一州政府机构的 477 名公务员的实证研究表明,高质量的领导成员交换关系通常伴随着更多的领导协商和领导授权。[6] 另一方面,领导成员交换关系也会减少个体在组织中的负面经历。Molines 等基于法国 806 名警察的两阶段纵向调研数

---

[1] Brunetto, Y., Teo, S. and Farr‒Wharton, R., "Comparison of Impact of Management on Local Government Employee Outcomes in US and Australia", *Local Government Studies*, Vol. 41, No. 4, 2015, pp. 495‒515.

[2] Brunetto, Y., Farr‒Wharton, B. and Farr‒Wharton R., et al., "Comparing the Impact of Management Support on Police Officers' Perceptions of Discretionary Power and Engagement: Australia, Usa and Malta", *International Journal of Human Resource Management*, Vol. 31, No. 6, 2020, pp. 738‒759.

[3] Brimhall, K. C., Lizano, E. L. and Barak, M. E. M., "The Mediating Role of Inclusion: A Longitudinal Study of the Effects of Leader‒member Exchange and Diversity Climate on Job Satisfaction and Intention to Leave among Child Welfare Workers", *Children and Youth Services Review*, Vol. 40, 2014, pp. 79‒88.

[4] Ali Chughtai, A., "Can Ethical Leaders Enhance Their Followers' Creativity?", *Leadership*, Vol. 12, No. 2, 2016, pp. 230‒249.

[5] Brunetto, Y., Teo, S. T. T. and Farr‒Wharton, R., et al., "Individual and Organizational Support: Does It Affect Red Tape, Stress and Work Outcomes of Police Officers in the USA?", *Personnel Review*, Vol. 46, No. 4, 2017, pp. 750‒766.

[6] Hassan, S., Wright, B. E. and Park, J., "The Role of Employee Task Performance and Learning Effort in Determining Empowering Managerial Practices: Evidence from a Public Agency", *Review of Public Personnel Administration*, Vol. 36, No. 1, 2016, pp. 57‒79.

据发现,领导成员交换显著降低了个体的情绪耗竭。① 许多研究还表明,领导成员交换关系质量越高,个体在工作场所中经历的欺凌、骚扰、围攻、职场孤立等负面行为越少,且有更低的组织政治感知。②③④

第三,领导成员交换关系影响员工行为。相关研究围绕着领导成员交换关系与组织公民行为二者之间的关系展开了深入的检验。理论上,当个体与领导拥有高质量的交换关系时,他们会从组织获得更多的资源和自主权进而开展组织公民行为,也更有信心向组织提出意见和建议。因此,学者们普遍认为,领导成员交换显著促进了个体的组织公民行为。这一假设也得到了实证研究的支持,基于2004年美国社会综合调查数据(GSS),Ingrams 分析发现,领导成员交换关系越强,个体越有可能进行组织公民行为。⑤ 类似地,Zhang 等根据中国12家公立医院426名员工数据的实证研究发现,领导成员交换通过缓解员工的角色模糊感而促进了其组织公民行为。⑥ 值得注意的是,有学者进一步细分组织公民行为,如 Yeo 等基于新加坡某一公共组织560名员工数据的分析表明,领导成员交换对合规型组织公民行为的影响显著为正,而对参与型组织公民行为的影响则不显著;⑦ Chen 和 Jin 研究发现,无论是利于领导还是利于组织的组

---

① Molines, M., El Akremi, A. and Storme, M., et al., "Beyond the Tipping Point: The Curvilinear Relationships of Transformational Leadership, Leader – member Exchange, and Emotional Exhaustion in The French Police", *Public Management Review*, Vol. 24, No. 1, 2020, pp. 80 – 105.

② Nelson, S. A., Azevedo, P. R. and Dias, R. S., et al., "The Influence of Bullying on the Wellbeing of Brazilian Nursing Professionals", *Public Money & Management*, Vol. 34, No. 6, 2014, pp. 397 – 404.

③ Yildiz, S. M., "An Empirical Analysis of the Leader – member Exchange and Employee Turnover Intentions Mediated by Mobbing: Evidence from Sport Organisations", *Economic Research – Ekonomska Istraživanja*, Vol. 31, No. 1, 2018, pp. 480 – 497.

④ De Vries, H., Tummers, L. and Bekkers, V., "The Benefits of Teleworking in the Public Sector: Reality or Rhetoric?", *Review of Public Personnel Administration*, Vol. 39, No. 4, 2019, pp. 570 – 593.

⑤ Ingrams, A., "Organizational Citizenship Behavior in the Public and Private Sectors: A Multilevel Test of Public Service Motivation and Traditional Antecedents", *Review of Public Personnel Administration*, Vol. 40, No. 2, 2020, pp. 222 – 244.

⑥ Zhang, L. G., Jiang, H. B. and Jin, T. T., "Leader – member Exchange and Organizational Citizenship Behaviour: The Mediating and Moderating Effects of Role Ambiguity", *Journal of Psychology in Africa*, Vol. 30, No. 1, 2020, pp. 17 – 22.

⑦ Yeo, M., Ananthram, S. and Teo, S. T. T., et al., "Leader – member Exchange and Relational Quality in a Singapore Public Sector Organization", *Public Management Review*, Vol. 17, No. 10, 2015, pp. 1379 – 1402.

织公民行为，领导成员交换关系都呈现显著的正向影响。① 此外，Hirst 等基于 489 名中国台湾公职人员的实证调研发现，领导成员交换通过自我和谐影响个体的帮助行为。② Vigoda - Gadot 和 Beeri 通过对公共医疗机构的 217 名员工调研发现，领导成员交换对个体变革行为具有显著促进作用，也就是说，高质量的领导成员交换关系有助于激发公职人员积极改变功能失调的工作环境以促进公共服务质量的提升。③ 除组织公民行为外，许多研究还证明了领导成员交换关系对个体主动性行为④、创新行为⑤和创造力⑥的积极影响以及对反生产行为的消极影响。⑦

第四，高质量领导成员交换关系还有助于提升员工的工作绩效。Tziner 等基于 75 份公共服务组织员工调查数据的实证分析发现，领导成员交换关系带来的积极情感、尊重、忠诚以及义务感知等显著提升了员工的工作绩效。⑧ Hsieh 的研究进一步发现，无论是公共部门、私营部门还是非营利组织，领导成员交换关系对员工工作绩效的影响均显著为正，但

---

① Chen, H. and Jin, Y. H., "The Effects of Organizational Justice on Organizational Citizenship Behavior in the Chinese Context: The Mediating Effects of Social Exchange Relationship", *Public Personnel Management*, Vol. 43, No. 3, 2014, pp. 301 – 313.

② Hirst, G., Walumbwa, F. and Aryee, S. et al., "A Multi - level Investigation of Authentic Leadership as an Antecedent of Helping Behavior", *Journal of Business Ethics*, Vol. 139, No. 3, 2016, pp. 485 – 499.

③ Vigoda - Gadot, E. and Beeri, I., "Change - oriented Organizational Citizenship Behavior in Public Administration: The Power of Leadership and the Cost of Organizational Politics", *Journal of Public Administration Research and Theory*, Vol. 22, No. 3, 2012, pp. 573 – 596.

④ Mostafa, A. M. S. and El - Motalib, E. A. A., "Servant Leadership, Leader - member Exchange and Proactive Behavior in the Public Health Sector", *Public Personnel Management*, Vol. 48, No. 3, 2019, pp. 309 – 324.

⑤ Peng, Y. P., "Relationship between Job Involvement, Leader - member Exchange, and Innovative Behavior of Public Librarians", *Journal of Librarianship and Information Science*, Vol. 52, No. 2, 2020, pp. 441 – 450.

⑥ Kalyar, M. N., Usta, A. and Shafique, I., "When Ethical Leadership and LMX are More Effective in Prompting Creativity: The Moderating Role of Psychological Capital", *Baltic Journal of Management*, Vol. 15, No. 1, 2020, pp. 61 – 80.

⑦ González - Navarro, P., Zurriaga - Llorens, R. and Tosin Olateju, A., et al., "Envy and Counterproductive Work Behavior: The Moderation Role of Leadership in Public and Private Organizations", *International Journal of Environmental Research and Public Health*, Vol. 15, No. 7, 2018, 1455.

⑧ Tziner, A., Shultz, T. and Fisher, T., "Justice, Leader - member Exchange, and Job Performance: Are Their Relationships Mediated by Organizational Culture?", *Psychological Reports*, Vol. 103, No. 2, 2008, pp. 516 – 526.

这一影响在公共部门中更为强烈。①

第五，Tummers 和 Knies 以卫生保健部门 790 名员工样本，实证研究支持了领导成员交换对个体家庭—工作增益的积极影响，工作意义在二者关系起到了部分中介作用。② Brunetto 等在另一项研究中还发现，领导成员交换质量显著改善了员工的工作—家庭冲突。③

三 领导成员交换关系与公务员变革行为

如前所述，变革行为有助于克服组织内部繁文缛节和官僚主义等弊病，提高政府部门运行效率，进而优化公共服务质量，最终提高公民对政府的满意度和信任感。④ 但同时，变革行为是一种需要高资源集聚的资源投资行为⑤，对现状的挑战意味着花费宝贵的认知和情感资源⑥。也就是说，变革行为具有高成本，需要投入大量的时间、精力、知识等。并且，变革行为的收益具有不确定性，与强制性的且伴有外部奖励（例如工资和激励）的任务绩效相比，变革行为等角色外行为并不总是能得到正式的奖励。⑦ 根据资源保存理论，个体付出巨大的努力却未能获得核心或关键资源会带来一定的心理压力，这种预期收益落空也被认为是一种资

---

① Hsieh, J. Y., "Spurious or True? An Exploration of Antecedents and Simultaneity of Job Performance and Job Satisfaction across the Sectors", *Public Personnel Management*, Vol. 45, No. 1, 2016, pp. 90 – 118.

② Tummers, L. G. and Knies, E., "Leadership and Meaningful Work in the Public Sector", *Public Administration Review*, Vol. 73, No. 6, 2013, pp. 859 – 868.

③ Brunetto, Y., Farr – Wharton, R. and Ramsay, S., et al., "Supervisor Relationships and Perceptions of Work – family Conflict", *Asia Pacific Journal of Human Resources*, Vol. 48, No. 2, 2010, pp. 212 – 232.

④ Vigoda – Gadot, E. and Beeri, I., "Change – oriented organizational citizenship behavior in public administration: The Power of Leadership and the Cost of Organizational Politics", *Journal of Public Administration Research and Theory*, Vol. 22, No. 3, 2012, pp. 573 – 596.

⑤ López – Domínguez, M., Enache, M. and Sallan, J. M., et al., "Transformational Leadership as an Antecedent of Change – oriented Organizational Citizenship Behavior", *Journal of Business Research*, Vol. 66, No. 10, 2013, pp. 2147 – 2152.

⑥ Qin, X., Direnzo, M. S. and Xu, M. Y., et al., "When do Emotionally Exhausted Employees Speak up? Exploring the Potential Curvilinear Relationship between Emotional Exhaustion and Voice", *Journal of Organizational Behavior*, Vol. 35, No. 7, 2014, pp. 1018 – 1041.

⑦ Organ, D. W., *Organizational Citizenship Behavior: The Good Soldier Syndrome*, Lexington, MA: Lexington Books, 1988, p. 4.

源损失。①② 此外，变革行为可能导致进一步的资源损失。组织中的个体针对现状以及已有社会关系的挑战，提出改进工作程序、政策的建议，往往可能损害利益相关者的既得利益，造成单位中人际关系紧张，可能使自己在组织中处于被动地位，③④ 甚至可能遭到领导敌视或者组织裁员、移除等报复性行为。⑤ 因此，虽然变革行为体现了公务员对组织的担当和负责任的态度，但其所具有的资源集聚特征和可能引起的资源损失却常常使他们望而却步。此时，来自组织情境的支持就显得尤为重要。

在公共部门，领导在为下属提供资源支持方面扮演着极其重要的角色。学者们用领导成员交换关系这一二元视角来描述下属与其直接上级之间情感支持与有价值资源的交换程度。⑥ 一般而言，高质量的领导成员交换以喜爱、忠诚、尊重和具有贡献性的行为为特征。Erdogan 和 Enders 指出，在高质量的领导成员交换工作场景中，个体能够从上级领导那里获得更多的有形资产（如晋升机会、免受不公平待遇、获得更多组织资源以及负责特殊的任务等）和无形资产（如直接领导的理解和友好等）。⑦ 因此，根据资源保存理论，在强领导成员交换的条件下，个体能够获得来自领导对于自己的支持和帮助。同时，笔者在 J 市的调研访谈中，有多位公务员表示与领导关系好，在进行创新的时候可以获得各种有形与无形的资源，如"协调其他部门，调动更多的人力支持"（访谈编码：

---

① Hobfoll, S. E., "Conservation of Resources – A New Attempt at Conceptualizing Stress", American Psychologist, Vol. 44, No. 3, 1989, pp. 513 – 524.

② Hobfoll, S. E., "The Influence of Culture, Community, and the Nested – self in the Stress Process: Advancing Conservation of Resources Theory", Applied Psychology – an International Review – Psychologie Appliquee – Revue Internationale, Vol. 50, No. 3, 2001, pp. 337 – 370.

③ LePine, J. A. and Van Dyne, L., "Predicting Voice Behavior in Work Groups", Journal of Applied Psychology, Vol. 83, No. 6, 1998, pp. 853 – 868.

④ Choi, J. N., "Change – oriented Organizational Citizenship Behavior: Effects of Work Environment Characteristics and Intervening Psychological Processes", Journal of Organizational Behavior, Vol. 28, No. 4, 2007, pp. 467 – 484.

⑤ Qin, X., Direnzo, M. S. and Xu, M. Y., et al., "When do Emotionally Exhausted Employees Speak up? Exploring the Potential Curvilinear Relationship between Emotional Exhaustion and Voice", Journal of Organizational Behavior, Vol. 35, No. 7, 2014, pp. 1018 – 1041.

⑥ Liden, R. C., Wayne, S. J. and Zhao, H., et al., "Servant Leadership: Development of a Multidimensional Measure and Multilevel Assessment", Leadership Quarterly, Vol. 19, No. 2, 2008, pp. 161 – 177.

⑦ Erdogan, B. and Enders, J., "Support from the Top: Supervisors' Perceived Organizational Support as a Moderator of Leader – Member Exchange to Satisfaction and Performance Relationships", Journal of Applied Psychology, Vol. 92, No. 2, 2007, pp. 321 – 330.

J10),"提供工作经费支持"(访谈编码:J27),"把关我们的建议是否适合落地"(访谈编码:J13),"在工作推进中遇到困难及时出面帮助"(访谈编码:J02),"在我们做错事时愿意为我们担责"(访谈编码:J25)等。这些资源让公务员获得了更多的心理安全感,缓解了他们对进行变革行为所带来的过度资源投入和潜在资源损失问题的担心。①②换言之,高质量的领导成员关系将有助于变革行为的产生。正如有的干部提及,"有了领导的兜底,我们有了安全感,就更敢于去做事情"(访谈编码:J32)。此外,为数不多的实证研究检验也支持了这一观点。③④ 基于此,本章提出:

假设3-1:领导成员交换关系对变革行为具有显著的正向影响。

第二节 变革义务感的中介作用与公共服务动机的调节作用

一 变革义务感的中介作用

(一)领导成员交换关系与变革义务感

变革义务感的研究是在传统工作义务感的研究基础上展开的。Hackman 和 Oldham 基于工作特征理论框架提出工作义务感是一种反映个体在多大程度上对其工作结果负有责任的心理状态。⑤ 然而,早期的工作义务感研究仅仅停留在通过改变工作特征,刺激个体提高对当前既定工作任务

---

① Dulebohn, J. H., Bommer, W. H. and Liden, R. C., "A Meta-analysis of Antecedents and Consequences of Leader-member Exchange: Integrating the Past with an Eye toward the Future", *Journal of Management*, Vol. 38, No. 6, 2012, pp. 1715-1759.

② Hobfoll, S. E., Halbesleben, J. and Neveu, J. P., et al., "Conservation of Resources in the Organizational Context: The Reality of Resources and their Consequences", *Annual Review of Organizational Psychology and Organizational Behavior*, Vol. 5, 2018, pp. 103-128.

③ Bettencourt, L. A., "Change-oriented Organizational Citizenship Behaviors: The Direct and Moderating Influence of Goal Orientation", *Journal of Retailing*, Vol. 80, No. 3, 2004, pp. 165-180.

④ Vigoda-Gadot, E. and Beeri, I., "Change-oriented Organizational Citizenship Behavior in Public Administration: The Power of Leadership and The Cost of Organizational Politics", *Journal of Public Administration Research and Theory*, Vol. 22, No. 3, 2012, pp. 573-596.

⑤ Hackman, J. R. and Oldham, G. R., "Motivation through the Design of Work: Test of a Theory", *Organizational Behavior and Human Performance*, Vol. 16, No. 2, 1976, pp. 250-279.

的义务感,对于个体变革型、主动型行为义务感的产生却没有给予足够的关注。随着研究的深入,Morrison 和 Phelps 在对 MBA 学生的研究中最早提出了变革义务感,并将其定义为"个人对其需要为组织带来建设性变化的义务感知,是一种'事前意识'而不是'事后责任'"①。而 López – Domínguez 等进一步丰富完善变革义务感的定义,认为变革义务感是一种可塑的心理状态,反映了员工对通过付出建设性努力,变革组织程序,纠正组织问题以完善组织的意愿。②

Fuller 等研究发现,变革义务感作为一种个体对组织变革负有责任的心理状态,其产生往往与个体对资源的可获性密切相关。更多的资源将在客观上强化成员的变革意愿,帮助成员从组织层面上理解变革型行为对于提高组织生产和服务效率所带来的积极影响。同时,成员往往倾向于将组织为其提供的资源视为组织对其高度信任的一种信号,萌生出对组织和自身工作角色高度的责任感。③ 理论上,下属所拥有的领导成员交换关系质量越高,可以在资源、权力和人际关系等方面获得更多的优势,以及更多的领导赏识、赞美、信任等方面的情感情绪,而这正是促使成员产生变革义务感的关键前因变量。正如有公务员表示,"领导的信任让我觉得创新是我的事情,有责任要做好"(访谈编码:J09)。因此,本章提出:

假设3-2:领导成员交换关系对变革义务感具有显著的正向影响。

(二)变革义务感与变革行为

变革义务感作为组织中的个体具有的一种为组织带来建设性变革的责任感,往往通过提高成员对变革行为积极的认知,来刺激成员采取更多超越工作角色的行为。④ 理论上,越强的变革义务感会使个体越愿意承担风险去实现组织目标,并且有更大的变革动机来完善组织程序,从而会

---

① Morrison, E. W. and Phelps, C. C., "Taking Charge at Work: Extra Role Efforts to Initiate Workplace Change", *Academy of Management Journal*, Vol. 42, No. 4, 1999, pp. 403 – 419.

② López – Domínguez, M., Enache. M. and Sallan, J. M., et al., "Transformational Leadership as an Antecedent of Change – oriented Organizational Citizenship Behavior", *Journal of Business Research*, Vol. 66, No. 10, 2013, pp. 2147 – 2152.

③ Fuller, J. B., Marler, L. E. and Hester, K., "Promoting Felt Responsibility for Constructive Change and Proactive Behavior: Exploring Aspects of an Elaborated Model of Work Design", *Journal of Organizational Behavior*, Vol. 27, No. 8, 2006, pp. 1089 – 1120.

④ Morrison, E. W. and Phelps, C. C., "Taking Charge at Work: Extra Role Efforts to Initiate Workplace Change", *Academy of Management Journal*, Vol. 42, No. 4, 1999, pp. 403 – 419.

履行更多的变革行为。在已有的实证研究中，Fuller 等通过对美国南部一家小型公共事业公司中 120 名员工的调查分析后得出结论，变革义务感显著提升了员工的变革行为。[1] 类似地，Choi 以韩国一家大型电子公司内 177 个不同工作单位的 2040 名员工为研究对象，实证发现变革义务感对员工变革行为具有显著的积极影响；[2] López - Domínguez 等以 602 名西班牙员工为研究样本，同样发现了变革义务感对变革行为的正向促进作用。[3] 然而，政府部门背景下变革义务感与变革行为两者之间的关系研究还未展开。因此，本章提出：

假设 3-3：变革义务感对变革行为具有显著的正向影响。

（三）变革义务感在领导成员交换关系和变革行为关系中的中介作用

变革义务感反映了个体为了促进组织发展，愿意付出更大的努力、改进与开发新程序及纠正已有问题的意愿，是一种促使个体相信他们应该采取行动的具有动机性的心理状态。[4] 以往的研究还发现，变革义务感是一种积极的心理机制，它能够有效地解释组织特征影响变革行为等主动性行为的心理过程。[5][6] 并且，已有的研究指出，义务感的产生是联系领导成员交换关系与个体行为的重要环节。[7] 因此，本章认为在政府部门背景下，变革义务感是一种能够有效传递领导成员交换关系这一组

---

[1] Fuller, J. B. , Marler, L. E. and Hester, K. , "Promoting Felt Responsibility for Constructive Change and Proactive Behavior: Exploring Aspects of an Elaborated Model of Work Design", *Journal of Organizational Behavior*, Vol. 27, No. 8, 2006, pp. 1089 - 1120.

[2] Choi, J. N. , "Change - oriented Organizational Citizenship Behavior: Effects of Work Environment Characteristics and Intervening Psychological Process", *Journal of Organizational Behavior*, Vol. 28, No. 4, 2007, pp. 467 - 484.

[3] López - Domínguez, M. , Enache. M. and Sallan, J. M. , et al. , "Transformational Leadership as an Antecedent of Change - oriented Organizational Citizenship Behavior", *Journal of Business Research*, Vol. 66, No. 10, 2013, pp. 2147 - 2152.

[4] Fuller, J. B. , Marler, L. E. and Hester, K. , "Promoting Felt Responsibility for Constructive Change and Proactive Behavior: Exploring Aspects of an Elaborated Model of Work Design", *Journal of Organizational Behavior*, Vol. 27, No. 8, 2006, pp. 1089 - 1120.

[5] López - Domínguez, M. , Enache. M. and Sallan, J. M. , et al. , "Transformational Leadership as an Antecedent of Change - oriented Organizational Citizenship Behavior", *Journal of Business Research*, Vol. 66, No. 10, 2013, pp. 2147 - 2152.

[6] Campbell, J. W. , "Felt Responsibility for Change in Public Organizations: General and Sector - specific Paths", *Public Management Review*, Vol. 20, No. 2, 2018, pp. 232 - 253.

[7] Ilies, R. , Nahrgang, J. D. and Morgeson, F. P. , "Leader - member Exchange and Citizenship Behaviors: A Meta - analysis", *Journal of Applied Psychology*, Vol. 92, No. 1, 2007, pp. 269 - 277.

织特征的心理机制，进而有助于变革行为的产生，即领导成员交换关系是通过变革义务感这一心理机制来对变革行为产生影响。基于此，本章提出：

假设3-4：变革义务感在领导成员交换关系对变革行为的影响过程中起中介作用，即领导成员交换关系通过变革义务感影响变革行为。

二 公共服务动机的调节作用

公共服务动机作为新兴的动机理论之一，其讨论主要集中在公共部门研究领域。Perry 和 Wise 首次提出了该概念，将其定义为"个人对公共部门所具有的重要或特有目标作出敏感反应的心理倾向"[①]。Perry 和 Hondeghem 进一步补充，认为公共服务动机是一种个体的自我定位，这种定位具体表现为个体以有利于他人和社会的目标去提供服务。[②] 以往的研究认为，拥有强烈公共服务动机的个体会更愿意加入提供公共服务的公共部门[③]，更加愿意与这类组织建立情感依附的关系，[④] 并且拥有更强的留职意愿[⑤]。

已有的研究指出，领导成员交换关系对于员工行为的影响往往依据互惠原则，即个体感知到领导成员交换关系这一组织情境给予其某种资源时，个体相应地会采取更加积极的个体行为作为回报。[⑥] 同时，作为一种高资源投入的行为，变革行为实施与否也依赖于个体的公共服务动机这一心理资源。然而，研究发现，公共服务动机这一个体特征与诸如领导成员交换

---

① Perry, J. L. and Wise, L. R., "The Motivational Bases of Public Service", *Public Administration Review*, Vol. 50, No. 3, 1990, pp. 367 – 373.

② Perry, J. L. and Hondeghem, A., *Motivation in Public Management: The Call of Public Service*, Oxford: Oxford University Press, 2008, p. vii.

③ Kjeldsen, A. M. and Jacobsen, C. B., "Public Service Motivation and Employment Sector: Attraction or Socialization?" *Journal of Public Administration Research and Theory*, Vol. 23, No. 4, 2013, pp. 899 – 926.

④ Hansen, J. R. and Kjeldsen, A. M., "Comparing Affective Commitment in the Public and Private Sectors: A Comprehensive Test of Multiple Mediation Effects", *International Public Management Journal*, Vol. 21, No. 4, 2018, pp. 558 – 588.

⑤ Caillier, J. G., "Towards A Better Understanding of Public Service Motivation and Mission Valence in Public Agencies", *Public Management Review*, Vol. 17, No. 9, 2015, pp. 1217 – 1236.

⑥ Li, N., Liang, J. and Grant, M. J., "The Role of Proactive Personality in Job Satisfaction and Organizational Citizenship Behavior: A Relational Perspective", *Journal of Applied Psychology*, Vol. 95, No. 2, 2010, pp. 395 – 404.

关系等组织背景对于个体的影响是一种此消彼长的关系。[1][2] 高服务动机的个体会自我驱动，更加关注自身的行动是否能够对于他人产生积极的影响，[3][4] 而他们更少地受到，或是更少地需要领导成员交换关系的影响。换言之，互惠原则对于高服务动机的个体影响更少，因为这类个体更多地受到他们自身的动机和关注他人的影响。公共服务动机以激励个体服务公众利益的无私倾向为特征，[5] 也就是说，高公共服务动机的公务人员往往会拥有更强烈的为公众服务的角色定位，从而促使其具有更强的责任感去挑战已有工作的现状并做出改变。因此，即使受到了不公平的对待（如领导成员交换关系较低时），感受不到互惠原则的情况下，公共服务动机能够为个体补充相应的心理资源，这些具有高公共服务动机的个体也会产生变革义务感。此时，领导成员交换关系对于个体的变革义务感会被削弱。相反，对于低公共服务动机的个体而言，变革义务感的自我驱动较弱，他们更有可能受到互惠原则的影响，更多地依赖于激励他们的组织特征，例如领导成员交换关系。当个体感知到领导成员交换关系较高时，意味着个体能够从组织获得更为丰富的资源。根据互惠原则，个体将会产生更多的支持和促进组织发展的变革义务感。因此，本章提出：

假设 3-5：公共服务动机在领导成员交换关系与变革义务感的关系中起到了负向的调节作用，即高公共服务动机会削弱领导成员交换关系和变革义务感的关系，而低公共服务动机则加强了两者之间的关系。

在假设 3-4 和假设 3-5 的基础上，本章进一步提出了一个有调节的中介假设，即变革义务感在领导成员交换关系与变革行为二者关系之间所发挥的间接效应会因为个体公共服务动机程度的不同而有所差异。这是因

---

[1] Potipiroon, W. and Faerman, S., "What Difference do Ethical Leaders Make? Exploring the Mediating Role of Interpersonal Justice and the Moderating Role of Public Service Motivation", *International Public Management Journal*, Vol. 19, No. 2, 2016, pp. 171-207.

[2] Potipiroon, W. and Ford, M. T., "Does Public Service Motivation Always Lead to Organizational Commitment? Examining the Moderating Roles of Intrinsic Motivation and Ethical Leadership", *Public Personnel Management*, Vol. 46, No. 3, 2017, pp. 211-238.

[3] Perry, J. L. and Wise, L. R., "The Motivational Bases of Public Service", *Public Administration Review*, Vol. 50, No. 3, 1990, pp. 367-373.

[4] Harari, M. B., Herst, D. E. L. and Parola, H. R., et al., "Organizational Correlates of Public Service Motivation: A Meta-analysis of Two Decades of Empirical Research", *Journal of Public Administration Research and Theory*, Vol. 27, No. 1, 2017, pp. 68-84.

[5] Bright, L., "Does Public Service Motivation Really Make a Difference on the Job Satisfaction and Turnover Intentions of Public Employees", *The American Review of Public Administration*, Vol. 38, No. 2, 2008, pp. 149-166.

为，当公务员具有的公共服务动机较高时，个体的心理状态与行为会更多地依赖于这一动力，而使得诸如领导成员交换关系等互惠型关系的影响下降。在这种情况下，领导成员交换关系对于个体变革义务感的影响会削弱，继而对个体变革行为的正面影响也会减弱。相反，当公务员具有的公共服务动机较低时，个体的心理状态与行为会更多地依赖于诸如领导成员交换关系等互惠型关系的影响。因此，在这种情况下，领导成员交换关系的重要性会显著提升，对于变革义务感的影响会增强，继而会促进变革行为的提升。

假设3-6：公共服务动机能够调节领导成员交换关系通过变革义务感对变革行为的间接效应。当公共服务动机较高时，领导成员交换关系通过变革义务感对变革行为的正向影响会被削弱。

综上所述，本章的研究模型如图3-1所示：

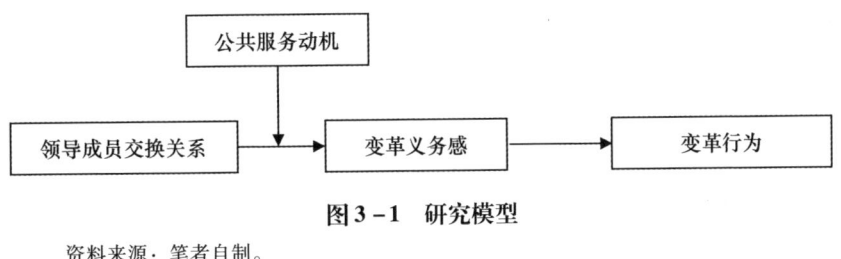

图3-1　研究模型

资料来源：笔者自制。

三　研究设计

（一）数据收集

本次调研选择在 X 市机关干部队伍中进行，涉及的单位主要有党政系统与政府职能系统等。选择 X 市作为主调研区域的原因主要在于 X 市近年来经济总量逐年攀升，各项社会事业平稳发展，政府治理水平在全国名列前茅，更是"一带"与"一路"对接的枢纽城市，具有一定的典型性与代表性。课题组通过成员亲自现场发放与政府合作发放相结合的两种方式发放500份问卷。经过两个月的努力，回收剔除选项高度雷同或缺失值严重的无效问卷后，统计共获得有效问卷380份，问卷有效回收率76%。由于采用线下纸质问卷发放方式收集数据，存在变量缺失值，使得调查对象的基本情况比例分布加总未达到100%。具体而言，调查对象的基本情况详见表3-1，其中，性别方面，男性占48.2%，女性占44.2%；年龄分布集中在25—34岁区间，占46.3%；普遍受教育程度为本科，占

73.4%；同时被调查对象基本完整地填写了所在部门、工作年限、职级以及个人月收入、组内分布相对均衡，样本代表性较强。

表3-1　　　　　　　　　问卷调查对象基本信息

统计项		人数	比率	统计项		人数	比率
性别	男	183	48.2%	工作年限	5年及以下	125	32.9%
	女	168	44.2%		6—10年	82	21.6%
年龄	24岁及以下	27	7.1%		11—15年	51	13.4%
	25—34岁	176	46.3%		16—20年	36	9.5%
	35—44岁	98	25.8%		20年以上	79	20.8%
	45—54岁	59	15.5%	职级	科员及以下	161	42.4%
	55岁及以上	15	3.9%		副科	69	18.2%
受教育程度	大专及以下	29	7.6%		正科	94	24.7%
	本科	279	73.4%		副处级及以上	44	11.6%
	硕士	59	15.5%	月收入	4999元及以下	38	10.0%
	博士及以上	2	0.5%		5000—5999元	88	23.2%
所在部门	党政系统	174	45.8%		6000—6999元	137	36.1%
	政府职能系统	102	26.8%		7000元以上	108	28.4%
	其他	92	24.2%				

注：所在部门中的党政系统包括宣传部、组织部、纪检监察等党政机构；政府职能系统则包括工商、税务、海关等政府相关职能部门；其他系统包括公安、法院、检察院等公检法系统及其他系统；个人月收入包括津贴、加班费和奖金等总收入；鉴于变量调研中存在缺失值，组内比率加和可能存在不为100%的情况。

资料来源：笔者自制。

（二）变量测量

本次调查问卷使用国外较为成熟的测量量表，在大规模调研前，通过与各方专业人士的合作对问卷进行翻译与适用性调整，以保证其完整性、准确性；同时通过与被调研对象充分访谈，提高问卷的可读性、清晰性以及在中国情境下使用的合理性，避免由于跨文化所产生的歧义。各条目得分由被调查对象通过个人判断选择，为了避免居中趋势，本章采用李克特7点式量表测量，1代表"非常不符合"，7代表"非常符合"。

对于领导成员交换关系的测量，本章使用 Scandura 和 Graen 的量表，主要包括"我们清楚直属领导是否满意我的工作表现"等7个条目;① 变革义务感的测量与 Fuller 等一致,采用 Morrison 和 Phelps 开发的包括"我会尽我所能为所在单位完成目标"等 5 个条目;② 变革行为的测量则使用了 Vigoda – Gadot 和 Beeri 所采用的 9 条目测量量表,具体包括"努力地采取改善后的程序来工作"等条目。③ 此外,公共服务动机的测量量表则采用了 Wright 和 Moynihan 所使用的量表,具体包括"对我而言,从事有意义的公共服务是非常重要的"等 5 个条目。④ 同时,在借鉴现有研究成果后,本章选择性别、年龄、受教育程度、所在部门、工作年限、职级以及个人月收入等 7 个变量作为控制变量,使用虚拟变量重新编码性别、职级、所在部门 3 个类别变量,1 代表男性、党政系统、科员及以下,0 则代表女性、其他系统和其他职级;此外,将年龄、受教育程度、工作年限以及个人月收入等视为连续变量。

第三节　实证结果与分析

一　问卷信度与效度检验

本章对所使用的量表进行了信度与效度的检验,以保证研究的可靠性和有效性。其中,领导成员交换关系、变革行为、变革义务感以及公共服务动机四个量表的 Cronbach's α 系数分别为 0.940、0.976、0.958 和 0.934,均大于 0.7,具有较好的信度。进一步地,由于本章主要变量均为单一维度变量,与以往研究一致,本章对这四个变量的 26 个题项组成的四因子进行了结构效度检验。结果显示,四因子模型中所有的因子载荷数值均远远高于 0.4 的一般建议标准,这表明测量条目能够较好地聚合在一起,有效地反映同一构念。并且,该模型的拟合度指数如下:

---

① Scandura, T. A. and Graen, G. B., "Moderating Effects of Initial Leader – member Exchange Status on the Effects of a Leadership Intervention", *Journal of Applied Psychology*, Vol. 69, No. 3, 1984, pp. 428 – 436.

② Morrison, E. W. and Phelps, C. C., "Taking Charge at Work: Extra Role Efforts to Initiate Workplace Change", *Academy of Management Journal*, Vol. 42, No. 4, 1999, pp. 403 – 419.

③ Vigoda – Gadot, E. and Beeri, I., "Change – oriented Organizational Citizenship Behavior in Public Administration: The Power of Leadership and The Cost of Organizational Politics", *Journal of Public Administration Research and Theory*, Vol. 22, No. 3, 2012, pp. 573 – 596.

④ Wright, B. E. and Moynihan, D. P., "Pulling the Levers: Transformational Leadership, Public Service Motivation, and Mission Valence", *Public Administration Review*, Vol. 72, No. 2, 2012, pp. 206 – 215.

$\chi^2/df = 4.684$，RMSEA $= 0.099$，IFI $= 0.915$，CFI $= 0.914$。

此外，如表 3-2 所示，四因子模型的各项拟合度指标大大优于其他因子模型且达到了较高的标准。综合上述检验，可以发现本章的问卷数据具有较高的信效度，为后续的实证研究奠定了良好的基础。

表 3-2　　　　　　　　验证性因子分析：区分效度

模型	因子	χ^2	df	χ^2/df	RMSEA	IFI	CFI
模型 1	4 因子：LMX；PCO；CO-OCB；PSM	1372.494	293	4.684	0.099	0.915	0.914
模型 2	3 因子：LMX + PCO；CO-OCB；PSM	2105.675	296	7.114	0.127	0.857	0.856
模型 3	2 因子：LMX + PCO + CO-OCB；PSM	3236.079	298	10.859	0.161	0.767	0.766
模型 4	1 因子：LMX + PCO + CO-OCB + PSM	3378.047	299	11.298	0.165	0.756	0.755

注："LMX"表示变量"领导成员交换关系"，"PCO"表示变量"变革义务感"，"CO-OCB"表示变量"变革行为"，"PSM"代表变量"公共服务动机"，"+"代表 2 个因子合并为一个因子。

资料来源：笔者自制。

二　描述性统计分析

本章主要研究变量的平均值、标准差和相关系数如表 3-3 所示。相关分析的结果显示，领导成员交换关系与变革行为显著正相关（$r = 0.670$，$p < 0.001$），这表明领导成员交换关系与变革行为存在较强的相关性。同时，领导成员交换关系与变革义务感具有很强的正相关关系（$r = 0.759$，$p < 0.001$），而变革义务感与变革行为也具有较强的相关性（$r = 0.824$，$p < 0.001$）。以上分析结果初步支持了假设 3-1 至假设 3-3。同时，公共服务动机与领导成员交换关系、变革行为、变革义务感均有显著的正相关关系，相关系数分别为 0.738、0.828 和 0.912，显著水平都在 0.001 以下。

表 3-3　　　　　　　　主要变量相关性分析

变量	平均值	标准差	1	2	3	4
1. 领导成员交换关系	5.082	1.306	1			
2. 变革行为	5.326	1.249	0.670***	1		
3. 变革义务感	5.429	1.317	0.759***	0.824***	1	
4. 公共服务动机	5.309	1.280	0.738***	0.828***	0.912***	1

注：*** 表示 $p < 0.001$，双侧检验。

资料来源：笔者自制。

三 假设检验

(一) 领导成员交换关系与变革行为: 变革义务感的中介作用检验

表3-4的模型1和模型2显示,实证结果表明领导成员交换关系对变革义务感具有显著的正向影响($\beta = 0.773$,$p < 0.001$)。在控制其他变量的影响之后,领导成员交换关系可以解释变革义务感51.7%的变异,该结果支持了本章的研究假设3-2。模型3显示,在所有控制变量中,年龄对变革行为有正向影响($\beta = 0.276$,$p < 0.05$),而且受教育程度对变革行为也有显著的正向影响($\beta = 0.398$,$p < 0.01$)。在此基础上,进一步引入领导成员交换关系后,模型4中的控制变量年龄($\beta = 0.207$,$p < 0.05$)和受教育程度($\beta = 0.335$,$p < 0.01$)对变革行为的正向影响仍旧显著,同时领导成员交换关系对变革行为有显著的正向影响($\beta = 0.587$,$p < 0.001$),ΔR^2为35.2%,即解释力度增加了35.2%,这支持了假设3-1。同时,变革义务感对变革行为也有显著的正向影响($\beta = 0.697$,$p < 0.001$),能够额外解释变革行为50.7%的变异量(见模型5),即假设3-3得到实证支持。

表3-4 变革义务感的中介作用检验

变量		变革义务感		变革行为			
		模型1	模型2	模型3	模型4	模型5	模型6
常数项		3.771**	0.657	3.335**	0.924*	0.773*	0.564
控制变量	性别	-0.058	-0.217*	-0.089	-0.196	-0.083	-0.069
	年龄	0.226	0.131	0.276*	0.207*	0.098	0.115
	受教育程度	0.264	0.147	0.398**	0.335**	0.217*	0.226*
	工作年限	0.139	0.001	0.155	0.056	0.050	0.051
	科员及以下	-0.015	0.029	-0.046	-0.015	-0.059	-0.034
	党政系统	0.211	0.185	0.187	0.148	0.059	0.051
	月收入	0.019	0.049	0.000	0.016	-0.011	-0.010
自变量	领导成员交换关系		0.773***		0.587***		0.081
中介变量	变革义务感					0.697***	0.646***
R^2		0.101	0.618	0.154	0.506	0.661	0.687
ΔR^2		0.101***	0.517***	0.154***	0.352***	0.507***	0.181***
F值		4.883***	61.388***	7.849***	38.404***	75.150***	72.836***

注:*** $p < 0.001$,** $p < 0.01$,* $p < 0.05$,双侧检验;表中回归系数均为非标准化回归系数。

资料来源:笔者自制。

进一步考察领导成员交换关系和变革义务感共同对变革行为的影响，结果如模型6所示。研究发现，变革义务感对变革行为具有显著的正向影响（$\beta=0.646$，$p<0.001$），而领导成员交换关系的影响不再显著（$\beta=0.081$，$p>0.05$）。根据Baron和Kenny的判断方法，[1] 本章的上述实证结果表明，变革义务感在领导成员交换关系和变革行为之间起着完全中介的作用，即假设3-4得到支持。

为了更深入地验证变革义务感的中介作用，本章采用Edwards和Lambert提出的Bootstrap方法的PROCLIN程序检验中介效应的显著性。[2] 判断的依据在于，如果间接效应的置信区间不包含0，则说明间接效应达到显著水平。[3] 实证结果显示，领导成员交换关系通过变革义务感影响变革行为的间接效应值为0.584，在95%的置信区间为[0.509，0.659]，不包括0且$p<0.001$，因此，假设3-4得到进一步支持。

（二）领导成员交换关系与变革义务感：公共服务动机的调节效应检验

根据表3-4中模型2的实证结果，领导成员交换关系对变革义务感有显著的正向影响。同时，表3-5的模型2研究显示，领导成员交换关系和公共服务动机对变革义务感都具有显著的正向影响，回归系数分别为$\beta=0.222$（$p<0.001$）和$\beta=0.783$（$p<0.001$）。为了检验假设3-5，本章进一步在表3-5的模型3中加入了领导成员交换关系与公共服务动机的交互项进行回归分析。实证结果表明，该交互项的回归系数在1%水平下显著为负（$\beta=-0.055$，$p<0.05$），并且$\Delta R^2=0.002$（$p<0.05$）。因此，根据阶层调节回归分析的三步骤检验方法，公共服务动机在领导成员交换关系与公共服务动机二者关系中具有显著的负向调节作用，即本章假设3-5得到了支持。也就是说，当公务员公共服务动机较强时，领导成员交换关系对变革义务感的影响会明显减弱。

---

[1] Baron, R. M. and Kenny, D. A., "The Moderator – mediator Variable Distinction in Social Psychological Research: Conceptual Strategic and Statistical Considerations", *Journal of Personality and Social Psychology*, Vol. 51, No. 6, 1986, pp. 1173 – 1182.

[2] Edwards, J. and Lambert, L., "Methods for Integrating Moderation and Mediation: A General Analytical Framework Using Moderated Path Analysis", *Psychological Methods*, Vol. 12, No. 1, 2007, pp. 1 – 22.

[3] Preacher, K. J. and Hayes, A. F., "Asymptotic and Resampling Strategies for Assessing and Comparing Indirect Effects in Multiple Mediator Models", *Behavior Research Methods*, Vol. 40, No. 3, 2008, pp. 879 – 891.

表 3-5 领导成员交换关系与变革型义务感：
公共服务动机的调节作用检验

变量	变革型义务感		
	模型 1	模型 2	模型 3
常数项	3.803***	0.138	0.286***
1. 控制变量			
性别	-0.058	-0.133	-0.114
年龄	0.218	-0.044	-0.053
教育程度	0.258	-0.032	-0.037
工作年限	0.141	0.012	0.014
科员及以下	-0.022	0.030	0.030
党政系统	0.215	0.053	0.068
月收入	0.018	0.047	0.048
2. 自变量			
领导成员交换关系		0.222***	0.231***
3. 调节变量			
公共服务动机		0.783***	0.757***
4. 交互项			
领导成员交换关系×公共服务动机			-0.055*
R^2	0.099	0.846	0.848
ΔR^2	0.099***	0.747***	0.002*
F 值	4.736***	182.680***	166.788***

注：*** $p<0.001$，** $p<0.01$，* $p<0.05$，双尾检验；表中回归系数均为非标准化回归系数。
资料来源：笔者自制。

为了更加形象地阐述公共服务动机在领导成员交换关系与变革义务感二者关系中所扮演的调节作用，本章根据 Aiken 和 West 推荐的方法①绘制了图 3-2。如图 3-2 所示，在高公共服务动机的情况下，领导成员交换关系对变革型义务感具有显著的负向影响。相反，在低公共服务动机的情

---

① Aiken, L. S. and West, S. G., *Multiple Regression: Testing and Interpreting Interactions*, Newbury Park, CA: SAGE, 1991.

况下，领导成员交换关系对于变革型义务感则具有显著的正向影响。这说明，个体在公共服务动机水平不同的情况下，领导成员交换关系对于变革型义务感具有不同的影响，即假设3-5成立。

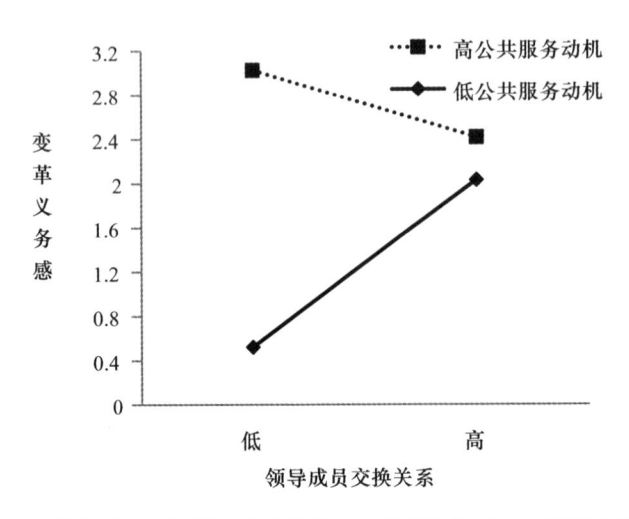

图3-2 公共服务动机在领导成员交换关系与变革义务感二者关系中的调节作用
资料来源：笔者自制。

最后，运用 Edwards 和 Lambert[1]、Preacher 等[2]检验有调节的中介程序对假设 3-6 进行检验，运用 Bootstrap 方法分析在不同公共服务动机偏差水平下，变革义务感在领导成员交换关系与变革行为之间发挥的中介效应。实证结果表明，变革义务感在领导成员交换关系与变革行为二者关系中所发挥的间接作用在不同的公共服务动机水平下表现出显著差异（$\Delta\beta = -0.010$，$p < 0.05$），95%的置信区间为 [-0.021, -0.001]，不包含0。具体地，在公共服务动机较低时，这种间接效应更加强烈（$\beta = 0.213$，$p < 0.001$）；而在公共服务动机较高时，这种影响并没有那么强烈（$\beta = 0.203$，$p < 0.001$）。因此，本章假设 3-6 得到了进一步支持。

---

[1] Edwards, J. and Lambert, L., "Methods for Integrating Moderation and Mediation: A General Analytical Framework Using Moderated Path Analysis", *Psychological Methods*, Vol. 12, No. 1, 2007, pp. 1-22.

[2] Preacher, K., JcRucker, D. D. and Hayes, A. F., "Assessing Moderated Mediation Hypotheses: Theory, Methods, and Prescriptions", *Multivariate Behavioral Research*, Vol. 42, No. 1, 2007, pp. 185-227.

第四节 研究结论与理论启示

一 研究结论

本章首次将领导成员交换关系与变革行为两者之间的研究引入我国政府部门,以X市380名公务员为样本,实证研究发现,领导成员交换关系对变革行为有显著的正向影响,变革义务感在二者之间发挥了完全中介作用,公共服务动机在领导成员交换关系与变革型义务感两者关系中发挥了负向的调节作用,并且调节了领导成员交换关系通过变革义务感对变革行为的间接效应。这一实证研究结论也得到了相关案例的直接支持,下文描述典型案例来自笔者在J市农业农村局访谈调研时的发现:

> WCY是J市农业农村局行政执法大队中一名有着十余年工作经验的科员。在工作中,WCY与部门领导L科长私交深厚,深得L科长信任和重视,两人不仅是工作中的上下级,也是生活中的好朋友。正因为有这一层关系,WCY在工作中尽心尽力,因为担心辜负领导的信任与支持,每每发现问题他总是主动地跑来向L科长提出改进的建议。在大多数情况下,L科长也十分支持他改进工作的想法,比如提供人力配合、工作经费、设备等资源推动工作创新。WCY经常开玩笑地说,"别看我跟领导关系好,这是一份沉甸甸的责任感,工作得更卖力才行"。在这种责任感的驱动下,WCY在工作中总是会主动担当作为,积极为部门发展建言献策,创新工作方式与内容。

上述案例中,WCY之所以更愿意参与变革行为,很大程度上是因为其与领导间有着融洽、密切的互动关系,即领导成员交换关系质量较高,这种高质量的上下级关系为WCY带来了物质和情感支持,从而激发了其回馈领导的变革义务感。整体而言,该案例进一步佐证了本章的实证研究结论。

二 讨论与理论启示

本章的理论贡献主要有以下三个方面:第一,本章首次将领导成员交换关系与变革行为两者之间的关系引入我国政府部门进行讨论,丰富了领导成员交换关系、变革行为在公共管理领域的研究成果。虽然以往国内的研究讨论了领导关系型行为对于变革行为的影响,但是,对于垂直二元联结等理论视角下的领导成员互动关系质量,即领导成员交换关系对于变革行为的研究还未涉及。因此,本章将影响变革行为的领导行为研究延伸至领导成员交换关系的研究视角,并运用于公共管理研究领域,有助于增进现有文献对领导成员交换关系的应用范围以及变革行为的影响因素的讨论。第二,本章研究发现,变革义务感在领导成员交换关系与变革行为两者关系中发挥了完全中介作用,首次探索了上述两者关系发生的影响机制,为丰富领导成员交换关系影响变革行为产生的心理机制提供了重要的启示。本章呼应了 Choi 提出的进一步深入探索变革行为形成的心理机制,[1] 弥补了以往研究的缺憾。第三,本章验证了公共服务动机在领导成员交换关系与变革义务感二者关系中的调节作用,扩展了上述两者关系发生作用的边界条件研究。与以往检验公共服务动机与个体态度、行为的研究不同,本章检验了领导成员交换关系、公共服务动机对于变革义务感影响过程中此消彼长的关系,拓展了公共服务动机的研究视角。

---

[1] Choi, J. N., "Change-oriented Organizational Citizenship Behavior: Effects of Work Environment Characteristics and Intervening Psychological Process", *Journal of Organizational Behavior*, Vol. 28, No. 4, 2007, pp. 467–484.

第四章 激活视角：从刺激源到变革行为*

根据第二章提出的公务员变革行为形成机制分析框架，本章基于激活视角展开对公务员变革行为的研究。激活视角的研究以激活理论展开，将公务员变革行为视为一种修正行为，这种行为能够修正政府情境中诸如繁文缛节的负面限制作用。结合该视角，本章将繁文缛节视为刺激公务员采取变革行为这一修正行为的刺激源，理论构建了一个有调节的倒 U 形中介效应模型，讨论了繁文缛节与公务员变革行为二者之间的倒 U 形曲线关系以及公共服务动机和组织支持感在上述曲线中的中介作用与调节作用。以 217 名 F 省公务员滞后时间数据为样本，采用 SPSS22.0 及其 MED-CURVE 宏插件对上述模型进行了实证检验，研究为繁文缛节等限制因素与变革行为等相似概念的关系研究及其作用机制提供了新的视角，也为激活理论视角下的公务员变革行为研究提供了启示。

第一节 限制抑或激活：繁文缛节与公务员变革行为

一 研究背景

随着 20 世纪七八十年代新公共管理运动的兴起，繁文缛节越来越多地进入国内外学者的视线，并成为西方公共管理研究的一个重要话题。繁文缛节是指政府行政系统内部运转中流程烦琐、规则过多等导致政府运作效率低下的现象，它源于天生坏的规则或某些正式化规则制度失去应有的

---

* 该章主要内容已正式发表，详见林亚清《限制抑或激活：繁文缛节如何影响公务员变革行为》，《公共行政评论》2021 年第 3 期。

功能而转变为烦琐、无用的规则制度。①② 在政府部门中，繁文缛节往往表现为"文山会海""无用文件""过分的痕迹管理"以及"频繁迎检"等，③ 它不仅降低了行政效率，也严重束缚了公务员的工作活力，因而被视为一种官僚病而备受诟病。党的十八大以来，制度建设被摆在了更加突出的位置。完善国家制度建设目前已成为中国政府推进国家治理体系和治理能力现代化的一项关键工作，而剪除繁文缛节进而提高政府效率则构成了推进国家制度建设的重要内容。例如，中共中央办公厅2019年3月印发了《关于解决形式主义突出问题为基层减负的通知》，明确提出，将2019年作为"基层减负年"，力求解决一些困扰基层的形式主义问题，切实为基层减负，让基层干部从繁文缛节、文山会海、迎来送往中解脱出来。党的二十大报告进一步明确提出，要"持续深化纠治'四风'，重点纠治形式主义、官僚主义"④。可以说，繁文缛节已经成为一个兼具理论价值和时代意义的重要研究话题。

尽管如此，关于繁文缛节的研究并不算丰富。综观现有文献，学者们大多聚焦于考察繁文缛节的限制作用。研究发现，繁文缛节不仅会在组织层面上削弱政府绩效、降低政府工作效率，⑤ 还会在个人层面上增加公务员的离职倾向、减少组织承诺。⑥ 不过，也有少数研究注意到繁文缛节在一定程度上具有正向的激活作用。例如，Moon 和 Bretschneider 通过实证研究发现，繁文缛节有助于激发组织创新，如进行技术创新等变革。⑦

---

① 林民望：《西方繁文缛节研究前沿挈领——基于SSCI代表性文献的研究》，《公共行政评论》2015年第5期。
② Bozeman, B., "A Theory of Government 'Red Tape'", *Journal of Public Administration Research and Theory*, Vol. 3, No. 3, 1993, pp. 273–304.
③ 胡威：《困于会议室——会议负担对基层公务员创新行为的影响机制》，《学术研究》2020年第6期。
④ 习近平：《高举中国特色社会主义伟大旗帜 为全面建设社会主义现代化国家而团结奋斗——在中国共产党第二十次全国代表大会上的报告》，人民出版社2022年版，第68页。
⑤ Pandey, S. K., Coursey, D. H. and Moynihan, D. P., "Organizational Effectiveness and Bureaucratic Red Tape", *Public Performance & Management Review*, Vol. 30, No. 3, 2007, pp. 398–425.
⑥ Giauque, D., Ritz, A. and Varone, F., et al., "Resigned but Satisfied: The Negative Impact of Public Service Motivation and Red Tape on Work Satisfaction", *Public Administration*, Vol. 90, No. 1, 2012, pp. 175–193.
⑦ Moon, M. J. and Bretschneider, S. I., "Does the Perception of Red Tape Constrain IT Innovativeness in Organizations? Unexpected Results from a Simultaneous Equation Model and Implications", *Journal of Public Administration Research and Theory*, Vol. 12, No. 2, 2002, pp. 273–291.

遗憾的是，鲜有学者将繁文缛节可能产生的限制作用与激活作用同时纳入一个分析框架中予以考察。本章试图弥补该缺憾，旨在基于公务员变革行为的视角检验繁文缛节所具有的限制作用与激活作用的双重效应。理论上，变革行为是个体对于非理想组织条件提出修正的行为反应，[1] 是个体发挥自身能动性，通过针对组织的工作程序、方法和政策提出建设性意见从而改善组织现状的行为。[2] 本章之所以考察繁文缛节对于变革行为的影响，缘于变革行为是政府推进新时代干部队伍建设、鼓励广大干部变革创新与担当作为所需要关注的重要现实问题，深入研究繁文缛节制度限制情境下的公务员变革行为，将有助于为有效破除繁文缛节，推进广大公务员担当作为提供经验证据。

相比以往研究，本章构建了一个复杂的有调节的倒 U 形中介效应模型，在实证检验繁文缛节与变革行为二者之间关系的基础上，进一步探讨了公共服务动机、组织支持感在上述关系中可能存在的中介作用与调节作用，为厘清繁文缛节与变革行为二者关系、影响机制与边界条件提供了新的理论视角与经验证据。同时，本章的研究发现还将有助于更深刻地揭示繁文缛节作为一种典型的官僚病在政府中的复杂影响，并为我国政府推进制度建设和干部队伍管理、推动干部担当作为提供重要的实践启示。

二 繁文缛节的影响效果研究综述

（一）繁文缛节的产生根源：规则的演化

Bozeman 在繁文缛节起源的研究中指出，繁文缛节就是一种"变坏"了的规则，并提出了繁文缛节的两种来源，一种是"天生就坏"的规则，即"规则自生型繁文缛节"；另一种是"后天变坏"的规则，即"规则演变型繁文缛节"。其中，规则一开始就是繁文缛节有以下五种情况：一是规则制定者公然地为自己谋取私利；二是规则制定者对新规则后果的预测出现错误；三是规则所蕴含的不同的目标相互抵消；四是过多的公众参与要求；五是过度控制。其中值得注意的是，控制既可以是管理性质的，也可以是政治性质的。同时，规则（规则恶化）也会随着时间的推移而

---

[1] Campbell, J. W. and Im, T., "PSM and Turnover Intention in Public Organizations: Does Change - oriented Organizational Citizenship Behavior Play a Role?", *Review of Public Personnel Administration*, Vol. 36, No. 4, 2016, pp. 323 – 346.

[2] Vigoda - Gadot, E. and Beeri, I., "Change - oriented Organizational Citizenship Behavior in Public Administration: The Power of Leadership and The Cost of Organizational Politics", *Journal of Public Administration Research and Theory*, Vol. 22, No. 3, 2012, pp. 573 – 596.

"变坏",有以下三个原因:一是它们简单的磨损,即某些规则在最初制定时可能是有意义的,但随着时间和外部环境的变化而逐渐无效;二是"规则漂移",即规则的正式内容保持稳定,但其非正式用法随时间而改变;三是规则以相互矛盾的方式叠加在另一条规则上。① 换言之,即使这些规则产生的基础已经消失在人们的视野中,组织仍然保持了它们的有效性,从而不断地积累个体的繁文缛节感知。②③

Bozeman 和 Anderson 将先天型和后天型的起源联系在一起,研究了繁文缛节的公共政策来源,并提出了组织灾难致使规则演化为繁文缛节的概念模型。这一模型认为组织灾难会导致受影响的机构和外部控制者制定额外的规则,这些规则可能会导致过度控制(Overcontrol),而过度控制的规则往往伴随着记录、会计或其他合规行为的错位精确性(Misplaced precision)。在过度控制和错位精确性的氛围中,受影响的组织将很难确定特定规则的要求和惩罚,因此往往会通过过度干预来"稳妥行事",其结果就是组织成员的过度服从(Overcompliance)。④ 其中,过度控制是当规则要求超出了人们遵守的能力,或遵守规则的负担大于可能的收益,或规则试图控制其无法控制的行为或结果时引发的一种组织现象;错位精确性是指组织试图衡量不可测量的东西,或努力以一种测量工具所不允许的精度进行测量;过度服从是组织成员由于缺乏明确的具体规则,或由于担心快速变化和更严格的规制环境而产生制裁的行为反应。这三类现象推动了组织繁文缛节的生产与再生产,并进一步提升了再次发生组织灾难的潜在可能性,由此形成了"组织灾难→新规则制定→繁文缛节生产→组织灾难→……"的恶性循环。

(二) 繁文缛节的影响效果

以往文献也对繁文缛节的影响效果研究展开了较为丰富的实证检验,主要检验了繁文缛节对个体工作状态、态度、绩效和组织绩效的影响。

第一,繁文缛节被证明会导致个体的负面心理,如降低工作满意度、

---

① Bozeman, B., *Bureaucracy and Red Tape*, Upper Saddle River, NJ: Prentice Hall, 2000.
② Kaufmann, W. and Howard, P. K., *Red Tape: Its Origins, Uses, and Abuses*, Washington, DC: The Brookings Institution, 1977.
③ Goodsell, C. T., "Bureaucracy and Red Tape", *Public Administration Review*, Vol. 60, No. 4, 2000, pp. 373 – 375.
④ Bozeman, B. and Anderson, D. M., "Public Policy and the Origins of Bureaucratic Red Tape: Implications of the Stanford Yacht Scandal", *Administration & Society*, Vol. 48, No. 6, 2016, pp. 736 – 759.

组织归属感、工作投入、组织承诺，增加工作压力等。具体地，DeHart-Davis 和 Pandey 利用国家行政研究数据（NASP-Ⅱ），即国家卫生和人力服务机构的工作人员的调查数据，指出繁文缛节会降低个体的工作满意度和组织归属感。① Giauque 等以巴基斯坦不同地区 217 名公务员为样本，实证研究发现，繁文缛节能够显著正向预测个体压力感知，② Quratulain 和 Khan 的研究也再次证明了这一点。③ Borst 根据 2014 年荷兰人事监测（POMO）数据指出，繁文缛节将会通过影响公务员的工作投入进而降低其工作满意度。④ 而 Steijn 和 Van der Voet 以来自荷兰青年福利组织的 244 名一线公共专业人员为样本，具体考察繁文缛节对工作满意度负面影响及作用机制。实证研究发现，关系型工作特征部分中介了繁文缛节对工作满意度的消极影响，即繁文缛节通过降低专业人员的工作影响和工作联系这两大关系型工作特征进而抑制其工作满意度；进一步地，亲社会动机将会加强繁文缛节对工作满意度的负面影响，即亲社会动机越强，繁文缛节对工作满意度的消极作用会加强。⑤ 在组织承诺上，Blom 使用 2432 份来自荷兰中央政府、政府机构（Government agency）和企业员工的数据，研究发现，在政府所属组织中，繁文缛节对组织承诺的直接效应不显著，但可以通过降低人力资源管理实践满意度进而降低组织承诺；而在私营组织中，繁文缛节对组织承诺的直接效应和间接效应均显著。⑥

第二，繁文缛节会降低个体的工作绩效。具体而言，Borst 根据 2014

---

① Dehart-Davis, L. and Pandey, S. K., "Red Tape and Public Employees: Does Perceived Rule Dysfunction Alienate Managers?", *Journal of Public Administration Research and Theory*, Vol. 15, No. 1, 2005, pp. 133-148.

② Giauque, D., Anderfuhren-Biget, S. and Varone, F., "Stress Perception in Public Organisations: Expanding the Job Demands-job Resources Model by Including Public Service Motivation", *Review of Public Personnel Administration*, Vol. 33, No. 1, 2013, pp. 58-83.

③ Quratulain, S. and Khan, A. K., "Red Tape, Resigned Satisfaction, Public Service Motivation, and Negative Employee Attitudes and Behaviors: Testing a Model of Moderated Mediation", *Review of Public Personnel Administration*, Vol. 35, No. 4, 2015, pp. 307-332.

④ Borst, R. T., "Comparing Work Engagement in People-changing and People-processing Service Providers: A Mediation Model with Red Tape, Autonomy, Dimensions of PSM, and Performance", *Public Personnel Management*, Vol. 47, No. 3, 2018, pp. 287-313.

⑤ Steijn, B. and Van der Voet, J., "Relational Job Characteristics and Job Satisfaction of Public Sector Employees When Prosocial Motivation and Red Tape Collide", *Public Administration*, Vol. 97, No. 1, 2019, pp. 64-80.

⑥ Blom, R., "Mixed Feelings? Comparing the Effects of Perceived Red Tape and Job Goal Clarity on HRM Satisfaction and Organizational Commitment across Central Government, Government Agencies, and Businesses", *Public Personnel Management*, Vol. 49, No. 3, 2020, pp. 421-443.

年荷兰 POMO（人事监测）数据指出，繁文缛节对公务员工作绩效具有负向影响，且工作投入在这一过程中起部分中介作用。①

第三，繁文缛节对公私部门整体组织绩效也会产生消极作用。具体而言，Jung 和 Kim 通过对国家行政研究项目（NASP-Ⅲ）即佐治亚州和伊利诺伊州的私营组织、非营利组织和公共部门的数据进行分析，指出了繁文缛节与组织绩效总体上呈现负相关关系。② Jong 和 Witteloostuijn 对荷兰 530 家私营企业进行调查，研究监管繁文缛节的三个维度，即监管成本、监管变化和监管不一致对私营公司绩效的影响，结果表明监管成本、变化和不一致均限制了营业额的增长，且监管变化还会妨碍市场竞争绩效。③ Jacobsen 和 Jakobsen 认为，员工感知到的繁文缛节水平越高，公共部门组织绩效越低，但通过来自 142 所丹麦高中的校长、教师为样本的实证检验却发现，仅一线员工即教师的繁文缛节感知与组织绩效呈负相关，而管理人员的繁文缛节感知则与组织绩效无关。④ 在公共部门具体绩效类型上，Tummers 等通过实验研究法，在荷兰校园课堂上设计公民在市政当局申请护照的实验，分析繁文缛节对公民满意度的影响，研究发现繁文缛节的确会对公民的满意度产生负面影响，而当人们对政治了解较为充分时，繁文缛节的影响就会减弱。⑤ 进一步地，Kaufmann 和 Tummers 继续用实验法证明了繁文缛节对公民程序满意度的负面影响。⑥ 此外，Van den Bekerom 等以 523 名荷兰小学校长为样本，研究繁文缛节与学校公共服务绩效的关系，研究者假设繁文缛节对学校公共服务绩效具有负面影响，实证结果表明这一假设对于人事繁文缛节是成立的，但是，对于一般外部繁文缛节并

---

① Borst, R. T., "Comparing Work Engagement in People – changing and People – processing Service Providers: A Mediation Model with Red Tape, Autonomy, Dimensions of PSM, and Performance", *Public Personnel Management*, Vol. 47, No. 3, 2018, pp. 287 – 313.

② Jung, C. S. and Kim, S. E., "Structure and Perceived Performance in Public Organizations", *Public Management Review*, Vol. 16, No. 5, 2014, pp. 620 – 642.

③ Jong, G. D. and Witteloostuijn, A. V., "Regulatory Red Tape and Private Firm Performance", *Public Administration*, Vol. 93, No. 1, 2015, pp. 34 – 51.

④ Jacobsen, C. B. and Jakobsen, M. L., "Perceived Organizational Red Tape and Organizational Performance in Public Services", *Public Administration Review*, Vol. 78, No. 1, 2018, pp. 24 – 36.

⑤ Tummers, L., Weske, U. and Bouwman, R., et al., "The Impact of Red Tape on Citizen Satisfaction: An Experimental Study", *International Public Management Journal*, Vol. 19, No. 3, 2016, pp. 320 – 341.

⑥ Kaufmann, W. and Tummers, L., "The Negative Effect of Red Tape on Procedural Satisfaction", *Public Management Review*, Vol. 19, No. 9, 2017, pp. 1311 – 1327.

不成立。笔者认为，可能的一种解释在于测量方法的偏差，并呼吁未来在测量上应该将繁文缛节的多维性质考虑在内，注重对规则质量的区分，而不是仅仅考察对繁文缛节的总体感知。①

第四，以往的研究也针对繁文缛节与信息技术创新、公共服务动机的关系展开了深入的讨论，但是，实证结果尚未获得一致的结论。一方面，繁文缛节与信息技术创新二者可以互为因果。例如，就信息技术创新而言，Moon 和 Bretschneider 以美国国家行政研究项目的数据探索繁文缛节和信息技术创新之间的相互依存关系，分别从过程推动、需求推动和技术推动的观点出发提出三个不同的假设，最后得到感知到的繁文缛节会显著促进 IT 创新，而 IT 创新也有助于降低繁文缛节感知。② 此外，公共服务动机与繁文缛节之间也被证明存在双向相互影响的逻辑关系。③④ 林民望指出，这些双向因果关系出现的一种可能解释是单一横截面数据的局限性。另一方面，繁文缛节与信息技术创新二者之间关系的实证结果也存在分歧。⑤ 虽然上述已有研究认为 IT 创新能够降低繁文缛节，但是，亦有学者指出，信息技术的应用可能使繁文缛节从有形的书面形式转化为无形的电子格式，即导致新的冗长的电子繁文缛节。⑥ 此外，关于繁文缛节与公共服务动机二者之间的关系也存在分歧。具体地，基于缓冲假设，公共服务动机或亲社会动机能够缓冲繁重规章制度带来的负面影响，可以被视为一种帮助公职人员克服繁文缛节的重要资源，⑦ 但从个人—组织匹配的

---

① Van den Bekerom, P., Torenvlied, R. and Akkerman, A., "Constrained by Red Tape: How Managerial Networking Moderates the Effects of Red Tape on Public Service Performance", *American Review of Public Administration*, Vol. 47, No. 3, 2017, pp. 300-322.

② Moon, M. J. and Bretschneider, S., "Does the Perception of Red Tape Constrain IT Innovativeness in Organizations? Unexpected Results from a Simultaneous Equation Model and Implications", *Journal of Public Administration Research and Theory*, Vol. 12, No. 2, 2002, pp. 273-291.

③ Scott, P. G. and Pandey, S. K., "Red Tape and Public Service Motivation Findings from a National Survey of Managers in State Health and Human Services Agencies", *Review of Public Personnel Administration*, Vol. 25, No. 2, 2005, pp. 155-180.

④ Moynihan, D. P. and Pandey, S. K., "The Role of Organizations in Fostering Public Service Motivation", *Public Administration Review*, Vol. 67, No. 1, 2007, pp. 40-53.

⑤ 林民望：《西方繁文缛节研究前沿挈领——基于 SSCI 代表性文献的研究》，《公共行政评论》2015 年第 5 期。

⑥ Peled, A., "Do Computers Cut Red Tape?" *American Review of Public Administration*, Vol. 31, No. 4, 2001, pp. 414-435.

⑦ Pandey, S. K. and Stazyk, E. C., "Antecedents and Correlates of Public Service Motivation", in Perry J. L. and Hondeghem, A., eds. *Motivation in Public Management: The Call of Public Service*, Oxford: Oxford University Press, 2008, pp. 101-117.

观点出发，在高繁文缛节的情况下，高 PSM 也可能造成更强烈的不一致感，因此会加剧繁文缛节的负面影响。①②

三 繁文缛节与公务员变革行为

事实上，繁文缛节、变革行为一直是公共管理研究的热点问题。一方面，繁文缛节被认为是公共部门影响个体行为最为典型的官僚结构特征，③它是经典且富有挑战性的研究话题。另一方面，在市场导向的政府改革背景下，变革行为研究对公共部门而言具有重要价值。④ 但有趣的是，较少有学者将上述两个重要问题联系起来，研究繁文缛节与变革行为二者之间的关系。在这些相关文献中，学者们侧重于从理论上关注繁文缛节这一过程限制所表现出的高负担以及功能缺失两大特征，⑤ 认为繁文缛节会使得公务员受到更多的工作要求和限制，让他们疲于应对，这将减少个体创新的时间、精力与挑战规则的冒险行为，从而阻碍个体的创新等类似行为。

不过，上述理论观点在实证研究中并未得到有力支持。Feeney 和 DeHart-Davis 研究发现，繁文缛节对于公务员创造力并不存在显著的负向影响。⑥ Homberg 等则考察了繁文缛节对于公务员变革担当行为的作用，研究结果表明，繁文缛节不会对公务员变革担当行为产生显著的抑制作用。⑦ 对于

---

① Quratulain, S. and Khan, A. K., "Red Tape, Resigned Satisfaction, Public Service Motivation, and Negative Employee Attitudes and Behaviors: Testing a Model of Moderated Mediation", *Review of Public Personnel Administration*, Vol. 35, No. 4, 2015, pp. 307–332.

② Steijn, B. and Van der Voet, J., "Relational Job Characteristics and Job Satisfaction of Public Sector Employees When Prosocial Motivation and Red Tape Collide", *Public Administration*, Vol. 97, No. 1, 2019, pp. 64–80.

③ Borst, R. T., "Comparing Work Engagement in People-changing and People-processing Service Providers: A Mediation Model with Red Tape, Autonomy, Dimensions of PSM, and Performance", *Public Personnel Management*, Vol. 47, No. 3, 2018, pp. 287–313.

④ Vigoda-Gadot, E. and Beeri, I., "Change-oriented Organizational Citizenship Behavior in Public Administration: The Power of Leadership and The Cost of Organizational Politics", *Journal of Public Administration Research and Theory*, Vol. 22, No. 3, 2012, pp. 573–596.

⑤ Bozeman, B., "Multidimensional Red Tape: A Theory Coda", *International Public Management Journal*, Vol. 15, No. 3, 2012, pp. 245–265.

⑥ Feeney, M. K. and Dehart-Davis., L., "Bureaucracy and Public Employee Behaviour: A Case of Local Government", *Review of Public Personnel Administration*, Vol. 29, No. 4, 2009, pp. 311–326.

⑦ Homberg, F., Vogel, R. and Weiherl, J., "Public Service Motivation and Continuous Organizational Change: Taking Charge Behaviour at Police Services", *Public Administration*, Vol. 97, No. 1, 2019, pp. 28–47.

上述理论观点和实证研究发现不一致的现象，Homberg 等提出了一种可能的解释，即繁文缛节这种官僚制的产物尽管存在限制作用，但也可能存在刺激公务员进行变革的积极一面。① 事实上，已有少数研究注意到繁文缛节的复杂影响，它对于创新不仅具有限制作用，也可能存在刺激作用。如 Moon 和 Bretschneider 提出，繁文缛节能够刺激组织创新，像采用新技术等以求变革。② Acar 等则提出了一个新颖的观点，即繁文缛节等过程限制与创新、创造力之间可能存在倒 U 形关系。③

结合上述研究，与以往文献仅考虑繁文缛节的限制作用并采用线性模型进行检验不同，本章试图引入激活理论，在繁文缛节与变革行为二者关系中同时考虑限制作用和激活作用的双重视角，并使用倒 U 形曲线模型进行检验。依据激活理论，繁文缛节本质上是一种组织背景，与所有的组织背景类似地具有刺激个体的作用，④ 变革行为则是个体针对组织缺乏效率、功能丧失的现状进行修正、变革的行为。⑤ 基于激活理论可以预期，随着繁文缛节感知程度由低到高逐渐增加，其对变革行为所发挥的激活作用和限制作用会呈现出此消彼长的态势。⑥⑦ 具体地，当繁文缛节感知程度较低时，其对公务员的限制作用较弱而激活作用较强。此时，公务员将感受到繁文缛节的刺激并在精神上被激活，生理本能地会出现修正这一影

---

① Homberg, F., Vogel, R. and Weiherl, J., "Public Service Motivation and Continuous Organizational Change: Taking Charge Behaviour at Police Services", *Public Administration*, Vol. 97, No. 1, 2019, pp. 28–47.

② Moon, M. J. and Bretschneider, S. I., "Does the Perception of Red Tape Constrain IT Innovativeness in Organizations? Unexpected Results from a Simultaneous Equation Model and Implications", *Journal of Public Administration Research and Theory*, Vol. 12, No. 2, 2002, pp. 273–291.

③ Acar, O. A., Tarakci, M. and Van Knippenberg, D., "Creativity and Innovation under Constraints: A Cross-disciplinary Integrative Review", *Journal of Management*, Vol. 45, No. 1, 2019, pp. 96–121.

④ Cai, Z. J., Parker, S. K. and Chen, Z., et al., "How Does the Social Context Fuel the Proactive Fire? A Multilevel Review and Theoretical Synthesis", *Journal of Organizational Behavior*, Vol. 40, No. 2, 2019, pp. 209–230.

⑤ Campbell, J. W. and Im, T., "PSM and Turnover Intention in Public Organizations: Does Change-oriented Organizational Citizenship Behavior Play a Role?", *Review of Public Personnel Administration*, Vol. 36, No. 4, 2016, pp. 323–346.

⑥ Gardner, D. G., "Activation Theory and Task Design: An Empirical Test of Several New Predictions", *Journal of Applied Psychology*, Vol. 71, No. 3, 1986, pp. 411–418.

⑦ Gardner, D. G. and Cummings, L. L., "Activation Theory and Job Design: Review and Reconceptualization", in Staw, B. and Cummings, L., eds. *Research in Organizational Behavior*, Greenwich, CT: JAI Press, 1988, pp. 81–122.

响的行为反应,从而采取诸如变革行为这类行动以减少这种刺激,降低繁文缛节的负面效应,因此,繁文缛节总体上将对公务员的变革行为产生促进作用。而当繁文缛节感知程度较高时,其对公务员的限制作用较强而激活作用较弱。此时公务员可能会意识到采取变革行为来降低繁文缛节的负面效应是无效的,他们将会减少此类行动,因而繁文缛节总体上将对公务员的变革行为产生限制作用。上述分析意味着,繁文缛节对变革行为可能同时具有限制与激活作用,而且二者之间存在先激活后限制的倒 U 形曲线关系。比如针对频繁迎检这类繁文缛节,就有公务员反映,"检查会有一定的督促作用,因为有一些人可能有些懈怠,通过这种检查开会汇报的形式,确实能调动他(们)工作上的积极性,促使他(们)想方设法把工作做好"(访谈编码:J13)。同时,该公务员也明确指出,"但考核不是越多越好,否则可能会疲于应对,这也导致真正工作上需要你思考的难点、疑点、痛点、创新点,可能你就没有时间去思考了"(访谈编码:J13)。基于以上分析,本章提出:

假设 4-1:繁文缛节与变革行为二者之间呈倒 U 形曲线关系。

第二节 公共服务动机的中介作用与组织支持感的调节作用

一 公共服务动机的中介作用

显而易见,繁文缛节作为一种政府官僚病,将对组织和个人产生限制和约束,并进而可能影响到公务员的公共服务动机。公共服务动机是一种特殊的亲社会动机,这种动机会促使个体以有利于他人和社会的方式行事。[1] 进一步地,Vandenabeele 认为,公共服务动机往往是一种高于自身利益和组织利益,关注更大政治实体利益的个体行为倾向。[2] 以往的研究大多认为,繁文缛节对于公务员过度束缚所带来的资源、精力的消耗不利于公共服务动机的培养。例如,Moynihan 和 Pandey 以 274 名美国公务员

---

[1] Perry, J. L. and Wise, L. R., "The Motivational Bases of Public Service", *Public Administration Review*, Vol. 50, No. 3, 1990, pp. 367–373.

[2] Vandenabeele, W., "Toward a Public Administration Theory of Public Service Motivation: An Institutional Approach", *Public Administration*, Vol. 9, No. 4, 2007, pp. 545–556.

为研究样本，研究发现个体繁文缛节感知越强，公共服务动机越弱。① 然而，Homberg 等对 1165 位德国警察调查样本的实证检验却发现，繁文缛节对于公共服务动机并不存在显著的负面影响。② 值得注意的是，上述实证研究都是从公共服务动机培养的视角来分析繁文缛节对于公共服务动机的不利影响，但忽略了繁文缛节可能对公共服务动机产生的刺激作用。对此，Pedersen 指出，公共服务动机的产生存在培养和激活两种视角。公共服务动机的培养视角强调政府的社会化活动可以将政府公共服务价值观和准则传递给公务员，从而促进公务员形成公共服务动机。而公共服务动机的激活视角则更多地强调通过外部干预来激发个体本身已经具有的公共服务动机，其作用机制在于外部干预可以激发公务员对公共服务动机导向的身份认同，提升公共服务动机。③ 因此，根据 Pedersen 的观点，繁文缛节也可能对个体公共服务动机具有激活作用。

与上一节类似，本章基于激活理论将繁文缛节的限制作用和激活作用同时引入其对公共服务动机影响的研究中，并使用倒 U 形曲线检验二者之间的复杂关系，这有助于为以往关于繁文缛节与公共服务动机二者关系在理论和经验研究中不一致现象提供新的解释。本章认为，繁文缛节对于公共服务动机的产生亦同时具有限制和激活两种作用。其中，限制作用源于繁文缛节对于公务员的过度束缚，将带来资源、精力的消耗，不利于公共服务动机的培养。而激活作用则体现在繁文缛节所带来的一系列负面影响会激发个体产生公共服务动机导向的身份认同。基于激活理论的视角，上述两种作用可能随着繁文缛节程度的增加，此消彼长。④⑤ 当繁文缛节感知程度较低时，繁文缛节对于公务员的限制作用较

---

① Moynihan, D. P. and Pandey, S. K., "The Role of Organizations in Fostering Public Service Motivation", *Public Administration Review*, Vol. 67, No. 1, 2007, pp. 40 – 53.

② Homberg, F., Vogel, R. and Weiherl, J., "Public Service Motivation and Continuous Organizational Change: Taking Charge Behaviour at Police Services", *Public Administration*, Vol. 97, No. 1, 2019, pp. 28 – 47.

③ Pedersen, M. J., "Activating the Forces of Public Service Motivation: Evidence from a Low – intensity Randomized Survey Experiment", *Public Administration Review*, Vol. 75, No. 5, 2015, pp. 734 – 746.

④ Gardner, D. G., "Activation Theory and Task Design: An Empirical Test of Several New Predictions", *Journal of Applied Psychology*, Vol. 71, No. 3, 1986, pp. 411 – 418.

⑤ Gardner, D. G. and Cummings, L. L., "Activation Theory and Job Design: Review and Reconceptualization", in Staw, B. and Cummings, L., eds. *Research in Organizational Behavior*, Greenwich, CT: JAI Press, 1988, pp. 81 – 122.

弱而激活作用较强。① 繁文缛节所带来的低效率、履职困难等病理性影响会刺激公务员产生公共服务动机以保护社会利益、政治实体利益以及公共利益，从而将繁文缛节的程度降低到他们认为合理的范围内，此时繁文缛节将对公共服务动机产生促进作用。而当繁文缛节感知程度较高时，繁文缛节对公务员的限制作用较强而激活作用较弱。由于繁文缛节的限制作用过大，公务员可能会认为自己无力改变现状，也难以有效维护公共利益，这将减少他们为公共利益服务的动力，此时繁文缛节将对公共服务动机产生抑制作用。上述分析意味着繁文缛节对公共服务动机可能存在先升后降的影响，即二者存在倒 U 形曲线关系。基于以上分析，本章提出：

假设 4-2：繁文缛节与公共服务动机二者之间呈倒 U 形曲线关系。

关于变革行为动机的研究主要关注该行为产生的理性动机，而基于"义务感"动机的相关研究无疑拓展了变革行为动机的理论视角。② 变革行为的"义务感"动机强调该行为的意义以及与组织产出相关的责任感，这与公共服务动机的自我牺牲、对于公共利益的承诺两个维度密切相关。研究发现，高公共服务动机的个体在工作场所中会展现出更高水平的道德义务感，使得他们优先服务公共利益而非自身利益。③ 与此同时，Wright 等实证发现，公共服务动机的自我牺牲维度会增加个体的变革承诺。④ 因此，理论上公共服务动机能够为变革行为提供"义务感"的动机力量和变革承诺，使得个体打破现状，为提高组织效率、提升公共部门的服务质量提出建设性意见。此外，以往为数不多的实证研究也发现，公共服务动

---

① Moon, M. J. and Bretschneider, S. I., "Does the Perception of Red Tape Constrain IT Innovativeness in Organizations? Unexpected Results from a Simultaneous Equation Model and Implications", *Journal of Public Administration Research and Theory*, Vol. 12, No. 2, 2002, pp. 273 – 291.

② Campbell, J. W. and Im, T., "PSM and Turnover Intention in Public Organizations: Does Change – oriented Organizational Citizenship Behavior Play a Role?" *Review of Public Personnel Administration*, Vol. 36, No. 4, 2016, pp. 323 – 346.

③ Stazyk, E. C. and Davis, R. S., "Taking the 'High Road': Does Public Service Motivation Alter Ethical Decision – making Processes", *Public Administration*, Vol. 93, No. 3, 2015, pp. 627 – 645.

④ Wright, B. E., Christensen, R. K. and Isett, K. R., "Motivated to Adapt? The Role of Public Service Motivation as Employees Face Organizational Change", *Public Administration Review*, Vol. 73, No. 5, 2013, pp. 738 – 747.

机确实有助于变革行为的产生。①② 一名公务员在访谈中也表达了相似的观点，他说"我们现在基层工作其实是越来越不好做了。你如果真的想要把为人民服务这个事情做好的话，很多事情是必须有创新的，不然如果还是老一套的方法，其实就很难再干下去了"（访谈编码：J31）。基于以上分析，本章提出：

假设4-3：公共服务动机对变革行为存在显著的正向影响。

依据限制理论、主动性行为以及公共服务动机等三个理论视角的相关研究，本章认为，公共服务动机这种动机状态能够在繁文缛节与变革行为二者关系中发挥中介作用。第一，限制理论视角。Acar等提出了一个整合框架模型，认为各类限制因素（包括投入限制、过程限制和产出限制）可以通过动机路径、认知路径以及社会路径影响行业、公司和个体层面的创新、创造力。其中一条路径即过程限制可通过动机路径影响创新产出。③ 显然，根据该分析框架，公共服务动机作为一种动机能够在繁文缛节这一过程限制与变革行为二者关系中发挥中介作用。第二，主动性行为视角。Parker等④、Cai等⑤各自构建了一个整合框架模型，分别探讨了工作压力源（如繁文缛节）、领导因素等社会背景如何通过"有义务"的动机状态影响主动性行为（包括变革行为）。公共服务动机源于个体对社会的义务感和职责的履行，以往研究通常将其视为一种"有义务"的动机状态。⑥ 可见，根据上述分析框架，公共服务动机作为一种"有义务"的动机状态能够在繁文缛节与变革行为二者关系中发挥中介作用。

---

① 陈振明、林亚清：《政府部门领导关系型行为影响下属变革型组织公民行为吗？——公共服务动机的中介作用和组织支持感的调节作用》，《公共管理学报》2016年第1期。
② Campbell, J. W. and Im, T., "PSM and Turnover Intention in Public Organizations: Does Change-oriented Organizational Citizenship Behavior Play a Role?" *Review of Public Personnel Administration*, Vol. 36, No. 4, 2016, pp. 323-346.
③ Acar, O. A., Tarakci, M. and Van Knippenberg, D., "Creativity and Innovation under Constraints: A Cross-disciplinary Integrative Review", *Journal of Management*, Vol. 45, No. 1, 2019, pp. 96-121.
④ Parker, S. K., Bindl, U. K. and Strauss, K., "Making Things Happen: A Model of Proactive Motivation", *Journal of Management*, Vol. 36, No. 4, 2010, pp. 827-856.
⑤ Cai, Z., Parker, S. K. and Chen, Z., et al., "How does the Social Context Fuel the Proactive Fire? A Multilevel Review and Theoretical Synthesis", *Journal of Organizational Behavior*, Vol. 40, No. 2, 2019, pp. 209-230.
⑥ Stazyk, E. C. and Davis, R. S., "Taking the 'High Road': Does Public Service Motivation Alter Ethical Decision-Making Processes", *Public Administration*, Vol. 93, No. 3, 2015, pp. 627-645.

第三，公共服务动机视角。如前所述，公共服务动机的产生存在培养和激活两种视角。① 繁文缛节作为一种过程限制，不仅会对公共服务动机的培养产生抑制作用，也可能作为一种外部干预激发公务员对公共服务动机导向的身份认同，从而对公共服务动机产生激活作用，并进而影响变革行为。在访谈中，就有公务员指出，"如果所有精力都忙着在应付检查，那一些基础性的工作可能就没办法开展了"，但是他也肯定地表示，"我们有些上级下来做调研指导，因为他们站的层次不一样，给我们提的一些想法可能是以前我们没考虑过的，这对我们有很大的帮助，我们也更有动力把活干好，把人（民）服务好"（访谈编码：J26）。

因此，本章认为，繁文缛节之所以会对变革行为产生倒 U 形曲线的影响，是它对公共服务动机产生的激活作用和抑制作用此消彼长所带来的。具体而言，随着繁文缛节程度开始增加，繁文缛节会激活个体公共服务动机这一"有义务"的动机状态，该动机状态可促使个体调整自身行为，进而采取变革行为以维护公共利益；当繁文缛节处于中等程度时，这种激活作用最强，此时个体公共服务动机水平也相应达到顶点，并为变革行为提供动机力量；而当个体对繁文缛节的感知进一步加强时，由于繁文缛节这一组织情境所带来的激活作用不断削弱，限制作用则不断增强，此时，繁文缛节对于公共服务动机的限制作用将大于激活作用，使得公共服务动机被削弱，进而降低了个体采用变革行为予以应对的意愿。基于以上分析，本章提出：

假设 4-4：公共服务动机在繁文缛节与变革行为二者之间的倒 U 形曲线关系中发挥了中介作用。

二 组织支持感的调节作用

已有研究认为，个体公共服务动机的履行依赖于个体所感知到的特殊组织环境。② 基于工作要求—资源模型，繁文缛节往往被认为是政府部门中对于个体具有限制作用的工作要求，会耗费个体的体力、精力；③ 与之

---

① Pedersen, M. J., "Activating the Forces of Public Service Motivation: Evidence from a Low-intensity Randomized Survey Experiment", *Public Administration Review*, Vol. 75, No. 5, 2015, pp. 734-746.

② Borst, R. T., "Comparing Work Engagement in People-changing and People-processing Service Providers: A Mediation Model with Red Tape, Autonomy, Dimensions of PSM, and Performance", *Public Personnel Management*, Vol. 47, No. 3, 2018, pp. 287-313.

③ Borst, R. T., Kruyen, P. M. and Lako, C. J., "Exploring the Job Demands-resources Model of Work Engagement in Government: Bringing in a Psychological Perspective", *Review of Public Personnel Administration*, Vol. 39, No. 3, 2019, pp. 372-397.

相反，组织支持感则被认为是工作资源，它能够为个体提供心理支持等资源。① 由于组织支持感反映了个体所感知到的组织对于自身的支持程度，能够传递组织重视个体贡献、关心个体幸福的信号，② 因此，高水平的组织支持感会增进个体对组织的信任、长期义务和组织认同感，从而提高个体对组织的忠诚度，并且激励个体参与到实现组织目标的行动中来。③

进一步地，工作要求—资源模型强调工作资源能够减少工作要求对于个体所产生的消极影响。④ 研究发现，组织支持感这一工作资源能够减缓负面工作经历、阻碍性压力源等工作要求对于个体资源的损耗。⑤ 根据工作要求—资源模型，理论上可预期，组织支持感能够在繁文缛节与公共服务动机二者之间倒 U 形曲线关系中发挥调节作用。具体而言，在组织支持感较高的情境下，一方面，组织支持感所传递的组织对于个体的重视和支持等信号能够改变繁文缛节带来的工作要求的负面感知，进而减少繁文缛节对公共服务动机产生的负面影响；⑥ 另一方面，组织支持感还能够弥补繁文缛节带来的负面工作要求对个体资源的消耗，进而降低繁文缛节对公共服务动机产生的负面影响。相反，在组织支持感较低的情境下，组织支持感既难以改变个体对于繁文缛节的负面认知，也无法有效弥补繁文缛节所带来的个体资源损耗，此时它将难以减轻繁文缛节对公共服务动机的负面影响。基于以上分析，本章提出：

假设 4-5：组织支持感在繁文缛节与公共服务动机二者之间倒 U 形曲线关系中发挥调节作用，即与组织支持感较低的情境相比，组织支持感

---

① Ott, A. R., Haun, V. C. and Binnewies, C., "Negative Work Reflection, Personal Resources, and Work Engagement: The Moderating Role of Perceived Organizational Support", *European Journal of Work and Organizational Psychology*, Vol. 28, No. 1, 2019, pp. 110-123.

② Eisenberger, R., Armeli, S. and Rexwinkel, B., et al., "Reciprocation of Perceived Organizational Support", *Journal of Applied Psychology*, Vol. 86, No. 1, 2001, pp. 42-51.

③ Rhoades, L. and Eisenberger, R., "Perceived Organizational Support: A Review of the Literature", *Journal of Applied Psychology*, Vol. 87, No. 4, 2002, pp. 698-714.

④ Bakker, A. B. and Demerouti, E., "The Job Demands-Resources Model: State of the Art", *Journal of Managerial Psychology*, Vol. 22, No. 3, 2007, pp. 309-328.

⑤ Ott, A. R., Haun, V. C. and Binnewies, C., "Negative Work Reflection, Personal Resources, and Work Engagement: The Moderating Role of Perceived Organizational Support", *European Journal of Work and Organizational Psychology*, Vol. 28, No. 1, 2019, pp. 110-123.

⑥ Kahn, R. L. and Byosserie, P., "Stress in Organizations", in Dunette, M. D. and Hough, L. M., eds. *Handbook of Industrial and Organizational Psychology*, Palo Alto, CA: Consulting Psychologists Press, 1992, pp. 571-650.

较高的情境能够更加显著地减弱繁文缛节对于公共服务动机的负面影响。

结合假设4-4和假设4-5，本章将进一步检验组织支持感能否调节公共服务动机在繁文缛节与变革行为二者之间的倒U形曲线关系中所发挥的间接作用。理论上可预期，在组织支持感较高的情境下，繁文缛节的限制作用会被减弱，此时公共服务动机将提升，进而增强公务员的变革行为；相反，在组织支持感较低的情境下，繁文缛节的限制作用会被加强，从而降低公共服务动机，进而减少公务员的变革行为。因此，与组织支持感较低的情境相比，组织支持感较高的情境会强化公共服务动机在繁文缛节与变革行为之间的倒U形曲线关系中所发挥的间接作用。鉴于此，本章提出：

假设4-6：组织支持感调节了公共服务动机在繁文缛节与变革行为的倒U形曲线关系中所发挥的间接作用，即与组织支持感较低的情境相比，组织支持感较高的情境会强化公共服务动机在上述关系中所发挥的间接作用。

综上所述，本章构建了一个有调节的倒U形中介效应模型（如图4-1所示）。

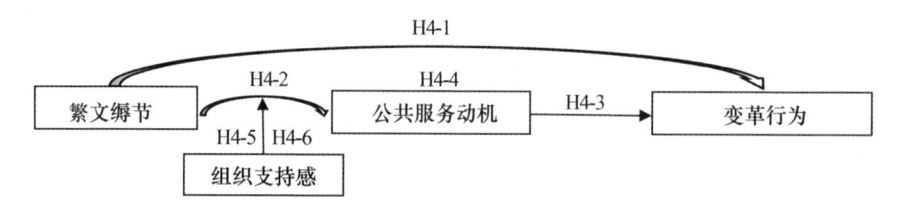

图4-1 研究模型

注："⌒"代表倒U形曲线关系；"→"代表线性关系。
资料来源：笔者自制。

三 研究设计

（一）数据收集

为缓解同源偏差问题，本章研究的数据收集分为两个阶段，时间间隔为3个月。第一个阶段收集性别、年龄、教育程度等个体特征以及繁文缛节、公共服务动机、组织支持感等主要变量的数据。第二个阶段收集变革行为的数据。本次调研主要以F省公务员队伍为研究对象，依托问卷星平台发放电子问卷。课题组在问卷中详细说明了调研目的、调研内容以及后续将进行跟踪调研等信息，从而保证问卷数据的质量。

本研究在第一个阶段共收集问卷 750 份，在第二个阶段共收集问卷 450 份。接下来，课题组通过对两次问卷调研中被调研对象留下的邮箱、微信名等信息进行匹配，筛选出所有同时参与了两次问卷调研的被调研对象填写的相关问卷。最后，剔除无效问卷，共获得 217 份有效匹配问卷。本研究的调研对象涵盖了综合管理类、专业技术类和行政执法类等多种类型的公务员，涉及从基层到省直部门等各个层级的政府行政机构。本章所收集的研究样本个体特征分布如下：在性别方面，男性占 39.2%，女性占 60.8%；年龄分布集中在 25—34 岁区间，占 77.4%；教育程度主要以本科及以下学历为主，占 76%；在职位级别方面，以科员为主，占 65.9%；在任职时间方面，样本分布较为均衡，3 年及以下、4—5 年、6—9 年和 10 年及以上占比分别为 25.3%、21.2%、29.1% 和 24.4%。

(二) 变量测量

本次调查问卷均使用国外较成熟的量表。在大规模调研前，量表经由公共管理、人力资源管理等领域专家共同进行了翻译—回译过程。同时，本章采用李克特 7 级量表进行测量，1 代表"非常不符合"，7 代表"非常符合"。

对于繁文缛节的测量，本章采用了 Quratulain 和 Khan 所使用的"我所在的部门更关心的是我遵循的程序，而非我做得怎样"等 3 条目量表[1]；对于变革行为的测量，本章采用了 Vigoda - Gadot 和 Beeri 使用的"努力地采用改善后的程序来工作"等 9 条目量表[2]；对于公共服务动机的测量，本章使用了 Wright 等所采用的"对我而言，从事有意义的公共服务是非常重要的"等 5 条目量表[3]；对于组织支持感的测量，本章则选取 Eisenberger 等使用的"单位重视我为它作出的贡献"等 6 条目量表[4]。

此外，借鉴 Carnevale 等的研究，本章将性别、年龄、教育程度和任

---

[1] Quratulain, S. and Khan, A. K., "Red Tape, Resigned Satisfaction, Public Service Motivation, and Negative Employee Attitudes and Behaviors: Testing a Model of Moderated Mediation", *Review of Public Personnel Administration*, Vol. 35, No. 4, 2015, pp. 307 – 332.

[2] Vigoda - Gadot, E. and Beeri, I., "Change - oriented Organizational Citizenship Behavior in Public Administration: The Power of Leadership and The Cost of Organizational Politics", *Journal of Public Administration Research and Theory*, Vol. 22, No. 3, 2012, pp. 573 – 596.

[3] Wright, B. E., Moynihan, D. P. and Pandey, S. K., "Pulling the Levers: Transformational Leadership, Public Service Motivation, and Mission Valence", *Public Administration Review*, Vol. 72, No. 2, 2012, pp. 206 – 215.

[4] Eisenberger, R., Armeli, S. and Rexwinkel, B., et al., "Reciprocation of Perceived Organizational Support", *Journal of Applied Psychology*, Vol. 86, No. 1, 2001, pp. 42 – 51.

职时间等作为控制变量。① 同时，本章还控制了职位级别这一影响因素。其中，性别和教育程度被重新编码为虚拟变量，男性、本科及以下学历分别取值为1，女性、本科以上学历分别取值为0；② 年龄、职位级别和任职时间视为连续变量，年龄分为24岁及以下、25—34岁、35—44岁和45岁以上4个层次，职位级别分为办事员、科员、副科级和正科级及以上4个层次，任职时间则分为3年及以下、4—5年、6—9年、10年及以上4个层次。

第三节 实证结果与分析

一 问卷信度与效度检验

本研究分别采用内部一致性系数 Cronbach's α 和验证性因子分析来检验量表的信度和效度。其中，繁文缛节、公共服务动机、变革行为和组织支持感4个量表的 Cronbach's α 分别为 0.700、0.881、0.959 和 0.960，均大于0.6，即具有较好的信度。考虑到本章的主要变量均为单一维度变量，本章对繁文缛节、公共服务动机、变革行为和组织支持感组成的四因子模型进行了验证性因子分析，结果发现测量条目的因子载荷均高于0.5，且 p 值均达到了 0.05 的显著水平，这表明上述四因子均具有较好的聚合效度。

四因子模型的拟合度指数均大大优于其他因子模型，且达到了较高标准（见表4-1）。同时，四因子模型与其他三类模型的卡方差异检验均在1%水平下显著，说明四因子模型具有最好的区分效度。进一步地，本章还采用平均方差提取值（Average Variance Extracted，AVE）进行了区分效度检验。对角线上的繁文缛节、公共服务动机、变革行为和组织支持感的 AVE 平方根分别为 0.671、0.774、0.851 和 0.896，均高于同列或同行数据的相关系数，这说明主要变量之间具有较好的区分效度（见表4-1）。综上，本章所使用的数据信效度较高，这为后续实证研究奠定了良好基础。

---

① Carnevale, J. B., Huang, L. and Uhl‐Bien, M., et al., "Feeling Obligated yet Hesitant to Speak up: Investigating the Curvilinear Relationship between LMX and Employee Promotive Voice", *Journal of Occupational and Organizational Psychology*, Vol. 93, No. 3, 2019, pp. 505–529.

② 本章还尝试了连续型的赋值方式，即对大专及以下、本科、硕士、博士这四类受教育程度分别赋值为1、2、3、4，并重复相关的回归分析，研究结论保持一致。

表4-1　　　　　　　　验证性因子分析：区分效度

因子模型	χ^2	df	χ^2/df	RMSEA	IFI	CFI	模型比较检验		
							模型比较	$\Delta\chi^2$	Δdf
四因子模型	689.619	224	3.079	0.098	0.898	0.897			
三因子模型	779.739	227	3.435	0.106	0.879	0.878	2 vs. 1	90.120***	3
二因子模型	1376.205	229	6.010	0.152	0.749	0.747	3 vs. 1	686.586***	5
单因子模型	2668.613	230	11.603	0.222	0.465	0.463	4 vs. 1	1978.994***	6

注：四因子模型：RT、PSM、CO-OCB、POS；三因子模型：RT+PSM、CO-OCB、POS；二因子模型：RT+PSM+CO-OCB、POS；单因子模型：RT+PSM+CO-OCB+POS。其中，RT代表变量"繁文缛节"；CO-OCB代表变量"变革行为"；PSM代表变量"公共服务动机"；POS代表变量"组织支持感"；"+"代表2个因子合并为一个因子。

资料来源：笔者自制。

二 描述性统计分析

表4-2报告了主要研究变量的描述性统计。繁文缛节与变革行为不相关（$r = 0.073$，$p > 0.05$），而繁文缛节平方项与变革行为显著负相关（$r = -0.197$，$p < 0.01$）。同时，繁文缛节与公共服务动机显著正相关（$r = 0.359$，$p < 0.001$），繁文缛节平方项与公共服务动机显著负相关（$r = -0.245$，$p < 0.001$）。此外，组织支持感与公共服务动机显著正相关（$r = 0.624$，$p < 0.001$）（见表4-2）。总体而言，相关性分析结果与预期基本一致。

表4-2　　　　　　　　主要变量相关性分析

主要变量	均值	标准差	1	2	3	4
1. 繁文缛节	4.942	1.282	**0.671**			
2. 公共服务动机	4.793	1.321	0.359***	**0.774**		
3. 变革行为	5.141	1.176	0.073	0.338***	**0.851**	
4. 组织支持感	4.020	1.553	0.176**	0.624***	0.322***	**0.896**
5. 繁文缛节平方项	0.995	1.455	-0.271***	-0.245***	-0.197**	-0.177**

注：*** $p < 0.001$；** $p < 0.01$；* $p < 0.05$，均为双尾检验。繁文缛节的平方项为繁文缛节去中心化的乘积。AVE平方根值在对角线上的加粗显示。

资料来源：笔者自制。

三 假设检验

参考 Carnevale 等的研究,[①] 本章将繁文缛节一次项中心化后进入回归方程。如表 4-3 所示,模型 5 首先检验了个体特征变量对变革行为的影响。在此基础上,模型 6 加入了繁文缛节一次项,回归结果显示,繁文缛节一次项对变革行为的影响不显著（β = 0.066, p > 0.05）。模型 7 继续加入了繁文缛节二次项,回归结果显示,繁文缛节一次项仍然不显著（β = 0.001, p > 0.05）。而繁文缛节二次项对变革行为具有显著的负向影响（β = -0.160, p < 0.01）, ΔR^2 为 0.036 且在 0.01 水平下显著。因此,本章假设 4-1 成立,即繁文缛节与变革行为二者之间存在倒 U 形曲线关系。此外,模型 8 在模型 5 基础上加入了公共服务动机变量,回归结果显示,公共服务动机对变革行为具有显著的正向影响（β = 0.379, p < 0.001）,且 ΔR^2 为 0.099 且在 0.001 水平下显著。因此,本章假设 4-3 成立,即公共服务动机能够显著促进变革行为。

表 4-3　　　　　　　　　回归分析结果

变量	公共服务动机				变革行为				
	模型1	模型2	模型3	模型4	模型5	模型6	模型7	模型8	模型9
常数项	5.192***	5.068***	5.217***	4.808***	5.179***	5.161***	5.319***	5.065***	5.199***
1. 控制变量									
男性	0.324	0.295	0.314	0.232	0.080	0.075	0.095	-0.013	0.007
年龄	0.050	-0.004	0.019	-0.001	0.105	0.097	0.122	0.091	0.116
本科及以下	-0.414	-0.324	-0.318	-0.185	-0.252	-0.239	-0.233	-0.133	-0.143
职位级别	-0.300*	-0.209	-0.234	-0.040	-0.176	-0.163	-0.189	-0.090	-0.123
任职时间	0.141	0.132	0.131	0.072	0.115	0.114	0.112	0.075	0.075
2. 自变量									
RT		0.451***	0.389***	0.301***		0.066	0.001		-0.109
RT^2			-0.152*	-0.057			-0.160**		-0.117*
POS				0.533***					

[①] Carnevale, J. B., Huang, L. and Uhl-Bien, M., et al., "Feeling Obligated yet Hesitant to Speak up: Investigating the Curvilinear Relationship between LMX and Employee Promotive Voice", *Journal of Occupational and Organizational Psychology*, Vol. 93, No. 3, 2019, pp. 505-529.

续表

变量	公共服务动机				变革行为				
	模型1	模型2	模型3	模型4	模型5	模型6	模型7	模型8	模型9
3. 交互项									
RT×POS				0.157*					
RT²×POS				0.107*					
4. 中介变量									
PSM								0.379***	0.373***
R^2	0.045	0.159	0.185	0.499	0.026	0.030	0.066	0.125	0.147
ΔR^2	0.045	0.114***	0.026*	0.314***	0.026	0.003	0.036**	0.099***	0.082***
F值	1.990	6.628***	6.774***	20.489***	1.148	1.066	2.097*	5.021***	4.497***

注：*** $p<0.001$；** $p<0.01$；* $p<0.05$，均为双尾检验。表中回归系数均为非标准化回归系数。RT代表变量"繁文缛节"；POS代表变量"组织支持感"；PSM代表变量"公共服务动机"。

资料来源：笔者自制。

进一步地，表4-3的模型1首先检验了个体特征变量对公共服务动机的影响。模型2在模型1的基础上加入了繁文缛节一次项，回归结果显示，繁文缛节一次项对公共服务动机具有显著的正向影响（β=0.451，$p<0.001$）。在模型2的基础上，模型3进一步加入了繁文缛节二次项，实证结果显示，繁文缛节一次项和二次项均对变革行为具有显著影响，回归系数分别为0.389（$p<0.001$）和-0.152（$p<0.05$），ΔR^2为0.026且在0.05水平下显著。该结果支持了本章假设4-2，即繁文缛节与公共服务动机二者之间存在显著的倒U形曲线关系。

接下来，本章分别用Aiken和West推荐的程序①以及Weisberg的计算公式，② 绘制了假设4-1和假设4-2中的曲线关系图与顶点。如图4-2所示，变革行为随着繁文缛节的增加达到顶点，又随着繁文缛节的继续增加而减少；当繁文缛节标准化值为0.003，即原值为4.946时，变革行为的取值达到顶点。类似地，如图4-3显示，公共服务动机随着繁文缛节的增加达到顶点，又随着繁文缛节的继续增加而减少；当繁文缛节标准化值为1.280，即原值在6.583时，公共服务动机取值达到顶点。可

---

① Aiken, L. S. and West, S. G., *Multiple Regression: Testing and Interpreting Interactions*, Newbury Park, CA: SAGE, 1991.
② Weisberg, S., *Applied Linear Regression*, New York, NY: Wiley, 2005.

见，图4-2和图4-3进一步支持了假设4-1与假设4-2，形象地展现了繁文缛节与变革行为、公共服务动机存在先激活后限制的倒U形曲线关系。此外，本章通过SPSS22.0计算得出，样本中繁文缛节的中位数为5，该数值已经超过繁文缛节最有利于促进变革行为的极值点4.946，开始对变革行为产生抑制作用；不过，该数值未超过繁文缛节最有利于公共服务动机的极值点6.583，这说明繁文缛节的增加可在一定程度上激活公共服务动机。

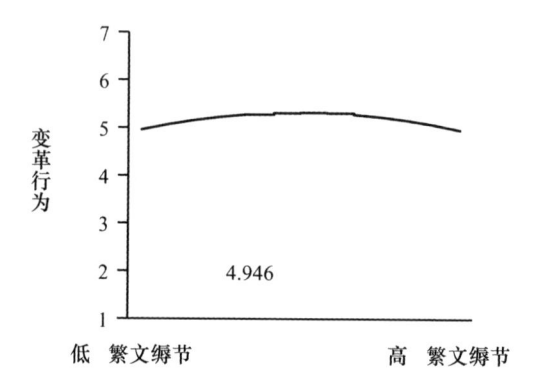

图4-2 繁文缛节与变革行为的曲线关系

资料来源：笔者自制。

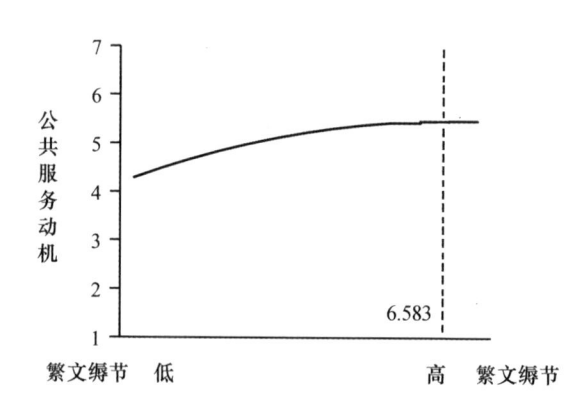

图4-3 繁文缛节与公共服务动机的曲线关系

资料来源：笔者自制。

基于上述实证结果，本章继续检验假设4-4。将繁文缛节一次项、二次项和公共服务动机一起放入回归模型。如表4-3模型9所示繁文缛节一次项仍不显著,二次项回归系数则由 -0.160 变为 -0.117,且显著性水平由 0.01 水平以下变为 0.05 以下。可见,公共服务动机在繁文缛节对变革行为的影响过程中发挥了部分中介作用,即假设 4-4 成立。进一步地,根据 Hayes 和 Preacher 提供的曲线中介检验程序,① 本研究运用 SPSS22.0 中的 MEDCURVE 宏插件对全样本进行了 5000 次 Bootstrap 抽样,估计了繁文缛节在高低取值(±1 标准差)情况下,通过公共服务动机对变革行为产生的瞬时间接效应变化。实证研究结果显示,在繁文缛节较低时,该间接效应(Theta 值)是显著的,其值为 0.153,在 95% 误差修正置信区间内不包含 0(LLCI = 0.044, ULCI = 0.297);而在繁文缛节较高时,该间接效应不显著,其值为 0.019,在 95% 误差修正置信区间内包含 0(LLCI = -0.089, ULCI = 0.128)。上述结果表明,当繁文缛节程度较低时,繁文缛节程度的增加会通过促进公共服务动机进而提升变革行为;相反,当繁文缛节程度较高时,繁文缛节的增加并不会通过影响公共服务动机而影响变革行为。可见,假设 4-4 得到再次支持。

进一步地,本章采用 Lin 等的检验程序考察假设 4-5。② 同时,将组织支持感、繁文缛节一次项及其与组织支持感的交互项、繁文缛节二次项及其与组织支持感的交互项放入回归方程对公共服务动机进行回归分析。如表 4-3 模型 4 所示,繁文缛节一次项对公共服务动机仍然具有显著正向影响($\beta = 0.301$, $p < 0.001$),而繁文缛节二次项对公共服务动机的影响不显著($\beta = -0.057$, $p > 0.05$)。此外,组织支持感、繁文缛节一次项与组织支持感的交互项和繁文缛节二次项与组织支持感的交互项对公共服务动机均具有显著的正向影响,回归系数分别为 0.533($p < 0.001$)、0.157($p < 0.05$)和 0.107($p < 0.05$)。上述实证结果表明,假设 4-5 成立,即组织支持感在繁文缛节与公共服务动机二者之间的倒 U 形曲线关系中发挥了调节作用。

为了深入地检验组织支持感在繁文缛节与公共服务动机二者之间的倒

---

① Hayes, A. F. and Preacher, K. J., "Quantifying and Testing Indirect Effects in Simple Mediation Models When the Constituent Paths are Nonlinear", *Multivariate Behavioral Research*, Vol. 45, No. 4, 2010, pp. 627-660.

② Lin, B., Law, K. S. and Zhou, J., "Why is Underemployment Related to Creativity and OCB? A Task-crafting Explanation of the Curvilinear Moderated Relations", *Academy of Management Journal*, Vol. 60, No. 1, 2017, pp. 156-177.

U形曲线关系中的调节作用，本章借鉴 Dawson 的做法绘制了交互效应图。[1] 如图4-4所示，在组织支持感较高（+1标准差）的情境下，繁文缛节一次项对公共服务动机具有显著的正向影响（β = 0.348；t = 3.260，p < 0.01），而繁文缛节二次项的影响不显著（β = 0.183；t = 1.962，p > 0.05）。而在组织支持感较低（-1标准差）的情境下，繁文缛节一次项的斜率变得不显著（β = -0.131；t = -0.714，p > 0.05），繁文缛节二次项对公共服务动机具有显著的负向影响（β = -0.372；t = -3.336，p < 0.01），这意味着繁文缛节对公共服务动机的正向影响会随着繁文缛节的增加达到顶点后而下降。并且，由图4-4可知，与组织支持感较低的对照组相比，在组织支持感较高的情境下，繁文缛节对公共服务动机的负向影响消失了，此时繁文缛节反而会正向影响公共服务动机；而当公务员感知的组织支持感较低时，繁文缛节对公共服务动机仍然会产生倒U形影响。基于上述发现，本章的假设4-5进一步得到了支持。

与 Montani 等一致，本章对假设4-6的检验是通过对比分析不同的组织支持感水平下，公共服务动机在繁文缛节与变革行为二者之间的倒U形关系中所发挥的间接效应差异进行判断。[2] 利用 SPSS22.0 中的 MEDCURVE 宏插件对全样本进行了5000次 Bootstrap 抽样，结果显示，当组织支持感较高（+1标准差）时，上述瞬时间接效应在繁文缛节高（Theta = -0.1392，LLCI = -0.926，ULCI = 0.096）或低（Theta = 0.0976，LLCI = -0.119，ULCI = 0.428）的情况下均不显著（在95%误差修正置信区间内包含0）；当组织支持感较低（-1标准差）时，上述瞬时间接效应在繁文缛节高（Theta = 0.062，LLCI = -0.369，ULCI = 0.368）或低（Theta = 0.019，LLCI = -0.120，ULCI = 0.254）的情况下均不显著（在95%误差修正置信区间内包含0）。上述实证结果表明，假设4-6不成立，即公共服务动机在繁文缛节与变革行为的倒U形曲线关系中所发挥的间接作用并未受到组织支持感高低的影响。

---

[1] Dawson, J., "Moderation in Management Research: What, Why, When, and How", *Journal of Business and Psychology*, Vol. 29, No. 1, 2014, pp. 1–19.

[2] Montani, F., Vandenberghe, C. and Khedhaouria, A., et al., "Examining the Inverted U-shaped Relationship between Workload and Innovative Work Behavior: The Role of Work Engagement and Mindfulness", *Human Relations*, Vol. 73, No. 1, 2020, pp. 59–93.

```
                     ——— 低  组织支持感
                     ----- 高  组织支持感
```

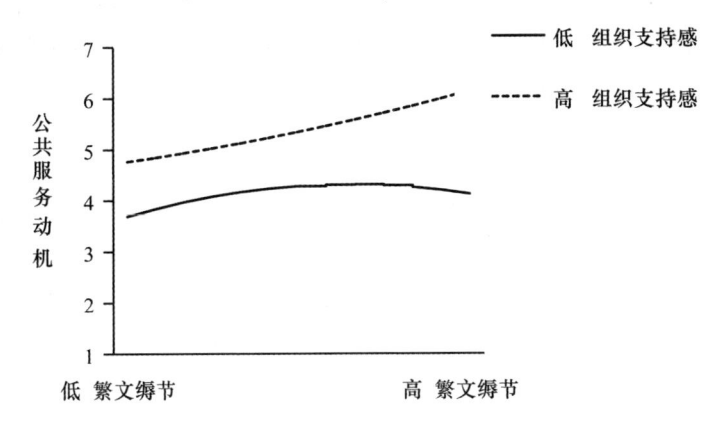

图 4-4 组织支持感在繁文缛节与公共服务动机二者关系中的调节作用

资料来源：笔者自制。

最后，为增强研究结论的可靠性，本章借鉴 Carnevale 等的做法，[①] 还采用结构方程模型（SEM）重新检验了前文所有假设，结论保持稳健（限于篇幅未具体报告结果）。

第四节 研究结论与理论启示

一 研究结论

本章从激活视角切入展开对公务员变革行为的研究，较早地探讨了繁文缛节对公务员变革行为的影响、作用机制与条件。本章运用激活理论、限制理论等多种理论，以 217 名 F 省公务员滞后时间数据为样本，实证发现公务员繁文缛节对变革行为同时具有限制作用与激活作用，二者呈先激活后限制的倒 U 形曲线关系，公共服务动机在上述关系中发挥了部分中介作用；组织支持感在繁文缛节与公共服务动机二者之间的倒 U 形曲线关系中发挥了正向调节作用；此外，组织支持感并不能调节公共服务动机

[①] Carnevale, J. B., Huang, L. and Uhl-Bien, M., et al., "Feeling Obligated yet Hesitant to Speak up: Investigating the Curvilinear Relationship between LMX and Employee Promotive Voice", *Journal of Occupational and Organizational Psychology*, Vol. 93, No. 3, 2019, pp. 505-529.

在繁文缛节与变革行为的倒 U 形曲线关系中所发挥的间接作用。上述结论，不仅丰富了繁文缛节和变革行为的相关研究，也为推进我国政府制度建设和干部队伍管理提供了重要的实践启示。尽管这一研究发现主要来自对大规模样本数据的分析，然而，在对 J 市工信局的调研访谈过程中，笔者也发现了相关的典型案例：

> YWJ 是 J 市工信局经济运行科的一名科长，在工作上他秉承着一视同仁的作风，他认为"不管是什么规格的企业，只要是我们的扶持对象，我们都要有一个责任心"。作为一名科长，他参与了大大小小的会议。尽管某些会议可能占据了其私人时间，但来自领导和组织的关心和引导给予了他心理上的支持，工作压力也因此得到了缓解。他感慨道，"我们领导偶尔会找我谈心，引导下我，我的压力也就没那么大了"。因此，即便会议繁多，但他仍然表现出较高的干事热情，始终牢记服务好每一家企业的初衷，想方设法创设新的方法以推进工作。不过，当会议堆积起来的时候，YWJ 也会有力不从心的时候。在一次部门聚餐中，YWJ 就忍不住向大家吐槽道，"现在会议太多了，有的搞得很形式，手头的工作有时候都应付不过来，更别谈怎么好好改进工作、创新方法了"。

从上述案例可以发现，尽管 YWJ 在工作中面临着"文山会海"这类繁文缛节，但由于他获得了来自组织的关心和支持，因而依旧十分坚定地维持自身的公共服务动机，铭记服务企业的初衷。受此激励，他在工作中表现出了较多变革行为。然而，当文山会海现象越发频繁时，YWJ 进行担当作为、改革创新的意愿也会受到打击。总体而言，该案例在一定程度上反映了繁文缛节对公务员变革行为、公共服务动机的非线性影响，以及组织支持感对繁文缛节消极影响的削弱作用，进一步支持了本章实证研究的发现。

二 讨论与理论启示

第一，本章研究发现，繁文缛节同时具有限制与激活的双重作用，这表明繁文缛节不仅是社会结构中烦琐与无用的规则，也可能成为激活个体行为的刺激源。以往的研究主要关注繁文缛节对于个体工作完成的限制以及资源消耗而产生的一系列病理性的负面影响。本章对假设 4-1 和假设 4-2 的研究表明，繁文缛节由低到高逐渐增加将对变革行为、公共服务动机发挥先激活后限制的倒 U 形曲线影响,这意味着繁文缛节也存在刺激、唤醒等正面影响。上述结论呼应了 Moon 和 Bretschneider 的研究发现,即繁文缛节在程度较低时能够发挥潜在的激活作用。① 可以说,本章的研究结论为更全面、更系统地认识繁文缛节的功能作用提供了新的理论视角。

第二,本章假设 4-2 的研究结论,即繁文缛节与公共服务动机存在倒 U 形曲线关系,揭示了繁文缛节对公共服务动机所具有的激活作用,丰富了激活视角下的公共服务动机的研究文献。以往研究更多地从公共服务价值观和规则的社会化来强调公共服务动机培养的重要性,而近年来,公共服务动机产生的激活视角研究也备受关注,相关文献主要运用实验方法来考察外部干预手段对公共服务动机的激活作用。本章论证了繁文缛节这一限制性组织背景作为外部刺激对于公共服务动机的激活作用,这无疑为公共服务动机可以被激活的观点提供了新的实证证据,也拓展了公共服务动机研究的理论视野。

第三,本章假设 4-3 论证了公共服务动机对变革行为存在显著正向影响,该结论支持了变革行为可以受"义务感"动机驱动,这与以往聚焦于从理性动机研究变革行为存在明显区别,丰富了变革行为的产生动机的研究。同时,本章假设 4-4 整合了限制理论、激活理论、主动性行为和公共服务动机等领域的最新研究成果,研究发现公共服务动机在繁文缛节与变革行为倒 U 形曲线关系中发挥了中介作用。这一结论基于公共服务动机视角,深化了 Acar 等提出的过程限制和个体产出之间存在动机路径的研究,② 为限制理论中的"动机路径"讨论提供了新的思路,并为揭示"有义务"的动机状态如何在组织背景影响主动性行为的过程中发挥作用提供了启示。此外,本章研究发现,公共服务动机这一认知过程在繁文缛节与变革行为二者的倒 U 形曲线关系中具有中介作用,拓展了激活理论的作用机制研究,弥补了 Gardner 和 Cummings 所提出的激活理论缺

---

① Moon, M. J. and Bretschneider, S. I. , "Does the Perception of Red Tape Constrain IT Innovativeness in Organizations? Unexpected Results from a Simultaneous Equation Model and Implications", *Journal of Public Administration Research and Theory*, Vol. 12, No. 2, 2002, pp. 273 – 291.

② Acar, O. A. , Tarakci, M. and Van Knippenberg, D. , "Creativity and Innovation under Constraints: A Cross – disciplinary Integrative Review", *Journal of Management*, Vol. 45, No. 1, 2019, pp. 96 – 121.

乏机制讨论这一研究不足。① 可以说，上述结论不仅深化了激活理论、限制理论和主动性行为等理论的研究，也拓展了这些理论在公共管理领域的应用。

第四，本章假设 4-5 的研究发现组织支持感正向调节了繁文缛节与公共服务动机的倒 U 形关系。随着组织支持感的增加，繁文缛节对公共服务动机的负面影响会有所削弱。上述结论不仅丰富了繁文缛节影响公共服务动机的边界条件讨论，也为工作要求—资源模型在公共管理领域的应用提供了有益启示。进一步地，本章假设 4-6 未得到支持，无论在组织支持感较高或较低的情况下，公共服务动机在繁文缛节与变革行为的倒 U 形曲线关系中所发挥的间接作用均不显著。结合假设 4-4，一种可能的解释在于，公共服务动机只是繁文缛节对变革行为存在倒 U 形曲线影响的路径之一，还存在其他路径（如理性动机），而这些路径可能与组织支持感较高或较低的情境密切相关，值得未来进一步探讨。

---

① Gardner, D. G. and Cummings, L. L., "Activation Theory and Job Design: Review and Reconceptualization", in Staw, B. and Cummings, L., eds. *Research in Organizational Behavior*, Greenwich, CT: JAI Press, 1988, pp. 81-122.

第五章 自我决定视角：从信息的双重性到变革行为

根据第二章提出的公务员变革行为形成机制分析框架，本章基于自我决定视角展开对公务员变革行为的研究。自我决定视角的研究以自我决定理论展开，将公务员变革行为视为一种具有公务员个体能动性的自主行为，这种行为会受到来自组织情境所传递的信息的影响。结合该视角，本章较早地以我国公务员为研究对象，关注政府工作安全所同时传递的控制信息和支持信息，理论构建和实证检验了工作安全与公务员变革行为存在的 U 形关系以及基本心理需求满足在上述曲线关系中的中介作用。以 206 名公务员两阶段调查数据为样本，采用 SPSS22.0 及其 MEDCURVE 宏插件对上述模型进行了实证检验，研究结论为工作安全与变革行为等相似概念的关系研究提供了新的视角，并为构建约束与激励并重的干部管理体系提供理论基础。

第一节 明哲保身抑或稳中求变：工作安全与公务员变革行为

一 研究背景

工作安全，反映了个体对自己在组织中就业稳定性、工作连续性和晋升前景的主观期望，[①] 是公共人力资源管理研究领域的经典概念。[②] 现有

[①] Altinay, L., Dai, Y. D. and Chang, J., et al., "How to Facilitate Hotel Employees' Work Engagement: The Roles of Leader – member Exchange, Role Overload and Job Security", *International of Journal of Contemporary Hospitality Management*, Vol. 31, No. 3, 2019, pp. 1525 – 1542.

[②] Hur, H. and Perry, J. L., "Evidence – based Change in Public Job Security Policy: A Research Synthesis and its Practical Implications", *Public Personnel Management*, Vol. 45, No. 3, 2016, pp. 264 – 283.

实证研究普遍表明，工作安全是吸引人们从事政府工作最重要的激励因素之一。① 然而，近年来，公务员工作安全感知随着政府人事制度改革发生了巨大的变化。传统的行政管理思想认为，只要各级官员能够胜任工作，就应该保证终身雇佣，支付固定的薪金和养老保障金，以使他们的就业和收入具有高度的安全性。② 遗憾的是，这种管理模式在确保公务员队伍稳定性的同时，也使政府深陷效率困境。在这种背景下，新公共管理理论主张借鉴市场和企业思维，在政府内部引入市场竞争机制和激励机制，实现以经济、效率、效能为目标的政府再造。其中的具体表现之一就是各国政府调整了原有稳定的公务员雇佣关系，以此倒逼公务员改善绩效和公共服务供给效率，这种雇佣关系变化的本质是公务员工作安全的降低。就我国而言，在计划经济时代，工作安全与就业终身制和旱涝保收的工资制等用工和分配制度密切相关，体制内工作被形象地称为"铁饭碗"③。然而，随着改革开放后竞争机制的引入，我国政府打破了"铁饭碗"，改变了"大锅饭""平均主义"和"统包统配"的终身制，公务员的工作安全开始发生变化。进入21世纪特别是2003年"非典"以来，干部考核、上级巡视和问责制度等一系列约束机制的施行更是使得公务员工作压力不断增加。④ 虽然总体而言，干部队伍的工作稳定性远超企业员工，但是，部分公务员的工作安全感知正在下降也是一个不容忽视的现象，且这一现象已经对公务员的工作生活产生了重大影响。因此，重新理解和审视工作安全内涵及其功能作用对于当前我国干部队伍制度建设具有重要的现实意义。

与此同时，党的十九届四中全会强调，要"完善干部队伍担当作为的激励机制""建立崇尚实干、带动担当、加油鼓劲的正向激励体系"；党的二十大报告则明确指出，"坚持严管和厚爱相结合……激励干部敢于担当、积极作为"⑤。由此可见，干部担当作为在党的二十大报告提出

---

① Chen, C. A. and Hsieh, C. W., "Does Pursuing External Incentives Compromise Public Service Motivation? Comparing the Effects of Job Security and High Pay", *Public Management Review*, Vol. 17, No. 8, 2015, pp. 1190–1213.
② 张康之：《超越官僚制：行政改革的方向》，《求索》2001年第3期。
③ 周秀英：《彻底摆脱"铁饭碗"观念困扰的意义与路径》，《东北师大学报》（哲学社会科学版）2009年第2期。
④ 毛寿龙：《放弃"铁饭碗"的官员到底为哪般》，《人民论坛》2017年第8期。
⑤ 习近平：《高举中国特色社会主义伟大旗帜 为全面建设社会主义现代化国家而团结奋斗——在中国共产党第二十次全国代表大会上的报告》，人民出版社2022年版，第67页。

"建设堪当民族复兴重任的高素质干部队伍"① 的背景下地位愈加突出，逐渐成为提升干部队伍执政本领、推进国家治理能力现代化乃至全面建成社会主义现代化强国的关键。干部队伍管理思想的这一新变化，深刻体现了党和政府对激发干部能动性的深切关注，对构建有效激励机制以促进干部主动担当作为的高度重视。② 变革行为，本质上是个体主动担当作为的一种表现，是指个人为了改善工作现状与绩效，发挥自身能动性，超越既有工作任务要求，针对组织工作程序、方法和政策进行的建设性努力。③④ 越来越多的研究指出，创新是提升政府绩效的关键，在政府工作人员中推进变革行为的发展是提高政府效率、满足人民日益增长的美好生活需求的重要途径。⑤⑥ 然而，错综复杂的工作安全环境如何影响公务员变革行为这种自发行为，相关理论和实证研究还未涉及。因此，本章将以工作安全与变革行为二者关系的研究为切入点，探讨这样一个有趣的议题：工作安全究竟会阻碍还是促进公务员的变革行为呢？其中蕴含着怎样的影响机制？以期通过对该问题的回答为推进我国干部队伍约束与激励机制建设以及促进担当作为提供有价值的启示。

为此，本章尝试基于自我决定理论的视角来探索以上议题。之所以采用自我决定理论，原因在于：第一，公务员对于是否进行变革行为等担当作为有很大的自主权，即诸如此类的创新行为可以鼓励却难以用制度强制推动，所以往往取决于个体本身。而如何激励个体自主地应对挑战，实现自我发展和成长正是自我决定理论这一激励理论所关注的重要议题。第二，工作安全本质上是政府对公务员进行管理的一种外部干预，公务员会同时接收到这一外部干预所传递的此消彼长的控制信息和支持信息，这为

---

① 习近平:《高举中国特色社会主义伟大旗帜 为全面建设社会主义现代化国家而团结奋斗——在中国共产党第二十次全国代表大会上的报告》，人民出版社2022年版，第66页。
② 陈振明、苏寻、慈玉鹏:《新时代干部队伍建设的行动指南——习近平的干部队伍建设思想研究》，《中国行政管理》2018年第6期。
③ Vigoda – Gadot, E. and Beeri, I., "Change – oriented Organizational Citizenship Behavior in Public Administration: The Power of Leadership and the Cost of Organizational Politics", *Journal of Public Administration Research and Theory*, Vol. 22, No. 3, 2012, pp. 573 – 596.
④ 林亚清、张宇卿:《领导成员交换关系会影响公务员变革型组织公民行为吗？——变革义务感的中介作用与公共服务动机的调节作用》，《公共行政评论》2019年第1期。
⑤ Vigoda – Gadot, E. and Beeri, I., "Change – oriented Organizational Citizenship Behavior in Public Administration: The Power of Leadership and the Cost of Organizational Politics", *Journal of Public Administration Research and Theory*, Vol. 22, No. 3, 2012, pp. 573 – 596.
⑥ Campbell, J. W., "Felt Responsibility for Change in Public Organizations: General and Sector – specific Paths", *Public Management Review*, Vol. 20, No. 1, 2018, pp. 232 – 253.

全面认识工作安全对变革行为的影响提供了重要的理论基础。第三，基本心理需求满足是连接政府部门实施的外部干预与个体自主调节、进行超越职责的创造性实践的关键环节，所以该理论为进一步探索工作安全影响变革行为二者之间的影响机制提供重要的启示。

相比以往研究，本章的研究不仅丰富了工作安全与变革行为二者关系的理论与实证研究视角，也有助于推动自我决定理论在公务员变革行为研究领域中的应用。研究结论有助于厘清公务员工作安全、基本心理需求以及变革行为三者之间的关系，从而为激发公务员个体能动性，通过工作安全、基本心理需求满足的提升促进变革行为，为党和政府完善公务员担当作为激励机制提供重要的实践启示。

二 工作安全的影响效果研究综述

(一) 工作安全的提出及定义

工作安全的系统性研究始于20世纪80年代，在此之前，零星的相关研究主要将其视为一种对个体具有激励作用的安全需求。[1] 20世纪80年代以来，随着经济环境不稳定性加剧，裁员、重组、合并、外包等各种形式的组织变革风起云涌，越来越多的员工感受到自己的工作受到了威胁，逐渐陷入安全感过低带来的焦虑、担忧和压力中，[2] 并因此直接影响了绩效改善和组织的良性运作。[3] 在这一背景下，工作安全成了组织中个体关注的重点热点以及组织管理研究中的重点。其中，一种较为普遍的定义是，工作安全是指个体对于其在特定组织中未来工作可持续性的心理预期，[4] 这种预期不仅反映了个体对未来失业与否的主观评估，也蕴含着

---

[1] Maslow, A. H., "A Theory of Human Motivation", *Psychological Review*, Vol. 50, No. 4, 1943, pp. 370–396.

[2] Loi, R., Ngo, H. Y. and Zhang, L. Q., et al., "The Interaction between Leader – member Exchange and Perceived Job Security in Predicting Employee Altruism and Work Performance", *Journal of Occupational and Organizational Psychology*, Vol. 84, No. 4, 2011, pp. 669–685.

[3] Tetteh, S., Wu, C. S. and Sungu. L. J., et al., "Relative Impact of Differences in Job Security on Performance among Local Government Employees: The Moderation of Affective Commitments", *Journal of Psychology in Africa*, Vol. 29, No. 5, 2019, pp. 413–420.

[4] Kraimer, M. L., Wayne, S. J. and Liden, R. C., et al., "The Role of Job Security in Understanding the Relationship between Employees' Perceptions of Temporary Workers and Employees' Performance", *Journal of Applied Psychology*, Vol. 90, No. 2, 2005, pp. 389–398.

对晋升等职业发展机会的预期判断。①

另一些学者还从心理契约理论、社会交换理论等不同理论视角对工作安全进行了定义。譬如，根据心理契约理论，Wong 等将工作安全定义为员工对工作或雇主隐含的期望，② 也就是说，保障员工的工作安全是雇主的义务所在，是组织与员工关系契约中涵盖的重要内容。③ 而在社会交换理论的框架下，工作安全被认为是组织对员工单方面的长期承诺和支持给予，组织提供工作安全并期望员工基于互惠原则积极交换；④ 同时，员工则可以通过主动提高工作绩效的方式（如满足挑战性的工作要求）获得组织在未来工作安全方面的回报。⑤ 有研究表明，工作安全对个体的价值约为工资的 20%，特别是对那些有任期和损失厌恶程度高的员工而言。⑥ 张弘等提出，工作安全这种员工和组织之间捆绑打包的连续交换，能够长期激励双方的积极行为。⑦ 而根据自我决定理论，工作安全可以被认为是一种外部调节措施。⑧ 此外，也有学者从压力理论出发，将工作安全不足视为一种阻碍性压力源。⑨ 而基于资源基础理论，工作安全被定义为一种

---

① Davy, J. A., Kinicki, A. J. and Scheck, C. L., "A Test of Job Security's Direct and Mediated Effects on Withdrawal Cognitions", *Journal of Organizational Behavior*, Vol. 18, No. 4, 1997, pp. 323–349.

② Wong, Y. T., "Job Security and Justice: Predicting Employees' Trust in Chinese International Joint Ventures", *International Journal of Human Resource Management*, Vol. 23, No. 14, 2012, pp. 4129–4144.

③ Kraimer, M. L., Wayne, S. J. and Liden, R. C., et al., "The Role of Job Security in Understanding the Relationship between Employees' Perceptions of Temporary Workers and Employees' Performance", *Journal of Applied Psychology*, Vol. 90, No. 2, 2005, pp. 389–398.

④ Lu, C. Q., Du, D. Y. and Xu, X. M., et al., "Revisiting the Relationship between Job Demands and Job Performance: The Effects of Job Security and Traditionality", *Journal of Occupational and Organizational Psychology*, Vol. 90, No. 1, 2017, pp. 28–50.

⑤ Chen, C. A. and Hsieh, C. W., "Does Pursuing External Incentives Compromise Public Service Motivation? Comparing the Effects of Job Security and High Pay", *Public Management Review*, Vol. 17, No. 8, 2015, pp. 1190–1213.

⑥ Hourie, E., Malul, M. and Bar-El, R., "The Value of Job Security: Does having it Matter?", *Social Indicators Research*, Vol. 139, No. 3, 2018, pp. 1131–1145.

⑦ 张弘、赵曙明、方洪波：《雇佣保障、组织承诺与程序公平感知》，《经济管理》2009 年第 10 期。

⑧ Gagné, M., Forest, J. and Gilbert, M. H., et al., "The Motivation at Work Scale: Validation Evidence in Two Languages," *Educational and Psychological Measurement*, Vol. 70, No. 4, 2010, pp. 628–646.

⑨ Podsakoff, N. P., LePine, J. A. and LePine, M. A., "Differential Challenge Stressor-hindrance Stressor Relationships with Job Attitudes, Turnover Intentions, Turnover, and Withdrawal Behavior: A Meta-analysis", *Journal of Applied Psychology*, Vol. 92, No. 2, 2007, pp. 438–454.

资源,① 可以帮助员工更好预测和控制工作环境。

(二) 工作安全的影响效果

工作安全的影响效果研究则颇为丰富,以往研究往往将工作安全与个体的工作态度、情绪、动机、行为和绩效等联系起来。

第一,工作安全能够有效提升员工组织承诺、情感承诺等工作态度和幸福感等积极情绪。研究表明,高工作安全会带来更高的工作满意度②、更强的组织承诺和情感承诺③、更低的离职意愿④、更深的对管理和组织的信任⑤、更浓的组织支持感⑥、更大的组织认同等⑦。例如,Davy 等考察了美国西南部一家 1 个月前被收购的高科技企业,研究显示,工作安全将显著提高员工的工作满意度和组织承诺,且工作满意度完全中介了工作安全对组织承诺的积极作用;在此基础上,其又以一家频繁裁员的高科技企业员工为样本,发现工作安全会直接或间接通过增强组织承诺及工作满意度降低员工的退缩认知。⑧ 进一步地,张弘等以 137 名中国制造业员工为样本,研究表明工作安全对组织承诺中的组织认同和组织忠诚维度具有促进作用,但并未影响组织承诺中的组织投入维度。⑨ 值得注

---

① Lam, C. F., Liang, J. and Ashford, S. J., et al., "Job Insecurity and Organizational Citizenship Behavior: Exploring Curvilinear and Moderated Relationships", *Journal of Applied Psychology*, Vol. 100, No. 2, 2015, pp. 499 – 510.

② Bakr, R. H., Jarrar, M. K. and Abumadini, M. S., et al., "Effect of Leadership Support, Work Conditions and Job Security on Job Satisfaction in a Medical College", *Saudi Journal of Medicine & Medical Sciences*, Vol. 7, No. 2, 2019, pp. 100 – 105.

③ Davy, J. A., Kinicki, A. J. and Scheck, C. L., "A Test of Job Security's Direct and Mediated Effects on Withdrawal Cognitions", *Journal of Organizational Behavior*, Vol. 18, No. 4, 1997, pp. 323 – 349.

④ Mussagulova, A., Van der Wal, Z. and Chen, C. A., "What is Wrong with Job Security?", *Public Administration and Development*, Vol. 39, No. 3, 2019, pp. 121 – 132.

⑤ 张弘、赵曙明、方洪波:《雇佣保障对组织公民行为的影响——员工对企业信任的中介作用》,《商业经济与管理》2010 年第 9 期。

⑥ 金涛、施建军、徐燕:《工作安全感对员工情感承诺的影响机制研究》,《现代管理科学》2013 年第 2 期。

⑦ Ma, B., Liu, S. S. and Liu, D. L., et al., "Job Security and Work Performance in Chinese Employees: The Mediating Role of Organisational Identification", *International Journal of Psychology*, Vol. 51, No. 2, 2016, pp. 123 – 129.

⑧ Davy, J. A., Kinicki, A. J. and Scheck, C. L., "A Test of Job Security's Direct and Mediated Effects on Withdrawal Cognitions", *Journal of Organizational Behavior*, Vol. 18, No. 4, 1997, pp. 323 – 349.

⑨ 张弘、赵曙明、方洪波:《雇佣保障、组织承诺与程序公平感知》,《经济管理》2009 年第 10 期。

意的是，针对留职意愿的研究上，Zeytinoglu 等基于对 407 名土耳其服务部门工作人员的问卷调查，实证研究发现员工主观工作安全有助于提升其留职意愿，而客观工作安全与留职意愿则无显著关系。研究者认为，员工决定是否留职可能基于情感而非理性，情绪化、机会主义和不信任等可能导致员工怀疑客观的工作安全条件而更加看重主观工作安全感知。[1] 此外，Galbany - Estragues 等通过对 2010—2015 年西班牙护理人员的研究发现，经济危机后护理工作者工作安全感知降低，一定程度上导致其出国求职意愿以及职业更换意愿上升，从而造成该行业该部门的人才流失。[2] 另外，工作安全也会影响员工的情绪，实证研究也证明，工作安全将减少情绪耗竭[3]等负面情绪，增加幸福感[4]和创新自我效能感[5]等积极情绪。

第二，工作安全能够直接或间接对工作动机产生影响，但是，相关研究结论并不一致。一些研究认为，低工作安全会直接或通过分散员工注意力、施加无助感等方式间接降低员工的工作动机。[6] 反之，也有学者认为，高工作安全会滋生自满情绪，降低个体努力工作和追求卓越的动机。[7] 特别地，工作安全被普遍认为是一种外部调节措施，根据自我决定理论，受外部调节的个体理论上不太可能为利他主义价值所驱动，有趣的

---

[1] Zeytinoglu, I. U., Keser, A. and Yilmaz, G., et al., "Security in a Sea of Insecurity: Job Security and Intention to Stay Among Service Sector Employees in Turkey", *International Journal of Human Resource Management*, Vol. 23, No. 13, 2012, pp. 2809 - 2823.

[2] Galbany - Estragues, P., Millan - Martinez, P. and Pastor - Bravo, M. D., et al., "Emigration and Job Security: An Analysis of Workforce Trends for Spanish - trained Nurses (2010 - 2015)", *Journal of Nursing Management*, Vol. 27, No. 6, 2019, pp. 1244 - 1232.

[3] Kim, J. H., Jung, S. H. and Yang, S. Y., et al., "Job Security and Workaholism among Non - permanent Workers: The Moderating Influences of Corporate Culture", *Journal of Psychology in Africa*, Vol. 29, No. 5, 2019, pp. 443 - 451.

[4] Gallie, D., "The Quality of Working Life: Is Scandinavia Different?", *European Sociological Review*, Vol. 19, No. 1, 2003, pp. 61 - 79.

[5] 张素雅、顾建平:《共同愿景能提高员工的创造力吗》,《贵州财经大学学报》2016 年第 1 期。

[6] Loi, R., Ngo, H. Y. and Zhang, L. Q., et al., "The Interaction between Leader - member Exchange and Perceived Job Security in Predicting Employee Altruism and Work Performance", *Journal of Occupational and Organizational Psychology*, Vol. 84, No. 4, 2011, pp. 669 - 685.

[7] Fried, Y., Slowik, L. H. and Shperling, Z., et al., "The Moderating Effect of Job Security on the Relation between Role Clarity and Job Performance: A Longitudinal Field Study", *Human Relations*, Vol. 56, No. 7, 2003, pp. 787 - 805.

是，Chen 和 Hsieh 从动机挤入的观点出发，通过 514 名中国台湾台北市中层干部人员的数据却发现追求工作安全这一外在激励也能有效促进个体的公共服务动机，进一步丰富了工作安全的影响研究。① 同时，亦有学者证明工作安全与利他动机之间并无显著的因果关系。②

第三，与结论普遍一致的工作安全与工作态度两者关系研究不同，学者们对工作安全与员工工作行为及其绩效的研究结果尚存分歧。现有研究多认为，工作安全会促进员工积极的工作行为和提高绩效，如工作参与、③ 组织公民行为④等。出乎意料的是，实证检验中也有学者得出不一致的结论。有研究指出，工作安全同样会抑制员工的工作努力和工作绩效，因为其可能使员工安于现状，降低他们的工作热情。例如，Noelke 和 Beckfield 利用英国劳动力调查数据，实证考察英国关于扩大对短任期员工解雇保护改革的影响。研究结果表明，高工作安全的确增加了员工的缺勤率（如病假、休假），并减少了加班行为。⑤ 类似地，于坤和刘晓燕以中国企业员工为样本，基于资源保存理论和压力应对理论证实了工作安全感对员工加班行为的负向影响。⑥ 研究者认为，因为雇主评估员工业绩的能力有限，所以更加依靠工作时间等显性指标作为业绩和职业道德的衡量标准，⑦ 低工作安全的员工不得不通过加班等短期内容易实现的方式提升工

---

① Chen, C. A. and Hsieh, C. W., "Does Pursuing External Incentives Compromise Public Service Motivation? Comparing the Effects of Job Security and High Pay", *Public Management Review*, Vol. 17, No. 8, 2015, pp. 1190 – 1213.

② Loi, R., Ngo, H. Y. and Zhang, L. Q., et al., "The Interaction between Leader – member Exchange and Perceived Job Security in Predicting Employee Altruism and Work Performance", *Journal of Occupational and Organizational Psychology*, Vol. 84, No. 4, 2011, pp. 669 – 685.

③ Altinay, L., Dai, Y. D. and Chang, J., et al., "How to Facilitate Hotel Employees' Work Engagement: The Roles of Leader – member Exchange, Role Overload and Job Security", *International of Journal of Contemporary Hospitality Management*, Vol. 31, No. 3, 2019, pp. 1525 – 1542.

④ Wang, S. L., Zhou, H. M. and Wen, P., "Employment Modes, Charismatic Leadership, and Organizational Citizenship Behavior: Explanations from Perceived Job Security", *Pakistan Journal of Statistics*, Vol. 30, No. 5, 2014, pp. 827 – 836.

⑤ Noelke, C. and Beckfield, J., "Job Security Provisions and Work Hours", *Acta Sociological*, Vol. 60, No. 3, 2017, pp. 246 – 261.

⑥ 于坤、刘晓燕：《越多安全感，越少加班？工作安全感与核心自我评价对加班行为的影响》，《中国人力资源开发》2017 年第 1 期。

⑦ Noelke, C. and Beckfield, J., "Job Security Provisions and Work Hours", *Acta Sociological*, Vol. 60, No. 3, 2017, pp. 246 – 261.

作绩效以避免失业的风险。① 此外，也有学者认为，低工作安全具有一定的挑战性，可以激发员工最佳的潜能。②

另外，值得注意的是，Sverke 等通过元分析表明，工作安全与工作绩效并无显著关系。与此同时，亦有学者提出了二者的关系并非线性的。③例如，张弘和赵曙明在关于中国制造业工作安全与员工绩效的关系研究中指出，工作安全与员工的任务绩效和情境绩效的工作奉献维度之间呈显著的 U 形曲线关系。④ Slade 和 Tolhurst 也提出了工作安全对冒险行为的 U 形影响的理论模型，即具有中等工作安全的人会更加厌恶风险，而工作安全高或低的人将会以更具风险中性的方式行事；然而，在对国家足球联赛主教练的风险决策实证分析中，工作安全却被发现对冒险行为仅有显著的负面影响。⑤

三 工作安全与公务员变革行为

公务员变革行为是公务员为了改变工作现状和政府绩效，针对工作理念、政策和程序进行改进的建设性行为。⑥⑦ 值得注意的是，变革行为虽然能够为提升政府效率与绩效提供支持，但由于这种行为往往是对现状的挑战或对已有社会关系的破坏，从而也伴随着一定的风险。例如，变革行为可能被上级、同事解读为"出风头"或"邀功"的行为，公务员往往在提出改进建议后容易导致原有人际关系紧张或者承担一定风险，从而可

---

① 于坤、刘晓燕：《越多安全感，越少加班？工作安全感与核心自我评价对加班行为的影响》，《中国人力资源开发》2017 年第 1 期。
② Tetteh, S., Wu, C. S. and Sungu. L. J., et al., "Relative Impact of Differences in Job Security on Performance among Local Government Employees: The Moderation of Affective Commitments", *Journal of Psychology in Africa*, Vol. 29, No. 5, 2019, pp. 413 – 420.
③ Sverke, M., Hellgren, J. and Naswall, K., "No Security: A Meta – analysis and Review of Job Insecurity and Its Consequences", *Journal of Occupational Health Psychology*, Vol. 7, No. 3, 2002, pp. 242 – 264.
④ 张弘、赵曙明：《雇佣保障与员工绩效的关系研究》，《南京社会科学》2010 年第 4 期。
⑤ Slade, P. and Tolhurst, T., "Job Security and Risk – taking: Theory and Evidence from Professional Football", *Southern Economic Journal*, Vol. 85, No. 3, 2019, pp. 899 – 918.
⑥ Vigoda – Gadot, E. and Beeri, I., "Change – oriented Organizational Citizenship Behavior in Public Administration: The Power of Leadership and the Cost of Organizational Politics", *Journal of Public Administration Research and Theory*, Vol. 22, No. 3, 2012, pp. 573 – 596.
⑦ 林亚清、张宇卿：《领导成员交换关系会影响公务员变革型组织公民行为吗？——变革义务感的中介作用与公共服务动机的调节作用》，《公共行政评论》2019 年第 1 期。

能使得公务员在工作环境中处于不利地位。① 因此，变革行为等主动行为不可避免地会给个体带来工作压力、降低积极情绪变化等负面影响。②③在这种情况下，变革行为的风险性特征使得个体在组织中的工作安全感知就显得尤为重要。遗憾的是，鲜有文献考察工作安全与公务员变革行为二者的关系，仅有少数学者研究了工作安全与角色外行为的关系，但研究结论不一。

理论上，变革行为是一种角色外行为，是公务员超越正式工作要求而实施的对组织有益的行为。部分实证研究发现，工作安全正向影响员工角色外行为，会激励员工超越组织的预期角色要求去改善组织运行。④⑤⑥上述结论可以运用经典的社会交换理论和资源保存理论予以解释。其中，社会交换理论认为，当组织满足员工的期望并使其感知到自己的工作有保障时，在互惠原则的驱使下员工会形成对组织的义务感，促使他们努力工作、提高绩效来回报组织的好意；⑦ 资源保存理论则指出，工作安全消除或缓解了员工的工作压力，可以激励员工在工作中投入资源（如积极工作）来促进资源的再生产和增殖。⑧ 然而，也有部分研究发现，工作安全

---

① LePine, J. A. and Van Dyne, L., "Predicting Voice Behavior in Work Groups", *Journal of Applied Psychology*, Vol. 83, No. 6, 1998, pp. 853 – 868.
② Strauss, K., Parker, S. K. and O'Shea, D., "When Does Proactivity Have a Cost? Motivation at Work Moderates the Effects of Proactive Work Behavior on Employee Job Strain", *Journal of Vocational Behavior*, Vol. 100, 2017, pp. 15 – 26.
③ Zacher, H., Schmitt, A. and Jimmieson, N. L., et al., "Dynamic Effects of Personal Initiative on Engagement and Exhaustion: The Role of Mood, Autonomy, and Support", *Journal of Organizational Behavior*, Vol. 40, No. 1, 2019, pp. 38 – 58.
④ Kraimer, M. L., Wayne, S. J. and Liden, R. C., et al., "The Role of Job Security in Understanding the Relationship between Employees' Perceptions of Temporary Workers and Employees' Performance", *Journal of Applied Psychology*, Vol. 90, No. 2, 2005, pp. 389 – 398.
⑤ Ma, B., Liu, S. S. and Liu, D. L., et al., "Job Security and Work Performance in Chinese Employees: The Mediating Role of Organisational Identification", *International Journal of Psychology*, Vol. 51, No. 2, 2016, pp. 123 – 129.
⑥ Wang, H. C., Liu, X. and Luo, H. B., et al., "Linking Procedural Justice with Employees Work Outcomes in China: The Mediating Role of Job Security", *Social Indicators Research*, Vol. 125, No. 1, 2016, pp. 77 – 88.
⑦ Lu, C. Q., Du, D. Y. and Xu, X. M., et al., "Revisiting the Relationship between Job Demands and Job Performance: The Effects of Job Security and Traditionality", *Journal of Occupational and Organizational Psychology*, Vol. 90, No. 1, 2017, pp. 28 – 50.
⑧ Newman, A., Cooper, B. and Holland, P., et al., "How do Industrial Relations Climate and Union Instrumentality Enhance Employee Performance? The Mediating Effects of Perceived Job Security and Trust in Management", *Human Resource Management*, Vol. 58, No. 1, 2019, pp. 35 – 44.

未必能够提升员工角色外行为。比如，Gong 等研究发现，工作安全对组织公民行为和组织绩效均无显著影响。① Tetteh 等采用加纳 373 名政府工作人员的调研数据研究发现，工作安全对角色外行为具有显著的负向影响。② 究其原因在于，工作安全也可能会滋生自满情绪，降低努力工作和取得卓越成就的动力。③ 此外，有学者发现，工作安全对个体的冒险精神具有显著的负面影响。④⑤ 综观上述研究，学者们侧重于从工作安全对角色外行为的正向影响或负向影响的其中一个方面展开，相关文献也往往将二者关系视为线性关系展开实证研究。

与上述文献不同，本章以自我决定理论为基础，基于变革行为这一重要的角色外行为视角，试图同时考虑工作安全对变革行为存在的正向影响和负向影响，并使用 U 形曲线模型来检验二者之间可能存在的复杂关系。依据自我决定理论，工作安全等外部干预的感知往往会同时传递出控制信息和支持信息。⑥ 其中，控制信息是指事件被感知为外部压力或诱因，会对个体的思考、感觉或行为带来压力，往往表现为控制型薪酬、惩罚的威胁、控制型评估、监控、最后限期和强制实行的目标等外部干预；支持信息则是指事件传递了鼓励个体自主和胜任的信息，能够促进个体的自主决定能力，往往表现为选择、最佳的挑战和信息反馈、负面信息的反馈等外部干预。理论上，工作安全对于个体的影响取决于上述两种效应此消彼长的相对显著性。当个体感知的外部干预中支持信息强于控制信息时，即个体处于支持型环境中时，该外部干预对个体能动性与自主行为的发挥具有

---

① Gong, Y. P. and Chang, S., "Institutional Antecedents and Performance Consequences of Employment Security and Career Advancement Practices: Evidence from the People's Republic of China", *Human Resource Management*, Vol. 47, No. 1, 2008, pp. 33–48.

② Tetteh, S., Wu, C. S. and Sungu, L. J., et al., "Relative Impact of Differences in Job Security on Performance among Local Government Employees: The Moderation of Affective Commitments", *Journal of Psychology in Africa*, Vol. 29, No. 5, 2019, pp. 413–420.

③ Fried, Y., Slowik, L. H. and Shperling, Z., et al., "The Moderating Effect of Job Security on the Relation between Role Clarity and Job Performance: A Longitudinal Field Study", *Human Relations*, Vol. 56, No. 7, 2003, pp. 787–805.

④ Slade, P. and Tolhurst, T., "Job Security and Risk-taking: Theory and Evidence from Professional Football", *Southern Economic Journal*, Vol. 85, No. 3, 2019, pp. 899–918.

⑤ Zhang, C. Q., Li, Y. B. and Liu, D. N., et al., "Professional Power, Job Security, and Decision Making in Project Funding: The Assessors' Perspective", *Social Behavior and Personality*, Vol. 48, No. 2, 2020, pp. 1–11.

⑥ Ryan, R. M. and Deci, E. L., *Self-determination Theory: Basic Psychological Needs in Motivation, Development, and Wellness.*, New York: The Guilford Press, 2017, p. 130.

积极作用。反之,当个体感知的外部干预中控制信息强于支持信息时,即个体处于控制型环境中时,外部干预将对个体能动性与自主行为的发挥具有消极作用。比如,有被访谈的机关干部表示,"有高强度问责在,可能会给自己造成一定的心理压力,自己也会比较谨慎……觉得自己应该没法推动这件事情"(访谈编码:J12)。换言之,工作安全作为一种外部干预,随着工作安全由低到高的变化,它可能会对包括变革行为等在内的个体自主行为产生负向或正向的复杂影响。

具体而言,当工作安全水平很低时,公务员面临被边缘化、被裁员的风险,此时控制信息几乎完全挤出了支持信息,他们迫于压力可能会"危"中求"机",孤注一掷地进行变革行为,如提出优化组织运行的建设性意见、自发改进工作相关的方法和程序等,寄希望于通过超越组织预期要求的主动性给领导留下深刻印象,以此责成组织在未来保障其工作的可持续性。而随着工作安全从较低水平逐渐增加到中等水平时,虽然工作安全所传递的支持信息在不断加强,但公务员所感知到的控制信息仍然高于支持信息。此时公务员对雇佣关系、晋升和工作条件等职业预期的可控性和可预测性较低,他们将更多地感受到外部压力与诱因,并产生被控制或无力感,这将降低他们的能动性和自主性。鉴于追求职业稳定性是人们选择公务员职业的重要因素之一,[①] 所以,公务员群体更多的是风险规避型人群,这类人群更加看重工作安全的价值,厌恶资源的损耗。[②] 因此,在工作安全未能得到足够保障时,工作安全的改善反而可能会导致公务员患得患失,从而减少诸如变革行为等具有风险性、个人自主性的个体行为,这表现为追求工作安全的公务员会"聪明"地减少有风险的变革行为来"保护"自己,即选择"明哲保身"。

而当工作安全达到中等水平时,工作安全所具有的控制信息和支持信息相互抵消,此时公务员的心理感受是既未受到威胁也未受到支持,他们采取变革行为的动机达到最低,相应地实施变革行为的可能性也往往最小。此后,随着工作安全继续增加,工作安全所传递的支持信息进一步增强,这将使得公务员所感知到的支持信息逐渐高于控制信息。此时公务员对雇佣关系、晋升和工作条件等职业预期的可控性和可预测性较强,他们

---

① Chen, C. A. and Hsieh, C. W., "Does Pursuing External Incentives Compromise Public Service Motivation? Comparing the Effects of Job Security and High Pay", *Public Management Review*, Vol. 17, No. 8, 2015, pp. 1190 – 1213.

② Hourie, E., Malul, M. and Bar – El, R., "The Value of Job Security: Does having it Matter?", *Social Indicators Research*, Vol. 139, No. 3, 2018, pp. 1131 – 1145.

能够更多地感受到组织对其自主需求、胜任需求以及关系需求的支持，资源损耗的威胁较低，这将提高他们的能动性。

在工作安全得到有效保障时，工作安全的持续改善将使得公务员免除后顾之忧，不再那么畏惧和担心来自同事、领导对其挑战现状的报复，[1]而且其关于问题解决、绩效改善的努力也更有可能得到单位或领导的积极回应，此时他们采取变革行为的风险较低，从而体现出工作安全（"稳"）有助于促进公务员变革行为（"变"），即"稳中求变"。理论上可以预期，工作安全对变革行为存在先下降后上升的影响，即二者之间可能存在 U 形曲线关系。根据上述分析，本章提出：

假设 5-1：工作安全与变革行为呈现先降后升的 U 形曲线关系。

第二节 基本心理需求满足的中介作用

一 基本心理需求满足的中介作用

（一）工作安全与公务员基本心理需求满足

自我决定理论认为，基本心理需求满足是个体保持内在成长、正直和健康的基础，是个体心理繁荣的关键条件。[2] 其中，基本心理需求包括自主需求、胜任需求和关系需求。自主需求是指个体所感受到的活动的选择性与自主性；胜任需求是指个体对自己完成任务的把握；关系需求则是指与他人关系的密切程度。虽然这三种需求在概念上是互相区分的，但是，它们在影响个体的过程中是协同作用的。[3][4] 当上述三大需求得到满足时，称为基本心理需求满足；反之则是基本心理需求受挫。基本心理需求

---

[1] Qin, X., Direnzo, M. S. and Xu, M. Y., et al., "When do Emotionally Exhausted Employees Speak up? Exploring the Potential Curvilinear Relationship between Emotional Exhaustion and Voice", *Journal of Organizational Behavior*, Vol. 35, No. 7, 2014, pp. 1018 – 1041.

[2] Deci, E. L. and Ryan, R. M., "The 'What' and 'Why' of Goal Pursuits: Human Needs and the Self – determination of Behavior", *Psychological Inpuiry*, Vol. 11, No. 4, 2000, pp. 227 – 268.

[3] Lian, H., Ferris, D. L. and Brown, D. J., "Does Power Distance Exacerbate or Mitigate the Effects of Abusive Supervision? It Depends on the Outcome", *Journal of Applied Psychology*, Vol. 97, No. 1, 2012, pp. 107 – 123.

[4] Martinaityte, I., Sacramento, C. and Aryee, S., "Delighting the Customer: Creativity – oriented High – performance Work Systems, Frontline Employee Creative Performance, and Customer Satisfaction", *Journal of Management*, Vol. 45, No. 2, 2019, pp. 728 – 751.

满足与否与外部环境传递的信息密切相关。自我决定理论认为，诸如控制型薪酬、惩罚威胁、控制型评估、监控、最后期限和强制实行的目标等控制型外部环境会阻碍个体基本心理需求满足、压制个体内在动机。在访谈中，就有机关干部指出，"特别是我们什么案件的事情没有处理好……如果犯错了基本上都要追究了……像大家可能就想说逃离岗位，去一些不容易犯错的岗位，或者是比较没有那么多人盯着你的岗位，比如说我做后勤，或者做一些政治宣传工作"（访谈编码：J17）。而授予公务员选择的自主权、感知的胜任力、负面信息反馈等支持型外部环境能够满足个体基本心理需求、促进个体内在动机。[1]

如前所述，个体的工作安全感知由低到高变化本质上是其所具有的控制信息和支持信息此消彼长的过程。工作安全处于较低水平时，公务员面临着高度的焦虑和紧张，[2][3] 因而更有可能将工作安全视为组织迫使其努力工作的外在压力，这一外部干预传递的控制信息强于支持信息，外部环境总体上被感知为以约束机制为主的控制型环境。随着工作安全由较低水平向中等水平增加，公务员所面临的压力有所下降，[4] 接收的控制信息减弱但仍然强于支持信息，公务员感受到的外部环境仍然是以约束机制为主，使得公务员自主、胜任和关系等基本心理需求受挫，即该阶段工作安全降低了基本心理需求满足。而当工作安全发展到中等水平时，其传递的控制信息与支持信息刚好相互抵消，公务员的基本心理需求既未受挫也未得到满足，但由于先前消极影响的累积会使基本心理需求在此时达到最低值。而当工作安全继续增加，其被认为是组织对公务员工作能力和表现的认可、赞赏，公务员所感受到的支持信息就会不断地超过控制信息，这意味着外部环境更多地被感知为以激励机制为主的支持型环境，从而使得公

---

[1] Ryan, R. M. and Deci, E. L., *Self-determination Theory: Basic Psychological Needs in Motivation, Development, and Wellness*, New York: The Guilford Press, 2017, pp. 150–152.

[2] Wang, H. C., Liu, X. and Luo, H. B., et al., "Linking Procedural Justice with Employees Work Outcomes in China: The Mediating Role of Job Security", *Social Indicators Research*, Vol. 125, No. 1, 2016, pp. 77–88.

[3] Loi, R., Ngo, H. Y. and Zhang, L. Q., et al., "The Interaction between Leader-member Exchange and Perceived Job Security in Predicting Employee Altruism and Work Performance", *Journal of Occupational and Organizational Psychology*, Vol. 84, No. 4, 2011, pp. 669–685.

[4] Fried, Y., Slowik, L. H. and Shperling, Z., et al., "The Moderating Effect of Job Security on the Relation between Role Clarity and Job Performance: A Longitudinal Field Study", *Human Relations*, Vol. 56, No. 7, 2003, pp. 787–805.

务员的自主、胜任和关系等基本心理需求得到满足。这种情况下，工作安全促进了基本心理需求满足。因此，本章提出：

假设5-2：工作安全与基本心理需求满足呈现先降后升的U形曲线关系。

(二) 基本心理需求满足与变革行为

基于自我决定理论，基本心理需求满足代表着重要的个人资源，是个人力量产生的重要源泉。①② 当公务员经历了基本心理需求满足时，他们会增加工作相关的幸福感（如工作满意度和工作投入）以及对所在单位和单位变革的积极支持，同时减少离职率和更好地履行与工作相关的职责。③④ Martinaityte等以两家公司53个单位358名一线员工为样本，实证支持了基本心理需求满足积极地促进了个体的创新过程参与。⑤ 在调研中也有公务员表示，"当时D镇疫情比较严重的时候，书记定了几个局长就直接带队下去包村。那这时候书记也是有放权给他们，就是说大部分事就是你们自己决定了，以歼灭疫情为主了，所以大家都很卖力干事"（访谈编码：J02）。鉴于此，本章认为，基本心理需求得到满足的公务员会表现出更多的变革行为。其中，自主需求满足意味着公务员具有一定的自主权，从而能够增加其改进政府单位绩效的机会；胜任需求满足则意味着公务员掌握了主要的和与创新相关的技能，使得他们能够发现问题并且提出有效的方法去解决这些问题，提高政府效率；关系需求的满足有助于提升公务员为单位奉献的责任感和内部认同感，体会自身角色的意义，促使其在工作中积极参与到对组织有益的变革行为的实践中。因此，本章提出：

假设5-3：基本心理需求满足对变革行为存在显著的正向影响。

---

① Ryan, R. M. and Deci, E. L., "Intrinsic and Extrinsic Motivation: Classic Definitions and New Directions", *Contemporary Educational Psychology*, Vol. 25 No. 1, 2000, pp. 54-67.

② Ryan, R. M. and Deci, E. L., "Overview of Self-determination Theory: An Organismic Dialectical Perspective", in Ryan, R. M. and Deci, E. L., eds. *Handbook of Self-determination Research*, Rochester, New York: The University of Rochester Press, 2002, pp. 6-9.

③ Gagné, M. and Deci, E. L., "Self-determination Theory and Work Motivation", *Journal of Organizational Behavior*, Vol. 26, No. 4, 2005, pp. 331-362.

④ Van den Broeck, A., Vansteenkiste, M. and De Witte, H., et al., "Explaining the Relationships between Job Characteristics, Burnout, and Engagement: The Role of Basic Psychological Need Satisfaction", *Work & Stress*, Vol. 22, No. 3, 2008, pp. 277-294.

⑤ Martinaityte, I., Sacramento, C. and Aryee, S., "Delighting the Customer: Creativity-oriented High-performance Work Systems, Frontline Employee Creative Performance, and Customer Satisfaction", *Journal of Management*, Vol. 45, No. 2, 2019, pp. 728-751.

(三) 基本心理需求满足在工作安全与变革行为关系中的中介作用

结合自我决定理论中的认知评估理论与基本心理需求理论，外部干预会在满足自主、胜任和关系三大基本需求的基础上，激发个体追求自我发展的行为。① 因此，基本心理需求满足是外部干预影响个体行为的重要桥梁。在访谈中，有公务员提及，"有容错你才敢去尝试新的工作方式，组织上考虑到有这个机制，它也会更多地给你创造条件，在心理上给你勇气"（访谈编码：J09）。在已有研究中，Martinaityte等实证发现个体的基本心理需求满足在创新高绩效工作系统感知影响创新绩效过程中发挥了中介作用。② 具体地，自我决定理论认为，如果外部干预传递出控制性的信息时，个体的基本心理需求满足受阻，其在工作活动中就会体验到较强的被控制感，展现出更多的外在动机或无动机，此时短视、功利主义等心理会主导个体的行为选择。③ 此外，该理论还指出，在基本心理需求受挫的情况下，由于防御、补偿和替代机制的存在，个体的安全需求会更为突出。④ 因此，在这种情况下，公务员首要的任务就是保住自己的饭碗，将会努力追求更高的工作安全或是保护已有的工作安全不受侵害。相反，当外部环境传递出支持性的信息时，公务员感受到单位对自身工作能力和表现的认可与赞赏，自主、胜任和关系三种基本心理需求得到满足，从而实现自主调节并加强与组织的整合，更多地表现出有利于政府绩效改善的变革行为。⑤

基于以上理论基础，当工作安全整体水平较低时，由于这一外部干预所传递的控制信息会大于支持信息，阻碍了他们的基本心理需求满足，此时在强烈的安全需求以及理性主义的影响下，公务员在危急时刻即极低的工作安全情境下会试图采取变革行为等风险性较高但可能具有即时收益的策略以博取领导、组织的重视；而当情况有所缓和即工作安

---

① Gagné, M. and Deci, E. L., "Self-determination Theory and Work Motivation", *Journal of Organizational Behavior*, Vol. 26, No. 4, 2005, pp. 331–362.

② Martinaityte, I., Sacramento, C. and Aryee, S., "Delighting the Customer: Creativity-oriented High-performance Work Systems, Frontline Employee Creative Performance, and Customer Satisfaction", *Journal of Management*, Vol. 45, No. 2, 2019, pp. 728–751.

③ Gagné, M. and Deci, E. L., "Self-determination Theory and Work Motivation", *Journal of Organizational Behavior*, Vol. 26, No. 4, 2005, pp. 331–362.

④ Ryan, R. M. and Deci, E. L., *Self-determination Theory: Basic Psychological Needs in Motivation, Development, and Wellness*, New York: The Guilford Press, 2017, pp. 254–255.

⑤ Gagné, M. and Deci, E. L., "Self-determination Theory and Work Motivation", *Journal of Organizational Behavior*, Vol. 26, No. 4, 2005, pp. 331–362.

全从较低水平向中等水平发展时，基本心理需求仍然受挫未得到足够满足，他们将更倾向于自我防御，优先保护已有的资源，减少变革行为以最大限度地规避可能面临的风险；当工作安全从中等水平发展到较高水平时，支持信息随之增加并逐渐超过控制信息，其基本心理需求得以满足，展现出充满活力的精神状态且与组织的联系更为紧密，将积极自愿地实践更多的变革行为。因此，本章认为：

假设5-4：基本心理需求满足在工作安全与变革行为二者之间的U形曲线关系中发挥了中介作用。

综上，本章的研究框架如图5-1所示。随着工作安全从低到高不断增加，公务员的变革行为会经历一个从"危中求机"到"明哲保身"再到"稳中求变"的变化过程。具体而言，当工作安全水平很低时，公务员会"危中求机"进行变革行为；在工作安全初步增加到中等水平这一阶段，工作安全传递的控制信息强于支持信息，阻滞了公务员基本心理需求，他们会为了"明哲保身"而减少变革行为；而当工作安全进一步增加时，其支持信息逐渐超过控制信息，公务员的基本心理需求不断得到满足，此时他们的变革行为也随之增加，即"稳中求变"。

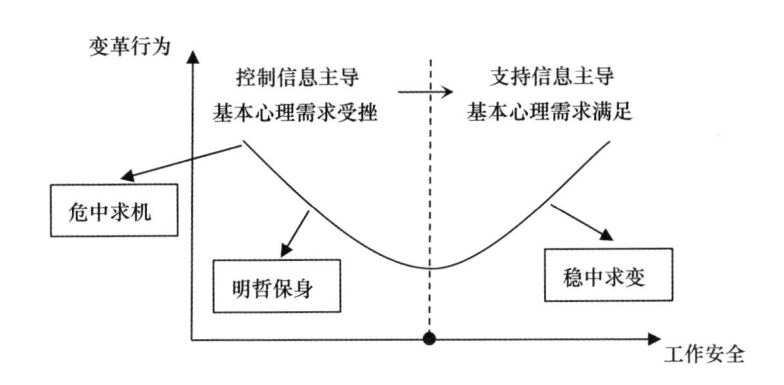

图5-1 研究模型

资料来源：笔者自制。

二 研究设计

（一）数据收集

本次调研选择在F省干部队伍中进行，涉及的单位包括党政系统与政府职能系统等。选择F省公务员作为研究样本主要是由于其近年来经济、社会、文化等各项事业稳步发展，政府治理水平持续改善，具有较强的代表性和推广性。借助学院 MPA 校友资源,采用线上问卷调研的方式发放并收集问卷。问卷调研分为两阶段进行数据收集,于 2019 年 1 月开始第一阶段的问卷调查,主要是针对工作安全以及相关的控制变量进行调查,共回收问卷 750 份;3 个月后,进行第二阶段的数据收集,主要是针对基本心理需求满足和变革行为的调研,共回收问卷 450 份。两阶段问卷回收后,根据问卷中设置的邮箱、微信名等信息进行匹配,保留同时参与两次问卷调研的调研对象数据。最后,剔除无效问卷,共收集有效匹配问卷 206 份。

如表 5-1 所示,本章的研究样本特征分布如下:性别分布上,男性公务员为 80 人,女性公务员为 126 人,分别占样本总数的 38.8% 和 61.2%;年龄分布上,其主要集中在 25—34 岁区间,占 77.2%;学历分布上,绝大多数为本科学历,占 72.8%;职级分布上,以科员为主,占 66.0%;任职期限分布较为均匀,其中任职年限在 5—9 年以下的人数最多,占 30.1%。可见,本章的研究样本分布较为均衡,具有一定的代表性。

表 5-1　　　　　　　　　问卷调查对象基本信息

变量	分类	频数	频率(%)	变量	分类	频数	频率(%)
性别	男性	80	38.8	职级	办事员	18	8.7
	女性	126	61.2		科员	136	66.0
年龄	24 岁以下	10	4.9		副科级	32	15.5
	25—34 岁	159	77.2		正科及以上	20	9.7
	35—44 岁	28	13.6	工作年限	3 年以下	51	24.8
	45—54 岁	9	4.4		3—5 年以下	43	20.9
学历	大专及以下	8	3.9		5—9 年以下	62	30.1
	本科	150	72.8		9 年以上	50	24.3
	硕士及以上	48	23.3				

资料来源:笔者自制。

(二) 变量测量

本次调查问卷使用国外较成熟的测量量表,在大规模调研前,通过与公共管理、人力资源管理等各方专业人士的合作对问卷进行了翻译与适用性调整,以保证其完整性、准确性;同时通过与被调研对象充分访谈,提高问卷的可读性、清晰性以及在中国情境下使用的可利用性,避免由于跨文化产生的歧义。为避免居中趋势,本研究采用李克特 7 点式量表进行测量,1代表"非常不符合",7代表"非常符合"。

对工作安全的测量,采用Davy等开发的三条目量表,具体包括"我能够确定自己在该单位未来的职业前景"等3个条目①;基本心理需求满足量表使用了Jensen和Bro所采用的测量量表,具体包括"我在决定如何完成自己的工作时可以提出很多意见"等6个条目②;对变革行为的测量,则采用Vigoda-Gadot和Beeri所使用的测量量表,包括了"努力地采用改善后的程序来工作"等9个条目③。同时,本章选择性别、年龄、学历、职级和工作年限等5个变量作为控制变量,使用虚拟变量重新编码性别变量("1"代表男性,"0"代表女性),将年龄、学历、职级和工作年限等视为连续变量。

第三节 实证结果与分析

一 问卷信度与效度检验

本研究分别采用内部一致性系数Cronbach's α和验证性因子分析来检验量表的信度和效度。如表5-2所示,工作安全、基本心理需求满足和变革行为3个量表的Cronbach's α分别为0.838、0.922和0.949,均大于0.8,即具有较好的信度。考虑到本章的主要变量均为单一维度变量,研究对工作安全、基本心理需求满足和变革行为组成的三因子模型进行了验证性因子分析。如表5-2所示,结果发现,测量条目的因子载荷均高于0.700,且p值均达到了0.001的显著水平,这表明上述测量量表具有较好的聚合效度。进一步地,检验此次调研所采用量表的区分效度,如表5-3所示,三因子模型的拟合度指数如下:$\chi^2/df = 2.877$,RMSEA = 0.096,TLI = 0.908,CFI = 0.921。并且,三因子模型的各项拟合度指标

---

① Davy, J. A., Kinicki, A. J. and Scheck, C. L., "A Test of Job Security's Direct and Mediated Effects on Withdrawal Cognitions", *Journal of Organizational Behavior*, Vol. 18, No. 4, 1997, pp. 323–349.

② Jensen, U. T. and Bro, L. L., "How Transformational Leadership Supports Intrinsic Motivation and Public Service Motivation", *American Review of Public Administration*, Vol. 48, No. 6, 2018, pp. 535–549.

③ Vigoda-Gadot, E. and Beeri, I., "Change-oriented Organizational Citizenship Behavior in Public Administration: The Power of Leadership and the Cost of Organizational Politics", *Journal of Public Administration Research and Theory*, Vol. 22, No. 3, 2012, pp. 573–596.

均大大优于其他因子模型,且达到了较高的标准。因此,本次收集的数据具有较高的信效度,为进一步的数据分析奠定了重要的基础。

表 5-2　　问卷的信效度检验结果

变量	条目	因子载荷
工作安全 Cronbach's $\alpha = 838$	1. 我能够确定自己在该单位未来的职业前景	0.796
	2. 我对未来几年的晋升机会有很大把握	0.845
	3. 我对自己在该单位的工作保障很有把握	0.746
变革行为 Cronbach's $\alpha = 0.949$	1. 努力地采用改善后的程序来工作	0.803
	2. 努力改变工作完成的方式以提高效率	0.825
	3. 努力为组织引进改善后的工作程序	0.877
	4. 努力建立提高组织工作效率的新工作方法	0.842
	5. 为改善组织的运作,提出建设性意见	0.740
	6. 努力纠正不完善/错误的工作程序或措施	0.749
	7. 努力消除多余的或不必要的工作环节	0.763
	8. 努力为部门面临的问题提出解决措施	0.806
	9. 努力引进新的工作方法以提升工作效率	0.809
基本心理需求满足 Cronbach's $\alpha = 0.922$	1. 我在决定如何完成自己的工作时可以提出很多意见	0.878
	2. 我有很多自主权决定自己如何开展工作	0.852
	3. 当我工作时,我觉得自己很有能力	0.818
	4. 大多数时候,我会从工作中感受到一种成就感	0.769
	5. 我真的很喜欢和我一起工作的人	0.839
	6. 我感觉自己与一起工作的人是密不可分的	0.869

资料来源:笔者自制。

表 5-3　　验证性因子分析:区分效度

因子模型	χ^2	df	χ^2/df	RMSEA	TLI	CFI
基准模型	376.899	131	2.877	0.096	0.908	0.921
二因子模型	547.994	134	4.090	0.123	0.848	0.867
单因子模型	793.784	135	5.880	0.154	0.761	0.789

注:基准模型(三因子):JC、BPNS、CO-OCB;二因子模型:JC+BPNS、CO-OCB;单因子模型:JC+BPNS+CO-OCB。其中,JC 代表变量"工作安全";"BPNS"代表变量"基本心理需求满足";CO-OCB 代表变量"变革行为";"+"代表2个因子合并为一个因子。

资料来源:笔者自制。

二 描述性统计分析

本章主要变量的平均值、标准差和相关系数如表5-4所示。相关分析结果表明,工作安全与变革行为显著正相关($r=0.388$,$p<0.001$);工作安全与基本心理需求显著正相关($r=0.472$,$p<0.001$);基本心理需求与变革行为也具有较强的正向关系($r=0.741$,$p<0.001$)。并且,工作安全平方项与基本心理需求满足、变革行为均显著相关,相关系数分别为0.204($p<0.001$)、0.210($p<0.01$)。上述分析为进一步的假设检验提供了一定的基础。

表5-4 主要变量相关性分析

主要变量	均值	标准差	1	2	3	4
1. 工作安全	3.795	1.562	1			
2. 基本心理需求满足	4.730	1.256	0.472***	1		
3. 变革行为	5.194	1.071	0.388***	0.741***	1	
4. 工作安全平方项	0.971	1.215	0.062	0.204***	0.210**	1

注:*** $p<0.001$,** $p<0.01$,* $p<0.05$,双尾检验;工作安全的平方项为工作安全去中心化的乘积。

资料来源:笔者自制。

三 假设检验

借鉴Lind和Mehlum、Carnevale等的研究,[①][②] 考虑到一次项和二次项通常是高度相关的,本章将工作安全一次项、二次项标准化后进入回归方程。如表5-5所示,模型4检验了控制变量对变革行为的影响。在此基础上,模型5加入了工作安全一次项,回归分析结果显示,工作安全一次项对变革行为具有显著的正向影响($\beta=0.417$,$p<0.001$)。继续加入工作安全二次项,如模型6回归分析结果显示,工作安全一次项对变革行为的影响依然显著为正($\beta=0.408$,$p<0.001$),同时工作安全二次项对变革行

---

① Lind, J. T. and Mehlum, H., "With or without U? The Appropriate Test for a U-shaped Relationship", *Oxford Bulletin of Economics and Statistics*, Vol. 72, No. 1, 2010, pp. 109-118.

② Carnevale, J. B., Huang, L. and Uhl-Bien, M., et al., "Feeling Obligated yet Hesitant to Speak up: Investigating the Curvilinear Relationship between LMX and Employee Promotive Voice", *Journal of Occupational and Organizational Psychology*, Vol. 93, No. 3, 2020, pp. 505-529.

为也具有显著的正向影响（β=0.163，p<0.01），ΔR^2 为 0.033 且在 0.01 水平下显著。因此，假设 5-1 成立，工作安全对变革行为存在 U 形曲线影响。并且，在模型 4 考虑控制变量的基础上，模型 7 加入了基本心理需求满足，回归分析结果显示，基本心理需求对变革行为具有显著的正向影响（β=0.628，p<0.001），而且，ΔR^2 为 0.531 且在 0.001 水平下显著。因此，假设 5-3 成立，即基本心理需求满足对于变革行为具有积极的正向影响。

表 5-5　　　　　　　　　　　回归分析结果

	基本心理需求			变革行为				
	模型1	模型2	模型3	模型4	模型5	模型6	模型7	模型8
常数项	4.405***	4.699***	4.551***	4.543***	4.749***	4.614***	1.776***	1.900***
男	0.171	-0.012	-0.049	0.0500	-0.079	-0.113	-0.058	-0.083
年龄	0.049	0.053	0.042	0.127	0.130	0.120	0.096	0.095
教育程度	0.063	-0.053	-0.077	0.166	0.085	0.063	0.127	0.109
职级	-0.166	-0.101	-0.061	-0.124	-0.078	-0.041	-0.019	-0.005
工作年限	0.154	0.115	0.104	0.107	0.079	0.070	0.010	0.007
JC		0.596***	0.586***		0.417***	0.408***		0.059
JC^2			0.178**			0.163**		0.057
BPNS							0.628***	0.701***
R^2	0.023	0.235	0.263	0.025	0.168	0.201	0.555	0.561
ΔR^2	0.023	0.212***	0.029**	0.025	0.143***	0.033**	0.531***	0.360***
F 值	0.927	10.161***	10.115***	1.014	6.679***	7.117***	41.448***	31.535***

注：*** p<0.001，** p<0.01，* p<0.05，双尾检验；表中回归系数均为非标准化回归系数；JC 表示工作安全；BPNS 表示基本心理需求满足。

资料来源：笔者自制。

进一步地，在表 5-5 模型 1 的基础上，模型 2 加入了工作安全一次项，发现工作安全一次项显著正向影响了基本心理需求满足（β=0.0.596，p<0.001）。在此基础上，模型 3 加入工作安全二次项，实证结

果显示,工作安全一次项和二次项分别均对基本心理需求满足具有显著的正向影响,回归系数分别为 0.586(p<0.001)和 0.178(p<0.01),ΔR^2 为 0.029 且在 0.01 水平下显著。该结论初步支持了假设 5-2 成立,即工作安全对基本心理需求满足具有显著的 U 形曲线影响。

为了更为形象地展现工作安全与变革行为、基本心理需求满足之间存在的 U 形曲线关系,本章采用 Aiken 和 West 推荐的程序绘制了曲线关系图。① 如图 5-2 和图 5-3 所示,变革行为、基本心理需求满足随着工作安全的增加达到最低点,随后又随着工作安全的继续增加而增加,分别支持了假设 5-1 和假设 5-2。进一步地,根据 Weisberg 的计算公式得出,② 当工作安全标准化值为 1.252,即原值在 5.752 时,变革行为的取值达到最低值;而当工作安全标准化值为 1.646,即原值在 6.366 时,基本心理需求满足的取值达到最低点。此外,通过 SPSS22.0 频率分析,可以计算得到工作安全的均值和中位数分为 3.795、4.000,可以发现均值和中位数均小于工作安全与变革行为二者之间 U 形曲线关系中工作安全的极值点 5.752 以及工作安全与基本心理需求满足二者之间 U 形曲线关系中工作安全的极值点 6.366。换言之,目前公务员的工作安全感知均偏低,还不足以对变革行为、基本心理需求满足发挥正向影响。

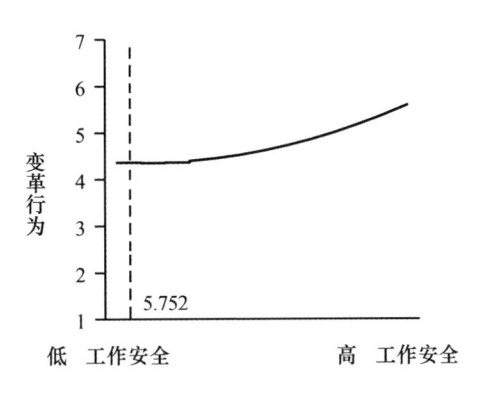

图 5-2 工作安全与变革行为的曲线关系

资料来源:笔者自制。

---

① Aiken, L. S. and West, S. G., *Multiple Regression: Testing and Interpreting Interactions*, Newbury Park, CA: SAGE, 1991.
② Weisberg, S., *Applied Linear Regression*, New York, NY: Wiley, 2005.

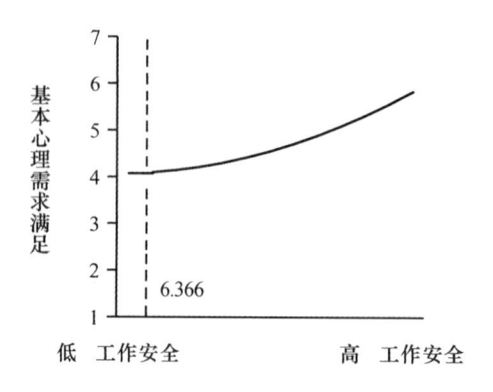

图 5-3 工作安全与基本心理需求满足的曲线关系

资料来源：笔者自制。

以上分析呼应了"明哲保身抑或稳中求变"这一议题，即工作安全对变革行为、基本心理需求满足具有先抑制后促进的作用；同时，研究样本中的工作安全均值、中位数数值均未超过工作安全与变革行为、基本心理需求满足 U 形曲线最低点的取值，即目前工作安全与变革行为、基本心理需求满足之间的关系还处于 U 形曲线的左边下降区域。

基于上述实证结果，本章继续检验基本心理需求满足在工作安全影响变革行为过程所发挥的中介作用。具体地，本章将工作安全一次项、二次项和基本心理需求满足一起放入回归模型。表 5-5 模型 8 的回归结果显示，工作安全一次项、二次项的回归系数分别为 0.059、0.057，显著性水平均大于 0.05。此时，基本心理需求满足对于变革行为的正向影响仍然显著（$\beta = 0.701$，$p < 0.001$）。因此，基本心理需求满足在工作安全对变革行为的影响过程中发挥了完全中介作用，即实证结果支持了本章的假设 5-4。在此基础上，以 Hayes 和 Preacher 的曲线中介检验程序为依据，[①] 本章运用 SPSS22.0 中的 MEDCURVE 宏插件对全样本进行了 5000 次 Bootstrap 抽样，评估了工作安全通过基本心理需求满足对变革行为产生的瞬时间接效应。

具体而言，本章检验了工作安全在不同取值（±1 标准差）情况下，通过基本心理需求满足影响变革行为的瞬时间接效应。实证结果发现，在

---

① Hayes, A. F. and Preacher, K. J., "Quantifying and Testing Indirect Effects in Simple Mediation Models When the Constituent Paths are Nonlinear", *Multivariate Behavioral Research*, Vol. 45, No. 4, 2010, pp. 627–660.

工作安全处于低于一个标准差的取值时,这种间接效应(Theta 值)是不显著的,其值为 0.123,在 95% 误差修正置信区间内包含 0(LLCI = -0.072,ULCI = 0.325);而工作安全在高于一个标准差取值时,这一间接效应显著,其值为 0.513,在 95% 误差修正置信区间内不包含 0(LLCI = 0.378,ULCI = 0.682)。上述结果表明,当工作安全程度较低时,工作安全任意程度的增加都不会通过增加基本心理需求满足促进变革行为的提升;相反,当工作安全程度较高时,工作安全的增加通过基本心理需求满足影响变革行为。上述结果进一步支持了假设 5-4,即基本心理需求满足在工作安全与变革行为二者之间 U 形曲线关系中发挥了中介作用,揭示了工作安全与变革行为的影响机制。

四 进一步分析

基本心理需求由自主需求、胜任需求和关系需求三种基本需求组成。为了进一步厘清上述三种需求在工作安全与变革行为过程中所发挥的作用,如表 5-6 所示,本章检验了工作安全与三大基本心理需求之间的关系,三大基本心理需求与变革行为之间的关系以及三大基本心理需求在工作安全与变革行为之间的中介作用。根据表 5-6 的实证结果,可以发现:(1)工作安全一次项和二次项都显著地影响了自主需求,回归系数分别为 0.572($p<0.001$)、0.219($p<0.01$)(如模型 11 所示);(2)工作安全一次项和二次项都显著地影响了胜任需求,回归系数分别为 0.582($p<0.001$)、0.173($p<0.05$)(如模型 14 所示);(3)工作安全一次项显著地影响了关系需求($\beta=0.603$,$p<0.001$),但是工作安全二次项并未显著地影响关系需求($\beta=0.701$,$p>0.05$)(如模型 17 所示);(4)自主需求、胜任需求和关系需求分别显著地影响变革行为,回归系数分别为 0.200($p<0.01$)、0.286($p<0.001$)和 0.144($p<0.01$)(如模型 18 所示);(5)自主需求、胜任需求和关系需求加入模型 6 后,工作安全一次项和二次项均不显著(如模型 19 所示)。

最终,上述实证研究得出以下结论:(1)工作安全与自主需求、胜任需求之间存在 U 形关系;(2)工作安全对关系需求具有正向影响;(3)三大需求完全中介了工作安全与变革行为二者之间的 U 形关系。通过表 5-6 模型 9 至模型 19 的分析,研究可以发现自主需求、胜任需求和关系需求在工作安全与变革行为二者中发挥了同样重要的中介作用,三大需求都对变革行为具有积极的正向影响。

表 5-6 三种基本心理需求满足在工作安全与公务员变革行为二者关系中的中介作用

	基本心理需求满足									变革行为	
	自主需求			胜任需求			关系需求				
	模型 9	模型 10	模型 11	模型 12	模型 13	模型 14	模型 15	模型 16	模型 17	模型 18	模型 19
常数项	3.961***	4.249***	4.067***	4.442***	4.733***	4.589***	4.812	5.113	4.996	1.786**	1.906***
男	0.269	0.089	0.044	0.215	0.033	-0.003	0.029	-0.159	-0.189	-0.070	-0.094
年龄	0.022	0.026	0.013	0.044	0.048	0.037	0.081	0.085	0.076	0.098	0.097
教育程度	0.148	0.035	0.005	0.014	-0.101	-0.124	0.026	-0.093	-0.111	0.129	0.112
职级	-0.133	-0.068	-0.019	-0.183	-0.118	-0.079	-0.184	-0.117	-0.085	-0.018	-0.004
工作年限	0.182	0.144	0.131	0.201	0.162	0.152	0.078	0.038	0.029	0.001	-0.001
JC		0.584***	0.572**		0.592***	0.582***		0.611***	0.603***		0.059
JC^2			0.219**			0.173*			0.140		0.055
AN										0.200**	0.181**
CN										0.286***	0.278***
RN										0.144**	0.139***
R^2	0.032	0.210	0.248	0.030	0.201	0.224	0.008	0.173	0.187	0.561	0.566
ΔR^2	0.032	0.178***	0.038**	0.030	0.171***	0.023*	0.008	0.165***	0.013	0.536***	0.365***
F 值	1.314	8.817***	9.347***	1.217	8.341***	8.142***	0.331	6.960***	6.501***	31.423***	25.456***

注：*** $p<0.001$，** $p<0.01$，* $p<0.05$，双尾检验；表中回归系数均为非标准化回归系数；JC 表示工作安全，AN 表示自主需求满足，CN 表示胜任需求满足，RN 表示关系需求满足。

资料来源：笔者自制。

第四节 研究结论与理论启示

一 研究结论

在公务员工作安全环境发生巨大变化的今天，他们的变革行为会随之发生怎样的变化？本章试图回答这一有趣的问题，基于自我决定理论的研究视角，以206名F省公务员滞后时间数据为样本，实证研究发现，公务员工作安全与其变革行为二者之间存在U形曲线关系，基本心理需求满足（自主需求、胜任需求、关系需求）在上述关系中发挥了完全中介作用。

可见，公务员变革行为等担当作为的实践会随着外部环境的变化经历一个动态演化的过程。本章的研究结论支持了图5-1所提出的研究思路，即极低的工作安全可以倒逼公务员"危中求机"、变革创新，以破釜沉舟的决心保住自己的饭碗，但显然这种管理方式会阻滞公务员的基本心理需求，使他们将变革行为视为一种为保住饭碗的方式，具有较强的功利性与目的性。而一旦工作可持续性和可预期性有所增强，"明哲保身"便成了他们的理性选择，他们不太可能也没有必要参与这种会给自己带来危险的变革性行为。只有当工作有了充分的保障之后，公务员切实感受到来自组织的关心关爱，自主、胜任以及关系需求得到了极大的满足，才会更加追求自我发展和自我实现，进行发自肺腑、建设性的变革行为，即实现"稳中求变"。在J市商务局调研时，LDZ向笔者分享了自己的亲身经历，其案例在一定程度上支持了上述实证研究结论：

> LDZ是借调到J市商务局的一名年轻科员，当问起两个科室最大的区别时，她提到"现在的科室让我真正有了创新工作的想法。之前部门压力太大，追责追到底，好几年了又反复问责"。在强问责压力下，LDZ时常感到工作上的力不从心，"工作时就会有紧张的情绪，小心翼翼害怕被处分，单位里的关系也比较紧张"。在这种氛围下，她只能做好工作分内之事，不敢有任何创新的想法；为数不多的几次"举手发言"，均是迫于强大问责压力的不得已选择。而在新科室内，情况却完全变了样。她提到，"我转到这个单位，工作中犯错了领导会教育，但绝对不会动辄追责了"。良好的容错氛围激发了LDZ的工作热

情,同事之间融洽的相处关系也使得她主动策划并和别人分享工作上的创新方案。LDZ直呼:"我们同事之间相处都很愉快,有时候就感觉像在家一样,我们有什么新想法或者建议也敢提出来了,谁能上谁就上"。

上述案例为本章的研究结论提供了进一步的支持,即工作安全的变化会影响公务员基本心理需求的满足程度,进而影响其变革行为。在高问责压力的工作环境中,LDZ零散的几次变革行为是出于"危中求机"的不得已选择,在大多数情况下,由于外部环境传递的控制性信息大于支持性信息,即使LDZ属于在编人员,其基本心理需求仍未得到满足,因此实施变革行为的意愿并不强烈。而在容错氛围相对浓厚的工作环境中,LDZ感受到较高的工作安全,其自主需求("敢于提出新想法")、胜任需求("谁能上谁就上")以及关系需求("同事间相处很愉快")均得到了较高程度的满足,提升了她变革行为的意愿。由此可见,本章的主要研究结论在上述案例中得到了佐证。

二 讨论与理论启示

首先,为工作安全的研究提供了新的视角。以往的研究主要从社会交换理论、压力理论以及资源基础观等视角探究工作安全的内在特征和影响效果,[1][2][3] 单一地关注工作安全对员工的正向影响或负向影响。本章整合了这些不一致的研究结论,并基于自我决定理论的视角识别出工作安全具有控制信息和支持信息两种截然不同的功能意义,而工作安全与变革行为之间的U形曲线关系正是由于工作安全变化带来的这两种效应此消彼长的结果。进一步地,U形曲线中"拐点"的发现有助于更加精准地定位哪种效应何时占据主导地位,亦即工作安全何时发挥正向影响、何时发挥负向影响。可以说,借助自我决定理论,本章提供了一种"动态演化"

---

[1] Ma, B., Liu, S. S. and Liu, D. L., et al., "Job Security and Work Performance in Chinese Employees: The Mediating Role of Organisational Identification", *International Journal of Psychology*, Vol. 51, No. 2, 2016, pp. 123–129.

[2] Wang, H. C., Liu, X. and Luo, H. B., et al., "Linking Procedural Justice with Employees Work Outcomes in China: The Mediating Role of Job Security", *Social Indicators Research*, Vol. 125, No. 1, 2016, pp. 77–88.

[3] Lam, C. F., Liang, J. and Ashford, S., et al., "Job Insecurity and Organizational Citizenship Behavior: Exploring Curvilinear and Moderated Relationships", *Journal of Applied Psychology*, Vol. 100, No. 2, 2015, pp. 499–510.

的视角来理解工作安全的深刻内涵及其与公务员变革行为之间的关系，整合和发展了已有的国内外工作安全研究。

其次，拓展了我国公务员的基本心理需求研究。根据自我决定理论，自主、胜任和关系需求是人类天生的内在需求，应当重视不同群体这些基本心理需求的研究。[1] 然而，当前有关这方面的研究主要集中于企业员工、教师、学生、医护人员等群体，而对政府公职人员的关注则相对较少，对中国情境下公务员基本心理需求的研究更是几乎处于缺失状态。就此而论，本章的研究发现了工作安全对基本心理需求的非线性影响以及基本心理需求对变革行为的正向影响，无疑对扩充我国公务员基本心理需求的前因和结果因素研究具有重要的理论意义。

再次，丰富了公务员变革行为的研究。本章更加关注变革行为的自主性和风险性，并揭示了公务员在面临风险时进行变革行为可能会经历更为复杂的心理体验。研究发现与工作风险紧密相关的工作安全确实对变革行为存在非线性影响。并且，基于自我决定理论的视角，本章还寻找到了基本心理需求这一把"钥匙"来揭示工作安全影响公务员变革行为的内在路径，丰富了公务员变革行为的影响因素研究与理论视角。

最后，较早地将自我决定理论引入推动我国干部队伍担当作为的激励机制研究中。自我决定理论关注人类需求和动机，在家庭、学校、医院和企业等不同的社会环境中得到了广泛而系统的应用。[2] 而自我决定理论在公共人力资源管理研究领域的研究在国外也才刚刚开始，本章较早地将其引入我国的干部队伍建设中，为干部队伍激励机制的建设提供了新的理论视角。以自我决定理论为视角，本章不仅讨论了工作安全所传递的控制与支持双重信息、基本心理需求满足的关键作用，而且揭示了公务员变革行为作为个体能动性、自主决定的个体行为的激励机制。因此，自我决定理论可以为推动干部担当作为以及健全完善相关激励机制提供重要的理论视角。

---

[1] Deci, E. L. and Ryan, R. M., "The Importance of Universal Psychological Needs for Understanding", in Gagne, M., ed, *The Oxford Handbook of Work Engagement, Motivation, and Self-Determination Theory*, New York: Oxford University Press, 2014, pp. 13–32.

[2] Ryan, R. M. and Deci, E. L., *Self-determination Theory: Basic Psychological Needs in Motivation, Development, and Wellness*, New York: The Guilford Press, 2017, p. viii.

第六章　匹配视角：动机转化为变革行为

根据第二章提出的公务员变革行为形成机制分析框架，本章基于匹配视角展开对公务员变革行为的研究。匹配视角的研究以个人—环境匹配理论展开，将公共服务动机与公务员变革行为二者关系的研究还原到公务员所处的工作环境中，讨论二者之间的影响机制。结合该理论，公共服务动机是公务员变革行为重要的内生动力，而工作重塑这一公务员主动匹配策略能够将公共服务动机转化为公务员变革行为。结合该视角与公共服务动机的相关理论，研究构建了第二阶段被调节的中介模型，系统地讨论了公共服务动机与公务员变革行为二者关系及其影响机制与边界条件。以217名F省公务员滞后时间数据为样本，采用SPSS22.0及PROCESS宏插件对上述模型进行了实证检验，研究结论拓展和丰富了公共服务动机与公务员变革行为的影响机制与边界条件的实证探讨，而且丰富了匹配理论视角下公务员变革行为研究。

第一节　从动机到行为：公共服务动机转化为公务员变革行为

一　研究背景

习近平总书记在党的二十大报告中强调："全面建设社会主义现代化国家，是一项伟大而艰巨的事业，前途光明，任重道远。"[①] 这意味着，公务员作为改革发展任务的承担者和公共服务的提供者，在推进中国式现代化的新征程上面临着越来越严峻的考验。对此，党的二十大报告同时对

---

① 习近平：《高举中国特色社会主义伟大旗帜　为全面建设社会主义现代化国家而团结奋斗——在中国共产党第二十次全国代表大会上的报告》，人民出版社2022年版，第26页。

干部队伍建设提出了一系列富有创见的新要求，明确"树立选人用人正确导向，选拔忠诚干净担当的高素质专业化干部"①"激励干部敢于担当、积极作为"②。然而，在这迫切的时代变革需求下，避责怠政、为官不为等现象却并未销声匿迹，干部不担当、不作为仍时有发生。③ 于是，如何更为有效地激发广大干部变革创新、担当作为仍然是现阶段一个迫切的理论和现实问题。在这种背景下，研究我国政府部门中干部队伍的变革行为有着特殊的时代意义。所谓变革行为，指的是"个人超越既有工作任务要求，识别和执行有关组织工作程序、方法和政策完善的建设性努力"④。由于其强调采取创新性行动促进组织内部变革或问题解决，对促进公共服务供给效率和质量提升、改善政府与公民的关系、增强公民对国家机关的信任具有重要意义，⑤ 因而可以作为衡量干部变革创新、担当作为的重要变量。⑥

然而，对个人来说，变革往往伴随着一定的风险和挑战，一方面，变革可能损害部分利益相关者的利益，因而并不总是受到他人的欢迎；另一方面，如果变革或创新不成功，则有可能使变革者遭受无端的指责。⑦ 那么，如何激励个体实践变革行为这一对组织有益的挑战性行为呢？已有的研究强调了组织愿景、创新气候、领导风格以及工作特征等情境因素对该

---

① 习近平：《高举中国特色社会主义伟大旗帜 为全面建设社会主义现代化国家而团结奋斗——在中国共产党第二十次全国代表大会上的报告》，人民出版社2022年版，第66页。
② 习近平：《高举中国特色社会主义伟大旗帜 为全面建设社会主义现代化国家而团结奋斗——在中国共产党第二十次全国代表大会上的报告》，人民出版社2022年版，第67页。
③ 刘帮成、张宗贺：《"为官不为"行为的内容及结构研究：基于扎根理论的探索》，《兰州大学学报》（社会科学版）2019年第3期。
④ Bettencourt, L. A., "Change-oriented Organizational Citizenship Behaviors: The Direct and Moderating Influence of Goal Orientation", *Journal of Retailing*, Vol. 80, No. 3, 2004, pp. 165–180.
⑤ Vigoda-Gadot, E. and Beeri, I., "Change-oriented Organizational Citizenship Behavior in Public Administration: The Power of Leadership and the Cost of Organizational Politics", *Journal of Public Administration Research and Theory*, Vol. 22, No. 3, 2012, pp. 573–596.
⑥ 林亚清、张宇卿：《领导成员交换关系会影响公务员变革型组织公民行为吗？——变革义务感的中介作用与公共服务动机的调节作用》，《公共行政评论》2019年第1期。
⑦ Parker, S. K. and Wu, C. H., "Leading for Proactivity: How Leaders Cultivate Staff Who Make Things Happen", in Day D. V., ed. *The Oxford Handbook of Leadership and Organizations*. New York: Oxford University Press, 2014, pp. 383–406.

行为产生的重要作用,①②③ 但对个体特征的关注则相对较少。

同时,学者们在解释个体官僚行为上形成了四大具有代表性的理论流派:官僚制理论、代表性官僚理论、公共选择理论以及公共服务动机理论。④ 其中,官僚制理论特别强调被动服从权威的理念并不断强化组织结构,将成员变成"一部无休止运转的机器上的一个小齿轮"⑤,这显然与变革行为所体现的主体能动性背道而驰;代表性官僚则聚焦实现委托人或所代表的社会群体的利益,体现的是一种相对狭隘的承诺;公共选择理论以经济人假设为前提,个体行为的实施是出于自身利益的考虑,很难想象以此为出发点的官僚会积极主动地进行超越自我义务的变革。⑥ 与上述三大理论不同,公共服务动机理论特别强调个体的无私性和自愿性等价值理念,具有高公共服务动机的个体可能会更愿意付出自身的时间和精力,为探索和解决组织问题、改善公共服务积极主动地进行变革和创新。⑦ 简言之,本章认为,个体的公共服务动机可以显著促进其变革行为。

已有实证研究证明了上述关系的存在,⑧⑨ 但并未深入探究其发生的过程机制。值得注意的是,以往对公共服务动机与其他个体工作产出如绩

---

① Bettencourt, L. A., "Change-oriented Organizational Citizenship Behaviors: The Direct and Moderating Influence of Goal Orientation", *Journal of Retailing*, Vol. 80, No. 3, 2004, pp. 165–180.

② Choi, J. N., "Change-oriented Organizational Citizenship Behavior: Effects of Work Environment Characteristics and Intervening Psychological Process", *Journal of Organizational Behavior*, Vol. 28, No. 4, 2007, pp. 467–484.

③ Kao, R. H., "The Relationship between Work Characteristics and Change-oriented Organizational Citizenship Behavior: A Multi-level Study on Transformational Leadership and Organizational Climate in Immigration Workers", *Personnel Review*, Vol. 46, No. 8, 2017, pp. 1890–1914.

④ Wise, L. R., "Bureaucratic Posture: On the Need for a Composite Theory of Bureaucratic Behavior", *Public Administration Review*, Vol. 64, No. 6, 2004, pp. 669–680.

⑤ 林雪霏、周敏慧、傅佳莎:《官僚体制与协商民主建设——基于中国地方官员协商民主认知的实证研究》,《公共行政评论》2019 年第 1 期。

⑥ Wise, L. R., "Bureaucratic Posture: On the Need for a Composite Theory of Bureaucratic Behavior", *Public Administration Review*, Vol. 64, No. 6, 2004, pp. 669–680.

⑦ 陈振明、林亚清:《政府部门领导关系型行为影响下属变革型组织公民行为吗?——公共服务动机的中介作用和组织支持感的调节作用》,《公共管理学报》2016 年第 1 期。

⑧ Campbell, J. W. and Im, T., "PSM and Turnover Intention in Public Organizations: Does Change-oriented Organizational Citizenship Behavior Play a Role?" *Review of Public Personnel Administration*, Vol. 36, No. 4, 2016, pp. 323–346.

⑨ 陈振明、林亚清:《政府部门领导关系型行为影响下属变革型组织公民行为吗?——公共服务动机的中介作用和组织支持感的调节作用》,《公共管理学报》2016 年第 1 期。

效、工作态度等的关系研究主要是在匹配理论的基础上考察个人—环境匹配所扮演的中介角色,① 但这种匹配往往被认为是职业选择或组织社会化的结果,将匹配视为外生变量而存在,忽视了个体在工作中主动创造匹配的过程。② 而且,这些研究多采用单一时点的横截面数据检验变量间的因果关系,这可能导致严重的参数估计偏差和不准确的显著性结果,影响研究的有效性。③ 因此,为了弥补已有研究的缺憾,本章试图通过纵向研究设计重新评估公共服务动机与变革行为的关系,并在此基础上进一步考察工作重塑在两者关系之间的中介作用。

Wrzesniewski 和 Dutton 首次提出工作重塑并将其定义为个体主动塑造和调整工作中的任务、关系或认知元素以改变工作设计和所处的社会环境。④ 而 Tims 等基于 JDR 模型认为,工作重塑涉及平衡工作要求和工作资源以实现个人—环境匹配。⑤ 整合这两种定义,基于匹配理论,工作重塑强调个体主动地改造环境使之与自身的目标、偏好和需求等相匹配的过程,因而可以被看作一种个体主动创造个人—环境匹配的策略。与此同时,变革行为的实施有赖于工作资源且具有一定挑战性的积极工作环境。⑥ 但遗憾的是,很多情况下领导和组织无法顾及每个个体,满足所有人的资源和挑战需求。而工作重塑强调通过个体自主地创造积极的环境以满足自身的目标和需求,这对于其完成工作乃至变革创新具有重要的促进作用。因此,考察工作重塑在公共服务动机与变革行为关系中的作用具有显著的理论意义和现实意义。

---

① Van Loon, N. M., Vandenabeele, W. and Leisink, P., "Clarifying the Relationship between Public Service Motivation and In-role and Extra-role Behaviors: The Relative Contributions of Person-job and Person-organization Fit", *American Review of Public Administration*, Vol. 47, No. 6, 2017, pp. 699-713.

② Yu, K. Y. T., "A Motivational Model of Person-environment Fit: Psychological Motives as Drivers of Change", in Kristof-Brown, A. L. and Billsberry, J., eds. *Organizational Fit: Key Issues and New Directions*, West Sussex: John Wiley & Sons Ltd, 2013, pp. 21-49.

③ Pitariu, A. H. and Ployhart, R. E., "Relationships Explaining Change: Theorizing and Testing Dynamic Mediated Longitudinal", *Journal of Management*, Vol. 36, No. 2, 2010, pp. 405-429.

④ Wrzesniewski, A. and Dutton, J. E., "Crafting a Job: Revisioning Employees as Active Crafters of Their Work", *Academy of Management Review*, Vol. 26, No. 2, 2001, pp. 179-201.

⑤ Tims, M., Bakker, A. B. and Derks, D., "Development and Validation of the Job Crafting Scale", *Journal of Vocational Behavior*, Vol. 80, No. 1, 2012, pp. 173-186.

⑥ Choi, J. N., "Change-oriented Organizational Citizenship Behavior: Effects of Work Environment Characteristics and Intervening Psychological Process", *Journal of Organizational Behavior*, Vol. 28, No. 4, 2007, pp. 467-484.

进一步地，研究发现，工作重塑是被嵌入在组织情境中的，[1] 换言之，这类匹配策略的成效发挥受限于组织情境的约束。其中，领导因素是最重要的组织情境之一，有效的领导方式是行政变革和公共管理绩效提升的重要因素。[2][3] 在公共部门，变革型领导是一种被广泛研究的领导风格，这类领导激励下属去追寻更高层次的需求，去追求超越他们自身利益的组织目标。[4] 由此，本章将考察变革型领导对工作重塑与变革行为关系的调节作用，构建一个有调节的中介模型，深刻分析变革型领导对公共服务动机通过工作重塑影响变革行为过程的边界条件。

本章的研究结论有助于丰富公共服务动机对公务员变革行为的影响机制和边界条件研究，并对新时代如何促进广大干部勇于变革创新、敢于担当作为，全面深化改革开放具有重要的启示意义。

二 公共服务动机的影响效果研究综述

（一）公共服务动机产生的背景

20世纪80年代，新公共管理运动兴起，"考核+薪酬"以调动公职人员积极性的管理方式逐渐在美国公共部门中大行其道并取得了一定的成效。然而，随着实践的深化，这种一味地借助"外力"的管理实践也造成了公共价值观和道德意识被淡化等问题并引发政府的公众信任危机，许多学者开始呼吁找回"初心"，寻求公共服务伦理的回归。[5]

与此同时，学者们发现，现有理论在解释某些特定官僚行为上呈现出一种"迷失"状态。[6][7] 例如，以"经济人"假设为前提且强调个人利益

---

[1] Wrzesniewski, A. and Dutton, J. E., "Crafting a Job: Revisioning Employees as Active Crafters of Their Work", *Academy of Management Review*, Vol. 26, No. 2, 2001, pp. 179 – 201.

[2] Moynihan, D. P., Pandey, S. K. and Wright, B. E., "Setting the Table: How Transformational Leadership Fosters Performance Information Use", *Journal of Public Administration Research and Theory*, Vol. 22, No. 1, 2012, pp. 143 – 164.

[3] Oberfield, Z. W., "Public Management in Time: A Longitudinal Examination of the Full Range of Leadership Theory", *Journal of Public Administration Research and Theory*, Vol. 24, No. 2, 2014, pp. 407 – 429.

[4] Burns, J. M., *Leadership*, New York: Harper & Row, 1978.

[5] 苗青：《公共服务动机理论的中国场景：新框架和新议程》，《公共管理与政策评论》2019年第5期。

[6] Perry, J. L. and Wise, L. R., "The Motivational Bases of Public Service", *Public Administration Review*, Vol. 50, No. 3, 1990, pp. 367 – 373.

[7] Holt, S. B., "For Those Who Care: The Effect of Public Service Motivation on Sector Selection", *Public Administration Review*, Vol. 78, No. 3, 2018, pp. 457 – 471.

最大化的经典理性选择模型，能够很好地解释和预测为什么官僚在工作中会逃避、变节和偷窃，但是，它无法解释许多在公共服务中熟悉的其他行为，如努力工作、支持公共利益（把公共目标和组织目标放在私人目标之前）、自我牺牲（凌驾于私人目标之上）等。① 具体而言，理性选择理论和委托代理模型解释了为何官僚追求预算最大化，而无法解释为什么其像守护自身钱包一样守护公共资金；它解释了为什么部分官僚想方设法对抗监督系统，而无法解释为什么许多人为了做好工作而愿意经常暴露在严重的心理压力和危险中。鉴于此，学者们尝试从更为全面而非离散的视角研究官僚的行为动机问题，将经典问题"官僚们都是懒惰的吗？"重新构想为更积极的问题，如"官僚们如何能够在低回报和不利的环境中坚持下去？"在这种背景下，研究关注的焦点从"为什么官僚要做他们不该做的事？"向"官僚为什么要做他们应该做的事？"进行了转移。

在这种实践呼唤和研究视角转变的背景下，Perry 和 Wise 首次提出将公共服务动机理论作为研究公共部门和非营利组织动机的代替性框架，并将公共服务动机定义为一种"对公共部门所具有的重要或特有目标做出敏感反应的个体倾向"。换言之，公共服务动机反映了个体对公共服务事业的特殊兴趣和偏好，是公共部门价值理念的重要体现。② 此外，公共服务动机还被定义成多种方式，如服务伦理、③ 亲社会倾向。④ 例如，Rainey 和 Steinbauer 将其定义为一个群体、国家、民族或人类利益服务的普遍性利他动机；⑤ Perry 和 Hondeghem 将其描述为个人通过提供公共服务为他人和社会做好事的亲社会动机。⑥ 总之，公共服务动机描述

---

① DiIulio, J. J., "Principled Agents: The Cultural Bases of Behavior in a Federal Government Bureaucracy", *Journal of Public Administration Research and Theory*, Vol. 4, No. 3, 1994, pp. 277 – 318.

② Perry, J. L. and Wise, L. R., "The Motivational Bases of Public Service", *Public Administration Review*, Vol. 50, No. 3, 1990, pp. 367 – 373.

③ Coursey, D. H., Perry, J. L. and Brudney, J. L., et al., "Psychometric Verification of Perry's Public Service Motivation Instrument", *Review of Public Personnel Administration*, Vol. 28, No. 1, 2008, pp. 79 – 90.

④ Taylor, J., "Public Service Motivation, Civic Attitudes and Actions of Public, Nonprofit and Private Sector Employers", *Public Administration*, Vol. 88, No. 4, 2010, pp. 1083 – 1098.

⑤ Rainey, H. G. and Steinbauer, P., "Galloping Elephants: Developing Elements of a Theory of Effective Government Organizations", *Journal of Public Administration Research and Theory*, Vol. 9, No. 1, 1999, pp. 1 – 32.

⑥ Perry, J. L. and Hondeghem, A., "Building Theory and Empirical Evidence about Public Service Motivation", *International Public Management Journal*, Vol. 11, No. 1, 2008, pp. 3 – 12.

了个体致力于公共服务或公共利益的倾向。①

（二）公共服务动机的影响效果

以往研究发现公共服务动机会对公共部门职员的工作态度、幸福感、择业偏好、工作绩效、行为产出等方面产生积极的影响。

第一，已有研究讨论了公共服务动机对工作满意度、组织承诺等工作态度的影响。例如，多数的实证研究和元分析表明，公共服务动机显著提升了公职人员的工作满意度，② 尽管如此，也有部分研究表明公共服务动机对工作满意度并不存在显著影响。③ 特别地，尽管研究发现高公共服务动机的个体对官僚组织的状况有更强的忍耐力，但 Bright 却发现，公共服务动机显著降低了个体的工作满意度，因为官僚组织可能疏远员工，导致其无法有效地奉献社会。④ 进一步地，已有研究还考察了公共服务动机对另一重要的工作态度——组织承诺的影响。理论上，公共服务动机高的个体更有可能认同公共组织的目标和价值以及投入更大的精力。因此，学者们普遍证明，公共服务动机对个体组织承诺具有显著的积极影响。⑤ 除工作满意度和组织承诺外，学者还研究了公共服务动机对工作投入⑥、个人组织匹配、个人工作匹配⑦、使命效价⑧、变革义务感⑨等积极工作态度

---

① Ryu, G., "Rethinking Public Service Motivation from the Perspective of Person – environment Fit: Complementary or Supplementary Relationship?", *Review of Public Personnel Administration*, Vol. 37, No. 3, 2017, pp. 351 – 368.

② Davis, R. S., "Unionization and Work Attitudes: How Union Commitment Influences Public Sector Job Satisfaction", *Public Administration Review*, Vol. 73, No. 1, 2013, pp. 74 – 84.

③ Moynihan, D. P. and Pandey, S. K., "The Role of Organizations in Fostering Public Service Motivation", *Public Administration Review*, Vol. 67, No. 1, 2007, pp. 40 – 53.

④ Bright, L., "Does Public Service Motivation Really Make a Difference on the Job Satisfaction and Turnover Intentions of Public Employees", *The American Review of Public Administration*, Vol. 38, No. 2, 2008, pp. 149 – 166.

⑤ Borst, R. T., Kruyen, P. M. and Lako, C. J., "Exploring the Job Demands – resources Model of Work Engagement in Government: Bringing in a Psychological Perspective", *Review of Public Personnel Administration*, Vol. 39, No. 3, 2019, pp. 372 – 397.

⑥ Moynihan, D. P. and Pandey, S. K., "The Role of Organizations in Fostering Public Service Motivation", *Public Administration Review*, Vol. 67, No. 1, 2007, pp. 40 – 53.

⑦ Bright, L., "Where Does Public Service Motivation Count the Most in Government Work Environments? A Preliminary Empirical Investigation and Hypotheses", *Public Personnel Management*, Vol. 42, No. 1, 2013, pp. 5 – 26.

⑧ Wright, B. E. and Moynihan, D. P., "Pulling the Levers: Transformational Leadership, Public Service Motivation, and Mission Valence", *Public Administration Review*, Vol. 72, No. 2, 2012, pp. 206 – 215.

⑨ Campbell, J. W., "Felt Responsibility for Change in Public Organizations: General and Sector – specific Paths", *Public Management Review*, Vol. 20, No. 2, 2018, pp. 232 – 253.

的正向影响。

此外,相关研究还探讨了公共服务动机对离职倾向的影响,但是,研究结论不一。理论上,拥有公共服务动机的个体对公共组织的承诺更高且更倾向于留在公共组织中,多数的实证研究也证明公共服务动机显著降低了员工的离职倾向。①② 尽管一部分研究表明公共服务动机对离职倾向影响不显著,③ Borst 等的研究却出乎意料地发现公共服务动机显著提升了公职人员的离职倾向。作者认为,这可能是高公共服务动机的个体与组织环境的不匹配所致。④ 不过,这一结论仍有待商榷,Bright 的研究发现,虽然公共服务动机对员工离职倾向的直接效应显著为正,但可以通过个人组织匹配抑制离职倾向。⑤ 上述两个研究结论的差异,一种可能的原因是,个人—环境匹配既包含个体特征又包含环境特征,而高公共服务动机的个体与集中化、正式化的官僚制环境并不匹配,但与公共部门的价值观是匹配的,从而使得公共服务动机与离职倾向二者关系的研究结论不一致。

第二,公共服务动机与个体幸福感、工作倦怠和工作压力的相关实证研究结论也不一致。与工作满意度类似,公共服务动机提高了对公共组织的承诺,激励员工积极服务社会,因而其有助于满足个体需求、增强幸福感;但是,高公共服务动机也可能因过度献身公共服务而导致自身资源耗竭,容易产生负面效应。相关实证研究发现,公共服务动机对个体的生活

---

① Caillier, J. G., "Towards a Better Understanding of Public Service Motivation and Mission Valence in Public Agencies", *Public Management Review*, Vol. 17, No. 9, 2015, pp. 1217 – 1236.
② Gould – Williams, J. S., Mostafa, A. M. S. and Bottomley, P., "Public Service Motivation and Employee Outcomes in the Egyptian Public Sector: Testing the Mediating Effect of Person – organization Fit", *Journal of Public Administration Research and Theory*, Vol. 25, No. 2, 2015, pp. 597 – 622.
③ Jin, M. H., McDonald, B. and Park, J., "Person – organization Fit and Turnover Intention: Exploring the Mediating Role of Employee Followership and Job Satisfaction through Conservation of Resources Theory", *Review of Public Personnel Administration*, Vol. 38, No. 2, 2018, pp. 167 – 192.
④ Borst, R. T., Kruyen, P. M. and Lako, C. J., "Exploring the Job Demands – resources Model of Work Engagement in Government: Bringing in a Psychological Perspective", *Review of Public Personnel Administration*, Vol. 39, No. 3, 2019, pp. 372 – 397.
⑤ Bright, L., "Where Does Public Service Motivation Count the Most in Government Work Environments? A Preliminary Empirical Investigation and Hypotheses", *Public Personnel Management*, Vol. 42, No. 1, 2013, pp. 5 – 26.

满意度和主观幸福感均具有显著的积极影响。① 而 Liu 等虽然发现公共服务动机缓解了工作压力对公职人员生理幸福感和心理幸福感的负向影响，但其对生理幸福感和心理幸福感的直接效应却不显著。②

类似地，Palma 和 Sepe 以及 Kim 研究发现，公共服务动机对个体工作倦怠具有明显的削弱效应，③④ 但一些研究则表明，公共服务动机对工作倦怠并无显著影响。⑤⑥

此外，公共服务动机对工作压力也存在"双刃剑"效应。具体地，Gould – Williams 等研究发现，公共服务动机通过个人组织匹配缓解了个体的工作压力，但其对工作压力的直接效应却显著为正，同时其针对公共服务动机各维度的研究显示了类似的结果（除决策吸引力不显著外）；⑦ Alcoba 和 Phinaitrup 的研究表明，公共服务动机显著降低了个体的工作压力，⑧ 另一些研究则显示，公共服务动机对工作压力的影响并不显著。⑨

---

① Moynihan, D. P., DeLeire, T. and Enami, K., "A Life Worth Living: Evidence on the Relationship between Prosocial Values and Happiness", *American Review of Public Administration*, Vol. 45, No. 3, 2015, pp. 311 – 326.

② Liu, B. C., Zhang, X. Y. and Du, L. Y., et al., "Validating the Construct of Public Service Motivation in For – profit Organizations: A Preliminary Study", *Public Management Review*, Vol. 17, No. 2, 2015, pp. 262 – 287.

③ Palma, R. and Sepe, E., "Structural Equation Modelling: A Silver Bullet for Evaluating Public Service Motivation", *Quality & Quantity*, Vol. 51, No. 2, 2017, pp. 729 – 744.

④ Kim, J., "The Contrary Effects of Intrinsic and Extrinsic Motivations on Burnout and Turnover Intention in the Public Sector", *International Journal of Manpower*, Vol. 39, No. 3, 2018, pp. 486 – 500.

⑤ Van Loon, N. M., Vandenabeele, W. and Leisink, P., "On the Bright and Dark Side of Public Service Motivation: The Relationship between PSM and Employee Wellbeing", *Public Money & Management*, Vol. 35, No. 5, 2015, pp. 349 – 356.

⑥ Shim, D. C., Park, H. H. and Eom, T. H., "Street – level Bureaucrats' Turnover Intention: Does Public Service Motivation Matter?" *International Review of Administrative Sciences*, Vol. 83, No. 3, 2017, pp. 563 – 582.

⑦ Gould – Williams, J. S., Mostafa, A. M. S. and Bottomley, P., "Public Service Motivation and Employee Outcomes in the Egyptian Public Sector: Testing the Mediating Effect of Person – organization Fit", *Journal of Public Administration Research and Theory*, Vol. 25, No. 2, 2015, pp. 597 – 622.

⑧ Alcoba, R. C. and Phinaitrup, B., "In Search of the Holy Grail in Public Service: A Study on the Mediating Effect of Public Service Motivation on Organizational Politics and Outcomes", *International Journal of Public Administration*, Vol. 43, No. 1, 2020, pp. 73 – 83.

⑨ Zhang, Y. H., Kuo, M. F., Guo, J. Y. and Wang, C. Y., "How do Intrinsic Motivations, Work – related Opportunities, and Well – Being Shape Bureaucratic Corruptibility?", *Public Administration Review*, Vol. 79, No. 4, 2019, pp. 552 – 564.

第三，相关研究也检验了公共服务动机对个体职业选择的重要影响。研究发现，高公共服务动机的个体更加倾向于与公共组织建立联系，因为更有可能选择进入公共部门或非营利组织工作。例如，Lewis 和 Frank 利用芝加哥大学进行的一项全国性的社会调查发现，公共服务动机高的个体更喜欢在政府部门工作，且实际上选择政府部门的概率更高；[1] 类似地，Holt 发现，相比私人部门，公共服务动机高的个体选择在公共部门和非营利组织工作的概率更大；[2] 此外，Carpenter 等的研究表明，公共服务动机正向影响个体感知的公共部门吸引力和非营利组织吸引力，但对私人部门吸引力则无显著影响。[3] 概言之，这些研究尽管在部门选择的操作化上存在差异，但总体上一致证明了公共服务动机高的个体更倾向于选择进入公共部门和非营利组织。但出乎意料的是，也有一些研究表明，个体公共服务动机对其公共部门偏好的影响并不显著。[4] 相关研究认为，尽管公共部门可能更加强调公共服务，但私人部门也存在许多能够满足个体公共服务动机的优势，如较高的服务效率。[5]

第四，公共服务动机对个体的亲社会行为、"反"亲社会行为和风险规避行为的影响效果检验。[6] 许多学者认为，公共服务动机是一种亲社会动机，能够激励个体服务组织、奉献社会、积极参与有益于增加他人福利的活动。具体地，许多研究发现，公共服务动机对揭发行为[7]、组织公民

---

[1] Lewis, G. B. and Frank, S. A., "Who Wants to Work for the Government?", *Public Administration Review*, Vol. 62, No. 4, 2002, pp. 395–404.

[2] Holt, S. B., "For Those Who Care: The Effect of Public Service Motivation on Sector Selection", *Public Administration Review*, Vol. 78, No. 3, 2018, pp. 457–471.

[3] Carpenter, J., Doverspike, D. and Miguel, R. F., "Public Service Motivation as a Predictor of Attraction to the Public Sector", *Journal of Vocational Behavior*, Vol. 80, No. 2, 2012, pp. 509–523.

[4] Choi, Y., "Work Values, Job Characteristics, and Career Choice Decisions: Evidence from Longitudinal Data American", *Review of Public Administration*, Vol. 47, No. 7, 2017, pp. 779–796.

[5] Kjeldsen, A. M. and Jacobsen, C. B., "Public Service Motivation and Employment Sector: Attraction or Socialization?" *Journal of Public Administration Research and Theory*, Vol. 23, No. 4, 2013, pp. 899–926.

[6] Esteve, M., Urbig, D., Van Witteloostuijn, A. and Boyne, G., "Prosocial Behavior and Public Service Motivation", *Public Administration Review*, Vol. 76, No. 1, 2016, pp. 177–187.

[7] Caillier, J. G., "Public Service Motivation and Decisions to Report Wrongdoing in US Federal Agencies: Is This Relationship Mediated by the Seriousness of the Wrongdoing", *American Review of Public Administration*, Vol. 47, No. 7, 2017, pp. 810–825.

行为（包括变革行为）①、变革担当行为②等特定的亲社会行为同样具有显著的积极效应。同时，相关研究还考察了公共服务动机对一些"反"亲社会行为的影响，研究发现，公共服务动机显著减少了偏差行为和不诚实行为等负面行为，③ 但 Quratulain 和 Khan 的研究却表明，公共服务动机显著增加了员工的退出行为。④

此外，除亲社会行为外，Tepe 和 Prokop 的实验研究还表明，公共服务动机对个体风险规避行为具有显著的积极影响，这在某种程度上佐证了公职人员比私营部门员工显示出了更高逆向风险偏好的观点。⑤ Jin 等基于美国一所研究型公立大学 692 名教职工的实证研究表明，公共部门动机提升了个体的追随行为，他们寄希望于通过增加该行为来获得领导者的情感支持和更频繁的交流，以实现最终的个人—组织匹配。⑥

第五，已有的研究还讨论了公共服务动机对员工工作绩效和组织绩效的重要影响。一方面，公共服务动机被证明有助于提振员工自身的工作绩效。这是因为，高公共服务动机的员工通常有着较强的内在激励或义务感以积极投入工作，也更容易保持昂扬向上的精神，在工作中保持活力。在最初的研究中，Naff 和 Crum 利用一项对美国联邦机构公职人员的绩效调查发现，公共服务动机显著提升了个体感知的工作绩效。⑦ Schwarz 等基

---

① Shim, D. C. and Faerman, S., "Government Employees' Organizational Citizenship Behavior: The Impacts of Public Service Motivation, Organizational Identification, and Subjective OCB Norms", *International Public Management Journal*, Vol. 20, No. 4, 2017, pp. 531–559.

② Homberg, F., Vogel, R. and Weiherl, J., "Public Service Motivation and Continuous Organizational Change: Taking Charge Behaviour at Police Services", *Public Administration*, Vol. 97, No. 1, 2019, pp. 28–47.

③ Olsen, A. L., Hjorth, F. and Harmon, N., et al., "Behavioral Dishonesty in the Public Sector", *Journal of Public Administration Research and Theory*, Vol. 29, No. 4, 2019, pp. 572–590.

④ Quratulain, S. and Khan, A. K., "How Does Employees' Public Service Motivation Get Affected? A Conditional Process Analysis of the Effects of Person-job Fit and Work Pressure", *Public Personnel Management*, Vol. 44, No. 2, 2015, pp. 266–289.

⑤ Tepe, M. and Prokop, C., "Are Future Bureaucrats More Risk Averse? The Effect of Studying Public Administration and PSM on Risk Preferences", *Journal of Public Administration Research and Theory*, Vol. 28, No. 2, 2018, pp. 182–196.

⑥ Jin, M. H., McDonald, B. D. and Park, J., et al., "Making Public Service Motivation Count for Increasing Organizational Fit: The Role of Followership Behavior and Leader Support as a Causal Mechanism", *International Review of Administrative Sciences*, Vol. 85, No. 1, 2019, pp. 98–115.

⑦ Naff, K. C. and Crum, J., "Working for America Does Public Service Motivation Make a Difference", *Review of Public Personnel Administration*, Vol. 19, No. 1, 1999, pp. 5–16.

于249份时间滞后数据，采用领导评估的方式测度员工工作绩效，同样证实了公共服务动机对员工工作绩效的影响。① 进一步地，在针对教师的研究中，Andersen使用学生成绩作为对其工作绩效的衡量，同样证明了公共服务动机对工作绩效的正向影响。② 由于学生成绩这一指标的客观性更强，因而可以克服主观测量绩效带来的误差问题。还有学者采用田野实验的方法评估公共服务动机对工作绩效的影响，结果同样显著为正。③ 但值得注意的是，Wright等将工作绩效区分为角色内绩效和角色外绩效，并假设高公共服务动机的员工会在这两类绩效上表现更好，但最终的实证结果却未通过显著性检验。④ 此外，Tuan和Thao检验了公共服务动机对公共服务补救绩效（Public service recovery performance，即一线人员在寻求和处理服务失败、提升公民满意度上的能力和行动表现）的影响，结果显示公职人员的公共服务动机越高，他们公共服务补救绩效也会越好。⑤

另一方面，公共服务动机也有助于提升组织绩效。其中，Brewer和Selden首次检验了公共服务动机对个体感知的组织绩效的积极影响。⑥ Van Loon通过对一家医疗机构55个部门进行调研并采用领导测评的方式评估部门绩效，实证发现部门平均公共服务动机水平和领导公共服务动机对部门整体绩效均具有显著的积极影响，但领导公共服务动机影响的显著性较弱。⑦ 此外，这项研究还细分了不同类型的部门绩效，发现部门平均

---

① Schwarz, G., Newman, A. and Cooper, B., et al., "Servant Leadership and Follower Job Performance: The Mediating Effect of Public Service Motivation", *Public Administration*, Vol. 94, No. 4, 2016, pp. 1025 – 1041.

② Andersen, L. B., "How Does Public Service Motivation Among Teachers Affect Student Performance in Schools?", *Journal of Public Administration research and Theory*, Vol. 24, No. 3, 2014, pp. 651 – 671.

③ Bellé, N., "Experimental Evidence on the Relationship between Public Service Motivation and Job Performance", *Public Administration Review*, Vol. 73, No. 1, 2013, pp. 143 – 153.

④ Wright, B. E., Hassan, S. and Christensen, R. K., "Job Choice and Performance: Revisiting Core Assumptions about Public Service Motivation", *International Public Management Journal*, Vol. 20, No. 1, 2017, pp. 108 – 131.

⑤ Tuan, L. T. and Thao, V. T., "Charismatic Leadership and Public Service Recovery Performance", *Marketing Intelligence & Planning*, Vol. 36, No. 1, 2018, pp. 108 – 123.

⑥ Brewer, G. A. and Selden, S. C., "Why Elephants Gallop: Assessing and Predicting Organizational Performance in Federal Agencies", *Journal of Public Administration Research and Theory*, Vol. 10, No. 4, 2000, pp. 685 – 711.

⑦ Van Loon, N. M., "Is Public Service Motivation Related to Overall and Dimensional Work – unit Performance as Indicated by Supervisors?", *International Public Management Journal*, Vol. 19, No. 1, 2016, pp. 78 – 110.

公共服务动机水平对部门产出、服务效果以及部门韧性具有显著的积极效应，但对部门效率和部门回应性的影响不显著；领导公共服务动机对部门效率和服务效果的影响显著为正，但对部门产出、部门回应性以及部门韧性的作用则不显著。①

三 公共服务动机与公务员变革行为

如前所述，变革行为是组织中的个体致力于解决组织低效或功能失调问题以改善组织运行的行为。② 已有的研究表明，组织愿景、组织氛围、领导风格与行为、管理实践等情境因素对变革行为具有显著影响，但对个体特征的关注则略显不足。③④ 在公共管理领域，一个被广泛研究的个体特征变量即是公共服务动机，且有学者指出，公共服务动机是解释官僚行为的代表性理论之一。⑤ 因此，本章将进一步考察公务员公共服务动机对变革行为这一特定官僚行为的具体作用。

本章认为，拥有公共服务动机的个体更有可能进行变革行为。一方面，高公共服务动机强调服务社会、实现公共利益承诺的价值理念，高公共服务动机的个体倾向于做出有利于公共服务和公民利益的亲社会行为。⑥⑦ 而变革行为虽然偏重于组织内部改革，但有研究指出，这一行为所产生的积极效应同样有利于公民，将带来公共服务供给效率和质量的提高，促进政府与公民之间的关系更加健康并改善国家机关在公民心

---

① Van Loon, N. M., "Is Public Service Motivation Related to Overall and Dimensional Work-unit Performance as Indicated by Supervisors?", *International Public Management Journal*, Vol. 19, No. 1, 2016, pp. 78-110.

② Bettencourt, L. A., "Change-oriented Organizational Citizenship Behaviors: The Direct and Moderating Influence of Goal Orientation", *Journal of Retailing*, Vol. 80, No. 3, 2004, pp. 165-180.

③ Choi, J. N., "Change-oriented Organizational Citizenship Behavior: Effects of Work Environment Characteristics and Intervening Psychological Process", *Journal of Organizational Behavior*, Vol. 28, No. 4, 2007, pp. 467-484.

④ Vigoda-Gadot, E. and Beeri, I., "Change-oriented Organizational Citizenship Behavior in Public Administration: The Power of Leadership and the Cost of Organizational Politics", *Journal of Public Administration Research and Theory*, Vol. 22, No. 3, 2012, pp. 573-596.

⑤ Wise, L. R., "Bureaucratic Posture: On the Need for a Composite Theory of Bureaucratic Behavior", *Public Administration Review*, Vol. 64, No. 6, 2004, pp. 669-680.

⑥ Taylor, J., "Public Service Motivation, Civic Attitudes and Actions of Public, Nonprofit and Private Sector Employers", *Public Administration*, Vol. 88, No. 4, 2010, pp. 1083-1098.

⑦ Esteve, M., Urbig, D. and Van Witteloostuijn, A., et al., "Prosocial Behavior and Public Service Motivation", *Public Administration Review*, Vol. 76, No. 1, 2016, pp. 177-187.

中的形象,① 也就是说,变革行为的结果与个体公共服务动机的内在价值具有一致性,因而高公共服务动机的个体显然更有可能实施变革行为。特别地,现有文献指出,公共服务动机反映了广大公务员履行组织使命和公民责任的承诺与使命感,"高承诺的个体更有可能为了组织的利益参与自发的、创新性的行为"②。另一方面,变革行为一定的风险性特征,挑战现状意味着个体可能会破坏已有的社会关系,并可能使自己处于被动地位,甚至丢失工作。③ 然而,研究发现,当个体具有利他价值时,他们将较少地以自我为导向评估信息或行动对个人成本和利益的影响。④ 因此,高公共服务动机的个体所具有的无私倾向将促使其较少地担忧实施变革行为这一积极行为对自身的影响。⑤ 相反,由于变革和创新对组织、公民均有好处,他们会有更强的责任感义无反顾地投身到变革洪流之中。⑥ 比如,有公务员在接受访谈时提及,"因为我们面对的就是基层(群众)。每一个普通群众的每一件事情对于他的家庭都是一件大事。我们接受的教育和使命就是这样,如果说我们没有要帮他们(群众)、服务好他们的这种心态,而是想从中为自己谋点私利,那这个社会会乱套的"(访谈编码:J19)。此外,已有相关研究考察了公共服务动机对变革行为的正向影响。例如,陈振明和林亚清通过对厦门市383位公职人员的实证研究发现,个体公共服务动机越高,越有可能进行变革行为;⑦ 类似地,Campbell 和 Im 针对韩国南部480名公职人员的调研

---

① Vigoda‐Gadot, E. and Beeri, I., "Change‐oriented Organizational Citizenship Behavior in Public Administration: The Power of Leadership and the Cost of Organizational Politics", *Journal of Public Administration Research and Theory*, Vol. 22, No. 3, 2012, pp. 573–596.
② Perry, J. L. and Wise, L. R., "The Motivational Bases of Public Service", *Public Administration Review*, Vol. 50, No. 3, 1990, pp. 367–373.
③ Choi, J. N., "Change‐oriented Organizational Citizenship Behavior: Effects of Work Environment Characteristics and Intervening Psychological Process", *Journal of Organizational Behavior*, Vol. 28, No. 4, 2007, pp. 467–484.
④ Korsgaard, M. A., Meglino, B. M. and Lester, S. W., "Beyond Helping: Do Other‐oriented Values Have Broader Implications in Organizations?" *Journal of Applied Psychology*, Vol. 82, No. 1, 1997, pp. 160–177.
⑤ 陈振明、林亚清:《政府部门领导关系型行为影响下属变革型组织公民行为吗?——公共服务动机的中介作用和组织支持感的调节作用》,《公共管理学报》2016年第1期。
⑥ Wright, B. E., Christensen, R. K. and Isett, K. R., "Motivated to Adapt? The Role of Public Service Motivation as Employees Face Organizational Change", *Public Administration Review*, Vol. 73, No. 5, 2013, pp. 738–747.
⑦ 陈振明、林亚清:《政府部门领导关系型行为影响下属变革型组织公民行为吗?——公共服务动机的中介作用和组织支持感的调节作用》,《公共管理学报》2016年第1期。

同样发现，公共服务动机显著促进了个体的变革行为。① 由此，本章提出：

假设6-1：公共服务动机对变革行为具有显著的正向影响。

第二节 工作重塑的中介作用与变革型领导的调节作用

一 工作重塑的中介作用

（一）公共服务动机与工作重塑

根据个人—环境匹配理论的观点，② 公共服务动机反映了个体希望为社会做出贡献的"需求"，需要特定的工作赋予其实践的机会（个人—工作匹配）；或是被看作需要与特定的组织价值观相适应的个人价值观（个人—组织匹配）。③ 也就是说，拥有公共服务动机的个体具有追求个人—环境匹配的倾向。④⑤ 已有的研究主要基于吸引—选择—磨合模型，认为这种匹配倾向主要表现为高公共服务动机的个体更容易被公共部门吸引或从事亲社会的工作。⑥ 本章进一步认为，对个人—环境匹配的追求除了促

---

① Campbell, J. W. and Im, T., "PSM and Turnover Intention in Public Organizations: Does Change - oriented Organizational Citizenship Behavior Play a Role?" *Review of Public Personnel Administration*, Vol. 36, No. 4, 2016, pp. 323 – 346.

② Kristof - Brown, A. L., Zimmerman, R. D. and Johnson, E. C., "Consequences of Individual's Fit at Work: A Meta - analysis of Person – job, Person – organization, Person – group, and Person – supervisor Fit", *Personnel Psychology*, Vol. 58, No. 2, 2005, pp. 281 – 342.

③ Van Loon, N. M., Vandenabeele, W. and Leisink, P., "Clarifying the Relationship between Public Service Motivation and In - role and Extra - role Behaviors: The Relative Contributions of Person – job and Person – organization Fit", *American Review of Public Administration*, Vol. 47, No. 6, 2017, pp. 699 – 713.

④ Bright, L., "Where Does Public Service Motivation Count the Most in Government Work Environments? A Preliminary Empirical Investigation and Hypotheses", *Public Personnel Management*, Vol. 42, No. 1, 2013, pp. 5 – 26.

⑤ Van Loon, N. M., Vandenabeele, W. and Leisink, P., "Clarifying the Relationship between Public Service Motivation and In - role and Extra - role Behaviors: The Relative Contributions of Person – job and Person – organization Fit", *American Review of Public Administration*, Vol. 47, No. 6, 2017, pp. 699 – 713.

⑥ Ryu, G., "Rethinking Public Service Motivation from the Perspective of Person – environment Fit: Complementary or Supplementary Relationship?" *Review of Public Personnel Administration*, Vol. 37, No. 3, 2017, pp. 351 – 368.

使高公共服务动机的个体选择特定的职业外,还会导致其在组织内主动追求或创造与之目标、价值、兴趣和能力等相匹配的工作环境,这一过程往往涉及"工作重塑"。Wrzesniewski 和 Dutton 研究发现,通过工作重塑调整任务、关系和认知边界等元素,个体可以"创造支持其自我观念的社会环境"①。进一步地,根据 JDR 模型,工作重塑可以被视为一种个体改造环境使之与自身相匹配的工作过程,即个体可以通过增加资源、寻求挑战和减少阻碍等三种工作重塑策略优化工作要求和资源以降低个人与环境的不匹配程度。② 因此,高公共服务动机的个体会主动塑造工作环境,如寻求同事支持、绩效反馈、自主权等来增加资源,并主动承担额外的工作寻求挑战,减少繁文缛节等阻碍性要求以减少自身的紧张和焦虑,由此优化工作要求和工作资源,促进工作环境更符合自身的需求和能力,以期更好地提供公共服务。访谈中有公务员表示,"我会主动承担一些棘手任务……而且就算不会也可以询问同事,想方设法解决。有这种(为人民服务的)初心的话,你可能就会自己想办法,如果没有这种初心的人,他可能自己不干而找别人,或者直接跟领导说叫别人去干"(访谈编码:J19)。类似地,还有访谈对象提及,"不管是什么规格的企业,只要是我们的扶持对象,我们都要有一个责任心。比如有些提交申报材料截至今天,但企业跟我说他确实来不及了,我会说没事,晚上七点来不了,那就八点半过来也可以,我们会一直在办公,这种加班情况也是经常有的"(访谈编码:J14)。此外,有研究检验了公共服务动机对个体工作重塑的正向影响。Tuan 通过来自 21 个公共法律服务机构的 527 名公务员的调研发现,公共服务动机对工作重塑具有显著的积极影响;③ 同样,于海波和安然以中国公务员为样本的研究也支持了公共服务动机对工作重塑的积极效应。④ 由此,本章提出以下假设:

假设 6-2:公共服务动机对工作重塑具有显著的正向影响。

---

① Wrzesniewski, A. and Dutton, J. E., "Crafting a Job: Revisioning Employees as Active Crafters of Their Work", *Academy of Management Review*, Vol. 26, No. 2, 2001, pp. 179-201.

② Tims, M., Bakker, A. B. and Derks, D., "Development and Validation of the Job Crafting Scale", *Journal of Vocational Behavior*, Vol. 80, No. 1, 2012, pp. 173-186.

③ Tuan, L. T., "Behind the Influence of Job Crafting on Citizen Value co-creation with the Public Organization: Joint Effects of Paternalistic Leadership and Public Service Motivation", *Public Management Review*, Vol. 20, No. 10, 2018, pp. 1533-1561.

④ 于海波、安然:《新形势下公务员缓解工作倦怠的二元路径——以工作重塑和心理授权为中介变量》,《中国行政管理》2018 年第 9 期。

（二）工作重塑与变革行为

如前所述，考虑到工作资源丰富且具有一定挑战性的积极情境对个体实施变革行为的促进作用，而多数情况下领导和组织无法为每一个体创造积极情境，因而个体通过工作重塑自主地为匹配自身的需求、目标、偏好等创造积极情境具有重要意义。由此，本章将进一步探讨个体工作重塑对其变革行为的促进作用。

变革行为被定义为个人超越既有工作任务要求，识别和执行有关组织工作程序、方法和政策完善的建设性努力。也就是说，变革行为蕴含着两个要素：一是产生有关组织问题解决或方法、程序改善的建设性意见和想法；二是提出并执行这些解决方案或想法。① 进一步地，有研究表明，变革行为强调为组织带来建设性变革的创新性或创造性的行动，② 因而其本质是一种创新绩效。创新同样意味着产生或提供新颖的、有用的观点以及成功实施这些新观点。③④ 概言之，产生新想法和成功执行新想法是相互交织和不可替代的，两者同时构成了变革行为的基本条件。例如，公务员可能在工作中发现某些既定的程序、方法存在错误或低效，但却可能碍于某些因素不会主动向组织建议或主动采取行动去纠正它；而如果无法发现这些问题及错误，更遑论建设性意见的形成或主动纠正错误。

理论上，工作重塑通过创造一个与自我特征相匹配的积极环境，将不仅有利于组织改善的新想法产生，而且能够保证这些新想法的成功执行。一方面，个体可能会寻求与其他具有不同专业知识的工作人员建立更广泛和新的关系（增加社会性资源），这些可能成为新想法的来源；他们也可能探索更广泛的工作技能（增加结构性资源），从而扩展创新和变革能力；还可以通过丰富自己的任务和尝试（增加挑战性要求）

---

① Seppala, T., Lipponen, J. and Bardi, A., et al., "Change-oriented Organizational Citizenship Behaviour: An Interactive Product of Openness to Change Values, Work Unit Identification, and Sense of Power", *Journal of Occupational and Organizational Psychology*, Vol. 85, No. 1, 2012, pp. 136–155.

② Vigoda-Gadot, E. and Beeri, I., "Change-oriented Organizational Citizenship Behavior in Public Administration: The Power of Leadership and the Cost of Organizational Politics", *Journal of Public Administration Research and Theory*, Vol. 22, No. 3, 2012, pp. 573–596.

③ De Dreu, C. K. and West, M. A., "Minority Dissent and Team Innovation: The Importance of Participation in Decision Making", *Journal of Applied Psychology*, Vol. 86, No. 6, 2001, pp. 1191–1201.

④ Huang, L., Gibson, C. B. and Kirkman, B. L., et al., "When is Traditionalism an Asset and when is it a Liability for Team Innovation: A Two-study Empirical Examination", *Journal of International Business Studies*, Vol. 48, No. 6, 2017, pp. 693–715.

更多地发现工作中可能存在的问题。结合实践来看，多位接受访谈的公安机关公务员都表示自己"会主动承担一些棘手任务，比如说挑战一些自己从来没办过的案件，比较棘手的嫌疑人，这样可能锻炼了自己办案的能力"（访谈编码：J19）。另一方面，个体可能更多地集中精力确保将努力投入到被认为最重要或最有潜力实施的创新方面，着力解决组织面临的最有可能被解决的问题，并通过减少繁文缛节等阻碍性要求保证执行不会受到障碍因素的干扰，极力避免浪费精力或消极挫折。访谈中也有基层公务员提及，"遇到阻碍我会自己调整。比如说跟领导请示汇报肯定会占时间，那如果领导说（方案）要修改但迟迟没说怎么做，没答复，我会先去做其他事情"（访谈编码：J12）。此外，一些相关的实证研究进一步支持了这一假设。例如，基于资源保存理论，Guan和Frenkel通过对中国7家制造业企业406名员工的两阶段调研发现，工作重塑对组织公民行为具有显著的积极影响。[1] 特别地，Bindl等基于自我决定理论和调节焦点理论发现，工作重塑显著促进了员工的创新绩效，其中促进型工作重塑有利于新想法的产生，而防御型工作重塑则促进了新想法的执行。[2] 由此，提出以下假设：

<u>假设6-3：工作重塑对变革行为具有显著的正向影响。</u>

（三）工作重塑在公共服务动机和变革行为关系中的中介作用

匹配理论指出，个人—环境匹配是连接个体特征与特定工作产出之间的重要纽带。[3] 在拓展的个人—环境匹配模型中，Yu强调了理论上实现匹配的三种方式：使主观或客观的自我与对应的环境一致；改变主观或客观的环境以契合个人特征；同时调整自我和环境使之匹配。[4] 具体地，研究发现，组织可以通过吸引、雇佣、社会化等手段创造和发展个人—环境

---

[1] Guan, X. Y. and Frenkel, S. J., "Explaining Supervisor – subordinate Guanxi and Subordinate Performance through a Conservation of Resources Lens", *Human Relations*, Vol. 72, No. 11, 2019, pp. 1752 – 1775.

[2] Bindl, U. K., Unsworth, K. L. and Gibson, C. B., et al., "Job Crafting Revisited: Implications of an Extended Framework for Active Changes at Work", *Journal of Applied Psychology*, Vol. 104, No. 5, 2019, pp. 605 – 628.

[3] Edwards, J. R., Cable, D. M. and Williamson, I. O., et al., "The Phenomenology of Fit: Linking the Person and Environment to the Subjective Experience of Person – environment Fit", *Journal of Applied Psychology*, Vol. 91, No. 4, 2006, pp. 802 – 827.

[4] Yu, K. Y. T., "Affective Influences in Person – environment Fit Theory: Exploring the Role of Affect as Both Cause and Outcome of P – E Fit", *Journal of Applied Psychology*, Vol. 94, No. 5, 2009, pp. 1210 – 1226.

匹配；①② 同样，求职者亦被建议选择他们认为合适的工作或组织。③④在公共部门的研究中，学者们主要基于吸引—选择—磨合模型和组织社会化理论，强调高公共服务动机的个体更容易被公共部门或公共服务工作所吸引，并且由于价值观、技能等的兼容而具有更高的绩效和更为积极的工作态度。⑤ 这些实现匹配的做法创造了这样一种范式，即个人—环境匹配通常被概念化为一种外生变量，这种外生变量仅仅是由于个人工作选择或组织人力资源管理实践（如招聘、选拔和社会化）而存在的，而忽视了个体在工作中主动创造匹配的过程。⑥

如前所述，工作重塑可以被视为个体主动塑造环境以实现环境与自我特征相匹配的过程，且有学者明确指出，工作重塑是一种实现个人—环境匹配的重要方式。⑦⑧ 特别地，根据匹配理论，Yu 还认为，任务重塑和关系重塑主要涉及对客观工作环境的主动塑造（客观匹配），而认知重塑则强调认知上调整对环境的感知（主观匹配）。⑨ 因此，本章聚

---

① Cable, D. M. and Parsons, C. K., "Socialization Tactics and Person - organization Fit", *Personnel Psychology*, Vol. 54, No. 1, 2001, pp. 1 – 23.

② Yu, K. Y. T. and Cable, D. M., "Recruitment and Competitive Advantage: A Brand Equity Perspective", in Kozlowski, S. W. J., eds. *Oxford Handbook of Industrial - Organizational Psychology*, New York: Oxford University Press, 2009, pp. 197 – 220.

③ Cable, D. M. and Judge, T. A., "Person - organization Fit, Job Choice Decisions, and Organizational Entry", *Organizational Behavior and Human Decision Processes*, Vol. 67, No. 3, 1996, pp. 294 – 311.

④ Judge, T. A. and Cable, D. M., "Applicant Personality, Organizational Culture, and Organization Attraction", *Personnel Psychology*, Vol. 50, No. 2, 1997, pp. 359 – 394.

⑤ Gould - Williams, J. S., Mostafa, A. M. S. and Bottomley, P., "Public Service Motivation and Employee Outcomes in the Egyptian Public Sector: Testing the Mediating Effect of Person - organization Fit", *Journal of Public Administration Research and Theory*, Vol. 25, No. 2, 2015, pp. 597 – 622.

⑥ Yu, K. Y. T., "A Motivational Model of Person - environment Fit: Psychological Motives as Drivers of Change", in Kristof - Brown, A. L., Billsberry, J., eds. *Organizational Fit: Key Issues and New Directions*, West Sussex: John Wiley & Sons Ltd, 2013, pp. 21 – 49.

⑦ Lu, C. Q., Wang, H. J. and Lu, J. J., et al., "Does Work Engagement Increase Person - job fit? The Role of Job Crafting and Job Insecurity", *Journal of Vocational Behavior*, Vol. 84, No. 2, 2014, pp. 142 – 152.

⑧ Yu, K. Y. T., "A Motivational Model of Person - environment Fit: Psychological Motives as Drivers of Change", in Kristof - Brown, A. L., Billsberry, J., eds. *Organizational Fit: Key Issues and New Directions*, West Sussex: John Wiley & Sons Ltd, 2013, pp. 21 – 49.

⑨ Yu, K. Y. T., "A Motivational Model of Person - environment Fit: Psychological Motives as Drivers of Change", in Kristof - Brown, A. L., Billsberry, J., eds. *Organizational Fit: Key Issues and New Directions*, West Sussex: John Wiley & Sons Ltd, 2013, pp. 21 – 49.

焦工作重塑这一个体主动的匹配过程,并进一步强调,这种主动匹配过程与被动的匹配结果一致,可以作为解释诸如公共服务动机等个体特征影响工作产出的重要机制。具体而言,高公共服务动机的个体根据其自身对公共利益的追求和改善公共服务的需要,主动进行工作重塑,如通过努力学习提升服务能力、寻求自主权、寻求领导和同事反馈等增加结构性和社会性资源,主动承担额外的工作以增加挑战,减少繁文缛节等不利于公共服务效率提升的阻碍性要求等,以改变工作条件实现其与自身的能力、目标、偏好、需求等相匹配。进一步地,这一匹配的实现将为其进行变革这一积极行为提供必要的支持性条件和机会,包括促进新想法的产生及成功"落地",助推其更多地实践变革行为。访谈中也有基层干部表示,"我所在村的书记已经六十几岁了,仍然要承担很多事情。他就是在其位不仅是谋其职,还在已经完成规范工作的基础上,一直在创新,做一些额外的、需要动用脑筋、需要花费很多精力去完成的事情,去发展好这个村子"(访谈编码:J31)。基于以上分析,提出以下假设:

假设6-4:工作重塑在公共服务动机与变革行为之间具有中介作用,即公共服务动机通过工作重塑对个体变革行为起作用。

二 变革型领导的调节作用

以往的研究认为,工作重塑是被嵌入在组织情境中的,[1] 换言之,工作重塑发挥作用要受到组织情境的限制。因此,本章进一步考虑公共部门中重要的领导风格——变革型领导对工作重塑影响变革行为调节作用。Burns首次提出"变革型领导",并强调该领导类型能够激励下属去追寻更高层次的需求,去追求超越他们自身利益的组织目标。并且,变革型领导通过展现其领导魅力,用鼓舞人心的语言描述和展现组织的愿景和使命,促进组织中的个体对组织愿景和目标的理解和认同。[2]

Bass指出,变革型领导理论有助于理解领导者如何激励下属"做比他们原先期望做的更多的事情"[3]。也就是说,在高变革型领导的条件下,

---

[1] Wrzesniewski, A. and Dutton, J. E., "Crafting a Job: Revisioning Employees as Active Crafters of Their Work", *Academy of Management Review*, Vol. 26, No. 2, 2001, pp. 179 – 201.

[2] Burns, J. M., *Leadership*, New York: Harper & Row, 1978.

[3] Bass, B. M., "Does the Transactional – transformational Leadership Paradigm Transcend Organizational and National Boundaries?" *American Psychologist*, Vol. 52, No. 2, 1997, pp. 130 – 139.

领导者将充当榜样，描绘变革愿景，并鼓励下属使用新方法执行任务，[1] 从而刺激下属在工作中自我发起的变革，加强工作重塑对促进变革行为的作用。正如一名在基层工作多年的干部所提及的，"领导会有一些奇思妙想，会提一些意见，鼓励我们去学习，那我们就会去研究如何提升自己的能力，去解决问题"（访谈编码：J05）。此外，高水平的变革型领导关注下属的需求，为下属的工作重塑创造一个支持性的环境，例如自主性、提供指导和任务资源，[2][3][4] 使得个体获得更多的信心或确定性，从而增强了工作重塑对于变革行为的积极作用。相反，在低水平的变革型领导情境中，主动性的工作重塑不仅会失去领导实质性的支持，甚至会遭到整个组织的抵制。因此，工作重塑对于变革行为的积极作用减弱。基于以上分析，提出以下假设：

假设6-5：变革型领导正向调节工作重塑对变革行为的正向影响。

在假设6-1至假设6-5的基础上，本章提出第二阶段被调节的中介模型，即工作重塑在公共服务动机与变革行为两者之间所发挥的中介作用会受到变革行为的影响。公共服务动机是个体行动的驱动力，能够为工作重塑这一个体匹配组织的自主策略提供动机支持，从而进一步促进了变革行为的提升。而变革型领导作为重要的组织情境变量，对于个体行为具有重要影响，可以使得公共服务动机产生的工作重塑对变革行为影响发挥增强的作用。具体而言，在高变革型领导情境下，个体受到更多的来自领导层面的支持，使得公共服务动机所产生的工作重塑能够对变革行为产生影响；相反，在低变革型领导情境下，个体处于领导层面的限制，从而降低公共服务动机产生的工作重塑对于变革行为的积极影响。所以，本章提出：

假设6-6：变革型领导调节了公共服务动机通过工作重塑影响变革行为的中介作用。具体而言，当变革型领导情境更高时，工作重塑的中介作用会更强；反之则反。

---

[1] Bass, B. M. and Avolio, B. J., *Improving Organizational Effectiveness through Transformational Leadership*, Thousand Oaks, CA: Sage, 1994.

[2] Avolio, B. J., *Full Leadership Development: Building the Vital Forces in Organisations*, Thousand Oaks, CA: Sage, 1999.

[3] Bass, B. M., "Does the Transactional – transformational Leadership Paradigm Transcend Organizational and National Boundaries?" *American Psychologist*, Vol. 52, No. 2, 1997, pp. 130 –139.

[4] Bass, B. M., *Transformational Leadership: Industrial, Military, and Educational Impact*, Mahwah, NJ: Lawrence Erlbaum Associates, 1998.

综上所述，本章的研究模型如图 6-1 所示：

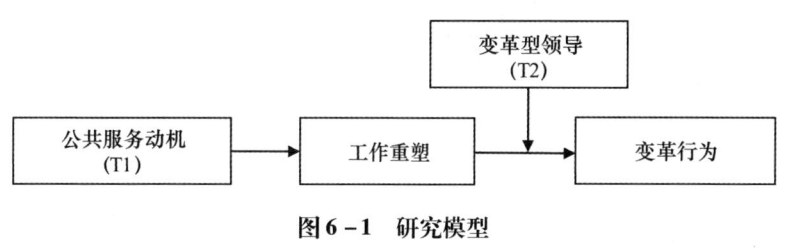

图 6-1 研究模型

资料来源：笔者自制。

三 研究设计

(一) 数据来源

本章以 F 省公务员为调研对象展开研究。近年来，F 省经济发展水平持续提升，各项社会事业平稳发展，政府治理水平不断改善，因而选择 F 省作为调研地具有一定的典型性与代表性，问卷的发放和回收主要借助 X 大学公共事务学院的 MPA 校友资源。为了尽量规避因果估计偏差问题，采用两阶段的问卷发放方式，在 2019 年 1—2 月开始进行第一阶段的问卷调查，主要针对公共服务动机、工作重塑以及相关的人口统计学变量进行调查，共发放问卷 750 份；时隔 3 个月后，本研究进行第二阶段的问卷发放，主要针对变革行为的调研，发放了 450 份问卷。两次问卷相匹配后剔除无效问卷，最终得到有效问卷 209 份。表 6-1 汇报了问卷调查对象的基本信息。从性别分布看，男性公务员为 80 人，女性公务员为 129 人，分别占样本总数的 38.3% 和 61.7%，调查对象男女比例均衡。从年龄分布看，年龄分布集中在 25—34 岁区间，占 77.0%；从学历分布看，普遍学历为本科，占 78.5%；工作年限的分布相对均匀；从职级分布看，多数为科员，占 60.8%；月收入分布上，公务员收入水平主要集中在 5000 元以上，占 69.8%。样本统计分布结果表明，本次问卷调查的样本分布总体上较为均衡，特别是性别、年龄、学历、职级等的占比符合我国现行公务员的总体情况，这使得本研究具有较好的推广意义。

表 6-1 问卷调查对象基本信息

变量	分类	人数	比率	变量	分类	人数	比率
性别	女性	129	61.7%	工作年限	19—29 年	44	21.1%
	男性	80	38.3%		29 年以上	10	4.8%

续表

变量	分类	人数	比率	变量	分类	人数	比率
年龄	24 岁及以下	7	3.3%	职级	科员以下	22	10.5%
	25—34 岁	161	77.0%		科员	127	60.8%
	35—44 岁	30	14.4%		副科	37	17.7%
	45 岁及以上	11	5.3%		正科及以上	23	11.0%
学历	本科以下	45	21.5%	月收入	4999 元及以下	63	30.1%
	本科及以上	164	78.5%		5000—5999 元	52	24.9%
工作年限	5 年以下	51	24.4%		6000—6999 元	40	19.1%
	5—9 年	45	21.5%		7000 元及以上	54	25.8%
	10—19 年	59	28.2%				

资料来源：笔者自制。

（二）变量测量

本次调查问卷使用国外较成熟的测量量表，在大规模调研前，通过与各方专家合作对问卷进行翻译与适用性调整以保证其完整性与准确性；同时通过与被调研对象的预调研与充分访谈，提高问卷的可读性、清晰性，避免由于跨文化产生的歧义。条目的得分由调查对象通过自我判断选择，为避免居中趋势，本研究采用李克特 7 点式量表进行测量，1 代表"非常不符合"，7 代表"非常符合"。3 个变量的最终得分由各条目加总取其均值计算得出，分数越高，则水平越高。

其中，对公共服务动机的测量，使用 Wright 等所采用的测量量表，具体包括"对我而言，从事有意义的公共服务是非常重要的"等 5 个条目。① 对工作重塑的测量，使用 Sora 等开发的量表。其中，增加结构性工作资源包括"我尝试提升自己的能力"等 3 个条目；增加社会性工作资源包括"我主动征询我的领导对我的工作是否满意"等 3 个条目；增加挑战性工作要求包括"当一个有趣的任务出现时，我自荐成为任务中的一员"等 3 个条目；减少阻碍性工作要求包括"我努力确保我的工作在精神上不那么紧张"等 3 个条目。② 对变革型领导的测量，采用了 Ritz 等

---

① Wright, B. E., Moynihan, D. P. and Pandey, S. K., "Pulling the Levers: Transformational Leadership, Public Service Motivation, and Mission Valence", *Public Administration Review*, Vol. 72, No. 2, 2012, pp. 206 – 215.

② Sora, B., Caballer, A. and García - Buades, E., "Validation of a Short Form of Job Crafting Scale in a Spanish Sample", *Spanish Journal of Psychology*, Vol. 21, 2018, pp. 1 – 13.

开发的量表,具体包括"我的上级总是充满激情地谈论需要完成的任务"等3个条目。① 对变革行为的测量,则采用了 Vigoda – Gadot 和 Beeri 所使用的测量量表,包括了"努力地采用改善后的程序来工作"等9个条目。② 同时,本章选择性别、年龄、学历、月收入、职级等5个变量作为控制变量,使用虚拟变量重新编码性别变量("1"代表男性,"0"代表女性),将年龄、学历、月收入和职级等视为连续变量。

第三节 实证结果与分析

一 问卷信度与效度检验

本章采用二阶验证性因子分析、内部一致性系数 Cronbach's α 和区分效度检验来考察量表的信度和效度。首先,本章构建了增加结构性工作资源、增加社会性资源、增加挑战性工作要求和减少阻碍性工作要求4个初阶因子构念聚合到工作重塑的二阶验证性因子模型,模型的拟合度指标如下:$\chi^2/48 = 2.932$,RMSEA = 0.096,TLI = 0.930,CFI = 0.949,表明这4个初阶因子能够较好地聚合到工作重塑。其次,采用 Cronbach's α 对各变量量表的信度进行检验,结果表明,公共服务动机、变革行为、工作重塑、变革型领导量表的 Cronbach's α 分别为 0.871、0.931、0.909 和 0.911,均大于 0.7,即具有较好的信度。

最后,本章采用了验证性因子分析对公共服务动机、变革行为、工作重塑、变革型领导组成的四因子模型进行区分效度检验。该四因子的拟合度指标如下:$\chi^2/df = 2.535$,RMSEA = 0.086,CFI = 0.914,TLI = 0.901,均达到了较高的标准。如表6-2所示,与其他三个模型相比,该四因子模型对实际数据拟合得最为理想。因此,本章所使用的4个变量具有良好的区分效度。并且,四因子模型中所有因子载荷数值大多远远高于 0.4 的一般建议标准,说明同一因子下的测量项目均能够有效地反映出该构念。可见,本次收集的问卷数据具有较高的效度,为后续研

---

① Ritz, A., Giauque, D. and Varone, F., et al., "From Leadership to Citizenship Behavior in Public Organizations: When Values Matter", *Review of Public Personnel Administration*, Vol. 34, No. 2, 2014, pp. 128 – 152.

② Vigoda – Gadot, E. and Beeri, I., "Change – oriented Organizational Citizenship Behavior in Public Administration: The Power of Leadership and the Cost of Organizational Politics", *Journal of Public Administration Research and Theory*, Vol. 22, No. 3, 2012, pp. 573 – 596.

究奠定了良好基础。

表6-2　　　　　　　　　　区分效度检验

因子模型	χ^2/df	RMSEA	CFI	TLI
四因子模型：PSM；CO-OCB；JC；TL	2.535	0.086	0.914	0.901
三因子模型：PSM+CO-OCB；JC；TL	4.604	0.132	0.796	0.768
二因子模型：PSM+CO-OCB+TL；JC	6.919	0.169	0.661	0.619
单因子模型：PSM+CO-OCB+JC+TL	7.792	0.181	0.608	0.563

注："PSM"代表变量"公共服务动机"、"CO-OCB"表示变量"变革行为"、"JC"表示变量"工作重塑"、"TL"代表变量"变革型领导"、"+"代表两个因子合并为一个因子。

二　描述性统计分析

本章主要变量的平均值、标准差和相关系数如表6-3所示。该表显示，公务员公共服务动机与变革行为显著正相关（r=0.288，p<0.001）；同时，公共服务动机与工作重塑也具有较强的正相关关系（r=0.601，p<0.001）；类似地，工作重塑与变革行为呈现显著的正相关关系（r=0.418，p<0.001）。整体而言，上述相关性分析结果初步支持了本章的研究假设6-1至假设6-3。此外，表6-3的结果还表明，变革型领导与公共服务动机（r=0.220，p<0.001）、工作重塑（r=0.463，p<0.001）以及变革行为（r=0.421，p<0.001）均呈现显著的正相关关系。当然，上述单变量分析结果并未控制其他因素的影响，为获得更为稳健的实证证据，接下来本章将进行多元回归分析。

表6-3　　　　　　　　　主要变量相关性分析

变量	均值	标准差	1	2	3	4
1. 公共服务动机	4.842	1.257	1			
2. 工作重塑	5.016	1.034	0.601***	1		
3. 变革行为	5.217	1.057	0.288***	0.418***	1	
4. 变革型领导	4.842	1.495	0.220***	0.382***	0.421***	1

注：*** p<0.001，** p<0.01，* p<0.05，双侧检验。
资料来源：笔者自制。

三 假设检验

（一）公共服务动机与变革行为：工作重塑的中介作用检验

进一步地，本章借鉴 Baron 和 Kenny 的四步检验方法考察工作重塑在公务员公共服务动机与变革行为中的中介作用，[①] 实证结果汇报于表6-4。首先，检验自变量与中介变量的关系，即公共服务动机对工作重塑是否具有显著影响。表6-4中模型1仅检验相关的控制变量对工作重塑的影响，结果显示，仅学历对工作重塑具有显著的负向影响（$\beta = -0.431$，$p < 0.05$）。模型2在模型1的基础上进一步加入了自变量公共服务动机，结果显示，公共服务动机对工作重塑具有显著的正向影响（$\beta = 0.499$，$p < 0.001$），假设6-2得到验证。其次，检验自变量对因变量的主效应，即公共服务动机对变革行为是否具有显著影响。模型3显示所有控制变量均未对变革行为产生显著影响；当进一步加入公共服务动机后，模型4中的控制变量同样对变革行为不具有显著影响，而与已有的研究一致，[②][③] 公共服务动机对变革行为具有显著的正向影响（$\beta = 0.240$，$p < 0.001$），假设6-1成立。再次，检验中介变量与因变量的关系，即工作重塑对变革行为是否具有显著影响。模型5的结果显示，当控制相关的社会人口因素后，工作重塑对变革行为的影响显著为正（$\beta = 0.440$，$p < 0.001$），表明假设6-3成立。最后，同时检验自变量、中介变量对因变量的影响，并根据自变量回归系数和显著性变化判断中介效应是否存在。当加入中介变量后，自变量对因变量的影响仍然显著但回归系数降低，为不完全中介效应；而当加入中介变量后，自变量对因变量的影响不再显著，则为完全中介效应。根据模型6的结果，在同时加入自变量公共服务动机和中介变量工作重塑后，公共服务动机对变革行为的影响虽然仍为正（$\beta = 0.033$），但并未通过显著性检验（$p > 0.05$），表明工作重塑完全中介公共服务动机与变革行为之间的关系，假设6-4成立。

[①] Baron, R. M. and Kenny, D. A., "The Moderator - mediator Variable Distinction in Social Psychological Research: Conceptual Strategic and Statistical Considerations", *Journal of Personality and Social Psychology*, Vol. 51, No. 6, 1986, pp. 1173 - 1182.

[②] Campbell, J. W. and Im, T., "PSM and Turnover Intention in Public Organizations: Does Change - oriented Organizational Citizenship Behavior Play a Role?" *Review of Public Personnel Administration*, Vol. 36, No. 4, 2016, pp. 323 - 346.

[③] 陈振明、林亚清：《政府部门领导关系型行为影响下属变革型组织公民行为吗？——公共服务动机的中介作用和组织支持感的调节作用》，《公共管理学报》2016年第1期。

表6-4　　　　　　　　　工作重塑的中介作用检验

变量	工作重塑		变革行为			
	模型1	模型2	模型3	模型4	模型5	模型6
常数项	5.561***	3.134***	4.920***	3.751***	2.472***	2.449***
1. 控制变量						
男性	-0.029	-0.204	0.131	0.047	0.144	0.131
年龄	0.083	0.057	0.229	0.217	0.193	0.193
学历	-0.431*	-0.368*	-0.084	-0.054	0.106	0.099
职级	-0.199	-0.163	-0.028	-0.011	0.060	0.057
工作年资	0.049	0.048	-0.091	-0.091	-0.112	-0.111
月收入	-0.021	-0.019	0.044	0.044	0.053	0.052
2. 自变量						
公共服务动机		0.499***		0.240***		0.033
3. 中介变量						
工作重塑					0.440***	0.415***
R^2	0.039	0.400	0.013	0.093	0.191	0.192
ΔR^2	0.039	0.361***	0.013	0.080***	0.178***	0.099***
F值	1.367	19.153***	0.437	2.943**	6.782***	5.941***

注：*** $p<0.001$，** $p<0.01$，* $p<0.05$，双侧检验。表中回归系数均为非标准化回归系数。
资料来源：笔者自制。

(二) 工作重塑与变革行为：变革型领导的调节效应检验

根据表6-5中模型2的实证结果，工作重塑对变革行为有显著的正向影响。同时，表6-5的模型3研究显示，工作重塑和变革型领导对变革行为都具有显著的正向影响，回归系数分别为0.317（$p<0.001$）和0.210（$p<0.001$）。为了检验假设6-5，本章进一步在表6-5的模型3中加入了工作重塑和变革型领导的交互项进行回归分析。实证结果表明，该交互项的回归系数在1%水平下显著为正（$\beta=0.185$，$p<0.05$），并且$\Delta R^2=0.021$（$p<0.05$）。因此，根据阶层调节回归分析的三步骤检验方法，变革型领导在工作重塑与个人组织匹配二者关系中具有显著的正向调节作用，即本章的假设6-5得到了支持。也就是说，当公务员处于变革型领导较强的环境中时，工作重塑对于变革行为的影响会明显增强。

表6-5　　变革型领导的调节作用检验

变量	变革行为			
	模型1	模型2	模型3	模型4
常数项	4.920***	2.472***	2.303***	2.385***
1. 控制变量				
男性	0.131	0.144	0.161	0.180
年龄	0.229	0.193	0.139	0.134
学历	-0.084	0.106	0.021	-0.033
职级	-0.028	0.060	0.024	0.025
工作年资	-0.091	-0.112	-0.076	-0.073
月收入	0.044	0.053	0.026	0.021
2. 自变量				
工作重塑		0.440***	0.317***	0.274***
3. 调节变量				
变革型领导			0.210***	0.234***
4. 交互项				
工作重塑 x 变革型领导				0.185*
R^2	0.013	0.191	0.264	0.285
ΔR^2	0.013	0.178***	0.073***	0.021*
F值	0.437	6.782***	8.950***	8.800***

注：*** $p<0.001$，** $p<0.01$，* $p<0.05$，双侧检验。表中回归系数均为非标准化回归系数。
资料来源：笔者自制。

根据 Aiken 和 West 推荐的方法,① 本章绘制了图6-2，更为形象地展现变革型领导在工作重塑和变革行为二者关系中所发挥的调节作用。如图6-2所示，无论是在变革型领导水平高还是低的情况下，工作重塑都对变革行为具有显著的正向影响。并且，在高水平的变革型领导样本组中，直线斜率要明显大于对照组。这说明，个体在面临变革型领导程度不同的情况下，工作重塑对变革行为具有不同的影响，在高变革型领导的情境下，工作重塑对变革行为的积极作用更为明显；反之亦然。因此，图6-2的结果进一步支持了假设6-5。

---

① Aiken, L. S. and West, S. G., *Multiple Regression: Testing and Interpreting Interactions*, Newbury Park, CA: SAGE, 1991.

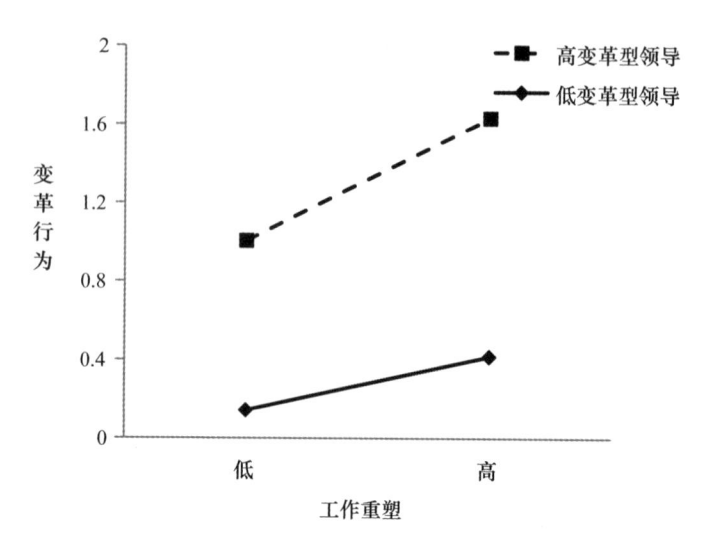

图6-2 变革型领导在工作重塑与变革行为二者关系中的调节作用

资料来源：笔者自制。

进一步地，本章采用 Hayes 提出的 Bootstrap 方法，[①] 将中介和调节效应同时纳入一个分析框架，检验整合后的第二阶段有调节的中介模型。具体分析结果见表6-6所示。可以发现，在高变革型领导下，公共服务动机通过工作重塑影响变革行为的间接效应显著（95%置信区间[0.219，1.370]）；在低变革型领导下，上述间接效应不显著（95%置信区间[-0.510，0.142]）。这说明变革型领导情境越强，工作重塑在公共服务动机和变革行为之间的中介作用越强，即假设6-6成立。

表6-6　工作重塑在变革型领导不同水平上的中介效应

变革型领导	间接效应	SE	95%的置信区间	
低变革型领导	-0.184	0.166	-0.510	0.142
中变革型领导	0.644**	0.227	0.198	1.089
高变革型领导	0.795**	0.294	0.219	1.370

注：* $p<0.05$，** $p<0.01$，均为双尾检验。变革型领导的3个值分别是-1个标准差、均值以及+1个标准差。SE 指标准误。

资料来源：笔者自制。

---

① Hayes, A. F., *An Introduction to Mediation, Moderation, and Conditional Process Analysis: A Regression-based Approach*, New York: Guilford Press, 2018, p.415.

第四节 研究结论与理论启示

一 研究结论

近年来，公共服务动机理论在官僚行为领域的应用越来越受到学者们的关注，本章聚焦变革行为这一特定的官僚行为，检验了公共服务动机对该行为的重要影响及其作用机制。研究发现：首先，与陈振明和林亚清以及 Campbell 和 Im 的结论一致，公职人员的公共服务动机可以显著促进其变革行为；①② 其次，工作重塑对变革行为具有显著的正向影响，并且工作重塑完全中介公共服务动机与变革行为之间的关系，即公共服务动机通过工作重塑对变革行为起作用；最后，变革型领导调节了公共服务动机通过工作重塑影响变革行为的中介作用，当变革型领导情境更高时，工作重塑的中介作用会更强；反之则反。上述实证研究结论也得到了访谈案例的直接支持，下文的案例来自笔者在 J 市 M 社区调研时的发现：

> CLL 是 M 社区党委的一名委员。一直以来她都是个热心肠的人，她认为"帮别人找乐趣，也是我的乐趣"。在服务他人和服务社区的信念驱动下，她积极参与了许多小区环境改造项目。即便部分项目开展困难重重，但 CLL 始终以乐观的心态持续推进，并积极承担那些"最难啃的硬骨头"。此外，在完成任务的过程中，她也会主动寻求同事的帮忙与支持，与所在社区的党委书记进行沟通交流。作为 CLL 的上级，书记也会及时予以反馈并提供有益的指导，还总是充满激情地谈论需要完成的任务，时常鼓励她要不怕困难，勇往直前。来自小区居民的认可也进一步增强了 CLL 解决困难的勇气和信心，不断促使其采取新的方式推进工作。谈及工作，她自豪地说道，"大家都很支持和配合我，这个'四色菜工作法'就是我在工作中自己总结的经验"。

---

① 陈振明、林亚清：《政府部门领导关系型行为影响下属变革型组织公民行为吗？——公共服务动机的中介作用和组织支持感的调节作用》，《公共管理学报》2016 年第 1 期。
② Campbell, J. W. and Im, T., "PSM and Turnover Intention in Public Organizations: Does Change-oriented Organizational Citizenship Behavior Play a Role?", *Review of Public Personnel Administration*, Vol. 36, No. 4, 2016, pp. 323–346.

结合上述案例来看，CLL 之所以进行了变革行为，主要是因为她具有服务他人的信念，即较强的公共服务动机。这种公共服务动机促使 CLL 进行工作重塑，如积极承担挑战性任务、向同事和领导寻求支持，从而为其进行变革行为提供了资源支撑。在此过程中，CLL 的上级所表现出的变革型领导力也正向助推了她变革行为的发生。总体而言，该案例再次佐证了本章的主要研究结论。

二 讨论与理论启示

首先，本章首次探讨了工作重塑对变革行为的影响。特别地，本章的理论分析表明，工作重塑对变革行为具有显著的积极影响，增加资源和寻求挑战关注的是问题识别和新想法产生，而减少阻碍则注重执行力问题，这呼应 Bindl 等所证明的防御导向的工作重塑并不是完全"消极"的；[①] 相反，它能让个体以其自身追求和价值重塑工作，并为特定的动机所驱动，最终有利于个体工作创造性的发挥。

其次，本章首次将公共服务动机、工作重塑、变革行为三者同时纳入公共部门的讨论中，并探讨了工作重塑这一个体主动创造环境匹配的过程在公共服务动机与变革行为之间的中介作用，既深化了公共服务动机理论影响诸如变革行为等官僚行为的影响机制研究，也呼应 Wise 提出的，公共服务动机理论相较于传统的官僚制理论、代表性官僚和公共选择理论为解释某些官僚行为，[②] 特别是那些非正式绩效或承诺所激励的行为提供了独特的视角，进一步深化了公共服务动机理论在研究官僚行为领域的应用。

再次，本章首次验证了变革型领导在工作重塑与变革行为二者关系中的调节作用，扩展了工作重塑发生作用的边界条件研究，呼应了工作重塑的提出者 Wrzesniewski 和 Dutton 强调的，工作重塑会受情境因素的影响而存在方向、强度等的差异。[③]

最后，本章的研究对工作重塑概念的拓展和匹配理论的应用是一个有

[①] Bindl, U. K., Unsworth, K. L. and Gibson, C. B., et al., "Job Crafting Revisited: Implications of an Extended Framework for Active Changes at Work", *Journal of Applied Psychology*, Vol. 104, No. 5, 2019, pp. 605 – 628.

[②] Wise, L. R., "Bureaucratic Posture: On the Need for a Composite Theory of Bureaucratic Behavior", *Public Administration Review*, Vol. 64, No. 6, 2004, pp. 669 – 680.

[③] Wrzesniewski, A. and Dutton, J. E., "Crafting a Job: Revisioning Employees as Active Crafters of Their Work", *Academy of Management Review*, Vol. 26, No. 2, 2001, pp. 179 – 201.

益的补充。以往的研究主要基于角色理论和 JDR 模型对工作重塑进行定义,[1] 本章在此基础上进一步根据匹配理论的观点将工作重塑定义为个人—环境匹配的动态过程,既拓展了工作重塑的概念内涵,也响应 Yu 对加强个体在环境匹配中的主动性研究的号召,进一步丰富了匹配理论的应用范围。[2]

---

[1] Tims, M., Bakker, A. B. and Derks, D., "Development and Validation of the Job Crafting Scale", *Journal of Vocational Behavior*, Vol. 80, No. 1, 2012, pp. 173 – 186.

[2] Yu, K. Y. T., "A Motivational Model of Person – environment Fit: Psychological Motives as Drivers of Change", in Kristof – Brown, A. L., Billsberry, J., eds. *Organizational Fit: Key Issues and New Directions*, West Sussex: John Wiley & Sons Ltd, 2013, pp. 21 – 49.

第七章 公务员变革行为的推进路径

根据第二章提出的公务员变革行为形成机制分析框架，本书第三至第六章分析基于资源保存理论、激活理论、自我决定理论以及匹配理论深入分析了领导成员交换关系、繁文缛节、工作安全和公共服务动机对公务员变革行为的影响效果、影响机制以及影响条件。根据第二章的分析框架以及第三至第六章的实证研究结论，本书将公务员变革行为的形成机制总结凝练为以下四类（如图 7-1 所示）。

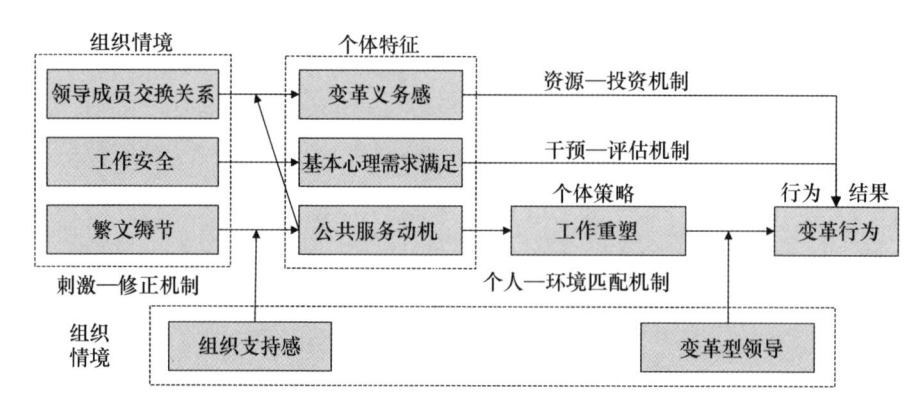

图 7-1 公务员变革行为的形成机制整合

资料来源：笔者自制。

（1）资源—投资机制。由于实施变革行为依赖于一定的资源，因而该行为实质上属于个体的一种资源投资行为。换言之，个体在拥有更多资源时，其实施变革行为的可能性大大增加。第三章实证结果表明，在政府部门中，领导成员交换关系作为重要的情境资源会通过激发公务员的变革义务感进而促使其"投资"于变革行为，且这一过程受到个体公共服务动机的正向调节。

（2）刺激—修正机制。实施变革行为旨在修正组织功能失调的情况，推动组织工作程序、方法和政策完善。当个体面临非理想的组织条件时，可能会被刺激从而发挥其主观能动性，生理本能地采取变革行为这一修正行为。不过，修正行为的效能是有一定限度的，当刺激源过强时，公务员将会减少采取变革行为的意愿。第四章实证结果表明，政府部门中的繁文缛节即为刺激公务员采取变革行为这一修正行为的刺激源，其对公务员变革行为具有倒 U 形曲线的非线性影响，这种影响通过作用于公务员的公共服务动机而实现，并受到组织支持感的调节。

（3）干预—评估机制。变革行为往往由个体自发实施，其形成得益于外部环境中的支持信息强于控制信息；相反，当外部环境中的控制信息强于支持信息时，变革行为通常不易发生。其中，支持信息是指事件传递了鼓励个体自主和胜任的信息，能够促进个体的自主决定能力；控制信息则是指事件被评估为外部压力或诱因，会对个体的思考、感觉或行为带来压力。政府部门为公务员提供的工作安全保障本质上就是政府对公务员进行管理的一种外部干预，公务员会同时接收到这一外部干预所传递的此消彼长的控制信息和支持信息。第五章实证结果表明，工作安全对公务员变革行为具有倒 U 形曲线影响，基本心理需求满足在其中发挥了中介作用，验证了干预—评估机制下变革行为的消解与形成过程。

（4）个人—环境匹配机制。变革行为的自发性特征要求个体拥有较强的内在动机或义务性动机，但其潜在风险的化解又依赖于资源丰富且具有一定挑战性的积极工作环境，这使得该行为的生成需要那些有意愿的个体采取一定的匹配策略创造与自我特征相匹配的积极环境。第六章实证结果表明，公务员的公共服务动机会引导其主动采取工作重塑这一匹配策略以实现个人—环境匹配，从而推动变革行为的实施，而变革型领导调节了这一过程。

上述关于公务员变革行为形成机制的系统研究，一方面印证了本书开篇提出的组织情境与个体特征能够共同作用于公务员变革行为的"协同观"；另一方面也说明，变革行为具有建设性、风险性、自主性等多重特性，这些特性决定了变革行为形成机制的多样性和复杂性。根据上述四类机制，本章归纳并提出了推进公务员变革行为的四种路径，如图 7-2 所示。其中，路径 1 为"强化领导支持，树立变革思维"，包括提升领导干部的变革型领导力、构建高质量的领导成员交换关系两类举措。路径 2 为"破除制度障碍，释放变革活力"，涵盖充分挖掘和利用繁文缛节的积极面、合理精简繁文缛节以控制其负面影响两类举措。路径 3 为"完善制度激励，厚植变革土壤"，涉及强化工作安全保障、推进干部管理专业化两类举措。路径4为"激发内生动力,坚定变革信念",囊括培养和激活公共服务动机、提升变革义务感、促进基本心理需求的满足、鼓励进行工作重塑四类举措。接下来,本章将对这四种推进路径及其对应的具体举措展开详细论述。

```
公务员变革行为
推进路径
├─ 路径1 ── 强化领导支持,树立变革思维
│           具体举措:
│             提升领导干部的变革型领导力
│             构建高质量的领导成员交换关系
├─ 路径2 ── 破除制度障碍,释放变革活力
│           具体举措:
│             充分挖掘和利用繁文缛节的积极面
│             合理精简繁文缛节以控制其负面影响
├─ 路径3 ── 完善制度激励,厚植变革土壤
│           具体举措:
│             强化工作安全保障
│             推进干部管理专业化
└─ 路径4 ── 激发内生动力,坚定变革信念
            具体举措:
              培养和激活公共服务动机
              提升变革义务感
              促进基本心理需求的满足
              鼓励进行工作重塑
```

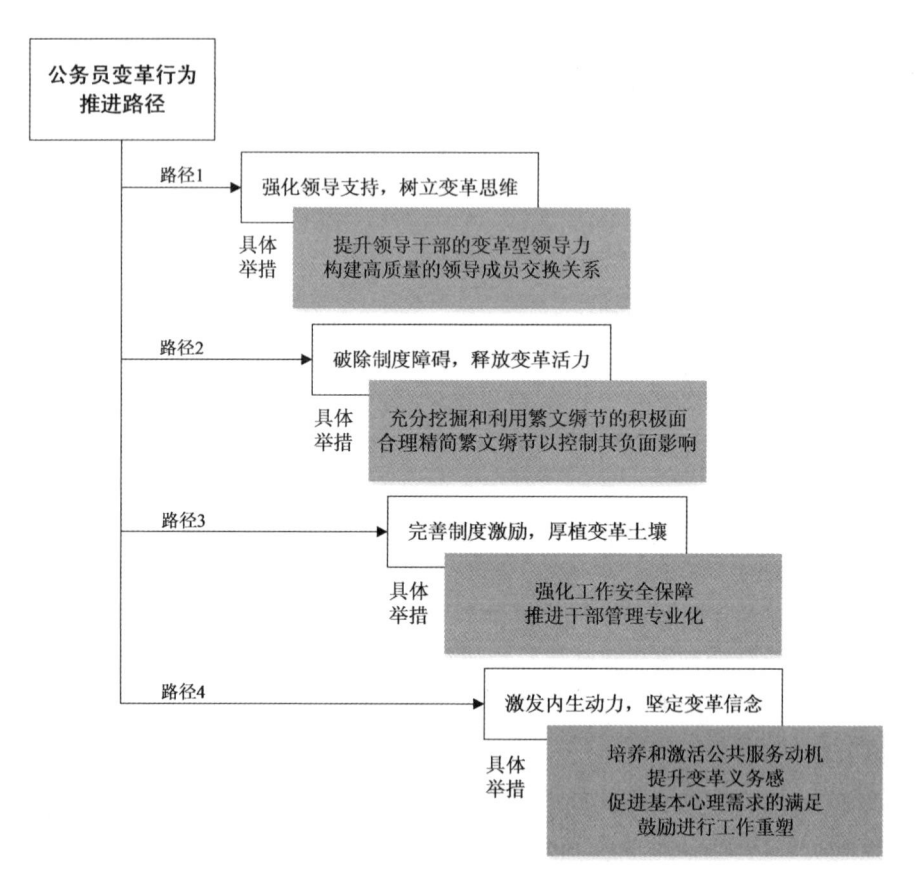

图7-2 公务员变革行为的推进路径

资料来源:笔者自制。

第一节 强化领导支持,树立变革思维

落实主体责任,促进担当作为,激励改革创新,"关键少数"是关键。推动公务员变革行为,要抓住"关键少数"这个"牛鼻子",强化领导干部素质建设。一是要锤炼领导能力,"打铁还需自身硬",各级领导

干部既要当好指挥员，又要当好战斗员，必然要有相适配的能力。二是要处理好与下属的关系，积极构建"清""亲"的领导下属关系，才能有效发挥"领头羊"作用。从实质内涵上看，变革型领导恰好契合了领导力提升的需求，符合改革创新、担当作为的精神实质，而高质量领导成员交换关系的构建则有利于"清""亲"领导下属关系的形成。因此，新时代推动公务员变革行为，有必要从变革型领导塑造和高质量领导成员交换关系构建入手提出解决建议，形成领导驱动力。

一 提升领导干部的变革型领导力

本书第六章的研究发现，变革型领导在工作重塑和公务员变革行为的影响关系中发挥了正向调节作用，即与低变革型领导情境相比，高变革型领导情境会加强工作重塑与公务员变革行为二者之间的关系；并且变革型领导调节了公共服务动机通过工作重塑影响变革行为的中介作用，即高变革型领导情境时，工作重塑的中介作用会更强。上述结论与以往公共部门领域变革型领导的研究一致，公共部门领导者在决策和部署资源以塑造组织方面具有积极作用，[1] 变革型领导对公共部门的运作和效率非常重要。[2] 因此，提升"关键少数"的变革型领导力至关重要，本章从培训、招聘选拔以及优化组织结构三方面入手，通过变革型领导的塑造提升领导驱动力，进而推进公务员变革行为。

（一）通过变革型领导力培训造就大批堪当时代重任的可靠接班人

在中国情境下，干部教育培训是干部队伍建设的先导性工程，对培养造就忠诚干净担当的高素质专业化干部队伍具有不可替代的作用和地位。其中，党政领导干部培训又是党和国家"接班人"培养的重中之重。当前国际形势风云变幻，外部环境阴晴不定，不稳定性、不确定性、复杂性、模糊性的时代特征加剧了政府内外部治理的挑战与难度，如何培养造就一批具有变革精神的领导者是我们有效应对百年未有之大变局的关键。因此，有必要在党政领导班子的教育培训规划中加入变革型领导力的培训内容，重视和鼓励变革型领导的培养。具体而言，第一，在培训内容上，

---

[1] Sun, R. and Henderson, A. C., "Transformational Leadership and Organizational Processes: Influencing Public Performance", *Public Administration Review*, Vol. 77, No. 4, 2017, pp. 554–565.
[2] Orazi, D. C., Turrini, A. and Valotti, G., "Public Sector Leadership: New Perspectives for Research and Practice", *International Review of Administrative Sciences*, Vol. 79, No. 3, 2013, pp. 486–504.

要充分围绕变革型领导的四个维度——理想化影响、动机鼓舞、个性化关怀以及智力刺激来确定相关的培训目标、设计专门的培训课程。其中，对于理想化影响，各级党委和政府要结合实际情况持续加强作风建设和政治纪律培训，组织学习、严格要求各级领导干部贯彻落实中央八项规定精神，以身作则拉紧纪律"高压线"。同时，引导领导者进一步提升人格魅力，在理想信念、道德风范、心理素质、知识修养、言谈举止等方面扮演好"领头羊"角色。对于动机鼓舞，要让各级领导干部学会运用集体主义精神和情感诉求来凝聚下属的努力以实现部门目标。对于个性化关怀，可设计相应的心理课程培养和提升领导者的共情能力，引导他们在日常工作中积极关心下属工作和生活，协调解决其工作和生活中面临的困难。对于智力刺激，要加强领导者的授权意识培训，鼓励领导者通过向下属授权的方式来启发他们提出新见解、新举措、新思路。第二，在培训方式上，要善于运用各式各样的培训方法，努力实现多样性、实效性的统一，真正彰显干部变革型领导力培训教学方法的生命力。一是要根据各级领导干部工作性质、人生阅历、知识背景、理论功底、培训需求等的差异，选择适宜的教学方法。二是可以通过与高校、企业、专业培训机构等第三方组织合作，组织和设计相应的培训计划和培训体系，促进变革型领导的培养和塑造。三是要综合运用讲授法、案例研讨法、角色扮演法、小组互动法等各类方式方法，既要重视理论讲解，也要重视实践运用。第三，还应注重对培训效果进行准确的评估，运用成熟的变革型领导测评体系精准识别每一位参训干部的培训成效。

（二）运用关键事件法、性格测评等方式识别和选拔变革型领导

发现、培养和选拔优秀年轻干部，是加强领导班子和干部队伍建设的基础性工程，也是关系党的事业后继有人和国家长治久安的重大战略任务。因此，除了要加强变革型领导力培训外，领导干部选拔中亦不能忽视对变革型领导力的关注。首先，要根据当前情境进一步优化和发展《党政领导干部选拔任用工作条例》，将干部是否具备担当作为、变革创新的干事创业精神列入领导干部的选拔标准中，从而为加强选拔创新型干部提供纲领性指引。其次，可以对其早期的关键经历进行摸底考察、分析个体是否具备变革导向的领导力。组织（人事）部门应当加强对干部的日常了解，坚持知事识人，把功夫下在平时，多角度、全方位、近距离了解干部是否具备变革型领导力。根据日常记录情况，对领导班子和领导干部进行综合分析研判，为党委（党组）选拔具有变革型领导力的人才提供依据和参考。研究表明，家庭社会化、个人成长经历可能在个体后期变革型

领导力的形成中扮演着重要的角色。① 同时，也可以采用问卷法直接测评备选干部的变革型领导力，或是通过性格测试的方式间接测评。对于后者，考察时应特别注重评估申请者的神经质、外倾性性格，因为研究发现相对稳定的人格特质，如外倾性被证明对变革型领导具有显著的积极影响，而神经质则存在负向影响。② 最后，在人力、物力、财力充足的情况下，组织（人事）部门还可以进驻相关单位，通过直接观察备选干部与同事、下属、领导的互动，记录其相关的行为表现，通过这些表现分析其是否具备变革型领导力的潜质。

（三）推动政府治理体系和治理能力现代化，克服官僚组织结构的不利影响

改革官僚组织结构涉及政府治理模式的转换，这对于克服官僚体制对形塑变革型领导的不利影响具有重要的作用。研究发现，虽然官僚体制控制下的政府组织中变革型领导的适用性和合理性是存在的，但是 Wright 和 Pandey 的研究也表明，科层权威结构越多，横向/向上沟通越弱，实践变革型领导的可能性越低。③ 进一步，有研究还发现，机械化组织在稳定、可预测的环境中运作得更好，有机组织在不稳定、不确定、动荡的环境中运作得更好。④ 针对国际形势风云变幻、国内主要矛盾的转换等变化因素的增加，党和政府有必要改革可能僵化的官僚体制，进一步激发体制机制活力，以更好地培养和塑造足以应对和防范重大风险挑战、推动治道变革的"关键少数"。针对官僚组织结构的问题，彼得斯在总结各国政府改革实践的基础上提出了政府未来的四种治理模式——市场式政府、参与式国家、弹性化政府和解制型政府。⑤ 这四种模式对于促进集中化、正式化等传统组织结构的改革与发展、解决组织内横向和纵向沟通的问题具有一定的启示意义，这也成为培养变革型领导有效的制度性举措。综合来

---

① Bass, B. M. and Riggio, R. E., *Transformational Leadership*, Mahwah, NJ: Lawrence Erlbaum Associates, 2006, p. 93.
② Bono, J. E. and Judge, T. A., "Personality and Transformational and Transactional Leadership: A Meta-analysis", *Journal of Applied Psychology*, Vol. 89, No. 5, pp. 901-910.
③ Wright, B. E. and Pandey, S. K., "Transformational Leadership in the Public Sector: Does Structure Matter?" *Journal of Public Administration Research and Theory*, Vol. 20, No. 1, pp. 75-89.
④ Bass, B. M. and Riggio, R. E., *Transformational Leadership*, Mahwah, NJ: Lawrence Erlbaum Associates, 2006, p. 93.
⑤ ［美］盖伊·彼得斯：《政府未来的治理模式》，吴爱明、夏宏图译，中国人民大学出版社2013年版。

看，可从以下两个方面渐进改革僵化的政府部门，为培养变革型领导提供制度基础。第一，将"关键少数"的培养与干部队伍建设、党的政治学习和主题教育相结合，切实深入学习贯彻习近平新时代中国特色社会主义思想主题教育精神，更好地发挥"关键少数"的"关键作用"。鼓励"关键少数"践行党的初心和使命，并将这种以身作则、标杆示范作用以上率下层层传递，为下级做好先锋模范作用。第二，加强数字政府建设，坚持以标准化、信息化赋能政府内部管理实践，推动政府工作更加规范、更富质量、更有效能，倒逼广大领导干部为适应外部环境变化而自发学习新技能、新观点，自觉强化自身的变革型领导力训练。适当汲取新公共管理中的企业化运作思维，提升政府部门的预见性、使命感、事业心，建立与改革创新精神相匹配的政府组织文化。通过强化领导的改革创新精神，塑造敢于变革、勇于担当的新时代领导干部，从而推进政府部门内变革型领导的培养与发展。

二 构建高质量的领导成员交换关系

如前所述，高质量的领导成员交换关系以高水平的互相信任、尊重和义务为特征，它可以进一步加深个体对组织环境与情境的理解认知，让个体获得更多的心理安全感和组织支持感。[1] 第三章的实证研究发现，领导成员交换关系能够显著地提升公务员的变革行为，这为培养勇于担当、敢于创新的公务员提供了新的思路，具体可以从以下两个方面构建领导成员交换关系以提升领导驱动力，进而推进公务员变革行为。

（一）转变领导思维，由单向管理向互动式管理迈进

作为"关键少数"的领导干部，应转变领导思维，实现自上而下单向管理向以高质量领导成员交换关系为基石的互动式管理迈进。政府部门领导要努力提升与成员的交换关系水平，尽可能和更多的下属建立起亲密的互动关系，增强公务员对组织的情感归属与信任，以使得他们更加敢于担当，对工作进行创新性的变革。然而，现实情境中，由于时间、精力等方面的限制，领导与下属会形成不同的交换关系，其只能选择一部分成员建立起亲密关系。因此，政府各级领导者需要不断提升领导能力、转变领导思维，合理分配时间、精力，有效改善领导成员交换关系，实现上下级

---

[1] Dulebohn, J. H., Bommer, W. H. and Liden, R. C., "A Meta-analysis of Antecedents and Consequences of Leader-member Exchange: Integrating the Past with an Eye toward the Future", *Journal of Management*, Vol. 38, No. 6, pp. 1715-1759.

之间互动式管理，强化相互间的沟通、学习和塑造，从而为激励下属变革行为提供支持。具体而言，一是要建立制度化的谈心谈话制度，领导者应克服"提要求、压担子、要结果"的习惯性思维，经常到干部中间去，通过与下属谈心交流做到"思想上解惑、精神上解渴、心理上解压"。二是要在生活上多关心下属，真心实意帮助下属解决实际困难，让他们干事创业后顾无忧，从心感受到部门温暖，更有干劲和作为。三是要在工作上多予以指导和帮助，对于难度高、要求多的任务，可适当开展参与式管理，由领导与下属共同商讨如何完成而非加压式将任务直接打包给下属。

（二）提供专业化培训，帮助领导与下属建立"清"上加"亲"的高质量关系

与变革型领导一致，高质量的领导成员交换关系亦可通过有针对性的领导培训来实现。领导成员交换训练特别有助于将"圈外"成员转变为"圈内"成员，构建与下属间"清"上加"亲"的高质量关系。根据已有的研究，一项完整的领导成员交换训练计划应包含以下两个方面的内容：一是对领导成员交换关系形成过程及功效的理解，要让领导者清楚关于高质量领导成员交换关系的重要性，以及哪些行为有助于促进建立高质量的上下级关系；二是具体训练内容，可以通过专题讨论会、角色扮演、情景模拟等途径来加以改善上下级之间的关系。[①] 当然这种训练还要针对领导成员交换关系不同发展阶段的特点进行调整。当下属刚刚入职时，初期阶段的焦点主要是促进上下级之间在"工作期望"方面的交流，使下属能尽快明确和进入工作角色，积极完成本职工作（任务型担当）。随着新成员对工作环境的逐渐熟悉，领导者要积极引导他们积极承担一定的角色以外的任务，鼓励他们勇担改革重任（变革型担当），尽可能地将其从"圈外"纳入"圈内"，构建"志趣相同"、"志同道合"、共同致力于"为中国人民谋幸福、为中华民族谋复兴"伟大政治理想的"清""亲"关系。

第二节 破除制度障碍，释放变革活力

在全面推进国家治理现代化水平的时代背景下，加强制度建设势在必

[①] Sonnentag, S. and Pundt, A., "Leader-member Exchange from a Job-stress Perspective", in Bauer, T. N. and Erdogan, B., eds. *The Oxford Handbook of Leader-member Exchange.* Oxford, England: Oxford University Press, 2015, pp. 189-208.

行。毋庸置疑，制度既需要不断完善，也需要"精简瘦身"，破除制度障碍，从而释放公务员活力。完善制度建设、推进国家治理体系和治理能力现代化的一项重要内容便是为基层减负，让广大干部从繁文缛节、文山会海、迎来送往中解脱出来。进一步地，结合本书第四章的研究结论，由于制度建设的复杂性，在进行"刀刃内向"的改革时我们需要具备辩证的眼光，全面地审视繁文缛节对于变革行为的影响。

一 充分挖掘和利用繁文缛节的积极面

繁文缛节真的都是病理性的吗？本书的答案是不一定。它在低水平时对公务员的公共服务动机和变革行为具有一定的激活作用。有鉴于此，政府部门在进行制度建设时，要对繁文缛节有一个系统清晰的认识，不仅要关注其负面影响，也要充分挖掘和利用其积极的一面。

（一）全面认识和理解繁文缛节

繁文缛节作为一种"变坏了的"规则，无论是在国外公共组织还是我国党政部门都广泛存在。中国情境下，繁文缛节在实践中表现为过度填表、频繁迎检、会海战术、多头指导等，常与形式主义、文牍主义、痕迹主义、文山会海等词交替使用，引发诸如"程序胜于结果""各单位疲于应对迎检工作和数据造假""公民过高的行政负担"等多重治理难题。[1] 应当指出的是，虽然繁文缛节对个体态度和行为及组织绩效带来了许多危害，但仅仅关注其负面效应却有失偏颇。[2] 本书的第四章"激活视角：从刺激源到变革行为"也证明了这一观点。从整体来看，如果某些重要组织目标（如问责制、透明度或可预测性）的实现需要以产生繁文缛节为代价，[3] 那么繁文缛节的存在不可避免。Kaufmannh 和 Howard 研究指出，政府部门的繁文缛节可能是为充分问责而进行的间接投资；并且，过多地减少繁文缛节很可能导致政府的任意和反复无常的行为，并滥用公众的信

---

[1] 李倩：《政府绩效评估何以催生基层繁文缛节负担？——基于多层级治理视角》，《中国行政管理》2022 年第 7 期。

[2] Kaufmann, W., Borry, E. L. and Dehart – Davis, L., "More than Pathological Formalization: Understanding Organizational Structure and Red Tape", *Public Administration Review*, Vol. 79, No. 2, 2018, pp. 236 – 245.

[3] Kaufmann, W., Borry, E. L. and Dehart – Davis, L., "More than Pathological Formalization: Understanding Organizational Structure and Red Tape", *Public Administration Review*, Vol. 79, No. 2, 2018, pp. 236 – 245.

任。① 与此同时，繁文缛节还具有一定好处。有学者认为，对官僚机构施加复杂的规章制度，可以减少偏袒和自由裁量权，从而遏制腐败。② 在中国情境下，"文牍"是实现特定绩效的控制手段和信息沟通的重要方式，也是上级政府确保下级政府实现治理绩效的必要手段，专项任务设计、分配、管理、检查等工作均需直接或间接地依托各类文件来实现。另外，有研究认为繁文缛节带有主观建构性，某一个体感知的繁文缛节可能是另一个体避免利益受损的"保护伞"。③④ 此外，根据本书的研究结论，适当的繁文缛节能够"激活"公务员实施变革行为的动机。

鉴于此，尽管繁文缛节的成本可能很高，但并没有学者建议完全消除繁文缛节。有学者提出，政府部门中可能存在一个积极的繁文缛节的社会最佳水平。⑤ 换言之，本书研究的目的既非主张一刀切地完全消除繁文缛节，也非为繁文缛节"正名"。相反，我们更提倡以一种辩证的眼光看待繁文缛节在我国政府部门中的位置，将其视为各级政府在政策制定和执行过程中应当予以考虑的一个方面。

(二) 充分利用繁文缛节积极的一面

根据第四章的研究结果，繁文缛节作为一种组织背景，不单单仅有限制作用，当其水平较低时还发挥了激活作用，它能够激发个体产生修复的动机与行为，这进一步佐证了第一点建议中强调的——各级管理者要形成对繁文缛节全面清晰的认识，充分利用其积极的一面。当然，该结论的意义不在于推进繁文缛节以刺激变革行为，而在于让规则制定者意识到在繁文缛节产生的早期，变革行为会随之增加。因此，政府部门应该在公务员繁文缛节感知较低的情况下，汲取变革行为所带来的改进建议，避免繁文缛节感知过高时造成的一系列负面影响。为此，一方面，政府在干部队伍管理中要重视和激发公务员的变革行为等个体能动性，使得这些行为能够发挥对低水平繁文缛节的修正作用。这种个体能动性的发挥可以与党内干

---

① Kaufmann, W. and Howard, P. K., *Red Tape: Its Origins, Uses, and Abuses*, Washington, DC: The Brookings Institution, 1977.
② Guriev, S., "Red Tape and Corruption", *Journal of Development Economics*, Vol. 73, No. 2, 2004, pp. 489 – 504.
③ Waldo, D., "Government by Procedure", in Marx, E. M., ed. *Elements of Public Administration*, Eaglewood Cliffs, NJ: Prentice Hall, 1959, pp. 352 – 370.
④ Kaufmann, W. and Howard, P. K., *Red Tape: Its Origins, Uses, and Abuses*, Washington, DC: The Brookings Institution, 1977.
⑤ Guriev, S., "Red Tape and Corruption", *Journal of Development Economics*, Vol. 73, No. 2, 2004, pp. 489 – 504.

部的批评与自我批评、党的自我革命等优良传统相结合，以这种党内优良传统促进直面问题、修正错误、总结经验的变革行为，从而修正无效、没有实质意义的繁文缛节。另一方面，政府还应构建配套措施来保证公务员变革行为的这种修正作用能够得到有效发挥，如建立畅通的沟通渠道，鼓励公务员的变革行为，及时地对可能出现的繁文缛节做出调整与改进。同时，健全容错纠错机制，为广大干部的变革行为等担当作为保驾护航，使得变革行为能够及时地发挥修正作用，防止繁文缛节越发严重。

二 合理精简繁文缛节以控制其负面影响

当然，繁文缛节感知对于变革行为最终具有负向影响，迫使公务员放弃对组织的修正行为。并且，从第四章的实证结果来看，繁文缛节的中位数超过了极值点，即其总体上已开始对变革行为产生了限制作用。因此，政府部门更要重视降低公务员感知的繁文缛节，适时地重新审视已有的工作程序和规则，认真评估其必要性与运行效率，精简烦冗、低效的规章程序。

（一）寻找繁文缛节大量生产的制度诱因，对症下药根治繁文缛节

鉴于繁文缛节对组织和员工的破坏性影响，组织必须避免和剪除那些不必要的繁文缛节。针对其产生的原因，本章认为，可以从以下两点出发提出解决措施：

第一，形成高效的结果控制，尽可能减少过程控制。从全世界范围来看，繁文缛节之所以在政府部门中被大量生产，主要源于政府部门目标的模糊性、复杂性和多元性。[1] 在中国的压力型体制下，为了增强对下级的控制，诸如走访记录、档案管理、规划册路线图的制作与摆放情况等过程类、规则类指标更容易在下放中被层层加码，数量、比例和强度不断升级，而结果类指标则在推进过程中逐渐弱化。[2] 比如，在河长制落实考核中，上级将提供"开会证明""文件证明"作为主要验收方式，实际上这为基层政府通过大量制作文件、操纵信息以完成考核任务提供了深厚的土壤和契机。针对此问题，政府可适当借鉴新公共管理运动的经验，从增加结果控制、减少过程控制两方面入手逐渐破除繁文缛节生长的土壤：一是

---

[1] Rainey, H. G. and Steinbauer, P., "Research Note: Public and Private Managers' Perceptions of Red Tape", *Public Administration Review*, Vol. 55, No. 6, 1995, pp. 567–574.

[2] 李倩：《政府绩效评估何以催生基层繁文缛节负担？——基于多层级治理视角》，《中国行政管理》2022年第7期。

尽可能地制定清晰明确的工作或组织目标对公职人员进行规范，形成高效的结果控制，在绩效考核中坚持以效益为原则、明晰和抓住关键指标，对关键指标赋予更多的权重，防止出现以规则主义替代结果主义的目标替代行为。二要逐步减少繁重的过程控制，比如，在发文上严格控制发文数量、文件篇幅、行文标准和发放范围，在开会上将"少开会、开短会、开管用的会"作为准则，在材料报送上要防止多头重复向基层要材料，以此削减由于目标设置不当和层层加码导致的繁文缛节，让公务员有更多的时间和精力投入学习与创新，为组织应对快速变化环境中的复杂问题挑战进言献策。

第二，建立规则清单，实行对规则的动态管理。很大程度上，许多后天形成的繁文缛节正是由于许多规则"过期"后仍然倾向于稳定化和固化，没有及时被清理所致。因此，政府部门有必要梳理、识别和剪除组织中存在的繁文缛节，审慎评估公务员的工作程序和规则，及时调整或废止低效、反生产的制度规章。尤其是针对那些后天变坏的规则，政府部门必须与时俱进，及时颁布减负通知，根据环境的变化适时将这些繁文缛节在规则清单中清除而不是任其自由存在于组织中，成为阻碍公务员变革创新、干事创业的制度壁垒。

（二）从"人"出发，提升规则制定者科学定规的意识和能力

繁文缛节的产生有时也源于"人"的因素，在现实的规则制定中，领导者往往因为其科层主义思维惯性、对显性绩效的追求或专业能力的缺陷，有意或无意便成为繁文缛节的缔造者。①② 针对人为导致的繁文缛节，本书提出可从以下三个方面进行治理：第一，匡正政绩观。形式主义、官僚主义源于规则制定者政绩观错位。为此，应深化源头治理，切实加强干部思想教育，把对上负责与对下负责统一起来，坚持以最广大人民利益为中心制定规则，使得规则成为公务员参与变革创新的激励而非约束。第二，提升规则制定者胜任力。从该方面寻找剪除繁文缛节的突破口，需要对规则制定者进行相关的心理和能力培训，引导其建立正确的规则意识，正视手中的规则制定权，并提高相关能力素养，从源头把控规则设计。第三，可以引导规则制定者树立参与式管理的定规思维，如鼓励他

---

① Rainey, H. G. and Pandy, S., "Research Note: Public and Private Managers' Perceptions of Red Tape", *Public Administration Review*, Vol. 55, No. 6, pp. 567-574.
② Kaufmann, W. and Howard, P. K., *Red Tape: Its Origins, Uses, and Abuses*, Washington, DC: The Brookings Institution, 1977.

们积极放权，激发基层公务员为改善组织程序、方法、规则提出建设性意见和建议，强化与执行者之间的沟通交流、清晰目标、资源支持来改变下属对规则的理解和认识，降低组织成员对繁文缛节的感知，或减少繁文缛节对其工作过程的干扰。

（三）加强数字政府建设，利用信息技术为剪除繁文缛节赋能

随着数字时代的到来，信息技术被用来作为治理繁文缛节的现代化工具而越来越受到各国政府的青睐。党的十八大以来，党中央、国务院着眼于推进国家治理体系和治理能力现代化的发展全局，准确把握全球数字化、网络化、智能化发展趋势和特点，在驱动数字政府建设、创新政府治理理念和方式上取得了广泛的成就。"最多跑一次""一网通办""不见面审批""接诉即办"等工作模式的推行，为减少"政府—民众关系"层面的繁文缛节积极催化赋能。然而，政府内部管理方面的繁文缛节却收效甚微，甚至有进一步加剧恶化的趋势，基层减负越减越重、效果不彰，特别是现阶段繁文缛节已经对公务员变革创新、担当作为构成了结构性制约，严重影响了党和国家政策目标的实现。因此，下一阶段的工作，应当积极吸收数字政府在减轻服务对象繁文缛节感知方面的经验，将信息化技术嵌入政府内部治理模块，使其成为减轻公务员特别是基层公务员规则负担的"金钥匙"。①② 具体而言，首先，要利用信息技术再造组织结构，逐步实现从集中化、层级化向适应新时代的分权化、扁平化形态过渡。通过促进历史记录资料、资源与程序等信息在不同层级流动和减少业务流程和行政链条来清除组织内部繁文缛节滋生的土壤。其次，要打造数据互联互通的网络化、一体化、集约化综合性数据平台，实现纸质数据向电子数据转换、材料一次报送和传输，删减不必要的纸质文件和证明，避免重复提交材料，切实为公务员松绑减负，帮助他们摆脱囿于无效规则束缚而无法全身心投入干事创业的陷阱。再次，利用信息技术重塑原有的绩效管理模式，推动组织任务和目标以量化形式呈现，从而减少因组织目标不清晰、任务不明确而导致的繁文缛节，不过也要注意避免考核中出现"数字形

---

① Gore, A., "Creating a Government That Works Better and Costs Less: Reengineering through Information Technology", *Report of the National Performance Review*. Washington, D. C.: U. S. Government Printing Office, 1993.

② Moon, M. J. and Bretschneider, S., "Does the Perception of Red Tape Constrain IT Innovativeness in Organizations? Unexpected Results from a Simultaneous Equation Model and Implications", *Journal of Public Administration Research and Theory*, Vol. 12, No. 2, 2002, pp. 273 – 291.

式化"。最后,政府部门也应辩证看待信息技术治理繁文缛节的"双刃剑"效应,在运用其简化政府流程、减少繁文缛节的同时,也要警惕其可能产生数字繁文缛节而加重组织繁文缛节的负面影响。

第三节 完善制度激励,厚植变革土壤

制度激励是制度建设的另一个面向,具体涉及工作安全和专业化管理两个方面。对工作安全的讨论是公共部门一个经典且有趣的议题,除了带来更高的组织承诺外,工作安全亦是推动公务员变革创新的核心动力。相形之下,干部队伍的专业化管理则是一个新兴议题,"努力造就一支忠诚干净担当的高素质干部队伍"显然离不开专业化的管理实践,战略性人力资源管理框架则为此提供了有益的借鉴和启示。[①]

一 强化工作安全保障

一直以来,提供工作安全是公共部门区别于私营部门最重要、最突出的制度激励之一,研究表明追求工作安全是个体选择公共部门的关键因素。但近年来,随着干部管理制度改革的推进和外部环境的变化,工作安全的内涵发生了巨大的变化。本书第五章的研究结论发现,公务员工作安全与其变革行为二者之间存在 U 形曲线关系,该结论既从理论上解释了这一变化,也为新时代政府如何调适激励与约束机制进行工作安全管理以激励公务员变革行为提供了实践启示。

(一)树立"破""立"统一的干部管理制度改革思维

本书第五章通过对工作安全动态变化的讨论,为干部管理制度改革中的"破""立"以及"破立统一"提供了启示。打破我国计划经济"铁饭碗"的用工和分配模式,建立巡视督查、行政问责、引咎辞职等约束机制是"破",破除了公务员的就业终身制和牢固的雇佣关系。然而,这种"破"会削弱公务员的工作安全,往往传递着政府对他们的约束控制信息。尽管这在一定程度上可能会激发公务员危中求机的意志,但长期的高压环境更多带来的是耗竭、疲惫、紧张和焦虑,并非长远之计。因而,此时如果没有及时为公务员划出干事创业的"安全线",建立变革创新的

[①] 刘帮成、陈鼎祥:《何以激发基层干部担当作为:一个战略性人力资源管理分析框架》,《公共行政评论》2019 年第 6 期。

激励机制,那么纯粹的"破"并不意味着可持续的变革行为。换言之,如果"立"不到位,危机感的减轻反而会使公务员倾向于采取保守的行动策略;相反,只有"立"得到位、"立"得深入、"立"得恰到好处,才能从根本上增加工作安全的支持信息效应,真正激发公务员变革行为的积极性和行动力。因此,党和政府要"立",完善激励机制和容错纠错机制,提高公务员对工作前景的预期,让工作安全的信息效应得到加强。总而言之,干部管理制度改革应当秉持"破立统一"的思维,"破"是为了铲除懒政怠政的沉疴流弊,"立"是为了建立担当作为新风尚,不破不立、破而后立,才能构建有效控制和有效激励辩证统一相结合的干部管理制度。

(二) 以容错纠错机制为桥梁,践行约束和激励机制并行的管理思想

研究发现,工作安全对个体变革行为具有显著的U形曲线影响,特别是在高工作安全下,公务员的这种建设性行为亦随之增加。然而,根据第五章的实证结果,工作安全的均值3.795,并未超过工作安全积极影响变革行为、基本心理需求满足最低取值5.752和6.366。换言之,目前公务员所感知的工作安全仍然不足以能够对其变革行为、基本心理需求满足产生积极的影响。因此,在强调干部变革担当的时代背景下,政府仍然任重道远,需要提高公务员的工作安全感知,构建科学的约束与激励并行的干部管理体系。公务员的工作安全感知与干部队伍建设中的约束与激励机制密切相关,因而如何对这两种机制进行动态调适以为公务员创造"稳"的环境来提升其"变"的积极性,对新时代的干部管理提出了挑战和要求。特别是在约束机制成为悬在公务员头上的"达摩克利斯之剑"的同时,更要运用好容错纠错、关心关爱等激励机制,减少其被压迫感和被控制感,将变革创新的意义归结为自我的内在追求和对组织的积极回报。

在这种情况下,尤其要厘清约束和激励机制的功能定位,以容错纠错机制等为桥梁,更好地实现约束与激励机制并行的管理思想。其中,约束机制在于为公务员基本的行为职责划清底线,但是由于惩戒效应的溢出可能使其成为公务员变革行为等担当作为的"拦路虎";激励机制则是鼓励公务员完成本职工作的同时积极探索和承担本职工作之外的任务,勇于创新的过程中就会出现各种不确定性,犯错的可能性大大增大,使得公务员举步维艰,对于变革行为等担当作为望而生畏。因此,容错纠错机制的建立就格外重要,能够明晰诸如变革行为等担当作为过程中的底线,提高公务员的工作安全感知,从而更好地支持公务员激励机制积极作用的发挥。

（三）强化变革行为的制度激励建设

虽然党和政府将约束与激励并行作为干部队伍管理的重要思想，但是，现实中公务员往往感受到了"监督过硬，激励过软"的现实。[①] 一方面，2013 年以来党和政府制定了一系列规定条例用以规范党员干部的工作职责，具体包括《中国共产党纪律处分条例》（2003 年）、《推进领导干部能上能下若干规定》（2015 年）、《中国共产党巡视工作条例》（2015 年）、《中国共产党问责条例》（2016 年）、《中国共产党党内监督条例》（2016 年）和《干部选拔任用工作监督检查和责任追究办法》（2019 年）等；另一方面，为了鼓励广大干部干事创业，近年来出台了一系列激励干部担当作为的法律、法规与意见，例如出台了《关于进一步激励广大干部新时代新担当新作为的意见》（2018 年）、《中华人民共和国公务员法》（2019 年）、《公务员职务与职级并行规定》（2019 年）等。以上分析可以发现，监督等惩戒型的管理制度远远多于鼓励担当作为的激励型管理制度，由于激励机制建设还处于探索阶段，导致了约束与激励失衡的管理现状，这也支持了第五章所得出的目前公务员工作安全感知的水平不足以促进其基本心理需求满足、变革行为的结论。

在这一背景下，构建有效的干部担当作为激励机制就尤其重要。自我决定理论着力于探讨如何激发个体能动性和自主动机，使得个体勇于挑战和追求自我发展成长，将该理论运用于分析担当作为显然高度契合党中央对干部担当作为的政策精神和内在要求，也可以使得公务员变革行为等担当作为更加具有创造性和持久性。[②] 因此，本书的研究结论为我国干部队伍建设提供了一种新的激励思路。具体而言，党和政府在激发个体自主动机时，要关注构建支持基本心理需求满足的外部环境。在已有惩罚威胁、控制型评估和监控等约束机制基础上，重视强有力的支持自主需求、胜任需求和关系需求的激励制度建立，例如建立和完善关注公务员成长和职业发展的干部交流体系、进行有效的谈心谈话活动保证有效的沟通、将公务员平时考核和年度考核的结果运用于公务员个人能力开发等等。在此基础上，保证公务员能够充分地了解党和政府对于公务员担当作为的激励信息、支持信息，促进公务员担当作为激励机制的建立与完善。

[①] 胡仙芝：《廉政风暴会不会减弱官员干事动力》，《人民论坛》2014 年第 7 期。

[②] Gagné, M. and Deci, E. L., "Self-determination Theory and Work Motivation", *Journal of Organizational Behavior*, Vol. 26, No. 4, 2005, pp. 331–362.

二 推进干部管理专业化

干部队伍管理走向专业化是推进国家治理体系和治理能力现代化的必然要求。公务员变革行为的推进和公共服务动机的培养等都与战略人力资源管理密切相关,工作安全也是战略人力资源管理实践形式的重要组成。因此,在制度激励中,本章以战略人力资源管理视角为切入点,讨论专业化干部队伍管理如何推进公务员变革行为。战略人力资源管理是一种"帮助组织完成目标的有规划的人力资源配置活动模式"[1],是人力资源专业化管理的高级阶段。本章将通过以下四种路径,系统地讨论如何通过战略人力资源管理的应用推动公务员变革行为。

(一)促进变革行为成为纳入正式工作要求的角色内行为

行为视角的人力资源管理研究中,假设战略决定了人力资源实践,各种人力资源实践塑造了员工的角色行为,从而有利于企业产出(如组织绩效)的提高。因此,人力资源管理应该去引导和加强不同组织战略所需要的行为。[2] 在行为视角下,人力资源管理实践是传递组织对个体行为要求的重要组织政策,能够传递给个体组织所期望的个体行为信息。以往研究也发现,无论是角色内行为还是角色外行为,只要个体将这些行为视为其本职工作中的一部分,他们就会更加愿意去参与。[3][4] 而人力资源管理在改变个体这种角色认知中发挥了积极的促进作用。[5] 因此,在采用公共人力资源管理促进公务员变革行为时,要努力通过在公共部门中人力资源管理实践的运用,改变个体的角色感知,将变革行为纳入担当作为的范畴,使其成为公务员必须履行的一种职责,探索拓展公务员绩效考核体

---

[1] Wright, P. M. and McMahan, C. C. , "Theoretical Perspectives for Strategic Human Resource Management", *Journal of Management*, Vol. 18, No. 2, 1992, pp. 295 – 320.

[2] Wright, P. M. and McMahan, C. C. , "Theoretical Perspectives for Strategic Human Resource Management", *Journal of Management*, Vol. 18, No. 2, 1992, pp. 295 – 320.

[3] Coyle – Shapiro, J. A. M. , Kessler, I. and Purcell, J. , "Exploring Organizationally Directed Citizenship Behaviour: Reciprocity or it's My Job?" *Journal of Management Studies*, Vol. 41, No. 1, 2004, pp. 85 – 106.

[4] Jiao, C. , Richards, D. A. and Hackett, R. D. , " Organizational Citizenship Behavior and Role Breadth: A Meta Analytic and Cross – cultural Analysis", *Human Resource Management*, Vol. 52, No. 5, 2013, pp. 697 – 714.

[5] Wang, C. H. , Baba, V. V. and Hackett, R. D. , et al. , "Employee – experienced High – performance Work Systems in Facilitating Employee Helping and Voice: The Role of Employees' Proximal Perceptions and Trust in the Supervisor", *Human Performance*, Vol. 32, No. 2, 2019, pp. 69 – 91.

系,将变革行为纳入"绩"的内容,更好地推动公务员担当作为。虽然中共中央组织部2020年新修订的《公务员考核规定》将"敢于担当、甘于奉献"等列入公务员考核内容,但是对于如何系统构建相关考核评价体系尚未明确细则。相关部门可以结合人力资源管理学科中的绩效管理专业知识,从绩效指标设计、权重确定、评价方法等方面着手,推动建立健全变革行为等公务员担当作为的考核评价体系。同时,可以通过人力资源管理的奖励、晋升、选拔和培训等职能去传递组织对于这种行为的重视与鼓励,从而改变公务员认知中的工作职责范围。

(二)打造促进公共服务动机的战略人力资源管理实践

考虑到公共组织和私营组织的差异,不能一味地在公共管理领域模仿最佳人力资源管理实践或是高绩效工作系统。而是应该结合公共组织特殊的制度背景(例如制度、政治和文化背景),去探索能够提升公共组织绩效、公共服务质量的人力资源管理实践。[1] 同样地,也要结合公共组织特殊的制度背景去考虑人力资源管理实践的设计,促进公务员的变革行为。例如,以往研究发现,政府部门的个体更加地依赖于公共服务动机和内在动机去履行自己的职责。因此,要重视公共服务动机这一政府部门情境下特殊的个体动机类型。本书第五章的实证研究发现,工作安全这一人力资源管理实践达到足够的水平能够积极促进基本心理需求满足从而提升变革行为,这一结果与高绩效工作系统促进基本心理需求满足的实证研究具有一致性。[2] 鉴于此,在运用公共部门战略人力资源管理促进公务员变革行为的过程中,要注意对公务员基本心理需求的满足。结合自我决定理论,高绩效工作系统不能仅仅是一种外部激励,而且需要同时扮演支持需求满足的支持型外部环境,进而促进公务员变革行为的角色,例如将工作安全纳入战略人力资源管理的系统中。鉴于此,在实践中,应积极探索如何采用战略人力资源管理提升广大干部、公务员的公共服务动机,满足其基本心理需求,为变革行为的发生提供制度支持。具体地,可以将提升公共服务动机和满足基本心理需求作为实施战略人力资源管理的目标,通过选拔与甄选、培训、考核和薪酬激励等人力资源管理实践予以支持,更有针对性地发挥战略人力资源管理激励个体的战略作用。

---

[1] Perry, J. L., Engbers, T. and Yun, S., "Back to the Future? Performance–related Pay, Empirical Research, and the Perils of Persistence", *Public Administration Review*, Vol. 69, No. 1, 2009, pp. 39–51.

[2] 曹曼、席猛、赵曙明:《高绩效工作系统对员工幸福感的影响——基于自我决定理论的跨层次模型》,《南开管理评论》2019年第2期。

(三) 加强公共部门战略人力资源管理实践的垂直匹配和水平匹配

战略人力资源管理强调人力资源管理实践的垂直匹配和水平匹配。其中，垂直匹配是指人力资源管理实践要与组织目标、组织战略相一致，从而能够发挥人力资源管理所预期的积极效果；水平匹配是指各个人力资源管理实践要产生的协同效应，即比起单个的人力资源实践具有更大的影响。① 在公共部门中，应用战略人力资源管理实践提升个体的变革行为，同样地要遵从垂直匹配和水平匹配来选择人力资源管理实践。以往研究中，所倡导的从公共部门的特征出发去设计人力资源管理实践的观点本质上就是一种垂直匹配，即公共部门战略人力资源管理实践要与公共部门的实际制度、情境特征相一致。根据本书第五章的实证结果，工作安全这一人力资源管理实践对公务员基本心理需求、变革行为具有积极作用。因此，在促进变革行为的战略人力资源管理实践中，可以以工作安全为核心实践，并结合公共部门的特征，去构建具有协同作用的人力资源管理系统，例如可以考虑员工参与、多技能培训等相关人力资源管理实践。换言之，结合公共部门特征，以工作安全为基础构建促进变革行为目标的人力资源管理系统。

(四) 强化对战略人力资源管理实施过程的支持

Bowen 和 Ostroff 提出人力资源管理强度的概念，用以强调人力资源管理在施行中的重要性，并提出建立一种人力资源管理者、一线管理人员和员工共同参与、相互信任的环境，使得人力资源管理的各项实践能够在这种环境中有效运行。② Gratton 和 Truss 也强调了有效的行动和执行在人力资源管理效果实施中的重要性。③ 因此，在设计促进变革行为的人力资源管理系统时，也要关注这一系统的运行环境，激发相关职能负责人员、直接领导和一般公务员共同参与的热情，保证人力资源管理系统的执行效果。具体地，可以开展促进人力资源实践交流和执行的一系列活动，从而保证公共部门战略人力资源管理实施的有效性。鉴于此，在为干部担当作为设

---

① Delery, J. E. and Doty, D. H., "Modes of Theorizing in Strategic Human Resource Management: Tests of Universalistic, Contingency and Configurational Performance Predictions", *Academy of Management Journal*, Vol. 39, No. 4, 1996, pp. 802 – 835.

② Bowen, D. and Ostroff, C., "Understanding HRM – firm Performance Linkages: The Role of the 'strength' of the HRM System", *Academy of Management Review*, Vol. 29, No. 2, 2004, pp. 203 – 221.

③ Gratton, L. and Truss, C., "The Three – dimensional People Strategy: Putting Human Resources Policies into Action", *Academy of Management Executive*, Vol. 17, No. 3, 2003, pp. 74 – 86.

计保障性制度时,可以借鉴战略人力资源管理实施过程的理念,加强政府层级、条块部门、各类人员的积极参与,确保保障性制度的执行效果。

第四节 激发内生动力,坚定变革信念

除了外在的领导驱动和制度建设外,更为重要的是激发公务员参与变革的内生动力,包括公共服务动机的培养与激活、变革义务感的提升、基本心理需求的满足以及工作重塑策略的掌握四个方面。

一 培养与激活公共服务动机

在中国情境下,公共服务动机反映了广大公务员为人民服务的初心和使命,对于公务员变革行为的形成至关重要。本书的第三章、第四章和第五章的实证研究中都涉及了公共服务动机与公务员变革行为的研究。其中,第三章的研究发现公共服务动机负向调节领导成员交换关系与变革型义务感的积极关系,进而调节领导成员交换关系通过变革义务感对变革行为的间接效应;第四章的研究发现公共服务动机能够在繁文缛节对公务员变革行为的倒 U 形曲线关系中发挥部分中介作用,并且能够被繁文缛节所激活;第五章的研究发现公共服务动机对公务员变革行为具有正向积极的影响,工作重塑在其中发挥了完全中介的作用。上述研究结论也为如何激励公务员提供了新的思路。

Pedersen 提出了公共服务动机的培养和激活两种视角,为政府部门如何获得公务员公共服务动机效益提供了理论指南。[①] 然而,这两种视角无不以公职人员的公共服务动机高于私营部门员工为前提假设,但中国政府部门的一个典型情况是,高度竞争的公务员专业考试常常会挤出那些应试能力差但具有高公共服务动机的求职者。在这种情况下,在招聘和选拔过程中如何确保致力于"为人民服务"的求职者进入公共部门也应当为政府部门所考虑。[②] 基于此,以下主要从招聘、培养、激活三个环节提出如

[①] Pedersen, M. J., "Activating the Forces of Public Service Motivation: Evidence from a Low-intensity Randomized Survey Experiment", *Public Administration Review*, Vol. 75, No. 5, 2015, pp. 734-746.

[②] Chen, C. A., Chen, D. Y. and Liao, Z. P., et al., "Winnowing out High-PSM Candidates: The Adverse Selection Effect of Competitive Public Service Exams", *International Public Management Journal*, Vol. 23, No. 4, 2020, pp. 443-464.

何实现公共服务动机效益的建议。

（一）严把选人用人入口，筛选出高公共服务动机的人员

首先，从招聘环节来看，当前"公考热"持续升温，许多年轻人出于工作安全、社会地位、就业压力等外部因素的驱动拼尽全力想挤进政府部门。也就是说，在职业"内卷化"时代，潜在的政府部门申请者并不一定都是出于"公心"寻求进入公共机构。与此同时，政府部门"凡进必考"的竞争性专业考试制度则可能会挤出那些真正具有公共服务动机但应试能力较低的人才。因此，招聘环节如何把好入门关，是组织部门应当予以重点关注的事项。第一，考虑到当前的行政能力测试偏向于专业和能力考察，政府部门可以在第二轮的面试环节适当增加对"公共服务动机"的测评项目来筛选真正具有为人民服务情怀的申请者。比如：①采用关键事件法，积极捕捉有关候选人生活中能体现其服务情怀和职业认同的关键事件，对这些关键事件进行科学准确的评价，从具体的实践中了解候选人的公共服务动机强弱；②根据报考职位的需求差异，可适当增加有关公共服务动机的心理测试，并赋予其相应的权重，以科学、客观的测量数据取代候选人主观笼统的口头回答，以准确分辨其报考动机，甄选合适的人选。第二，要完善中国特色的公务员招聘制度，如选调生制度、军转干部制度、大学生村官制度等，通过这些特色的招聘制度挖掘出能力超常又真心实意为人民服务的人才。不同于全国性的统一考试，这些制度下所选进的公务员通常具有特殊的经历，如班干部经历、从军经历、基层工作经历等等，这些特殊经历往往有助于个体提前接触人民群众，受到更多的政治化教育，了解和熟悉党的"群众路线"和"群众观点"，从而提前孕育公共服务动机。

其次，从选拔环节来看，领导干部在政府部门中往往扮演着领头羊、排头兵、指挥员、方向标等多种角色，研究发现领导干部的公共服务动机具有"向下溢出"效应，会对下属的公共服务动机产生显著的积极影响，因而抓好领导干部这个"关键少数"才能带动"绝大多数"。[①] 习近平总书记也指出，"用一贤人则群贤毕至，见贤思齐就蔚然成风"[②]。因此，在党政领导干部的选拔上，应赋予公共服务动机标准更大的权重，把真正愿

[①] 陈鼎祥、刘帮成：《基层公务员变革担当行为的形成机理研究——公共服务动机的涓滴效应检验》，《公共管理评论》2021年第1期。

[②] 中共中央文献研究室：《十八大以来重要文献选编》（上），中央文献出版社2014年版，第358页。

意为人民服务的好干部选进领导班子,从而带动更多公务员致力于依据公共服务的价值观和工作理念开展工作,在全面深化改革中更加勇于担当和作为。一方面,要坚持为人民服务的用人标准和导向,在选拔考核过程中注重考察候选人的基层工作经历、接触人民群众的经历、为民办事的能力等;另一方面,在条件允许的情况下,在选拔时可适当增加"群众测评""群众座谈"环节,将人民群众的"好口碑"作为政绩考核的重要标准。

(二)运用各类组织社会化措施,培养为人民服务的精神

公共服务动机的培养视角强调政府的社会化活动可以将政府公共服务价值观和准则传递给公务员,从而促进公务员形成公共服务动机。公共服务动机的培养也为激活提供了前提基础。基于此,政府部门要提供各种正式和非正式的机会让公务员了解和掌握反映公共价值的组织价值观和对其行为的期望。许多研究表明,公共服务动机在某种程度上具有动态性,[1][2][3] 这意味着个体的公共服务动机不一定会永远维持在一个水平上,可能受其他因素的影响削弱或增强,但同时也表明政府有机会采取社会化的手段培育和发展公职人员的公共服务价值观。

首先,推进"不忘初心、牢记使命"主题教育活动常态化,根据时代要求积极创新教育活动形式和内容,使之成为向公务员灌输公共服务价值的有力工具。在具体操作中,政府部门可以将学习党的理论和经典文献等思想教育兼以群众路线实践活动相结合的方式推进集中教育活动,在教育培训的全过程中嵌入公共服务动机的价值理念。一方面,在思想教育环节,要力求将党的"崇高的革命目标"和"人民至上的价值情怀"融入各种主题教育,通过"中央精神和重要论述学习""红色经典研讨"等形式,唤醒广大公职人员对公共利益和公共价值的追求。另一方面,在群众路线实践活动环节,政府可通过参观革命老区与红色基地、机关干部驻村蹲点、与人民群众"打交道"等方式,推动广大公职人员积极联系群众、服务群众,在和谐干群关系的实践场域中感受党宏大的价值观念体系和为

---

[1] Bellé, N., "Experimental Evidence on the Relationship between Public Service Motivation and Job Performance", *Public Administration Review*, Vol. 73, No. 1, 2013, pp. 143 – 153.

[2] Moynihan, D. P. and Pandey, S. K., "Finding Workable Levers over Work Motivation: Comparing Job Satisfaction, Job Involvement, and Organizational Commitment", *Administration and Society*, Vol. 39, No. 7, 2007, pp. 803 – 832.

[3] Vogel, D. and Kroll, A., "The Stability and Change of PSM Related Values across Time: Testing Theoretical Expectations against Panel Data", *International Public Management Journal*, Vol. 19, No. 1, 2016, pp. 53 – 77.

人民服务的宗旨，形成对党初心和使命的强烈认同感。此外，还应当积极创新思想政治教育活动的形式，如近年来广为推行的以"学习强国"平台为代表的"互联网+主题教育"，推动主题教育活动的及时化，防止公职人员公共服务动机的流失。

其次，持续开展"最美公务员""人民满意的公务员""优秀公务员"等评选活动，为广大公职人员树典型、立标杆、做示范，使之受到先进人物的启示、鼓舞和激励，把党和国家"全心全意为人民服务"的价值观念转化为自己的职业信念和公共行政观念。政府部门要坚持把开展先进典型教育作为培养公职人员公共服务动机和理想信念的重要方法，充分发挥先进典型的精神引领、价值引导作用，引导和激励广大公职人员在崇尚先进、学习先进、争当先进中坚守初心使命、奋力担当作为。同时，相关部门在开展典型宣传时也应积极创新形式，通过微电影、编纂案例、现场教学等更多寓教于乐、轻松有趣的宣传方式，让始终坚持以人民为中心、真心实意为群众办实事解难题的公共服务精神成为主流。

（三）优化工作设计，激活为人民服务的动机

与公共服务动机的培养不同，公共服务动机的激活是指通过外部干预来激发个体本身已经具有的公共服务动机，其作用机制在于外部干预可以激发公务员对公共服务动机导向的身份认同，提升公共服务动机。除了利用低繁文缛节的刺激作用，公共服务动机的激活还可以从优化工作设计入手，通过简单的干预设计来激活公务员的公共服务动机使之作为其行动的基础。关于公共服务动机的激活，目前主要有"信息提醒"和"群众接触"两种手段。①

首先，通过系统地"提醒"公务员他们的工作将如何影响群众生活（同情维度）和服务于公共利益（公共利益维度）这种低强度、低成本的组织干预来激活公务员的公共服务动机，使其以更积极的方式工作。比如，每周通过时事通讯阅读使公务员了解所在单位工作如何造福群众，特别是在互联网时代利用电子画册、LED屏动态展示平台等手段将所在单位、部门的工作如何创造公共价值进行记录和展示，让公务员实时了解自身工作的重要意义，从而持续不断地"提醒"公职人员要时刻铭记自我的"初心"和"使命"，最大限度地激活他们的公共服务动机。又如，政

---

① Pedersen, M. J., "Activating the Forces of Public Service Motivation: Evidence from a Low-intensity Randomized Survey Experiment", *Public Administration Review*, Vol. 75, No. 5, 2015, pp. 734–746.

府部门还可以有目的性地组织进行有关公共服务供给价值和目的的例行讨论等,在讨论中引导公职人员自主地挖掘自身工作的价值和意义,思考自己的工作如何与人民群众的获得感、幸福感、安全感等美好生活需要联系起来,从而激发自身的使命感和责任感,以更加奋发有为的精神面貌全身心投入到工作中。

其次,让公务员了解特定工作、计划和组织任务的受益者,并为其和受益者之间的直接联系创造机会以及为受益者提供明确的反馈渠道。政府部门尤其是机关单位的许多工作往往以"文书"为特征,沉浸在开会、档案管理、写材料等程序性工作中,与人民群众接触较少甚至逐渐脱离了人民群众。对此,政府部门可以尝试重塑和再造工作设计,进行"关系导向"的工作设计,构筑公务员与其服务受益者的积极人际关系,从而提升工作的亲社会影响,让个体意识到他们的工作是重要且有意义的。[①]具体而言,一要在实际工作中明确各项政策或工作的直接受益对象,更多接触人民群众,在与人民群众"打交道"过程中感受公共服务的价值。比如,社保部门在制定相关的养老政策时,既要做好前期调研了解民众看法,也要做好事后入户宣传普及,而非仅仅局限于进行会议室讨论、网站宣传等与人民群众"无接触"的活动。二要积极寻求群众的服务反馈,人民满不满意不仅是评估公务员政绩的核心标准,同时对于强化公务员对自身工作重要性的认识也大有裨益,有助于他们意识到其所做工作给社会带来的影响。

二 提升变革义务感

第三章的研究表明变革义务感不仅直接影响着变革行为,还通过中介作用影响领导成员交换关系对变革行为的发生过程,其对于变革行为的产生具有重大意义。公务员的变革义务感作为公务员对公共部门更新变革负有的责任感,影响着其对变革行为的选择,同时也关系着领导成员交换关系作用的发挥。这就要求政府部门在日常工作中需要注重公务员变革义务感等心理感知的培养,在致力于通过领导成员交换关系的提高,提升成员变革行为的同时,对变革义务感这一关键环节给予更多的关注。

(一)传递改革愿景,公共服务动机与变革义务感相得益彰

从责任承担的角度,如果个人愿意为自己的行为负责,通常他们认为

[①] Grant, A. M., "Relational Job Design and the Motivation to Make a Prosocial Difference", *Academy of Management Review*, Vol. 32, No. 2, 2007, pp. 393–417.

这些行为对他人是有利的。变革义务感源于个体认为问题解决、提出改进建议、消除不必要的程序或尝试建立新的更有效的工作方法等，对组织而言都是建设性的，目的在于促进组织发展。① 由此可见，为了激发公务员主动承担改革重任，亦需要将改革"为中国人民谋幸福、为中华民族谋复兴"的伟大愿景传递给他们，使之内化于心、外化于行。这也说明，公共服务动机的培养与激活与变革义务感的提升是相辅相成、相得益彰的，前者体现了"为人民服务"的人民性，后者体现了勇担当、善作为的变革性，两者的结合有利于彰显深化改革的为民底色。从当前实践来看，目前各地区广为开展的"不忘初心、牢记使命"主题教育主要以孕育公职人员以人民为中心的公共服务精神为主，鲜有将改革创新、担当作为的变革理念嵌入其中。随着《关于进一步激励广大干部新时代新担当新作为的意见》的落地，全面深化改革进入深水期、攻坚期，政府部门也应当积极探索如何提升公职人员的变革义务感以及其对改革创新的支持和响应度，着力尝试在常态化的主题教育中适当融入对变革精神的要求，从而培育具备高公共服务动机和变革义务感的复合型人才，使之将变革行为内化为自我的责任追求。

（二）提供变革资源，为变革实践赋能

愿景激励提供了变革的动力，而组织资源则赋予了变革的能力。"巧妇难为无米之炊"，除了让公务员了解、学习党和政府的战略和愿景外，提升变革义务感还应为其提供必要的组织资源。可获得的资源为公务员创造了自发建设性变革的机会，缺乏相应的资源和机会，他们即使有变革之"心"，也难以形成变革之"力"。比如，自主权、决策权增强了个人参与变革责任感；② 领导、同事的支持降低了公务员变革担当的风险，有利于激发他们干事创业的"活力因子"和担当作为的精气神。因此，党和政府一方面应积极为公务员创造变革资源，包括物质资源（设备等）、财政资源、人脉资源、时间资源、风险成本等显性资源以及业务知识与专业技能等隐性资源，③ 使之有机会利用可获得的资源解决问题、主动开展试验

---

① Fuller, J. B., Marler, L. E. and Hester, M. K., "Promoting Felt Responsibility for Constructive Change and Proactive Behavior: Exploring Aspects of an Elaborated Model of Work Design", *Journal of Organizational Behavior*, Vol. 27, No. 8, 2006, pp. 1089 – 1120.

② Hackman, J. R. and Oldham, G. R., "Motivation through the Design of Work: Test of a Theory", *Organizational Behavior and Human Performance*, Vol. 16, No. 2, 1976, pp. 250 – 279.

③ 谭新雨：《公务员创新行为：文献述评与研究展望》，《公共行政评论》2021 年第 2 期。

和承担风险、从事与工作相关的改进活动等。比如，在公职人员因敢闯敢试、大胆创新而遭遇失误挫折、受到不公对待、被人误解时，领导和组织应该及时站出来为他们撑腰鼓劲、澄清事实，绝不能让干事创业者寒心。另一方面，也要鼓励公务员自主创造资源，克服"等靠要"的惰性思想，自发地为新想法、新观点的落地寻求支持。比如，公职人员可以自发根据时代要求的变化开展自主学习活动，积极克服"本领恐慌""能力短板"和"经验盲区"，这一点将在后文"工作重塑策略的运用"一节重点阐述。

三 满足基本心理需求

第五章的研究发现基本心理需求满足会提升公务员变革行为，并且在工作安全影响公务员变革行为的过程中发挥了完全中介作用。上述实证结论表明，基本心理需求满足是变革行为的重要影响因素，同时是打开工作安全影响这一行为过程"黑箱"的钥匙。而研究发现，我国当前的公务员尤其是基层公务员往往负担较重，"白加黑""五加二"随着内外部形势和任务挑战的加剧而成为常态，但其表达的需求却难以回应。[1] 因此，党和政府在激励变革行为等担当作为的过程中，要重视对于广大公务员基本心理需求满足的激励，努力营造支持基本心理需求满足的外部环境，包括自主性支持（Autonomy supportive）、有效性支持（Effectance supportive）和关系性支持（Relationally supportive），[2] 让自主、胜任和关系需求等基本心理需求能够得到满足成为变革创新的动力。

（一）满足自主需求，引导公职人员的变革创新成为自发行为

自主性支持有助于提升内在因果定向，满足个体的自主性需求。[3] 因此，一方面，要想推动公务员变革行为成为一种日常行为、切实行为，政府部门就要适当减少非自主的、外在的激励手段的使用，特别是切忌使用一些惩罚性过强的控制手段以及将变革行为作为刚性任务借由压力型体制强加给广大公职人员。这是因为，诸如强制性的政策指令、经济激励、纪律会议等外在激励虽然可能起到"立竿见影"的效果，但往往不具有长

---

[1] 蓝志勇：《基层需求为何"音量不足"》，《人民论坛》2020年第5期。
[2] Ryan, R. M. and Deci, E. L. *Self-Determination Theory: Basic Psychological Needs in Motivation, Development, and Wellness*, New York: Guilford Press, 2017, p. 12.
[3] Deci, E. L., Koestner, R. and Ryan, R. M., "A Meta-analytic Review of Experiments Examining the Effects of Extrinsic Rewards on Intrinsic Motivation", *Psychological Bulletin*, Vol. 125, No. 6, 1999, pp. 627–668.

期性,一旦外在激励被撤销,公务员就失去了进行变革行为的理由。更为严重的是,过于强大的外在激励还可能造成形式主义泛滥和公务员的"趋利性迎合"、各种各样的"伪创新",如"新瓶装旧酒"式地在书面报告上更改标题、美化工作、营销宣传。① 另一方面,应更多地依靠基于自我决定和自主激励的更为强有力的激励举措,如给予公务员以更大的工作自主权,"尽可能把资源、服务、管理放到基层,使基层有人有权有物,保证基层事情基层办、基层权力给基层、基层事情有人办"②,通过授权赋能满足公务员自我决定需要以促使其在自主探索中形成新想法、发现新问题。

(二) 满足胜任需求,解决公职人员参与变革创新的能力短板问题

对于胜任需求的满足,组织要提供有效性支持。除了要加强有效的专项任务的知识、技能培训,促使公务员有信心去进行变革创新,充分发挥潜能外,另一个重要的措施是绩效反馈。绩效反馈有积极反馈和消极反馈两种形式,前者是对员工的绩效完成情况予以肯定,它向员工传递了其胜任力的信号;相反,后者向员工传递了他们无能的信息,贬低了他们的价值,给他们造成了压力。一般来说,积极反馈有利于促进员工的控制感和能力满足感,而消极反馈则抑制了胜任需求的满足,但情况也并非完全如此。比如,当积极反馈以控制方式传递时(如使用控制性语言"做得很好,你做了你应该做的"),这种控制不仅抵消了能力信息的潜在积极影响,甚至可能破坏内在动机。③ 而当领导者以一种建设性的方式提供消极反馈,将糟糕的绩效作为需要以开放、互动的方式讨论和解决问题的背景而非羞辱下属的理由时,消极反馈也会带来意想不到的积极效果。④ 因此,在平衡使用积极反馈和消极反馈满足公务员胜任需求时,有必要注意方式的恰当性和情境适用性。其一,对于那些在工作中主动担当作为、勇于变革创新的公务员,领导者不应当吝啬表扬与赞赏,一句简短的口头鼓励和认可,都有可能产生意想不到的结果,激发他们以更加昂扬的姿态为

---

① 姜晓萍、吴宝家:《警惕伪创新:基层治理能力现代化进程中的偏差行为研究》,《中国行政管理》2021 年第 10 期。
② 《中共中央关于深化党和国家机构改革的决定》,《人民日报》2018 年 3 月 5 日第 1 版。
③ Kast, A. and Connor, K., "Sex and Age Differences in Response to Informational and Controlling Feedback", *Personality and Social Psychology Bulletin*, Vol. 14, No. 3, 1988, pp. 514 – 523.
④ Carpentier, J. and Mageau, G. A., "When Change – oriented Feedback Enhances Motivation, Well – being and Performance: A Look at Autonomy – supportive Feedback in Sport", *Psychology of Sport and Exercise*, Vol. 14, No. 3, 2013, pp. 423 – 435.

党和人民的事业奋斗。其二，对于消极的绩效考核结果，领导和组织可以利用其来倒推和查找问题短板，通过开放式的讨论和劝勉帮助绩效排名靠后的下属分析原因、查找差距、精准补课，从而发挥绩效考核和反馈抓工作、促发展、带队伍的助推器作用，不断激励全体公务员主动担当作为。

（三）满足关系需求，为公务员变革创新保驾护航

关系需求满足应有关系性支持作为支撑。关系需求以社会联系、受到他人的关心、归属感、被他人需要（有贡献和给予的机会）等为基本内核。[1] 关系需求在自我决定理论受到了极大的关注，在最新的理论发展中 Ryan 和 Deci 甚至将其提炼为关系动机理论。根据关系需求上述的内涵特征，关系性支持应包括以下几个方面：第一，积极培育公务员的单位归属感，如构建和谐的部门氛围、加强同事间的合作交流，使之待遇充分保障、心理得到关怀，尤其要防止部分基层公务员"流汗"又"流泪"问题，真正让各级公务员在单位中安心、安身、安业，更好履职奉献；第二，鼓励换位思考，减少不必要的人际矛盾和表面关系，高质量的人际关系以信任为基础，双方均具备同理心并尊重对方的想法和意见；第三，关系需求满足还来自领导的关心呵护，如前所述，通过建立高质量的领导成员交换关系，开展有效的谈心谈话活动，形成双方间互动式、情感式交换，而非仅仅是基于利益的经济交换，把下属当"牛马"使唤；第四，提供帮助他人和实施变革行为的机会，如加强任务合作。通过这些关系性支持，促进公务员间的互相学习、碰撞变革智慧的火花，营造变革创新的文化氛围。

四 鼓励进行工作重塑

一般来说，组织正式权力赋予的资源往往是稀缺的，在很多情况下领导和组织无法顾及每个个体，使得个人往往面临"工作要求—工作资源"失衡的状态，在这种情况下工作重塑的重要性随之凸显。[2] 而这种"工作要求—工作资源"失衡的任务情境在中国政府部门中广泛存在。因为在中国的政府部门中，一个普遍的组织现象是，行政压力（即工作要求）自上而下逐级递增，而正式资源（即工作资源）则是自上而下逐级递减，

---

[1] Ryan, R. M. and Deci, E. L., *Self-Determination Theory: Basic Psychological Needs in Motivation, Development, and Wellness*, New York: Guilford Press, 2017, p. 11.

[2] Bakker, A. B., Tims, M. and Derks, D., "Proactive Personality and Job Performance: The Role of Job Crafting and Work Engagement", *Human Relations*, Vol. 65, No. 10, 2012, pp. 1359–1378.

这容易形成"工作要求—工作资源"失衡的任务情境。① 在这种情境下，通过自发的工作重塑创造个人资源、平衡工作要求，以按时完成组织任务通常会成为公务员的一种行为策略选择。特别地，第六章的研究结论表明，工作重塑这种工作要求和工作资源的优化过程或者说是个体主动创造环境匹配的过程可以促进个体的变革行为，并且是公共服务动机转化为公务员变革行为的关键环节。其中，增加结构性、社会性资源及挑战性要求特别有利于个体新想法、新观点的产生，而减少阻碍性要求则有利于确保新想法的执行。因此，政府部门要积极鼓励个体进行工作重塑，营造相关的支持环境。

（一）提升工作重塑意愿

激发公务员开展工作重塑的内生动力，首先要提升其工作重塑意愿，引导其积极参与工作重塑将个人职业发展与社会意义联系起来，从而通过调整局部工作内容以获得更强意义感和满足感。根据工作重塑的四个维度，党和政府首先要积极创造个体与领导、同事之间有意义的互动环境，畅通下属与领导、同事间的对话和沟通渠道，鼓励其在遇到自身难以解决的问题时积极主动向领导和同事请教，征询工作反馈以增加社会性工作资源。不过，社会性工作资源的增加可能是一个双向的过程，政府部门也应注意引导领导干部主动敞开胸怀，加强与下属的思想交流、情感关怀，同时积极构建和谐友爱的部门氛围，营造"家"的温馨感。其次，政府部门要努力为广大公职人员提供在工作中学习新事物，增强工作能力和专业水平的机会，培养他们养成"干中学"的思维和习惯，促进其积极增加结构性资源。再次，激励公务员在完成本职工作的同时，面对急、难、险、重的任务和需要攻坚克难的大事要事时勇于挑战、敢于创新，不推诿扯皮。最后，引导他们学会合理减压、疏解情绪，努力保持昂扬向上的精神风貌以防止负面障碍产生和努力付诸东流，如控制好工作节奏，分清事情的轻重缓急，学会化"焦虑"为"动力"。

（二）进行工作重塑干预

激发公务员开展工作重塑的内生动力，还需要提升其进行工作重塑的能力，这就涉及工作重塑干预设计。工作重塑干预是指干预者（往往是研究者或领导者）引导公务员在一定程度上改变自己的工作，使工作与

---

① 张翔：《基层政策执行的"共识式变通"：一个组织学解释——基于市场监管系统上下级互动过程的观察》，《公共管理学报》2019年第4期。

自身优势、动机及组织目标相一致的方法与手段。① 换言之，工作重塑干预的本质跳脱了直接传统的"授鱼"思维，转而以"授渔"思维代替之，即由原来的直接传授知识和技能转为引导公务员学会主动学习和灵活变通，以更好地应对内外部环境的急剧变化。与前者往往具有一定的时间滞后性相比，一旦公务员掌握了自主学习的应变和重塑技巧，他们便能对环境和任务的变化做出最及时的回应，从而保质保量地落实好党和人民赋予的使命和责任。

因此，政府部门有必要在开展公务员专项培训时，基于工作要求—资源模型对公职人员将"工作重塑干预"作为核心章节纳入培训内容，② 具体的干预步骤包括三个方面：（1）理论学习阶段。要求公职人员对个人优势、工作动机、贡献等方面进行自我分析以及对岗位工作进行深入剖析，包括对当前任务进行总结，对所有面临的任务进行时间排序，判断哪些任务属于紧急事务、哪些属于合作事务，等等。（2）计划制订与独立工作阶段。参与者在上述总结上列出具体的工作重塑目标，如将自身优势和动机与所面临的任务相匹配，构想出工作情境中可能出现的有意义的转变（怎样获得工作资源、减少阻碍性工作要求和寻求挑战性工作要求）。（3）反馈讨论阶段。每个参与者对自己工作重塑计划的完成情况加以评估，分享与分析工作重塑小故事、经验与教训，并让他们在每周末都安排时间反思过去一周的成就以及做出新的承诺。

---

① Schoberova, M., *Job Crafting and Personal Development in the Workplace: Employees and Managers Co‐Creating Meaningful and Productive Work in Personal Development Discussions*, Pennsylvania: University of Pennsylvania, 2015.
② Van den Heuvel, M., Demerouti, E. and Peeters, M. C. W., "The Job Crafting Intervention: Effects on Job Resources, Self‐efficacy, and Affective Well‐being", *Journal of Occupational and Organizational Psychology*, Vol. 88, No. 3, 2015, pp. 511‐532.

第八章 本土化研究展望

本书第三章至第六章的实证研究分别从领导成员交换关系、繁文缛节、工作安全、公共服务动机等角度系统分析了公务员变革行为的形成机制，第七章在综合上述各章实证研究结论的基础上，概括提炼出了"强化领导支持，树立变革思维""破除制度障碍，释放变革活力""完善制度激励，厚植变革土壤"和"激发内生动力，坚定变革信念"等四条推进公务员变革行为的有效路径。上述各章节的研究虽然与中国特色的干部管理实践有一定关联，如重视领导成员交换关系、变革型领导的培养反映了抓住"关键少数"的干部管理理念、剪除繁文缛节与当前治理形式主义和官僚主义的要求相一致、提升工作安全在一定程度上体现了我国以编制为核心的干部管理制度、培养公共服务动机则与贯彻"不忘初心、牢记使命"的理念相契合等，但这些研究本质上仍然是在中国情境下对西方公共部门人力资源管理理论和实践的研究与运用，并不能完全等同于中国特色的干部管理实践。因此，本章拟通过对中国特色的干部管理理论与实践进行总结分析，从中概括出每一类实践的丰富内涵，进而提出未来进一步推动将这些实践与公务员变革行为理论研究相结合的思考。

当然，本书难以对干部管理实践进行面面俱到的分析，而是有重点地选取"担当作为""关键少数""形式主义、官僚主义""干部队伍建设""不忘初心、牢记使命"等五个主题进行探讨。这是因为，上述实践与本书研究的核心概念变革行为以及第三章至第七章所涉及的领导成员交换关系、变革型领导、繁文缛节、工作安全和公共服务动机等概念既有联系又有区别，对这些重要话题进行深入探究，将有助于推进变革行为的本土化研究，促进中西方公共部门人力资源管理的差异比较与融合，并推动构建具有中国特色的公共部门人力资源管理学科体系、学术体系、话语体系。基于上述逻辑，本书的最后一章拟对前述中国干部管理理论与实践的五个关键主题的研究现状和进展进行深入分析，并在此基础上对这五个主题如何与公务员变革行为研究相结合提出研究展望，旨在基于中国干部管理理论与实践为构建和推进具有中国特色的公务员变革行为研究体系提供新的理论思考。具体地，本章每节的思路如下：首先，采用了知识图谱分析方法，分别对担当作为、"关键少数"、形式主义、官僚主义、干部队伍建设和"不忘初心、牢记使命"等五个主题已有的 CSSCI 文献进行分析；其次，进一步采用 R 语言、ROSTCM 6.0 和 Gephi 0.9 等软件对上述主题进行政策文本分析；最后，总结了上述五个主题与公务员变革行为二者关系的研究展望。

第一节 担当作为与公务员变革行为

建设社会主义现代化国家翻开新篇章，习近平总书记在党的二十大报告中提出的"建设堪当民族复兴重任的高素质干部队伍"① 成为当前干部队伍建设的重要指导方针。高素质干部队伍建设的核心要求之一是激励广大干部担当作为。"担当作为"于 2018 年 5 月 20 日中共中央办公厅印发的《关于进一步激励广大干部新时代新担当新作为的意见》（以下简称《意见》）首次提出，随后迅速成为各级人民政府、各部门推进干部队伍建设的关键内容以及理论界、学术界关注的重点议题。2022 年 10 月，习近平总书记在党的二十大报告中进一步对"干部担当作为"作了更高的要求，明确指出广大干部要"带头担当作为，做到平常时候看得出来、关键时刻站得出来、危难关头豁得出来"②。在这一背景下，将担当作为研究从初步探索阶段向纵深发展阶段推进具有重要的理论意义和实践意义。本节首先对担当作为相关文献和政策法规分别进行知识图谱分析和政策文本分析，进而对如何推进担当作为与公务员变革行为二者关系研究进行展望。

一 担当作为的相关理论研究：知识图谱分析

（一）数据来源

为了保证所选取论文的代表性和权威性，本部分以 CNKI 数据库中

---

① 习近平：《高举中国特色社会主义伟大旗帜 为全面建设社会主义现代化国家而团结奋斗——在中国共产党第二十次全国代表大会上的报告》，人民出版社 2022 年版，第 66 页。
② 习近平：《高举中国特色社会主义伟大旗帜 为全面建设社会主义现代化国家而团结奋斗——在中国共产党第二十次全国代表大会上的报告》，人民出版社 2022 年版，第 67 页。

的中文社会科学引文索引（CSSCI）数据库为来源。该数据库为下载数据、转换数据格式和进行数据分析带来了较大便利，其来源期刊具有权威性和代表性。在其中选择高级检索并采用主题检索的方式，以"担当作为"为主题关键词，在 CSSCI 数据库中搜索文献，共得到 150 个条目。在文献筛选过程中，为更全面了解国内学者对这一主题的研究情况，本部分剔除了不足 200 字的期刊导言、国内新闻、期刊年度重点选题以及人物访谈与故事等内容，对其余文献内容进行最大限度的保留，最终获得了 129 篇与担当作为主题相关的文献。

（二）研究现状分析

如表 8-1 所示，该领域文章的主要来源期刊既包括《人民论坛》《党建》《红旗文稿》《前线》等党政类期刊，也有《中国高等教育》和《学校党建与思想教育》等教育类期刊。

表 8-1　2008—2021 年"担当作为"主题研究文献发文数量排名前五的 CSSCI 期刊

发文期刊	影响因子	发文数	占比
《人民论坛》	1.002	28	21.71%
《党建》	0.759	12	9.30%
《学校党建与思想教育》	1.871	5	3.88%
《中国高等教育》	1.606	5	3.88%
《红旗文稿》	1.233	5	3.88%

资料来源：笔者自制。

图 8-1 直观地展示了十多年来国内学者针对"担当作为"进行研究的论文历年发表数量。由图可知，国内对"担当作为"的研究最早出现在 2008 年，袁耕聚焦文化担当展开研究。[①] 2015 年之后，"担当作为"成为干部管理理论研究中的重要概念受到了越来越多的关注，尤其是近三年发文量大幅增长，其中 2019 年的发文数量达到峰值。

（三）可视化分析

为更好地了解"担当作为"相关文献的研究现状，本部分运用

---

① 袁耕：《艺术品牌与文化担当——简论作为地域文化品牌的北大荒版画》，《文艺评论》2008 年第 2 期。

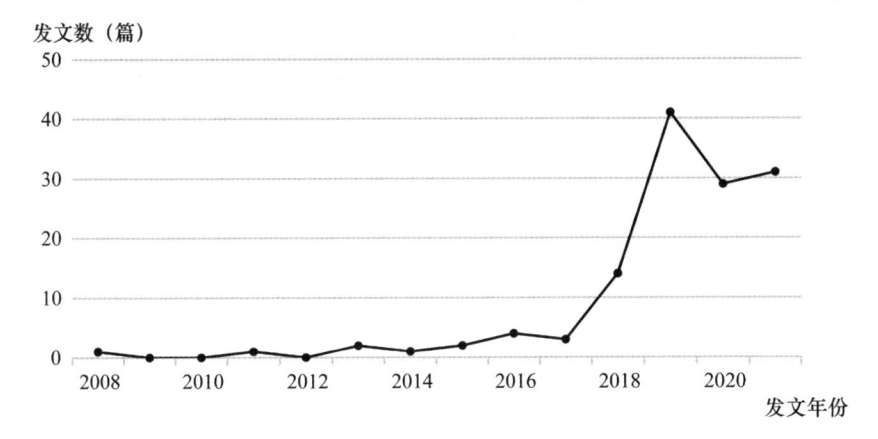

图 8-1　2008—2021 年 CSSCI 期刊中"担当作为"主题研究文献的年度分布
资料来源：笔者自制。

Citespace 软件对该领域相关文献的关键词进行聚类、词频以及突现词的可视化分析，旨在捕捉该领域的研究进展与热点。之所以关注相关文献的关键词，原因在于关键词是对文章主题的高度概括与凝练，对关键词进行聚类分析可以了解关键词的内在逻辑联系，词频分析可以揭示学者们关注的研究方向，而突现词分析则可以凸显该研究领域在某段时间内的研究热点。具体而言，本部分首先通过 Citespace 可视化软件对检索得到的 129 条相关文献进行关键词共现频次分析，选择寻径算法"Path finder"进行关键词可视化分析。在"Selection criteria"中选择"g = 25"，"Top 50 per slice"与"Top 10%"，在"Keyword labels"选择"By degree"，绘制关键词聚类图谱。

1. 关键词聚类与高频关键词分析

早期关于"担当作为"的相关研究侧重倾向于阐释"担当"对某一领域发展的重要影响，即"担当作为"在不同行业或群体中的表现与意义，如知识分子的家国担当、教师的角色担当、档案馆的社会担当等。近年来的研究更多是围绕习近平总书记提出和多次强调的干部担当作为展开。相关文献关键词聚类与高频关键词分析，结果如表 8-2、图 8-2 所示。

表8-2　　　2008—2021年CSSCI期刊中"担当作为"
主题研究文献的高频关键词

序号	频次	中心性	年份	关键词	分类	序号	频次	中心性	年份	关键词	分类
1	31	0.44	2018	担当作为	0	13	2	0.06	2019	干部问责	1
2	8	0.10	2019	新时代	1	14	2	0.01	2020	习近平	0
3	7	0.25	2018	党员干部	2	15	2	0.03	2016	宗教工作	4
4	7	0.07	2019	基层干部	7	16	2	0.03	2020	党的建设	5
5	6	0.16	2013	敢于担当	3	17	2	0.08	2015	主动作为	4
6	5	0.08	2017	勇于担当	6	18	2	0.03	2019	基础治理	/
7	4	0.15	2013	担当	2	19	2	0.01	2019	制度环境	7
8	4	0.04	2018	容错机制	0	20	2	0.03	2019	干事创业	3
9	3	0.00	2020	治理能力	8	21	2	0.03	2020	疫情防控	/
10	3	0.03	2016	领导干部	8	22	1	0.08	2020	使命	5
11	2	0.00	2017	出版业	/	23	1	0.12	2014	政治品格	3
12	2	0.01	2021	激励机制	0	24	1	0.00	2021	权责匹配	/

资料来源：笔者自制。

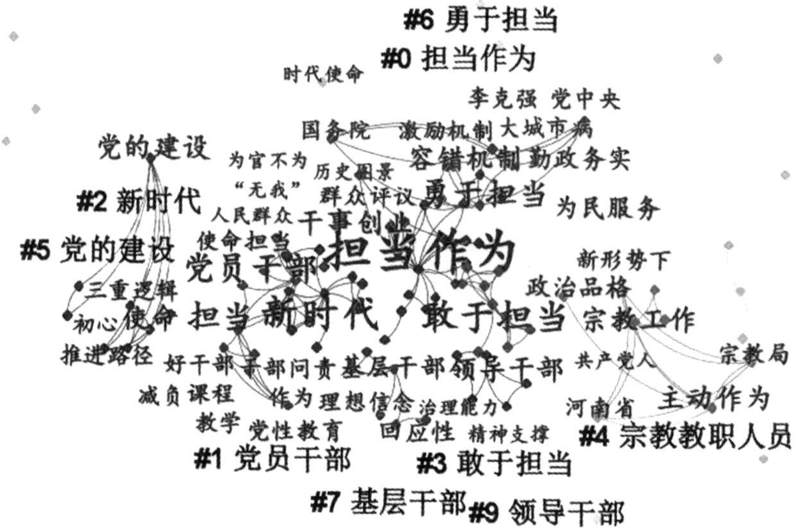

图8-2　2008—2021年CSSCI期刊"担当作为"主题研究文献的关键词聚类图谱
资料来源：笔者自制。

根据关键词聚类与高频关键词分析，已有相关研究可以被划分为三大类。其中，第一类研究关注"担当作为"提出的背景、地位与重要意义，涉及"新形势下""民族复兴"与"高质量发展"等关键词。第二类研究关注"担当作为"的内涵、要求与表现形式等，涵盖"干事创业""事不避难""破解难题"等关键词。第三类研究关注如何通过相应的环境与机制建设促进干部担当作为，囊括"全面从严治党""干部选任""容错纠错"等关键词。此外，还有学者对促进干部担当作为的影响路径进行探究，涉及"战略性人力资源管理"和"公共组织行为"等关键词。

2. 突现词分析

在对关键词进行聚类分析的基础上，本部分对 2008—2021 年 CSSCI 期刊发表的"担当作为"为主题的相关研究进行了突现词分析，并绘制了图 8-3。

Keywords	Year	Strength	Begin	End	2008—2021 年
敢于担当	2008	1.78	2013	2015	
主动作为	2008	1.27	2015	2016	
新时代	2008	1.66	2019	2021	
基层干部	2008	0.73	2019	2021	

图 8-3　2008—2021 年 CSSCI 期刊中"担当作为"主题研究文献的突现词分布
资料来源：笔者自制。

如图 8-3 所示，现有关于担当作为的研究大致可划分为两个阶段。其中，第一个阶段为 2008—2016 年，该阶段的突现词为"敢于担当""主动作为"等，相关文献深入探索了这些关键词的内涵与评价标准。例如，萧鸣政等在关注"敢于担当"内涵的基础上建立了干部评价标准模型，并进而开发了一系列可用于选拔与培养"敢于担当"型领导人才的标准体系，丰富了"敢于担当"人才标准的相关研究。① 第二个阶段是 2016 年之后，这一时期出现了"新时代"和"基层干部"等新的突现词，说明担当作为研究的热点转向关注新时代下基层干部担当作为的重要意义及激励机制。譬如，刘帮成和陈鼎祥关注了公共服务场域下基层干部公共服务导向的组织公民行为，实证分析并提出新时代下基层干部担当

---

① 萧鸣政、王晨舟、吴万鹏等：《"敢于担当"型领导考评标准的实证研究：结构探索与量表编制》，《中国人力资源开发》2015 年第 5 期。

作为的激励机制。① 上述研究热点的变化无疑契合了现实背景，如中共中央办公厅 2018 年印发了《关于进一步激励广大干部新时代新担当新作为的意见》，强调"教育引导广大干部深刻领会新时代、新思想、新矛盾、新目标提出的新要求"，该文件也成为了许多学者进行担当作为研究的理论依据。

二 担当作为的相关政策实践：政策文本分析

（一）数据来源与分析策略

本节选取中央、省、市、县（区）四个层次的政策文本作为研究对象，以"担当""担当作为"等为关键词放入北大法宝数据库进行标题检索，剔除复函、转发、回复以及重复出现等文件，共获得 97 份政策文本，总字符数为 33.69 万。其中，中央法规 7 份、地方规范性文件 41 份、地方工作文件 49 份。分析策略上，采用 R 语言进行文本读取、文本预处理并绘制高频关键词的词云图；利用 ROSTCM 6.0 构建高频关键词共词矩阵，并借助 Gephi 0.9 绘制可视化语义网络图。

（二）研究现状分析

1. 词频统计分析

如图 8-4 所示，共有 253 个高频关键词进入词云统计，其中，"干部""担当""问题""单位""考核""落实""坚持""政治""组织"和"发展"位列高频关键词前 10，说明担当作为相关政策在中国特色社会主义新时代的背景下，主要涵盖引导各级党组织和机关事业单位坚持政治导向与问题导向，通过考核等机制鼓励广大干部担当作为，把对党忠诚的政治品格和对人民感恩之情转化为爱岗敬业、为民服务、改革创新、干事创业的实际行动等内容。

2. 语义网络分析

如图 8-5 所示，根据担当作为政策文本高频关键词语义网络分析结果，共获得 4 个聚类，具体如下。

聚类 1 涉及"激励""广大干部""新时代""担当""新作为""习近平""干事创业"等词，反映了新时代党和国家对干部担当作为的高度重视与积极探索。着力探索激励干部担当作为对于充分调动广大干部干事创业的积极性，让广大干部想要干、愿意干、积极干，提升工作精气神具

---

① 陈鼎祥、刘帮成：《基层公务员变革担当行为的形成机理研究——公共服务动机的涓滴效应检验》，《公共管理评论》2021 年第 1 期。

图 8-4 "担当作为"政策高频关键词词云图

资料来源：笔者自制。

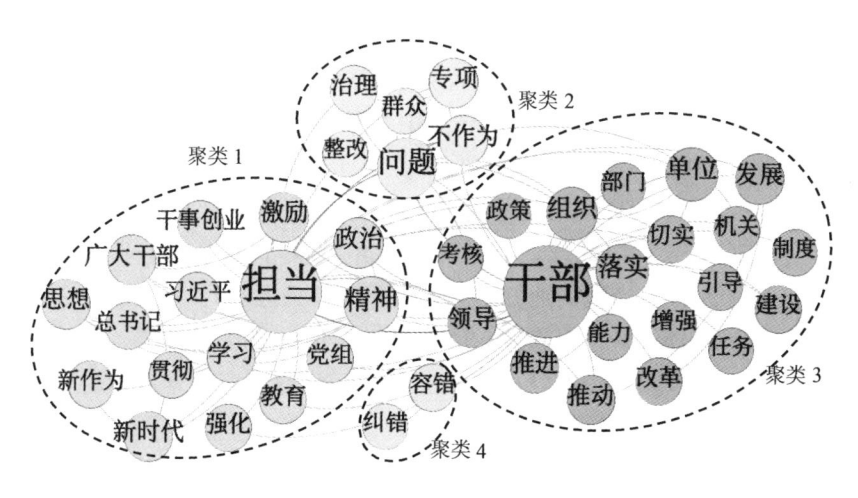

图 8-5 "担当作为"政策高频关键词语义网络图

资料来源：笔者自制。

有重要作用。从党中央到地方各级政府均出台了相关政策意见，给予了高度重视。比如 2018 年中共中央办公厅印发《关于进一步激励广大干部新时代新担当新作为的意见》对新时代如何激发干部担当作为提出了明确要求，指出广大干部应努力改革创新、攻坚克难，不断锐意进取、担当作为。同年，甘肃省委办公厅印发《关于进一步激励广大干部新时代新担当新作为的实施意见》，福建省委办公厅印发《关于进一步激励广大干部新时代新担当新作为的实施意见》，各省、自治区持续推进干部担当作为激励探索。

聚类2涉及"问题""不作为""整治""治理"等词，反映了加强作风建设对促进我国干部担当作为的重要性。习近平总书记强调，"我们党作为一个在中国长期执政的马克思主义政党，对作风问题任何时候都不能掉以轻心"[①]。鼓励广大干部培养求真务实、真抓实干的工作作风有助于建设实干实绩的干部队伍。在各级人民政府及其有关部门发布的关于担当作为的政策文件中，多强调加强作风建设、激励担当作为。比如2017年湖北省教育厅党组印发《关于在厅直系统开展不担当、不作为问题专项治理的实施方案》，指出要通过专项治理不担当、不作为问题，切实促进工作效能提升、工作作风转变，推动系统上下务实重行、干事创业、奋发有为。

聚类3涉及"干部""落实""机关""部门""推动""推进""引导"等词，反映了我国各级人民政府及其有关部门对激励我国干部担当作为精神要求的贯彻落实。为响应党中央的政策号召，各地区、各级人民政府及其有关部门在党中央、省党委的统一安排下，围绕部门实际制定了相应的政策文件。比如2016年中共哈尔滨市纪律检查委员会、哈尔滨市监察局印发《关于激励和保护党员干部改革创新担当作为的意见（试行）》旨在深入贯彻习近平总书记视察指导黑龙江工作期间重要讲话精神。2020年，中共江西省地震局党组《关于印发进一步激励干部职工担当作为若干措施的通知》，正是根据中央办公厅《关于进一步激励广大干部新时代新担当新作为的意见》及应急管理部党委、中国地震局党组有关要求和《中共江西省委关于进一步激励广大干部新时代新担当新作为的实施意见》而提出的。

聚类4涉及"容错""纠错"等词，反映了健全容错纠错机制对激励我国干部担当作为的重要性。《关于进一步激励广大干部新时代新担当新作为的意见》鲜明提出，"对该容的大胆容错"，"坚持有错必纠、

---

① 《习近平在中共中央政治局第十六次集体学习时强调　坚持从严治党落实管党治党责任　把作风建设要求融入党的制度建设　代表党中央向共产党员和党务工作者致以节日问候》，《人民日报》2014年7月1日第1版。

有过必改"。在各级党委、政府及部门发布的政策文件中，无一不充分体现着有错必纠、宽容失误、鼓励创新的精神要求。比如，2019年中共湖南省委办公厅印发的《关于建立容错纠错机制激励干部担当作为的办法（试行）》中强调容错纠错应"树立保护改革者、支持担当者的鲜明导向……让干部卸下思想包袱、放开手脚干事创业，努力形成鼓励创新、宽容失误的良好氛围"。2020年，中共北京市委办公厅印发的《关于激励干部担当作为实施容错纠错工作办法（试行）》提出应"正确对待干部在工作中特别是改革创新中的失误错误，旗帜鲜明为敢于担当、踏实做事、不谋私利的干部撑腰鼓劲"。

三　担当作为与公务员变革行为二者关系研究展望

基于上述担当作为理论和政策分析表明，新时代党和国家对干部担当作为给予了高度重视与积极探索，担当作为已成为一种政治要求，既是广大干部必须履行的工作职责，也是政府考核、选拔干部的重要依据。已有文献指出公务员变革行为是担当作为的重要表现之一，因此担当作为已有的理论和政策研究中所提及的推进路径无疑也有助于我国公务员变革行为的产生。鉴于此，结合上述研究发现，本部分将从担当作为的理论和政策分析双视角，进一步讨论如何以变革行为研究深化对担当作为的认识以及如何从现有激励干部担当作为的相关政策出发探索变革行为的本土化形成机制等未来研究方向。

（一）基于变革行为视角深化对担当作为内涵的认识

变革行为是组织中的个体为改进工作理念、政策和程序而提出建设性意见的行为，旨在改变工作现状和工作绩效，具有自主性和建设性等特征。在西方，例如公共行政学者 Vigoda - Gadot 和 Beeri 看来，变革行为可以帮助公共部门剪除官僚繁文缛节、克服迟缓而难以忍受的程序以及破除僵化的组织氛围。[①] 变革行为这一概念与担当作为中主动型担当具有一致性，二者都强调个体主观能动性的发挥以及对于组织的贡献。因此，在变革行为的本土化研究展望中，本书认为未来的研究可以将变革行为融入新时代担当作为的研究中，丰富和深化中国情境下变革行为的内涵。同时，自担当作为概念提出以来，虽然不少学者对其进行了剖析与解读，但总体而言学

---

① Vigoda - Gadot, E. and Beeri, I., "Change - oriented Organizational Citizenship Behavior in Public Administration: The Power of Leadership and the Cost of Organizational Politics", *Journal of Public Administration Research and Theory*, Vol. 22, No. 3, 2012, pp. 573 - 596.

术界对于什么是担当作为仍然莫衷一是。在这种背景下,将公共组织行为学中的变革行为视角引入新时代担当作为的研究中,不仅有助于拓展和深化对担当作为的理解,推进变革行为的本土化研究,也有助于进一步廓清担当作为的内涵与范畴。

(二) 厘清变革行为与担当作为的联系与区别并促进二者相互借鉴

公务员变革行为的概念是在西方背景下提出的,但从其内涵看,它与中国情境中公务员的担当作为有着千丝万缕的联系。未来的研究应抓住变革行为与担当作为的联系和区别,合理借鉴变革行为的国外研究进展,推进担当作为这一中国情境中重要概念的理论与实证研究。一是利用变革行为与担当作为的联系,进一步完善担当作为的量表开发和绩效考核设计。在国外研究中,变革行为及其相近概念变革担当行为、主动性行为等均已开发出较为成熟且广泛使用的测量量表,考虑到担当作为与变革行为具有紧密联系,这些相关量表显然可以为担当作为的量表开发和公务员考核评估提供有益借鉴。二是注意变革行为与担当作为的区别,检验变革行为的本土适用性或增添相应的本土元素。比如,从国外已有研究来看,多数学者将变革行为当成了一种角色外行为,即个体自发的、非外部强制的主动性行为,而担当作为则被认为是中国公务员的"政治本分",属于公务员正式的职责要求。Gagné 和 Deci 研究指出,将诸如变革行为等角色外行为变为正式的工作要求,可能引发员工的偏差行为,如个体很可能会丧失从事此类行为的兴趣。[1] 进一步地,Yam 等研究发现,在强外部激励的干预下,个体的组织公民行为会通过心理授权转化为偏差行为。[2] 因此,在对变革行为进行本土化尝试时,特别是在担当作为被纳入中国公务员绩效考核指标体系这一背景下,党和政府要健全容错纠错机制及强化干部作风建设两手抓,防止公务员担当作为转为偏差行为。未来需要加强这方面的本土化研究,有必要借鉴变革行为已有的相关研究成果,完善激励担当作为的制度体系。

(三) 推进公务员变革行为理论研究以助力担当作为的中国实践

推进公务员变革行为的理论研究尤其是本土化理论研究,将有助于为公务员担当作为的中国实践提供更充分的理论支持。目前,这方面的相关研究已经起步。例如,陈鼎祥和刘帮成以变革担当行为作为公务员担当作

---

[1] Gagné, M. and Deci, E. L., "Self–determination Theory and Work Motivation", *Journal of Organizational Behavior*, Vol. 26, No. 4, 2005, pp. 331–362.

[2] Yam, K. C., Klotz, A. C. and He, W., et al., "From Good Soldiers to Psychologically Entitled: Examining When and Why Citizenship Behavior Leads to Deviance", *Academy of Management Journal*, Vol. 60, No. 1, 2017, pp. 373–396.

为的代理变量，研究发现领导的公共服务动机通过影响下属的公共服务动机促进其变革担当作为。① 林亚清和张宇卿将变革行为视为公务员担当作为的具体表现，实证检验了领导成员交换关系对公务员变革行为的积极影响以及变革义务感的中介作用。② 这些研究都基于公务员变革行为视角，为如何激发公务员的担当作为提供了理论支持。结合担当作为的政策文本分析发现，容错纠错机制建设、作风建设等成为担当作为的重要措施。未来的研究可以在上述研究基础上，将容错纠错机制建设、作风建设等中国特色的制度融入变革行为本土情境的影响因素、影响效果等理论研究中，为进一步提升公务员担当作为提供政策建议。

第二节 "关键少数"与公务员变革行为

"关键少数"一词是习近平总书记于2015年2月2日在省部级主要领导干部学习贯彻十八届四中全会精神全面推进依法治国专题研讨班的讲话中对领导干部群体的精准概括，是具有中国特色的领导学话语表达。党的二十大报告不仅进一步强调了"关键少数"的重要角色，要求"锲而不舍落实中央八项规定精神，抓住'关键少数'以上率下""督促领导干部特别是高级干部严于律己、严负其责、严管所辖"③，同时对"关键少数"中的"少数关键"即各级领导班子"一把手"也做了相关规定，明确"推进政治监督具体化、精准化、常态化，增强对'一把手'和领导班子监督实效"④。领导在组织结构中处在"关键"位置，他们既是指挥员，又是战斗员，既是领头羊，又是服务员，加强对这类群体的研究以提升其专业能力与监督势在必行。然而，与西方领导学自成一派相比，中国对"关键少数"的研究还有所欠缺。因此，本节以变革行为为切入点，在利用知识图谱分析和政策文本分析方法梳理现有"关键少数"研究的基础

---

① 陈鼎祥、刘帮成：《基层公务员变革担当行为的形成机理研究——公共服务动机的涓滴效应检验》，《公共管理评论》2021年第1期。
② 林亚清、张宇卿：《领导成员交换关系会影响公务员变革型组织公民行为吗？——变革义务感的中介作用与公共服务动机的调节作用》，《公共行政评论》2019年第1期。
③ 习近平：《高举中国特色社会主义伟大旗帜 为 全面建设社会主义现代化国家而团结奋斗——在中国共产党第二十次全国代表大会上的报告》，人民出版社2022年版，第68页。
④ 习近平：《高举中国特色社会主义伟大旗帜 为 全面建设社会主义现代化国家而团结奋斗——在中国共产党第二十次全国代表大会上的报告》，人民出版社2022年版，第66页。

上，提出推进关键少数与变革行为二者关系研究的展望。

一 "关键少数"的相关理论研究：知识图谱分析

（一）数据来源

为了保持分析标准的一致性，确保所选论文的代表性和权威性，本部分仍以 CNKI 数据库中的中文社会科学引文索引（CSSCI）数据库为来源，选择高级检索并采用主题检索的方式，以"关键少数"为主题关键词，在 CSSCI 数据库中搜索文献，共获得 210 个条目。为更全面了解国内学者当前对这一主题的研究情况，本部分剔除了其中与习近平总书记提出的"关键少数"无关的文献，或与人力资源管理中"关键少数"概念不一致的文献，最终共获得了 200 篇与"关键少数"主题相关的研究文献。

（二）研究现状分析

根据表 8-3 可知，该领域文章主要来源期刊包括《人民论坛》《党建》《理论探讨》《思想理论教育导刊》《党的文献》和《广西社会科学》等涉及党政、教育与马克思主义研究的思政类期刊。

表 8-3　2002—2021 年"关键少数"主题研究文献发文数量排名前五的 CSSCI 期刊

发文期刊	影响因子	发文数	占比
《人民论坛》	1.002	23	11.50%
《党建》	0.759	11	5.50%
《思想理论教育导刊》	2.583	8	4.00%
《广西社会科学》	1.191	8	4.00%
《党的文献》	1.103	7	3.50%

资料来源：笔者自制。

图 8-6 较为直观地展示了近十多年来国内学者关于"关键少数"的论文发表情况。由图可知，国内针对"关键少数"的研究最早出现在 2002 年，王建民在思考构建"帕累托法则"下的组织人力资本管理制度时强调了"关键少数"成员的重要性及其培养。① 可以说，2015 年之前发表的"关键少数"研究文献几乎都与人力资源管理中的"帕累托定律"

---

① 王建民：《构建基于"80/20 效率法则"的人力资本管理制度》，《经济管理》2002 年第 21 期。

有关，李健康和夏旭认为组织的生产效率和未来发展往往决定于少数关键性的人才。① "关键少数"作为干部管理实践研究的重要概念进入学者们的视野是在2015年，即习近平总书记在省部级主要领导干部学习贯彻十八届四中全会精神专题研讨班上发表重要讲话之后。此后，关于"关键少数"的研究增长迅猛。

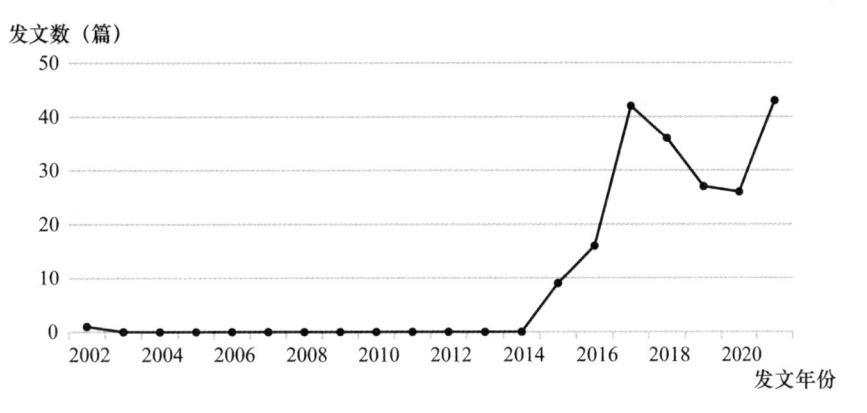

图 8-6 2002—2021 年 CSSCI 期刊中"关键少数"主题文献的研究年度分布
资料来源：笔者自制。

（三）可视化分析

为更好地了解"关键少数"相关文献的研究现状，本部分同样运用 Citespace 软件对该领域相关文献的关键词进行聚类、词频以及突现词的可视化分析，以提炼该领域的研究进展与热点。

1. 关键词聚类与高频关键词分析

根据 2002—2021 年 CSSCI 期刊"关键少数"研究的高频关键词表（如表 8-4 所示）与关键词分布和聚类图（如图 8-7 所示），本部分将相关研究划分为三类。其中，第一类研究着重对"关键少数"的提出背景与宏观层面的重要意义进行研究，涉及"国家治理""依法治国"和"德治"等国家治理现代化和法治化相关关键词。第二类研究以"关键少数"为主体，着重探究"关键少数"中存在的问题等，涵盖了"党的建设""政治生态""党内监督""反腐败"等关键词。第三类研究则侧重于对如何培养"关键少数"以及如何使其更大程度地发挥作用进行探究，囊括了"思想建党""政治建设"和"党内法规"等关键词。

---

① 李健康、夏旭：《怎样打造图书馆的核心竞争力》，《图书馆论坛》2003 年第 6 期。

表 8-4　　2002—2021 年 CSSCI 期刊中"关键少数"主题研究文献的高频关键词

序号	频次	中心性	年份	关键词	分类	序号	频次	中心性	年份	关键词	分类
1	28	0.28	2016	习近平	0	16	3	0.03	2015	国家治理	6
2	19	0.14	2018	新时代	5	17	3	0.03	2015	反腐败	2
3	18	0.23	2015	关键少数	1	18	3	0.01	2016	思想建党	3
4	13	0.13	2015	政治生态	2	19	3	0.01	2017	制度建设	2
5	12	0.09	2016	党内监督	3	20	3	0.00	2018	改革开放	3
6	9	0.08	2016	党的建设	4	21	2	0.00	2015	大数据	2
7	6	0.13	2016	制度治党	3	22	2	0.00	2015	法治模式	1
8	5	0.05	2015	党的领导	1	23	2	0.00	2020	党内法规	/
9	5	0.05	2015	依法治国	6	24	2	0.00	2016	关键	0
10	5	0.02	2019	基本经验	4	25	2	0.00	2020	乡村振兴	5
11	4	0.02	2021	自我革命	4	26	2	0.01	2016	创新	0
12	4	0.04	2019	政治建设	4	27	2	0.00	2017	党中央	/
13	4	0.06	2017	领导干部	6	28	2	0.00	2015	建设	2
14	3	0.03	2017	实践	3	29	2	0.00	2019	主题教育	2
15	3	0.03	2016	党员干部	0	30	2	0.01	2015	德治	2

资料来源：笔者自制。

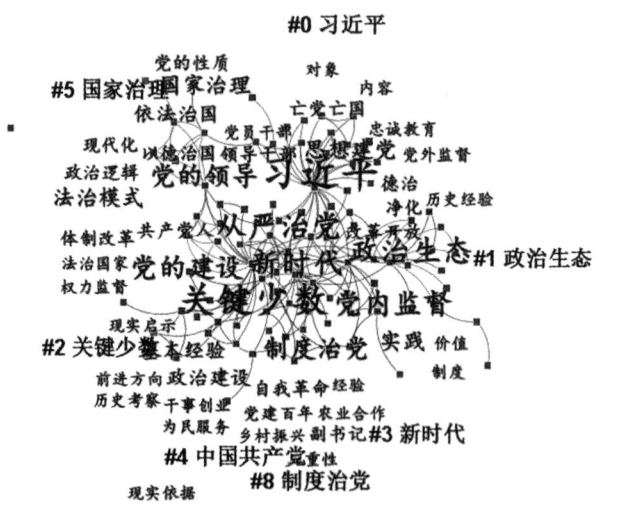

图 8-7　2002—2021 年 CSSCI 期刊中"关键少数"主题研究文献的关键词聚类图谱

资料来源：笔者自制。

2. 突现词分析

根据图 8-8 "关键少数"主题研究的突现词分析结果，我们可将此期间已有相关研究分为两阶段，具体如下：第一个阶段是 2017—2018 年，以"习近平""从严治党"等突现词为主。这一结果反映"关键少数"概念在习近平总书记相关重要讲话中提出后，受到了学者们的广泛关注。例如汪仕凯进行了全面从严治党的理论透视，认为先锋队性质是全面从严治党的内在根据。① 第二个阶段是 2019—2021 年，以"新时代"和"党内监督"为主的新突现词。"新时代"指中国特色社会主义进入新时代，它常作为研究背景出现。而正如郑超华所指出的，"党内监督"是党的建设的基础性工程，在政党治理现代化视域下研究"关键少数"，"党内监督"无疑是一个值得关注的重要视角。②

Keywords	Year	Strength	Begin	End	2002—2021 年
习近平	2002	4.05	2017	2018	
从严治党	2002	1.97	2017	2018	
新时代	2002	1.68	2018	2021	
党内监督	2002	1.35	2019	2021	

图 8-8　2002—2021 年 CSSCI 期刊中"关键少数"主题研究文献的突现词分布
资料来源：笔者自制。

二　"关键少数"的相关政策实践：政策文本分析

（一）数据来源与分析策略

"一把手"是"关键少数"中的关键，各级人民政府及有关单位在强调"关键少数"时，均对"一把手"予以了更高的关注。因此，本节研究的政策文本来源于北大法宝数据库，基于相关性和规范性原则，选取中央、省、市、县（区）四个层次的法律法规和规范性文件，以"一把手"等关键词进行标题检索，剔除复函、转发、回复以及重复出现等文件，共获得 47 份政策文本，总字符数为 7.10 万。其中，中央

---

① 汪仕凯：《先锋队政党的治理逻辑：全面从严治党的理论透视》，《政治学研究》2017 年第 1 期。
② 郑超华：《新时代党内监督的逻辑理路、运行状况与效能提升》，《求实》2020 年第 5 期。

法规 1 份、地方规范性文件 16 份、地方工作文件 30 份。和前述分析一致，采用 R 语言、ROSTCM 6.0 和 Gephi 0.9 进行词云图与语义网络图绘制。

（二）研究现状分析

1. 词频统计分析

由图 8-9 可知，共有 109 个高频关键词进入词云统计。其中，高频关键词前 10 位分别为"一把手""监督""单位""问题""加强""领导班子""落实""领导""党委""干部"。上述高频关键词说明相关政策一方面认识到"一把手"发挥表率作用的重要性，强调"一把手"需要以身作则，带头落实好党中央和上级的重大决策部署，坚持问题导向加强单位建设；另一方面，关注对领导干部，尤其是"一把手"的监督，通过加强上级党委监督检查批评、同级领导班子相互监督等方式，推动"一把手"压实主体责任。

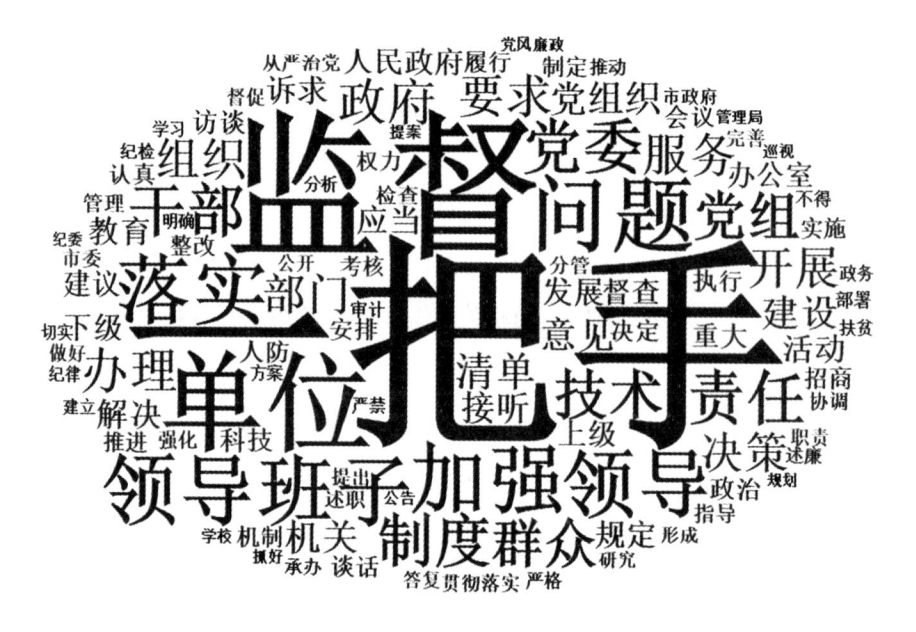

图 8-9　"关键少数"政策文本高频关键词词云图

资料来源：笔者自制。

2. 语义网络分析

如图 8-10 所示，根据关键少数政策文本高频关键词语义网络分析结果,共获得 5 个聚类,具体如下。

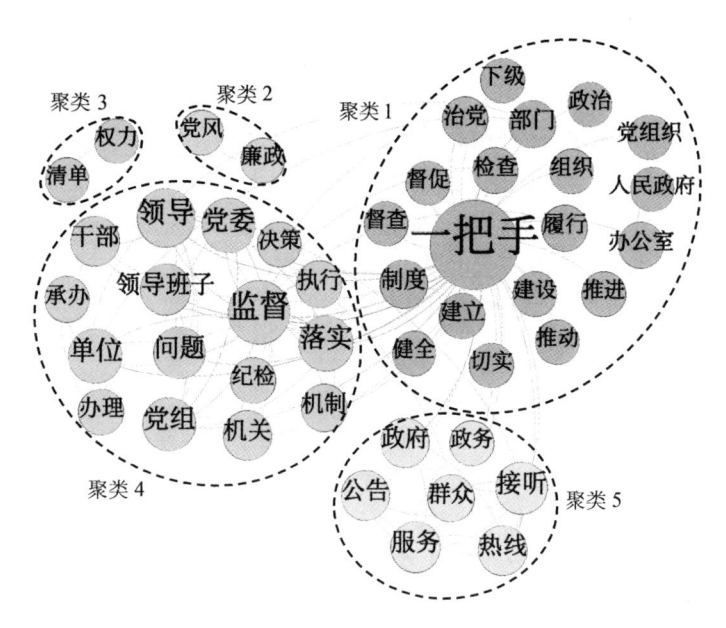

图 8-10 "关键少数"政策高频关键词语义网络图
资料来源:笔者自制。

聚类 1 涉及"一把手""人民政府""党组织""切实""推进""建立"和"制度"等词,反映了各级人民政府及其有关部门充分认识到加强对"一把手"监督的重要性和紧迫性。"一把手"是党的事业发展的领头雁,将"关键少数"管住用好意义重大。围绕做实做细"一把手"监督,各级人民政府及有关部门出台了相应的政策文本。比如,2019 年广东省委办公厅印发了《广东省各级党组织一把手开展党内谈话实施办法》,提出党组织"一把手"要切实履行好抓班子、带队伍的政治责任,推进党的建设。

聚类 2 涉及"党风""廉政"等词,反映了各级人民政府及其有关部门坚定推进党风廉政建设,筑牢廉政红线。党风廉政建设是党的建设的重要组成部分,是新时期党的一项重大的政治任务。为加强党的全面领导,提高党的建设质量,2021 年党中央出台了《中共中央关于加强对"一把手"和领导班子监督的意见》,在(三)、(十一)、(十三)和(十九)均提及要高度重视各级部门、地方、领域党组织党风廉政建设工作。同年,苏州市国资委党委会同市纪委监委派驻市财政局纪检监察组组织编印了《苏州市国资系统"一把手"讲纪律案例选编》,以切实促进所在单位的党风廉政建设工作和管党治党水平的提升。

聚类3涉及"权力""清单"等词,反映了各级人民政府及其有关部门深入贯彻落实党中央关于全面从严治党的精神,通过制定权力清单营造风清气正干事创业的良好政治生态。譬如,2020年广西壮族自治区百色市田阳区红十字会印发了《百色市田阳区红十字会一把手权力清单和负面清单》,从决策权、执行权、监督权等方面对"一把手"的权力做出明确规范。同年,百色市凌云县人民政府印发了《凌云县人民政府一把手权力清单和负面清单》,对政策执行领域、议事决策领域、选人用人领域、县级"三资"领域、土地资源领域、城乡规划领域等八个重要领域中"一把手"的权力行使进行严格限制。

聚类4涉及"监督""领导班子""落实""领导""党委""执行"等词,反映了各级人民政府及其有关部门遵循党中央关于强化对领导班子监督的重要指示,扎实推进领导班子监督的精准化常态化。2017年广西壮族自治区人民防空和边海防办公室严格落实党中央、国务院、自治区党委政府关于领导班子和领导干部监督管理的有关规定,颁布了具有地方特色的政策文件。2019年广东省委办公厅印发了《广东省各级党组织一把手开展党内谈话实施办法》,提出要把领导班子成员和下级党组织一把手作为重点对象,运用日常谈话、提醒谈话等多样化形式进行党内谈话,提高党内监督效力。

聚类5涉及"接听""政府""群众""热线""服务""政务"等词,反映了各级人民政府及其有关部门为加强政民互动,解决民众诉求,探索建立"一把手"接听12345政府服务热线电话制度。譬如,2014年浙江省温州市人民政府印发了《温州市党政部门一把手对话网民访谈活动实施方案》的通知,提出通过广泛开展温网议事厅·温州市党政部门一把手对话网民访谈活动,更好地推进党务、政务公开,进一步畅通民意表达渠道,实现党委、政府与网民的良性常态互动。2020年广东省茂名市财政局、司法局、退役军人事务局、卫生健康局、文化广电旅游体育局等15个职能部门积极响应市政府《关于建立"一把手"接听12345政府服务热线电话制度的通知》,提出由各局党组书记、局长充当12345政府服务热线接线员,对属于本局行政职能范围内的各类社会诉求进行及时回应。

三 "关键少数"与公务员变革行为二者关系研究展望

根据与"一把手"相关政策的分析结果，不难发现，"一把手"位置重要、责任重大，新时代党和国家对此给予了更高的关注，出台了具有针对性的政策文件和指导意见。"一把手"是"关键少数"中的关键，抓"一把手"的目的是发挥关键少数带动绝大多数的积极效应。而抓"关键少数"的本质和逻辑在于，通过"关键少数"的形象塑造和实际行动形成引领示范作用，进而营造各层级、各领域的公职人员都能够勇于担责、积极落实中央各项政策的健康组织生态。然而，尽管抓"关键少数"的理念在党和政府各级组织中已形成共识，但就如何培养"关键少数"、发挥"关键少数"的作用似乎尚未形成理论化、系统化的体系。换言之，相较于丰富的实践现状，当前与"关键少数"相关的理论研究仍存在一定的滞后性。因此，在公务员变革行为未来的研究中，可以考虑将公务员变革行为与"关键少数"这一治国理政的新理念相结合，从而为促进"关键少数"的培养、作用发挥以及公务员变革行为的塑造提供一定的理论与实践启示。

（一）推进"关键少数"发挥"头雁效应"促进变革行为的理论研究

变革行为是一种挑战现状、具有风险性的行为。Bettencourt 认为，除了自身特征对变革行为的影响外，领导等组织环境的影响也是不容忽视的。① 因此，推进公务员变革行为，需要充分发挥"关键少数"的"头雁效应"。已有的一些管理学理论可以运用于分析和解释"关键少数"的"头雁效应"，进而厘清其影响公务员变革行为的作用机制。范恒和周祖城基于社会学习理论，认为人们会通过关注、观察和模仿角色模范以学习各种行为。② Liu 等发现在组织中，拥有高地位或权力的领导通常会发挥角色模范的作用，而下属会模仿他们的行为，因为其传递了关于何为适当

---

① Bettencourt, L. A., "Change-oriented Organizational Citizenship Behaviors: The Direct and Moderating Influence of Goal Orientation", *Journal of Retailing*, Vol. 80, No. 3, 2004, pp. 165-180.

② 范恒、周祖城：《伦理型领导与员工自主行为：基于社会学习理论的视角》，《管理评论》2018 年第 9 期。

或重要的特定信念和规范的认可。① Ambrose 等关注组织行为学研究的涓滴效应模型，详细地描述了领导的特征、态度和行为如何通过下行影响引发下属表现出相同的特征、态度和行为的现象。② 应该指出，上述管理学理论模型都可以为厘清"关键少数"如何发挥"头雁效应"从而促进下属的变革行为提供一定的理论依据。与此同时，结合上述知识图谱分析和政策文本分析，未来的研究可以总结党和政府对于"一把手"的监督意见、制度体系建设、党内监督等成功经验，为抓好"领头雁"推进公务员的变革行为提供重要的研究视角。

（二）推进"关键少数"发挥"头雁效应"促进变革行为的实践对策分析

"关键少数"的领导干部进行变革行为并发挥"头雁效应"，是引领下属进行变革行为的前提。为此，我们有必要对推进"关键少数"发挥"头雁效应"促进变革行为的实践对策进行深入探讨。其中，有两个问题值得重点关注。一方面，将"一把手"的变革行为纳入"一把手"监督意见中的权力清单，从而以政策文本推动"一把手"的变革行为。例如，针对"关键少数"的相关政策明确将"向上级报告执行中遇到的困难问题、进展等情况，并可提出意见建议"等要求纳入权力清单范畴，从而使得各级领导干部有责任有义务在变革创新方面以身作则，积极提升变革创新的动机与能力。同时，鉴于不同岗位上的"关键少数"其变革创新的内容和形式也会有所差异，因此未来的研究可以结合中国特色的政治体制和组织结构考察不同职位、职级下各级领导干部变革行为的差异。另一方面，由于下属变革行为很有可能被解读为"出风头"或挑衅权威，此时来自领导的支持，包括物质支持、心理支持和情感支持等就显得尤为重要。譬如，变革型领导的其中一个维度即个性化关怀，指为下属提供心理和情感支持；类似地，服务型领导也可以为下属投身公共服务和公共利益提供相关支持。未来的研究可以进一步探索作为"关键少数"的领导者如何在下属变革行为中发挥支持作用、发挥何种支持作用等。

---

① Liu, B. C., Hu, W. and Cheng, Y. C., "From the West to the East: Validating Servant Leadership in the Chinese Public Sector", *Public Personnel Management*, Vol. 44, No. 1, 2015, pp. 25 – 45.

② Ambrose, M. L., Schminke, M. and Mayer, D. M., "Trickle – down Effects of Supervisor Perceptions of Interactional Justice: A Moderated Mediation Approach", *Journal of Applied Psychology*, Vol. 98, No. 4, 2013, pp. 678 – 689.

第三节 形式主义、官僚主义与公务员变革行为

形式主义、官僚主义历来为党和人民事业的大敌，它与行政效率提升、治理效能改善和为人民服务的宗旨理念格格不入。习近平总书记多次强调要坚决杜绝形形色色的形式主义与官僚主义，促进干部松绑减负、改革创新。在党的二十大报告中，总书记指出，要"重点纠治形式主义、官僚主义，坚决破除特权思想和特权行为"[①]。当前，学界对于形式主义、官僚主义的内涵、来源、表现形式、后果和治理举措等也进行了较为系统的探讨。本节将在运用知识图谱分析和政策文本分析方法梳理相关文献成果的基础上，遵循前文繁文缛节与变革行为关系的理论分析逻辑，提出进一步加强"形式主义、官僚主义"与公务员变革行为二者关系研究的建议与展望。

一 形式主义、官僚主义的相关理论研究：知识图谱分析

（一）数据来源

本部分以 CNKI 数据库中的中文社会科学引文索引（CSSCI）数据库为文献来源。以"形式主义"和"官僚主义"为主题关键词的研究数量上千篇，例如形式主义包括了对"俄国形式主义""形式主义法制"的研究等，由于"形式主义"这一概念产生于哲学，且应用于不同研究领域，除党建领域之外的功能语言学领域，文学和法学等领域的应用也都有相当数量的研究。同时，"官僚主义"的产生与"官僚制"有着密切的联系。

目前，国内在公共管理学、政治学、党建等相关的学科研究中，"形式主义"与"官僚主义"往往相伴而生。池忠军提出，马克思在批判黑格尔法哲学体系的过程中，揭示了官僚主义的实质是形式主义。[②] 并且，相关研究往往同时提及二者的整治，2020 年 4 月中国方正出版社出版了《整治形式主义官僚主义教育读本》，以帮助广大党员干部深入学习领会

[①] 习近平：《高举中国特色社会主义伟大旗帜 为全面建设社会主义现代化国家而团结奋斗——在中国共产党第二十次全国代表大会上的报告》，人民出版社2022年版，第68页。

[②] 池忠军：《官僚主义滋生的逻辑及其治理》，《中国矿业大学学报》（社会科学版）2004年第3期。

习近平总书记关于力戒形式主义官僚主义的有关重要论述。因此，本部分在 CSSCI 数据库进行文献主题检索时，将"形式主义"和"官僚主义"同时作为主题关键词，而且为了更精准地筛选出与这两个主题相关的研究，我们在选择主题关键词时采用的是"并含"关系，共得到了 274 个条目。随后，按照相关度进行排序，剔除了部分篇名、摘要与关键词中不含"形式主义"与"官僚主义"的文献，并进一步排除了发言摘要、访谈、文摘、中央文件原文与摘要等文献，最终共获得 248 篇与形式主义、官僚主义主题相关的研究文献。

（二）研究现状分析

国内关于形式主义、官僚主义的研究时间较长，并且与党的建设关系密切。相关研究始于 1998 年，贾鸿鸣针对政务中存在的突出问题，提出为政之要应求真务实，要克服官僚主义、形式主义、事务主义，反对弄虚作假等。[①] 同时，从发文期刊来看，相关研究主要发表于党政类期刊，如《求是》《党建》《理论前沿》《人民论坛》等（见表 8-5）。此外，公共管理领域的核心期刊《中国行政管理》也是该领域重要发文平台。可以说，形式主义与官僚主义是党建与公共管理学科领域的重要研究主题。

表 8-5　　1998—2021 年"形式主义"与"官僚主义"主题研究文献发文数量排名前五的 CSSCI 期刊

发文期刊	影响因子	发文数	占比
《人民论坛》	1.002	45	18.00%
《求是》	3.727	23	9.20%
《理论前沿》	/	12	4.80%
《党建》	0.759	11	4.40%
《中国行政管理》	4.937	11	4.40%

资料来源：笔者自制。

根据图 8-11 可以直观地发现，形式主义与官僚主义的研究在 2001 年出现了一个小峰值，在 2004—2012 年相关研究逐渐减少，2012 年后该

---

① 贾鸿鸣：《为政"四要"——当前政务工作中的几个突出问题》，《晋阳学刊》1998 年第 2 期。

领域研究又进入增长与发展阶段，特别是在 2017 年之后发展较为迅猛，并于 2019 年再次出现发文高峰。正如邹劲松所指出的，形式主义、官僚主义的研究发展与党中央的重要指示密切相关。形式主义与官僚主义在 2001 年成为研究热点，一个重要原因在于党中央当年出台了《中共中央关于加强和改进党的作风建设的决定》，严抓党的作风建设；而党的十八大以来，以习近平同志为核心的党中央坚持全面从严治党，就查摆和纠正形式主义、官僚主义问题多次做出重要指示，引发了学术界对形式主义、官僚主义问题的高度关注，并形成了另一波研究热潮。①

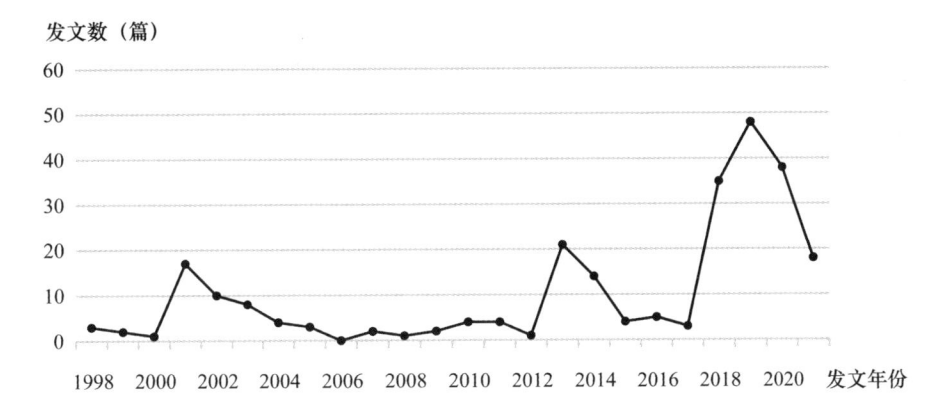

图 8-11 1998—2021 年 CSSCI 期刊中"形式主义"
与"官僚主义"主题研究文献的年度分布

资料来源：笔者自制。

（三）可视化分析

为更好地梳理形式主义、官僚主义相关文献的研究现状，本部分同样运用 Citespace 软件对该领域相关文献的关键词进行聚类、词频以及突现词的可视化分析，以总结该领域的研究进展与热点。

1. 关键词聚类与高频关键词分析

根据 1998—2021 年 CSSCI 期刊形式主义、官僚主义研究的高频关键词表（如表 8-6 所示）与关键词分布和聚类图（如图 8-12 所示），本部分将已有相关研究划分为四大类。其中，第一类研究聚焦于考察"形

---

① 邹劲松：《形式主义、官僚主义的新表现及其治理》，《理论视野》2018 年第 7 期。

式主义"与"官僚主义"的危害,涉及"作风建设"和"党风建设"等关键词。第二类研究主要关注"形式主义"与"官僚主义"的内涵、形态与表现形式等,涵盖"痕迹主义""享乐主义""奢靡之风"等关键词。第三类研究聚焦于对"形式主义"与"官僚主义"产生的原因与根源等进行分析,囊括了"政治生态"等关键词。第四类研究侧重于对如何治理形式主义和官僚主义提出对策、措施与建议,涉及"体制改革""主题教育"等关键词。

表8-6 1998—2021年CSSCI期刊"形式主义"与"官僚主义"主题研究文献的高频关键词

序号	频次	中心性	年份	关键词	分类	序号	频次	中心性	年份	关键词	分类
1	104	0.55	1998	形式主义	0	16	4	0.04	2007	危害	5
2	96	0.40	1998	官僚主义	2	17	4	0.00	2003	求真务实	2
3	15	0.13	2001	作风建设	1	18	4	0.05	2013	"四风"	3
4	13	0.13	1998	群众路线	3	19	4	0.02	2019	国家治理	1
5	8	0.01	2013	奢靡之风	2	20	4	0.00	2013	习近平	3
6	6	0.06	2013	党的建设	1	21	3	0.00	2002	党中央	6
7	6	0.04	2019	基层治理	1	22	3	0.00	2013	党员干部	2
8	6	0.04	2000	工作作风	4	23	3	0.00	2018	主题教育	2
9	5	0.00	1999	主观主义	2	24	3	0.01	2014	政治生态	0
10	5	0.00	2001	实事求是	1	25	3	0.03	2009	治理	5
11	5	0.06	2010	毛泽东	4	26	3	0.00	2001	党风建设	8
12	5	0.05	2019	基层减负	11	27	3	0.00	2019	痕迹主义	1
13	5	0.00	2013	享乐主义	2	28	3	0.00	1998	邓小平	/
14	4	0.02	2020	新时代	3	29	3	0.01	2003	体制改革	0
15	4	0.01	2020	疫情防控	6	30	3	0.00	2016	为官不为	/

资料来源:笔者自制。

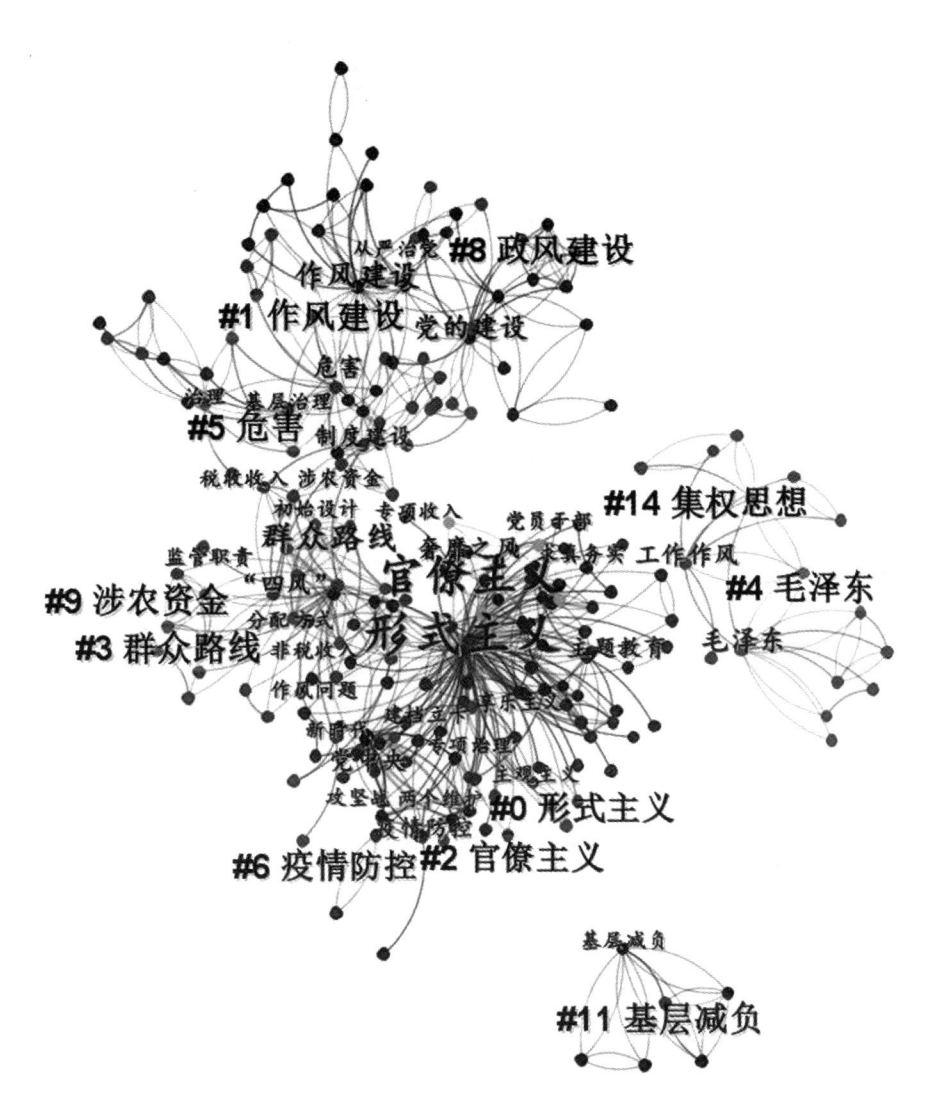

图 8-12　1998—2021 年 CSSCI 期刊中"形式主义"与"官僚主义"
主题研究文献的关键词聚类图谱

资料来源：笔者自制。

2. 突现词分析

由于国内对形式主义、官僚主义的相关研究时间较长，因此本部分根据图 8-13 的突现词分布图将已有研究划分为四个阶段，具体如下：

Keywords	Year	Strength	Begin	End	1998—2021 年
邓小平	1998	1.28	1998	2011	
官僚主义	1998	2.87	1999	2001	
形式主义	1998	1.13	1999	2001	
作风建设	1998	2.82	2001	2003	
实事求是	1998	1.54	2001	2002	
对策	1998	1.33	2007	2009	
危害	1998	1.20	2007	2010	
治理	1998	1.30	2009	2010	
毛泽东	1998	1.70	2010	2014	
群众路线	1998	5.46	2013	2014	
奢靡之风	1998	4.19	2013	2014	
享乐主义	1998	2.60	2013	2014	
"四风"	1998	1.42	2013	2018	
从严治党	1998	1.63	2016	2018	
为官不为	1998	1.63	2016	2018	
主题教育	1998	1.24	2018	2019	
官僚制度	1998	1.24	2018	2019	
基层治理	1998	1.87	2019	2021	
国家治理	1998	1.59	2019	2021	
基层	1998	1.19	2019	2021	

图 8-13 1998—2021 年 CSSCI 期刊"形式主义"
与"官僚主义"主题研究突现词分布

资料来源：笔者自制。

第一个阶段为2013年之前，"毛泽东""邓小平""对策""实事求是""治理"和"作风建设"等均是这一阶段的突现词，相关研究深入探索了加强党的"作风建设"、解决作风问题的措施方法。其中，"对策"研究侧重于针对"形式主义"与"官僚主义"提出建议和解决措施；"实事求是"作为党的思想路线，对加强党的作风建设具有重要指导意义。

第二个阶段为 2013—2018 年，研究转为以"奢靡之风""享乐主义"和"四风"等作为研究突现词。其中"奢靡之风""享乐主义"是"四风"中除"形式主义"与"官僚主义"外的另外两类作风，均与党的宗旨和优良作风格格不入，容易滋生假作为、乱作为、不作为及腐化作为。代表性研究如张志明和肖蓉进行了"四风"治理与地方政府理政行为的研究，对"四风"治理提出了建议。①

第三个阶段为 2018—2019 年，"从严治党""为官不为"和"主题教育"等成了研究突现词。这一研究背景是习近平总书记党的十八大以来对党的作风建设作出了一系列重要论述，受到了学术界的广泛关注和深入研究。如皮婷婷等基于全国 123 个典型案例，发现并提出了"从严治党"背景下基层干部"为官不为"的成因及治理对策。②

第四个阶段为 2019—2021 年，"基层治理"与"国家治理"等成为该阶段的热点突现词。其原因可能在于，习近平总书记近年来对整治形式主义和官僚主义作出了一系列重要论述，成为相关领域研究的理论依据。例如胡仙芝强调治理公务员不作为应当从治理形式主义入手。③

二 形式主义、官僚主义的相关政策实践：政策文本分析

（一）数据来源与分析策略

本节选取中央、省、市、县（区）四个层次的政策文本作为研究对象，以"形式主义""官僚主义"等为关键词放入北大法宝数据库进行标题检索，剔除复函、转发、回复以及重复出现等文件，共获得 129 份政策文本，总字符数为 43.41 万。其中，中央法规 12 份、地方规范性文件 25 份、地方工作文件 92 份。和前述分析一致，采用 R 语言、ROSTCM 6.0 和 Gephi 0.9 进行词云图与语义网络图绘制。

（二）研究现状分析

1. 词频统计分析

如图 8-14 所示，共有 249 个高频关键词进入词云统计。其中，"问题""会议""形式主义""基层""单位""落实""整治""部门""考核""检查"占据高频关键词前 10 位，说明相关政策要求各级人民政府

---

① 张志明、肖蓉：《"四风"治理与地方政府理政行为研究》，《管理观察》2018 年第 27 期。
② 皮婷婷、林丽梅、王凌宇：《从严治党背景下基层干部"为官不为"的成因及治理对策——基于全国 123 个典型案例的分析》，《福建广播电视大学学报》2018 年第 4 期。
③ 胡仙芝：《治理公务员不作为当从治理形式主义入手》，《人民论坛》2018 年第 1 期。

及其有关部门通过精简会议、加强考核检查等措施，转变工作作风、强化担当落实，整治形式主义和官僚主义问题，为基层减负。

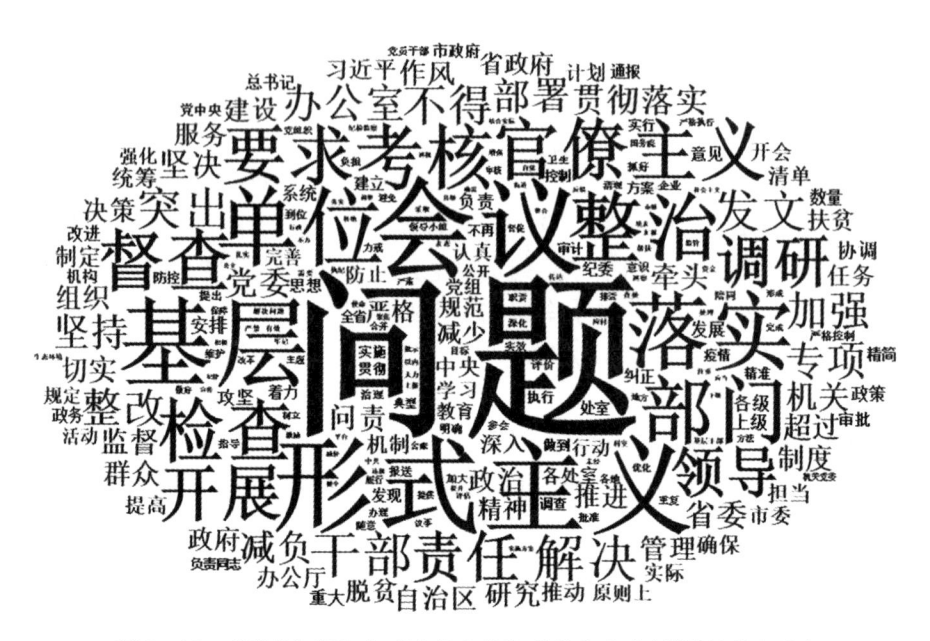

图 8-14　"形式主义"与"官僚主义"政策文本高频关键词词云图
资料来源：笔者自制。

2. 语义网络分析

如图 8-15 所示，根据"形式主义"与"官僚主义"政策文本高频关键词语义网络分析结果，共获得 5 个聚类，具体如下。

聚类 1 涉及"基层""减负""切实""考核""督查""检查""统筹"等关键词，反映的是各级人民政府及其有关部门贯彻落实中共中央办公厅《关于解决形式主义突出问题为基层减负的通知》的相关公告、通知、意见等。着力解决基层负担过重、考核检查过多等形式主义问题，切实为基层干部解忧松绑，对于激发基层干部干事创业热情具有重要的现实意义。譬如，2019 年国务院扶贫办发布的《关于切实解决扶贫领域形式主义突出问题为基层减负》的公告中，从"规范考核评估""规范督查巡查"等方面作为重要的抓手开展工作；2019 年广西壮族自治区党委办公厅印发《关于解决形式主义突出问题为基层减负的工作措施》的通知中，将"进一步统筹规范监督检查考核工作"作为重要的工作措施之一。

聚类 2 涉及"习近平""总书记""精神""形式主义""官僚主义"

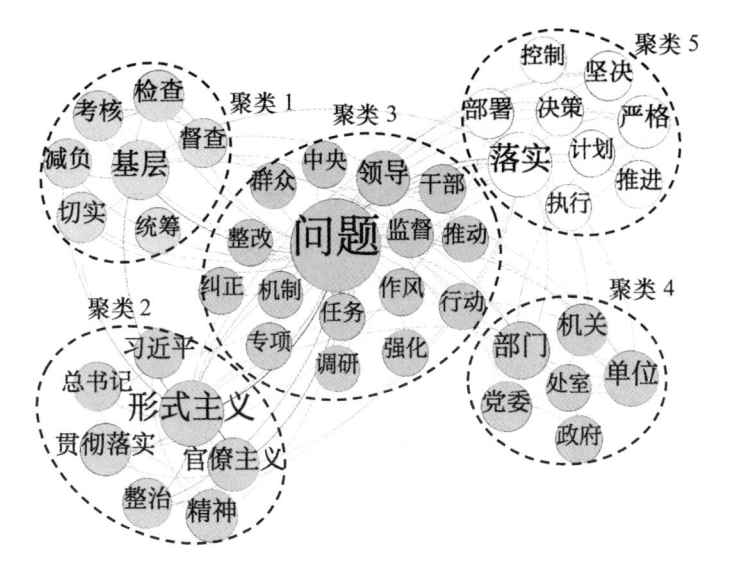

图 8-15 "形式主义"与"官僚主义"政策高频关键词语义网络图
资料来源：笔者自制。

"整治""贯彻落实"等关键词，反映的是各级人民政府及其有关部门对习近平总书记力戒形式主义官僚主义的重要指示精神的贯彻。譬如，2018年中央纪委办公厅印发《关于贯彻落实习近平总书记重要指示精神 集中整治形式主义、官僚主义的工作意见》；2019年安徽省委办公厅印发《关于开展"严规矩、强监督、转作风"集中整治形式主义官僚主义专项行动实施方案》。

聚类3涉及"问题""整改""纠正""监督""行动"等关键词，聚类4包含"党委""部门""政府""机关""单位""处室"六个词，聚类5包括"决策""计划""落实""部署""推进""坚决""控制""严格""执行"9个词，三个聚类均与形式主义、官僚主义问题整治工作的实际工作开展有关。其中，聚类3主要是对形式主义、官僚主义问题整治如何开展的细化措施；聚类4则体现了形式主义、官僚主义问题整治主体部门；聚类5的关键词则表现了政策文本的引导性，为形式主义、官僚主义问题提供了具体细化的指导。譬如，兰州市民政局印发《兰州市民政局深入开展作风建设年活动集中整治形式主义官僚主义2020年工作要点》通知中，在具体工作中，开展"持续提高会议实效"等"专项整治"工作，逐一进行"问题整改"；而在"切实改进文风，解决'指尖上'的形式主义"的专项整治行动要求中，强调了市委、市政府和基层党委之间的权力和职责，并通过"严格""控制""计划""执行"等词体现了如何进行这一专项整治行动的具体整治要求。

三 形式主义、官僚主义与公务员变革行为二者关系研究展望

结合上述理论和政策分析发现，力戒形式主义和官僚主义是当前党的作风建设的重要任务。本书的研究结论和现有文献表明，随着繁文缛节的不断增强，公务员的变革行为将会显著下降。毋庸置疑，我国政府部门中存在的形式主义、官僚主义与来自西方的繁文缛节具有一定的关联性，但是在表现形式和整治措施上具有明显的差异。因此，根据上述研究发现，本节将从形式主义、官僚主义的理论和政策视角，进一步探讨如何以变革行为的视角去推动形式主义、官僚主义的整治工作或通过力戒形式主义、官僚主义去促进公务员变革行为等未来研究方向。

（一）基于变革行为视角剖析形式主义、①官僚主义的表现

习近平总书记曾明确指出，形式主义、官僚主义同我们党的性质宗旨和优良作风格格不入，是我们党的大敌、人民的大敌。从变革行为视角来看，形式主义、官僚主义同样是公务员改革创新的大敌。形式主义是指把形式强调到一种绝对化的程度，而置内容于不顾，只注重形式而不注重内容，只注重过程而不注重结果。②官僚主义则是指当官老爷高高在上，脱离群众、欺压群众的作风，有命令主义、文牍主义、事务主义等表现形式。一些官员在改革创新过程中出现的调查研究走过场、流于形式，满足于"混日子""守摊子"，人在心不在、出工不出力，把"履责"变"推责"等现象，这是一些地方存在的官僚主义在改革创新方面的重要表现。还有一些官员则由于担心改革创新会出错会失败，或者顾虑改革创新触及既有利益格局，于是改革口号喊得震天响，具体举措却迟迟出不来，搞形式化、表面化的"假改革""慢改革"，这是一些地方存在的形式主义的重要表现。可以说，从变革行为视角研究形式主义、官僚主义的表现无疑是一个值得深入探究的话题。

（二）形式主义、官僚主义对变革行为的危害及其对策研究

形式主义背后是功利主义、实用主义作祟，政绩观错位、责任心缺

---

① 《中共中央政治局召开民主生活会以认真学习贯彻习近平新时代中国特色社会主义思想 坚定维护以习近平同志为核心的党中央权威和集中统一领导 全面贯彻落实党的十九大各项决策部署情况为主题进行对照检查 中共中央总书记习近平主持会议并发表重要讲话》，《人民日报》2017年12月27日第1版。

② 邹劲松：《形式主义、官僚主义的新表现及其治理》，《理论视野》2018年第7期。

乏,只想当官不想干事,只想出彩不想担责,满足于做表面文章,重显绩不重潜绩,重包装不重实效。徐黎指出,官僚主义背后是官本位思想,价值观走偏、权力观扭曲,盲目依赖个人经验和主观判断,严重脱离实际,脱离群众。① 秦如培强调,无论是形式主义还是官僚主义,本质上都是思想问题、作风问题与政治问题。② 正因如此,形式主义、官僚主义成了改革创新的大敌,并将产生极大危害,将导致广大干部不思进取、疲于应付,从而抑制公务员变革行为,使得改革任务陷入空转,最终将延误改革时机。为此,政府部门需要着力整治改革创新中的形式主义、官僚主义。一方面,要引导党员干部坚决克服思维上的惰性、行为上的懈怠,以新的思想、理念和方法指导新的实践,积极变革、勇于创新。另一方面,必须旗帜鲜明亮剑出招,坚决刹不为之风、换不为之将,旗帜鲜明地为敢于担当、踏实做事、不谋私利的干部撑腰壮胆,大力营造心无旁骛抓落实的改革创新环境。在未来的研究中,有必要深入揭示形式主义、官僚主义将对公务员变革行为产生何种危害及其具体机理。同时,进一步探究破除形式主义、官僚主义从而促进公务员变革行为的有效对策。结合政策文本分析的结论,未来的研究可以将《关于解决形式主义突出问题为基层减负的通知》、形式主义和官僚主义的专项整治行动与我国广大干部的变革行为研究相结合,以广大干部变革行为为切入点,检验基层减负和专项整治行动的效果。在此基础上,提炼基层减负、专项整治行动的成功经验,为新时代背景下深入推进改革创新提供有益启示。

(三) 以变革创新、求真务实荡涤形式主义、官僚主义歪风

公务员变革行为对于力戒形式主义、官僚主义具有积极作用。无论是形式主义还是官僚主义均为病态型官僚制的产物。曹东勃和宋锐指出,官僚制是一种依照职能和职位的高低位阶不同对权威资源进行合理配置,以层级制为组织形式,以专门化的职业为管理主体,以理性设置的制度规范为运作规则的管理模式。③ 林水认为韦伯把官僚制作为能达到最大效率的社会组织形式,并强调其专业分工、层级体制、依法行政、非人性化、量才用人、职业永久化等特征。④ 然而,现实经验表明,官僚制往往是低效率和功能失调的。例如黄小勇认为,官僚制的结构和规则本身的特征决定

---

① 徐黎:《形式主义和官僚主义有何联系与区别?》,《学习时报》2020 年第 5 期。
② 秦如培:《从根源上破解形式主义官僚主义》,《人民日报》2020 年 12 月 31 日第 9 版。
③ 曹东勃、宋锐:《克服县域治理中的官僚主义》,《文化纵横》2019 年第 5 期。
④ 林水:《从文化心理结构看形式主义、官僚主义》,《中国党政干部论坛》2019 年第 8 期。

了官僚制不可避免地会产生与效率对立的、病态的行为模式，过分地根据规则行事，会产生文山会海、流程烦琐、审批拖延等繁文缛节。① 此外，张中祥指出在实践中对官僚制一些原则如等级控制、按规则办事过分强调，就会走向形式主义、官僚主义的泥沼。② 因此，要借助公务员变革行为力戒形式主义、官僚主义。具体而言，公务员对于自身的实际工作情况最有发言权，他们的变革行为能够有效减少政府官僚的繁文缛节以及缓慢死板的程序所带来的负面影响，有助于政府提升工作效率和管理水平，进而提供更为优质的公共服务。因此，要将鼓励公务员变革行为纳入到解决形式主义为基层减负的工作中以及形式主义、官僚主义问题的专项整治中，制定和总结出更加切实可行的减负措施与整治手段。并且，未来的研究可以深入探索如何通过公务员变革行为破解形式主义、官僚主义，为推进中国的政府治理提供理论指导。

第四节 干部队伍建设与公务员变革行为

治国之要，首在用人。抓好干部队伍建设是"应变局、育新机、开新局、谋复兴"的题中应有之义。中国共产党历来重视干部队伍建设，从毛泽东所强调的"政治路线确定后，干部就是决定因素"，到党的二十大提出"实现干部队伍的革命化、年轻化、知识化、专业化"的"四化"方针，再到新时代习近平总书记明确要"努力造就一支忠诚干净担当的高素质干部队伍"，党的二十大升华为"建设堪当民族复兴重任的高素质干部队伍"，③ 均体现了党对加强干部队伍建设的重视与探索。干部队伍建设的核心目的是提升干部治理能力，而治理能力的高低最终要在干部改革创新、担当作为的具体实践中体现出来。因此，干部队伍建设与干部变革行为密切相关。本节采用知识图谱分析和政策文本分析方法，首先对干部队伍建设的研究现状与研究趋势加以回顾，在此基础上提出了进一步强化干部队伍建设与公务员变革行为关系研究的几点建议。

---

① 黄小勇：《韦伯理性官僚制范畴的再认识》，《清华大学学报》（哲学社会科学版）2002年第2期。
② 张中祥：《官僚制：基于整合途径的再审理》，《学术论坛》2006年第10期。
③ 习近平：《高举中国特色社会主义伟大旗帜 为全面建设社会主义现代化国家而团结奋斗——在中国共产党第二十次全国代表大会上的报告》，人民出版社2022年版，第66页。

一 干部队伍建设的相关理论研究：知识图谱分析

(一) 数据来源

与前文保持一致，本部分以CNKI数据库中的中文社会科学引文索引（CSSCI）数据库为文献来源，从而保证来源期刊具有权威性和代表性。同样地，我们在数据库中选择高级检索并采用主题检索的方式，以"干部队伍建设"为主题关键词，在CSSCI数据库中搜索文献并得到549个条目。总体而言，国内关于"干部队伍建设"的研究文献数量众多，主题也较为丰富。为更准确了解这一领域的研究情况，我们对上述文献进行了筛选，剔除了篇名、摘要与关键词中没有"干部队伍建设"的部分文章，同时也删除了工作纪实、工作会议述评、论坛综述、工作思想研究综述以及内容相同的文章等，最终共获得了394篇与干部队伍建设主题相关的研究文献。

(二) 研究现状分析

相比"担当作为"主题的研究文献，CSSCI期刊中关于"干部队伍建设"主题的研究文献内容更加丰富，研究领域更加广泛，刊登的期刊分布也更加分散（如表8-7所示）。相关文章的来源期刊主要以党建、教育类期刊为主，不仅涵盖了《求是》《理论前沿》《人民论坛》《理论探讨》《毛泽东思想研究》等党政类期刊，同时也涉及《中国高等教育》和《中国高教研究》等教育类期刊。此外，相关研究大多是针对党的干部队伍建设，除一般机关干部外，也包括了军队、农村基层干部、少数民族干部等特定干部群体。还有部分研究关注团干部、高校学生与教师和图书馆的干部队伍建设。

表8-7　1998—2021年"干部队伍建设"主题研究文献发文数量排名前十的CSSCI期刊

期刊	影响因子	发文数	文献占比
《求是》	3.727	22	5.58%
《中国高等教育》	1.606	20	5.08%
《人民论坛》	1.002	19	4.82%
《理论前沿》	/	14	3.55%
《理论学刊》	1.919	11	2.79%
《求实》	5.891	11	2.79%
《理论探讨》	2.838	9	2.28%

续表

期刊	影响因子	发文数	文献占比
《中国高教研究》	1.606	9	2.28%
《中国行政管理》	4.937	9	2.28%
《毛泽东思想研究》	0.897	6	1.52%

资料来源：笔者自制。

关于干部队伍建设的研究在国内已有 20 多年的发展历程，其中最早的研究出现在 1998 年，顾华详和陈宏针对新疆高素质干部队伍建设的若干战略问题进行了讨论。① 图 8-16 显示，1998 年关于干部队伍建设的文献较多，1998—2003 年相关文献数量呈现下降趋势，此后一直处于相对波动的状态，并于 2010 年和 2019 年出现两个小高峰。除 2007 年、2017 年外，2004 年至今关于干部队伍建设的研究文献每年都保持着 10 篇以上的发文量，可见学术界对干部队伍建设保持了持续关注。

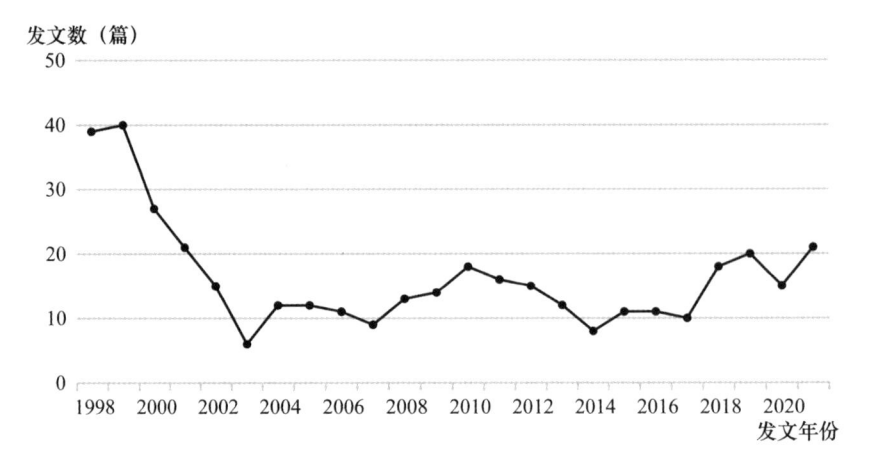

图 8-16　1998—2021 年 CSSCI 期刊中"干部队伍建设"主题研究文献的年度分布

资料来源：笔者自制。

（三）可视化分析

为更好地梳理干部队伍建设相关文献的研究现状，本部分同样运用

---

① 顾华详、陈宏：《关于少数民族地区干部队伍建设问题的战略思考》，《中央民族大学学报》（哲学社会科学版）1998 年第 6 期。

Citespace 软件对该领域相关文献的关键词进行聚类、词频以及突现词的可视化分析,以捕捉该领域的研究进展与热点。

1. 关键词聚类与高频关键词分析

根据1998—2021年CSSCI期刊中干部队伍建设研究文献的高频关键词表(如表8-8所示)与关键词分布和聚类图(如图8-17所示),本部分将相关研究划分为四大类。其中,第一类研究着重对加强干部队伍建设的必要性与重要性进行研究,包含了"党的建设""队伍建设"和"党的事业"等党员干部队伍建设相关高频关键词。第二类研究侧重于关注"干部队伍建设"环节与内容,考虑干部队伍建设的方式渠道,涵盖了"教育培训""培养"和"改革"等关键词。第三类研究主要对领导人的"干部队伍建设"的指导思想进行了理论研究,囊括了"习近平""江泽民"及"邓小平"等高频关键词,国家主要领导人针对干部队伍建设发表的相关重要论述往往成为该领域的主要理论依据。第四类研究聚焦于探讨加强干部队伍建设的思路和政策建议,就如何达成干部队伍建设优化进行探究,涉及"作风建设""领导班子"与"干部"等关键词。

表8-8　　　　1998—2021年CSSCI期刊"干部队伍建设"主题研究文献的高频关键词

序号	频次	中心性	年份	关键词	分类	序号	频次	中心性	年份	关键词	分类
1	28	0.19	1999	干部队伍	1	16	4	0.04	2004	陈云同志	2
2	27	0.37	2000	队伍建设	0	17	4	0.02	2000	党的建设	4
3	14	0.10	1998	领导班子	2	18	4	0.02	2000	教育培训	8
4	11	0.03	1998	干部	1	19	4	0.02	2001	邓小平	6
5	9	0.10	1998	社会主义	5	20	4	0.02	2006	作风建设	18
6	9	0.13	2000	高校	0	21	4	0.01	1998	党的事业	8
7	8	0.07	2001	建设	3	22	4	0.00	1999	新形势下	11
8	7	0.03	2017	习近平	0	23	4	0.01	2002	改革	4
9	6	0.00	1999	高素质	/	24	4	0.01	2017	领导干部	0
10	6	0.02	1998	江泽民	6	25	4	0.05	2000	毛泽东	5
11	5	0.06	2006	对策	8	26	4	0.00	2005	培养	0
12	5	0.11	2000	新时期	4	27	4	0.10	2010	少数民族	7
13	5	0.02	2018	新时代	/	28	4	0.02	2020	治理能力	3
14	5	0.00	1998	几点思考	/	29	4	0.04	1998	后备干部	9
15	5	0.02	2006	学生干部	0	30	4	0.03	2009	改革开放	6

资料来源:笔者自制。

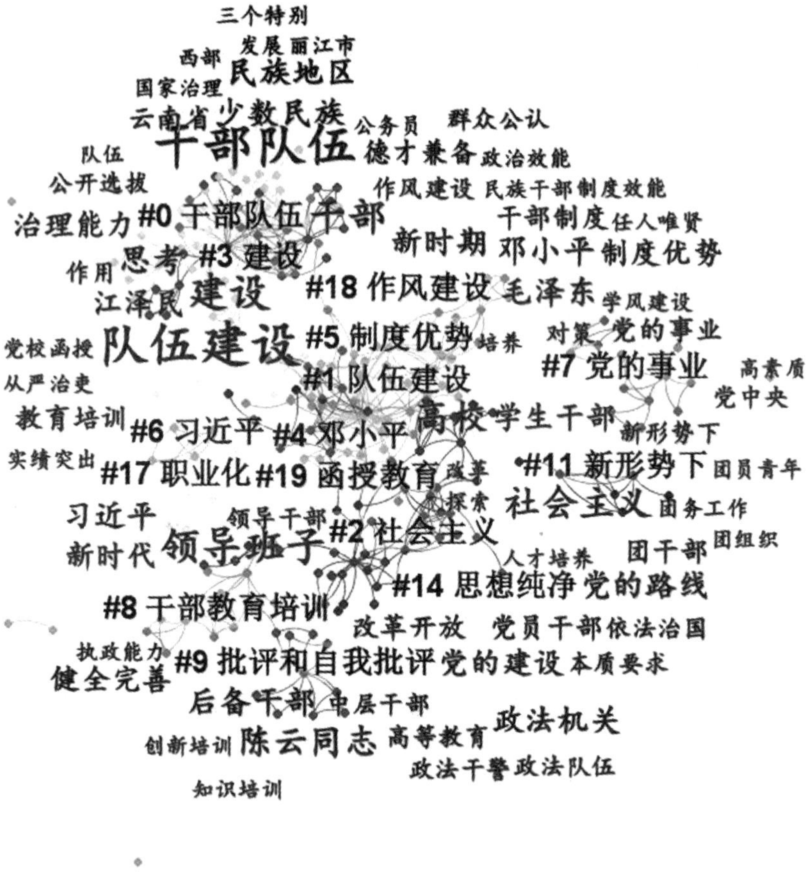

**图 8-17　1998—2021 年 CSSCI 期刊中"干部队伍建设"
主题研究文献的关键词聚类图谱**

资料来源：笔者自制。

2. 突现词分析

本部分根据图 8-18 干部队伍建设的突现词分布情况，将此期间"干部队伍建设"的相关研究划分为两个阶段。其中，第一个阶段为 1998—2010 年，以"领导班子""干部""陈云同志"和"队伍建设"等作为研究突现词，在这一阶段，高素质"干部队伍建设"问题备受学者们关注。例如宋超和羊丹①、钟琼等多位学者围绕不同领域的高素质干部

---

① 宋超、羊丹：《建设新时代高素质专业化干部队伍：实践导向、现实挑战及重点抓手》，《理论导刊》2021 年第 3 期。

队伍建设进行了探究，并提出相关建议。① 第二个阶段为 2011—2021 年，出现了"干部队伍""习近平""新时代"等新的研究突现词。上述突现词的出现反映出这一阶段习近平总书记关于选人用人的思想为"干部队伍建设"研究提供了重要的理论指南，相关文献围绕习近平新时代干部队伍建设的重要论述进行了深入探讨，体现了该类研究与时俱进的时代特点。

Keywords	Year	Strength	Begin	End	1998—2021 年
领导班子	1998	3.91	1998	2004	
社会主义	1998	3.08	1998	1999	
几点思考	1998	2.16	1998	1999	
干部	1998	2.37	2001	2003	
陈云同志	1998	2.49	2004	2005	
对策	1998	2.24	2006	2011	
高校	1998	1.66	2007	2013	
队伍建设	1998	5.56	2009	2015	
改革开放	1998	1.69	2009	2010	
学生干部	1998	1.50	2010	2016	
少数民族	1998	1.41	2010	2018	
干部队伍	1998	2.12	2016	2021	
习近平	1998	3.95	2017	2019	
领导干部	1998	2.25	2017	2019	
新时代	1998	2.69	2018	2021	

图 8-18　1998—2021 年 CSSCI 期刊中"干部队伍建设"主题研究文献的突现词分布

资料来源：笔者自制。

二　干部队伍建设的相关政策实践：政策文本分析

（一）数据来源与分析策略

本节选取中央、省、市、县（区）四个层次的政策文本作为研究对象，以"干部队伍建设"等为关键词放入北大法宝数据库进行标题检索，

---

① 上海市审计学会课题组、钟琼、王倩莹等：《高素质专业化审计队伍建设研究》，《审计研究》2021 年第 2 期。

剔除复函、转发、回复以及重复出现等文件，共获得 59 份政策文本，总字符数为 21.18 万。其中，中央法规 10 份、地方规范性文件 28 份、地方工作文件 21 份。和前述分析一致，采用 R 语言、ROSTCM 6.0 和 Gephi 0.9 进行词云图与语义网络图绘制。

（二）研究现状分析

1. 词频统计分析

由图 8-19 可知，共有 197 个高频关键词进入词云统计。其中，居于前 10 位的高频关键词为"干部""建设""加强""干部队伍""领导""后备干部""乡镇""管理""领导班子""培训"，说明相关政策的重点在于以管理、培训、选拔任用优秀基层干部与后备干部等举措，加强各级领导班子和干部队伍建设。

图 8-19　干部队伍建设政策文本高频关键词词云图

资料来源：笔者自制。

2. 语义网络分析

如图 8-20 所示，根据"干部队伍建设"政策文本高频关键词语义网络分析结果，共获得 4 个聚类，具体如下。

聚类 1 涉及"干部""机关""中央""方针""政策""乡镇""党委""单位""组织"等词，反映了各级政府、各级单位对党和国家干部

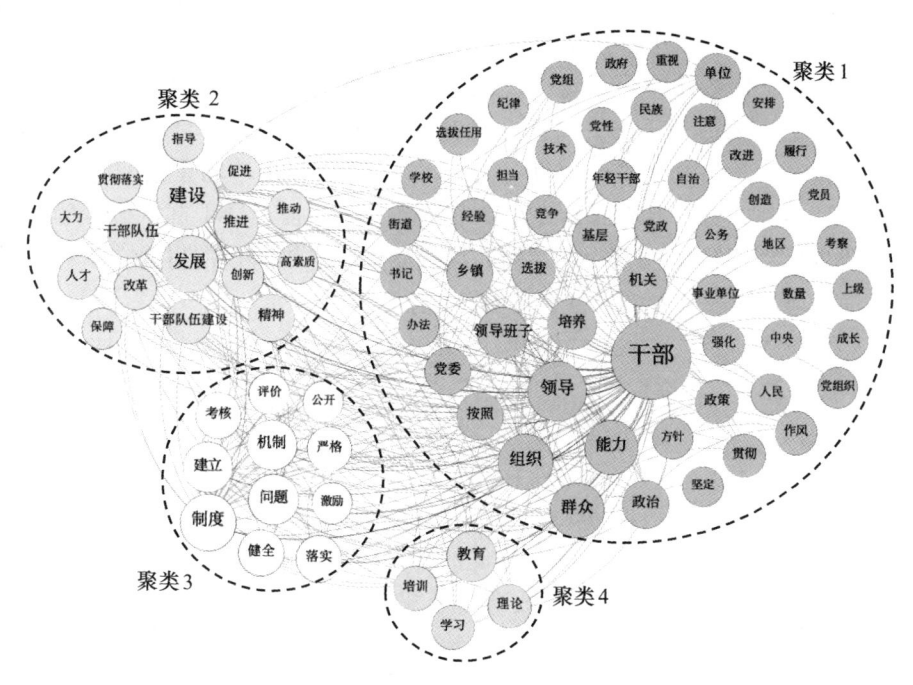

图 8-20 干部队伍建设政策高频关键词语义网络图

资料来源：笔者自制。

队伍建设方针、路线的贯彻落实。"为政之要，惟在得人"，党和国家历来高度重视干部队伍建设，要求各级人民政府及有关部门将干部队伍建设作为一项基础性、战略性、系统性工程来抓。为了响应党中央的政策号召，各个部门均围绕着部门实际制定了相应的政策文件。譬如，2009 年中共合肥市委发布的《市委组织部关于进一步加强村级干部队伍建设的意见（试行）》旨在贯彻落实党的十七大、十七届三中全会精神。2018 年教育部发布的《关于进一步做好直属高校领导班子后备干部队伍建设工作的通知》正是出于贯彻落实中共中央《党政领导干部选拔任用工作条例》《党政领导班子后备干部工作规定》《2009—2020 年全国党政领导班子后备干部队伍建设规划》等有关文件精神。

聚类 2 涉及"建设""发展""创新""改革""高素质""人才""干部队伍建设"等词，反映了我国干部队伍建设的主要目的，即以高素质人才、高素质干部队伍建设为改革、创新、发展保驾护航。习近平总书记强调，"建设一支德才兼备的高素质执政骨干队伍，是我们事业成功的根本保证"①。在各级人民政府及有关部门发布的有关干部队伍建设的文件中，无一不将干部队伍建设视为推动改革发展的中坚力量和核心工程。譬如，1999年中央组织部印发的《关于加强农村基层干部队伍建设的意见》的通知指出，加强农村基层干部队伍建设的目的在于"发展农村经济、提高农业生产力水平……保证农村改革和发展目标的实现"。2018年交通运输部办公厅发布的《关于加强领导干部队伍本领建设的意见》提出，加强交通运输领域领导干部本领建设的目的在于"为推动交通运输改革发展提供了坚强组织保证"。

聚类3涉及"制度""健全""机制""考核""激励"等词，聚类4涉及"教育""理论""培训""学习"等词，两者均反映了干部队伍建设的内容，但涉及不同的方面。其中，聚类4则强调加强干部队伍的理论学习教育和培训。理论教育培训在干部教育培训中尤为重要，发挥着用党的创新理论铸魂育人的重要作用。各级人民政府及有关部门都将理论教育培训摆在了干部队伍建设的突出位置，如2008年财政部《关于加强2008—2012年全国财政系统干部队伍建设的意见》中提及的首要任务即为加强思想政治建设和政治理论学习，"坚持用马列主义中国化最新成果武装头脑、指导实践、推动工作"；与此同时，除了理论方面的培训，各项文件中提及的培训内容往往还包括业务素质培训、管理知识培训、能力提升培训等，旨在解决干部本领恐慌、经验盲区、能力短板等问题。聚类3聚焦于绩效考核机制和制度性激励。考核和激励是干部队伍建设中两个联系紧密的环节，干部考核为区分优劣、奖优罚劣奠定了前提和基础。因此，在各级人民政府及有关部门发布的文件中，大多将考核与激励相挂钩。譬如，2004年中共宁夏回族自治区委员会《关于进一步加强农村村干部队伍建设的意见》提出要建立健全村干部绩效挂钩的结构工资制度、村干部任期目标制度、村干部卸任补贴制度等激励机制，不断调动村干部工作积极性。2020年苏州市政府国资委《关于进一步加强干部队伍建设的意见》提及要"以年度综合考核、平时考核结果为主要依据，将考核结果与选拔任用、培养教育、鼓励激励等结合起来"。

---

① 《习近平在河南考察时强调：深化改革发挥优势创新思路统筹兼顾　确保经济持续健康发展社会和谐稳定》，《人民日报》2014年5月11日第1版。

三 干部队伍建设与公务员变革行为二者关系研究展望

上述理论和政策分析表明,干部队伍建设作为我国特色的人力资源管理实践,是推动国家治理体系和治理能力现代化的关键环节。与此同时,现有文献表明,人力资源管理实践在促进公职人员变革行为的产生上发挥着重要的作用。然而,现有文献对人力资源管理实践与变革行为的分析主要立足于西方背景,其分析并不一定适用于中国情境,同时多数文献并未对公私部门的人力资源实践差异进行合理区分,默认了公共部门存在与私人部门大体一致的组织政策。因此,以前述分析为基础,未来值得深入研究的一个话题是,如何将干部队伍建设这一中国特有的专业化实践和变革行为相联系,探讨怎样将变革行为纳入干部队伍建设实践或是检验干部队伍建设如何促进公务员变革行为。

(一)探索将"变革行为"纳入干部队伍建设考核的机制和方法

从政策文本分析结果来看,一直以来,干部考核工作都在干部队伍建设中承担着巨大的作用,是优化干部队伍配置的关键一环。干部队伍建设的主要目的是以高素质人才、高素质干部队伍推动改革开放和创新发展。因此,打造具有改革创新精神的干部人才是新时代以干部队伍建设推动党和国家各项事业取得成功的重要保证。在这种情况下,作为干部队伍的核心组成之一,探索将公务员变革行为纳入干部考核环节,从而激励该群体广泛参与变革行为有着极其重要的意义。因此,未来研究应积极探索如何融合干部考核与变革行为,一是要探索将变革行为纳入干部考核的理论基础、机制设计与实践策略,二是要检验在变革行为纳入干部考核后的实际成效,即考核是否切实起到了推动公务员参与变革行为的作用,并进一步根据检验结果反思考核方案的优劣。

(二)加强干部队伍建设的政治性以推动公务员变革行为

干部队伍建设的政治性特征无论是在现有文献还是在政策实践中均被广为强调,其中,教育培训、学习锻炼是确保干部队伍永葆政治性的重要政策工具。研究表明,培训有助于推动个体变革行为。因此,未来关于干部队伍政治性与变革行为的研究可以从以下两个方面展开:一是根据干部队伍建设政治性的相关内容,检验诸如对党忠诚、爱国主义、政治三力(政治判断力、政治领悟力、政治执行力)等变量能否以及如何形塑公务员的变革行为,深入剖析其中的影响机制与边界条件。二是除了考虑现有文献所强调的业务培训、能力素质培训对变革行为的影响,还应将中国特色的政治教育培训纳入分析范围,评估不同类型的理论学习、政治培训,如党的群众路线教育实践活动、"三会一课"等形式的党内政治生活、"不忘初心、牢记使命"主题教育等会对培训对象的变革行为产生怎样的影响。

（三）加强干部队伍建设的激励与保障以促进公务员变革行为

干部队伍建设的激励与保障同样有助于促进公务员变革行为。以 2018 年 5 月中共中央办公厅印发的《关于进一步激励广大干部新时代新担当新作为的意见》为例，该文件对新时代干部担当作为提出了七大要求。我们可从中提炼出一些关键词与语句，并将其与干部队伍建设的内容相对应。如表 8-9 所示，这七大要求可以归纳为晋升选拔、绩效考核、培训、容错纠错和激励薪酬等干部队伍建设内容。从中不难发现，激励与保障是推进干部担当作为的重要举措。鉴于干部担当作为与变革行为密切相关，激励与保障对于公务员变革行为的影响不容忽视。因此，在未来的公务员变革行为研究中，学者们可以进一步深入探究干部队伍建设中的激励与保障等措施在推进公务员变革行为中所发挥的积极作用、作用机制以及如何才能更好地发挥作用。

表 8-9 《关于进一步激励广大干部新时代新担当新作为的意见》中七大要求与干部队伍建设内容的对应

七大要求	关键词与语句	干部队伍建设的内容
一、大力教育引导干部担当作为、干事创业	"教育引导"	培训
二、鲜明树立重实干重实绩的用人导向	"大力选拔敢于负责、勇于担当、善于作为、实绩突出的干部"	晋升选拔
三、充分发挥干部考核评价的激励鞭策作用	"强化考核结果分析运用，将其作为干部选拔任用、评先奖优、问责追责的重要依据"和"加强考核结果反馈，引导干部发扬成绩、改进不足，更好忠于职守、担当奉献"	绩效考核目的（评估型绩效考核目的、发展型绩效考核目的）
四、切实为敢于担当的干部撑腰鼓劲	"容错纠错机制"	容错纠错机制建立
五、着力增强干部适应新时代发展要求的本领能力	"强化能力培训和实践锻炼"和"加强专业知识、专业能力培训"	培训

续表

七大要求	关键词与语句	干部队伍建设的内容
六、满怀热情关心关爱干部	"为干部释疑解惑、加油鼓劲，排忧解难""健全干部待遇激励保障制度体系""关心基层公务员"	奖惩
七、凝聚形成创新创业的强大合力	"各级领导要重视、做好科学统筹，充分发挥政策的激励引导和保障支持作用"	各类政策的保障与协同作用

资料来源：根据已有相关政策与文献整理。

第五节 "不忘初心、牢记使命"与公务员变革行为

2016年7月1日，习近平总书记在庆祝中国共产党成立95周年大会上的讲话中明确提出"全党同志一定要不忘初心、继续前进"①。2017年10月18日，习近平总书记在党的十九大报告中首次提出要在全党开展"不忘初心、牢记使命"主题教育。此后，"不忘初心、牢记使命"的新思想新理念不断深化和发展。2019年10月31日，党的十九届四中全会提出，要将"不忘初心、牢记使命"上升到制度层面，充分发挥其制度引领和规范作用，不断夯实和筑牢党执政的思想基础和全国人民共同奋斗的思想基础。2022年10月16日，习近平总书记在党的二十大报告开宗明义指出，"全党同志务必不忘初心、牢记使命，务必谦虚谨慎、艰苦奋斗，务必敢于斗争、善于斗争，坚定历史自信，增强历史主动，谱写新时代中国特色社会主义更加绚丽的华章"，"不忘初心、牢记使命"被摆在了"三个务必"重大论断的首位。②"不忘初心、牢记使命"既是一项永恒的实践课题，也是一项值得理论界深入探索与研究的学术议题。其中，"不忘初心、牢记使命"与干部担当作为（如变革行为）的关系研究旨在考察如何更好地实现将制度优势转化为治理效能的重点内容。基于此，本节同样采用知识图谱分析和政策文本分析方法，首先对"不忘初心、牢

---

① 习近平：《在庆祝中国共产党成立95周年大会上的讲话》，《求是》2021年第8期。
② 习近平：《高举中国特色社会主义伟大旗帜 为全面建设社会主义现代化国家而团结奋斗——在中国共产党第二十次全国代表大会上的报告》，人民出版社2022年版，第1页。

记使命"的相关文献进行梳理,并在此基础上提出了进一步推进不忘初心与公务员变革行为二者关系研究的建议。

一 "不忘初心、牢记使命"的相关理论研究:知识图谱分析

(一)数据来源

本部分以 CNKI 数据库中的中文社会科学引文索引(CSSCI)数据库为文献来源。我们选择高级检索并采用主题检索的方式,以"不忘初心""牢记使命""不忘初心、牢记使命"作为主题关键词,在 CSSCI 数据库中搜索文献,得到 444 个条目。为更全面、准确地了解学术界对"不忘初心、牢记使命"主题的研究情况,本部分在文献筛选过程中通过人工浏览摘要与题目,剔除了影评剧评文章、学报发刊词、创刊纪念文章、期刊年度重点选题、期刊编辑部导言、会议通知、研讨会综述和工作报告、阅读体会和学习心得、人物自述与纪实、采访实录等非研究性质的文献条目,最终共获得了 334 篇与"不忘初心、牢记使命"主题相关程度较高的研究文献。

(二)研究现状分析

与前四个主题研究类似的是,CSSCI 期刊中关于"不忘初心、牢记使命"主题研究文献的主要来源期刊也包括《人民论坛》《党建》《红旗文稿》等党政类期刊,以及《思想理论教育导刊》和《学校党建与思想教育》等教育类期刊(见表 8-10)。由此可知,党政与教育研究方向的学者们对"不忘初心、牢记使命"这一研究主题始终保持着高度关注。其中,在研究主题方面,相关研究文献不仅关注了"不忘初心、牢记使命"概念的提出背景、研究意义、内涵维度、辩证逻辑等,还对践行"不忘初心、牢记使命"的要求与条件、如何促进党员同志"不忘初心、牢记使命"等内容进行了深入探讨。

表 8-10　　2016—2021 年"不忘初心、牢记使命"
主题研究文献发文数量排名前五的 CSSCI 期刊

发文期刊	影响因子	发文数	占比
《党建》	0.759	36	10.70%
《人民论坛》	1.002	28	8.30%
《红旗文稿》	1.233	25	7.40%
《思想理论教育导刊》	2.583	17	5.00%
《学校党建与思想教育》	1.871	10	2.90%

资料来源:笔者自制。

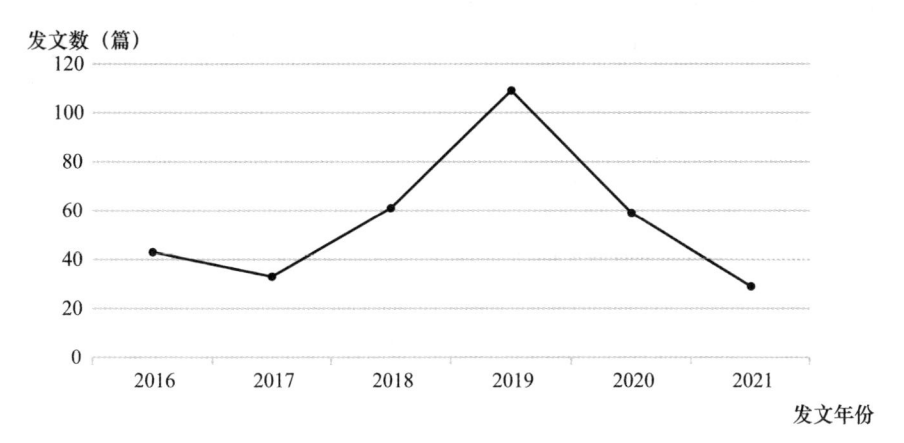

图 8-21　2016—2021 年 CSSCI 期刊中"不忘初心、牢记使命"
主题研究文献的年度分布

资料来源：笔者自制。

从图 8-21 可以直观地看到，自从习近平总书记 2016 年在"七一讲话"中号召全党同志一定要不忘初心、继续前进以来，"不忘初心、牢记使命"相关研究每年的文献数量都在 30 篇以上，显示出这一话题受到了学者们的持续关注。特别是到了 2019 年，由于"不忘初心、牢记使命"主题教育在全国范围内深入开展，关于"不忘初心"的相关文献发表数量达到了峰值。

（三）可视化分析

为更好地了解"不忘初心、牢记使命"相关文献的研究现状，本部分同样运用 Citespace 软件对该领域相关文献的关键词进行聚类、词频以及突现词的可视化分析，以总结该领域的研究进展与热点。

1. 关键词聚类与高频关键词分析

本部分继续通过高频关键词汇总表、关键词聚类图与突现词分析对 CSSCI 期刊中"不忘初心、牢记使命"主题研究文献的特点进行探究。根据 2016—2021 年 CSSCI 期刊中"不忘初心、牢记使命"研究文献的高频关键词表（如表 8-11 所示）与关键词分布和聚类图（如图 8-22 所示），本部分将相关研究划分为三大类。其中，第一类研究聚焦于考察"不忘初心、牢记使命"的提出背景及重要意义，涉及"习近平""习近平总书记""习近平新时代中国特色社会主义思想""中华民族伟大复兴""七一讲话"等高频关键词。第二类研究侧重于对"不忘初心、牢记使命"的来源、内涵维度与表现形式进行探究，涵盖"初心""牢记使命""信仰""文化自信""以人民为中心"等高频关键词。第三类研究则主要关注如何让党员同志们"不忘初心、牢记使命"，即相关要求与主题教育活动等内容，囊括了"主题教育"和"思想政治教育"等高频关键词。

表8-11 2016—2021年CSSCI期刊中"不忘初心、牢记使命"主题研究文献的高频关键词

序号	频次	中心性	年份	关键词	分类	序号	频次	中心性	年份	关键词	分类
1	69	0.47	2017	牢记使命	0	16	4	0.01	2016	创新	2
2	38	0.16	2016	不忘初心	1	17	4	0.05	2019	"四力"	6
3	34	0.20	2016	初心	1	18	4	0.08	2016	高校	5
4	31	0.17	2016	共产党人	0	19	4	0.01	2016	共产党员	0
5	23	0.08	2018	主题教育	3	20	4	0.04	2016	《党建》	6
6	17	0.07	2017	习近平	3	21	4	0.00	2018	改革开放	1
7	17	0.04	2017	使命	2	22	3	0.00	2018	党中央	3
8	11	0.05	2017	党的建设	1	23	3	0.04	2019	党的性质	4
9	10	0.05	2016	共产主义	4	24	3	0.00	2019	理想信念	0
10	9	0.01	2018	新时代	2	25	3	0.00	2019	党的领导	1
11	6	0.04	2020	制度	2	26	3	0.00	2018	马克思	1
12	6	0.00	2019	初心使命	2	27	3	0.02	2017	人民至上	1
13	5	0.04	2017	共产党	4	28	3	0.04	2016	北京市	3
14	5	0.01	2019	内在逻辑	2	29	3	0.12	2016	治国理政	5
15	5	0.02	2016	制度建设	5	30	3	0.00	2017	党的宗旨	0

资料来源：笔者自制。

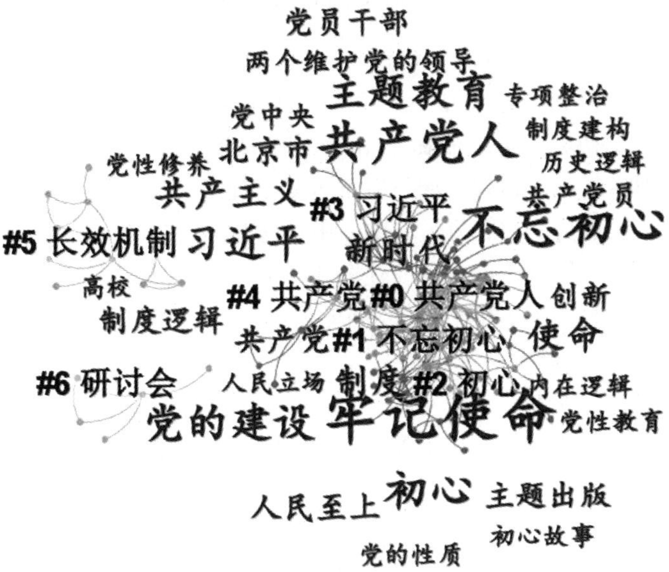

**图 8-22　2016—2021 年 CSSCI 期刊中"不忘初心、牢记使命"
主题研究文献的关键词聚类图谱**

资料来源：笔者自制。

2. 突现词分析

图 8-23 报告了"不忘初心、牢记使命"主题研究的突现词分析结果。从中可见，2016—2021 年 CSSCI 期刊中"不忘初心、牢记使命"相关文献的突现词主要有"共产党员"和"党中央"两个，这表明"不忘初心、牢记使命"与党的主题教育息息相关，其中习近平总书记在 2016 年的"七一讲话"中提出的"不忘初心，继续前行"是党内政治教育的重点。

Keywords	Year	Strength	Begin	End	2016—2021 年
共产党员	2016	1.44	2016	2018	
党中央	2016	0.55	2018	2019	

**图 8-23　2016—2021 年 CSSCI 期刊中"不忘初心、牢记使命"
主题研究文献的突现词分布**

资料来源：笔者自制。

二 "不忘初心、牢记使命"的相关政策实践：政策文本分析

（一）数据来源与分析策略

本节选取中央、省、市、县（区）四个层次的政策文本作为研究对象，以"不忘初心、牢记使命"等为关键词放入北大法宝数据库进行标题检索，剔除复函、转发、回复以及重复出现等文件，共获得249份政策文本，总字符数为91.03万。其中，中央法规15份、地方规范性文件11份、地方工作文件223份。和前述分析一致，采用R语言、ROSTCM 6.0和Gephi 0.9进行词云图与语义网络图绘制。

（二）研究现状分析

1. 词频统计分析

如图8-24所示，共有233个高频关键词进入词云统计。其中，"教育""问题""主题""学习""开展""使命""整治""牢记""调研""习近平"为高频关键词的前10位，说明相关政策坚持以习近平新时代中国特色社会主义思想为指引，以学习教育、实地调研、检视问题、整治落实等措施为抓手，开展以"不忘初心、牢记使命"为主题的教育活动。

图8-24 "不忘初心、牢记使命"政策文本高频关键词词云图

资料来源：笔者自制。

2. 语义网络分析

如图 8-25 所示，根据担当作为政策文本高频关键词语义网络分析结果，共获得 4 个聚类。

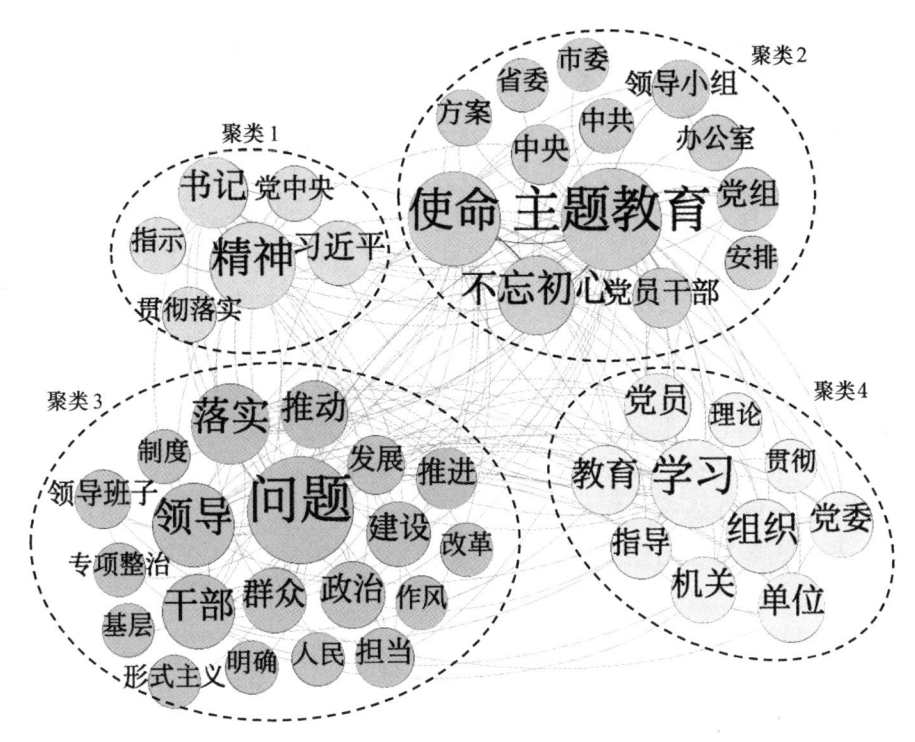

图 8-25　"不忘初心、牢记使命"政策高频关键词语义网络图

资料来源：笔者自制。

聚类 1 涉及"习近平""书记""精神""党中央"等词，反映了"不忘初心、牢记使命"主题教育活动是各级人民政府及有关部门贯彻落实以习近平同志为核心的党中央重要指示精神的重大政治任务。中国共产党人的初心和使命，就是为中国人民谋幸福，为中华民族谋复兴。习近平总书记指出"中国共产党根基在人民、血脉在人民、力量在人民"，以习近平同志为核心的党中央发起主题教育活动正是贯彻人民至上理念的生动体现。譬如，2019 年 5 月 13 日，中共中央政治局召开会议，决定从 2019 年 6 月开始，在全党自上而下分两批开展"不忘初心、牢记使命"主题教育，并在发起后先后发布《关于开展第二批"不忘初心、牢记使命"主题教育的指导意见》以及《关于巩固深化"不忘初心、牢记使命"主题教育成果的意见》，通过不断将"不忘初心、牢记使命"主题教育活动深化并巩固教育成果，激起全国范围内的教育浪潮。

聚类2涉及"主题教育""不忘初心""使命""办公室""机关""中央""省委""党员干部""党委""安排"等词，反映了自上而下推进"不忘初心、牢记使命"主题教育活动过程中，各级主题教育领导小组及其办公室、省委和市委等在开展主题教育中的重要地位。各级认真执行是落实"不忘初心、牢记使命"主题教育活动总要求的关键环节。各级人民政府及其有关部门响应中央号召，通过设立"不忘初心、牢记使命"主题教育领导小组及下设办公室，并依据本地情况制定不忘初心主题教育的具体实施方案，匡正个别党员干部的腐朽思想，使该主题教育活动在全党形成火热的学习热潮。譬如，2019年《中共沈阳市委关于开展"不忘初心、牢记使命"主题教育的实施意见》提出成立市委"不忘初心、牢记使命"主题教育领导小组；2019年《中共湖北省委关于在全省开展"不忘初心、牢记使命"主题教育实施方案》指出"成立省委'不忘初心、牢记使命'主题教育领导小组，省委主要领导同志担任组长。领导小组下设办公室，负责日常工作"。

聚类3涉及"问题""推动""基层""专项整治""改革""人民"等词，反映了"不忘初心、牢记使命"主题教育目的是聚焦现实问题，通过专项整治等活动形式，促改革促发展，落实"为中国人民谋幸福，为中华民族谋复兴"的初心和使命。习近平总书记讲话指出"不忘初心、牢记使命，说到底是要解决党内存在的违背初心和使命的各种问题，关键是要有正视问题的自觉和刀刃向内的勇气"，着重强调了问题意识的重要性。在"不忘初心、牢记使命"主题教育活动开展过程中，各级人民政府及其有关部门积极筹备，聚焦现实问题，自查自纠，加强作风建设和政治建设。2019年，党中央"不忘初心、牢记使命"主题教育领导小组印发《关于在"不忘初心、牢记使命"主题教育中开展专项整治的通知》，要求各地区各部门各单位认真学习贯彻习近平总书记重要指示精神，以正视问题的自觉和刀刃向内的勇气，真刀真枪解决问题，切实抓好主题教育列出的8个方面突出问题的专项整治。

聚类4涉及"学习""党员""组织""指导""理论""单位"等词，反映了"不忘初心、牢记使命"主题教育推进路径，即各级人民政府及其有关部门通过学习理论武装头脑，并在实践中积累干事创业的责任与担当。我党具有将理论与实践相结合的优良传统，习近平总书记指出开展不忘初心主题教育活动的具体目标是"理论学习有收获、思想政治受洗礼、干事创业敢担当、为民服务解难题、清正廉洁作表率"。① 譬如，2020年，党中央《关于巩固深化"不忘初心、牢记使命"主题教育成果的意见》指出要加强理论学习，明确"县处级以上领导班子要落实党委（党组）理论学习中心组学习制度，每年至少举办1期读书班，列出专题，集中学习研讨"。

三 "不忘初心、牢记使命"与公务员变革行为关系研究展望

结合上述理论和政策分析发现，"不忘初心、牢记使命"是加强党的建设的永恒课题和全体党员、干部的终身课题。前文的研究结论与现有文献表明，拥有公共服务动机的公务员更有可能进行变革行为。显而易见，我国"不忘初心、牢记使命"制度在实践中的核心表现就是集中开展主题教育活动以传递党"为中国人民谋幸福，为中华民族谋复兴"的价值理念，与提高公共服务动机具有一定的相似性，但该制度仍然不完全等同于公共服务动机。鉴于此，下文的内容将进一步讨论借由公务员变革行为视角检验"不忘初心、牢记使命"制度的成效或如何以"不忘初心、牢记使命"制度塑造公务员变革行为的未来研究展望。

（一）将变革行为作为主题教育的"试金石"

检验"不忘初心、牢记使命"主题教育对变革行为的影响。"不忘初心、牢记使命"制度在实践中的核心表现就是集中开展主题教育活动，即通过各类政治教育培训活动向广大干部传递党的价值理念。原超研究表明，集中教育活动通过思想教育、政治训诫和群众路线等形式，有助于培育党员认同、解决组织失灵以及激活组织记忆。② 上述研究虽然对集中教育活动进行了深入的理论阐释，但遗憾的是，现有文献对集中教育活动的成效目前还缺乏有说服力的实证证据。事实上，干部行为应当成为检验"不忘初心、牢记使命"制度成效的"试金石"，否则就有可能使公务员陷入一种"说归说，做归做"的道德困境，仅仅停留在表面而未转化为实际的治理效能。在这种背景下，围绕"不忘初心、牢记使命"主题教育对变革行为的影响进行理论分析和实证检验就显得极为必要。已有一些研究从企业层面实证检验了人力资源

---

① 习近平：《在"不忘初心、牢记使命"主题教育工作会议上的讲话》，《求是》2019年第13期。
② 原超：《中国共产党集中教育活动的制度逻辑：一个组织学视角》，《社会主义研究》2020年第3期。

管理中的相关培训对于个体产出的影响。譬如，凌玲和卿涛研究发现组织投资于员工的培训提升了员工的组织承诺度；① 孙永波等实证检验了目标设定和工作展望两种培训类型如何通过员工的工作重塑转化为其主动性行为。② 当前党和政府不断将"不忘初心、牢记使命"主题教育活动深化并巩固教育成果，但仍然鲜有文献针对"不忘初心、牢记使命"主题教育活动的实际成效进行实证检验。借鉴相关研究文献，未来的研究可以深入探讨主题教育对公务员行为特别是公务员变革行为的影响效果，从而为检验主题教育活动的成效以及推动"不忘初心、牢记使命"主题教育的进一步开展提供支持性证据。

（二）发挥制度价值优势鼓励变革行为

检验"初心使命"价值内涵对变革行为的影响。"不忘初心、牢记使命"制度除了通过外在的集中教育活动向广大干部传达价值理念，还将通过内在角色规范的形成并将其转化为具体行动（如公务员变革行为）发挥作用。Vandenabeele 指出，在经典的公共服务动机理论中，公共服务动机是一种高于自身利益和组织利益，关注更大政治实体利益的个体行为倾向，这种倾向与制度价值密切相关，是个体自我身份、角色的体现。③ 国外关于公共服务动机的实证研究不胜枚举。例如，Wright 等实证发现，公共服务动机的自我牺牲维度会增加个体的变革承诺。④ Campbell 和 Im 研究表明，公共服务动机对变革行为具有积极影响。⑤ 类似地，Homberg 等的研究也发现，公共服务动机显著促进了个体的变革担当行为。⑥ 从某种意义上说，"初心使命"无疑蕴含了公共服务动机，二者具有密切

---

① 凌玲、卿涛：《培训能提升员工组织承诺吗——可雇佣性和期望符合度的影响》，《南开管理评论》2013 年第 3 期。
② 孙永波、胡晓鹃、丁沂昕：《员工培训、工作重塑与主动性行为——任务情境的调节作用》，《外国经济与管理》2020 年第 1 期。
③ Vandenabeele, W., "Toward a Public Administration Theory of Public Service Motivation: An Institutional Approach", *Public Administration*, Vol. 9, No. 4, 2007, pp. 545 – 556.
④ Wright, B. E., Christensen, R. K. and Isett, K. R., "Motivated to Adapt? The Role of Public Service Motivation as Employees Face Organizational Change", *Public Administration Review*, Vol. 73, No. 5, 2013, pp. 738 – 747.
⑤ Campbell, J. W. and Im, T., "PSM and Turnover Intention in Public Organizations: Does Change - oriented Organizational Citizenship Behavior Play a Role?" *Review of Public Personnel Administration*, Vol. 36, No. 4, 2016, pp. 323 – 346.
⑥ Homberg, F., Vogel, R. and Weiherl, J., "Public Service Motivation and Continuous Organizational Change: Taking Charge Behaviour at Police Services", *Public Administration*, Vol. 97, No. 1, 2019, pp. 28 – 47.

联系。但正如苗青所指出的,公共服务动机理论是在西方学者对绩效管理实践和理性选择模型的批判浪潮中产生的,① 它与中国情境下党和政府"全心全意为人民服务"的"初心使命"显然存在一定区别。相比而言,国内关于"初心使命"对公务员行为影响的研究尤其是实证研究寥寥无几。因此,未来的研究可以在中国情境下深入探索"初心使命"的价值内涵对公务员变革行为的影响。值得注意的是,相关研究既要借鉴国外已有的公共服务动机理论,也要考虑"初心使命"与国外理论的内在区别,根植中国现实背景检验"初心使命"发挥作用的独特机制,从而更好地对"初心使命"这一重要的中国制度展开理论研究。

(三) 推进主题教育与激励制度相得益彰促进变革行为

探索激励制度与"不忘初心、牢记使命"制度的协同效应对变革行为的影响。制度建设是一个系统性的过程。根据 Vandenabeele 的研究,制度对公务员公共服务身份的塑造体现在两个方面:一是制度价值的传递(如"不忘初心、牢记使命");二是对基本心理需求满足的回应(激励制度)。② 理论上可以预期,激励制度的反应性越强,公共服务价值观将能越好地内化到个人的公共服务身份中。正如本书第四章和第五章的研究结论所述,工作安全和组织支持感这两项激励措施均对公共服务动机具有显著的积极影响,这在一定程度上佐证了激励制度的重要性。现实中,公务员变革行为的"亮剑",可以视为"初心使命"的行为反映。但值得注意的是,这种变革行为往往需要有相应的激励制度加以保障,有效发挥协同作用,才能确保"不忘初心、牢记使命"制度的效果最大化。因此,未来的公务员变革行为研究可以进一步探索如何有效发挥"不忘初心、牢记使命"主题教育与相关激励制度的协同效应,通过提升系统化的制度建设,更有效地将制度优势转化为包括公务员变革行为在内的政府治理效能。

---

① 苗青:《公共服务动机理论的中国场景:新框架和新议程》,《公共管理与政策评论》2019 年第 5 期。
② Vandenabeele, W., "Toward a Public Administration Theory of Public Service Motivation: An Institutional Approach", Public Administration, Vol. 9, No. 4, 2007, pp. 545-556.

参考文献

中文参考文献

曹东勃、宋锐：《克服县域治理中的官僚主义》，《文化纵横》2019 年第 5 期。

曹曼、席猛、赵曙明：《高绩效工作系统对员工幸福感的影响——基于自我决定理论的跨层次模型》，《南开管理评论》2019 年第 2 期。

曹霞、瞿皎姣：《资源保存理论溯源、主要内容探析及启示》，《中国人力资源开发》2014 年第 15 期。

陈鼎祥、刘帮成：《基层公务员变革担当行为的形成机理研究——公共服务动机的涓滴效应检验》，《公共管理评论》2021 年第 1 期。

陈鼎祥、刘帮成、隆添伊：《基于嵌入视角的公务员离职意愿分析》，《上海交通大学学报》（哲学社会科学版）2019 年第 4 期。

陈振明、林亚清：《政府部门领导关系型行为影响下属变革型组织公民行为吗？——公共服务动机的中介作用和组织支持感的调节作用》，《公共管理学报》2016 年第 1 期。

陈振明、苏寻、慈玉鹏：《新时代干部队伍建设的行动指南——习近平的干部队伍建设思想研究》，《中国行政管理》2018 年第 6 期。

池忠军：《官僚主义滋生的逻辑及其治理》，《中国矿业大学学报》（社会科学版）2004 年第 3 期。

范恒、周祖城：《伦理型领导与员工自主行为：基于社会学习理论的视角》，《管理评论》2018 年第 9 期。

葛蕾蕾：《变革型领导对公务员工作态度的影响——公共服务动机的中介效应研究》，《烟台大学学报》（哲学社会科学版）2016 年第 3 期。

[美] 盖伊·彼得斯：《政府未来的治理模式》，吴爱明、夏宏图译，中国人民大学出版社 2013 年版。

顾华详、陈宏：《关于少数民族地区干部队伍建设问题的战略思考》，《中央民族大学学报》（哲学社会科学版）1998年第6期。

郝宇青：《基层督查检查泛滥的成因》，《人民论坛》2020年第5期。

何爱云：《治理现代化进程中基层干部担当作为激励机制的现实逻辑与构建路径》，《中共济南市委党校学报》2021年第6期。

胡威：《困于会议室——会议负担对基层公务员创新行为的影响机制》，《学术研究》2020年第6期。

胡仙芝：《廉政风暴会不会减弱官员干事动力》，《人民论坛》2014年第7期。

胡仙芝：《治理公务员不作为当从治理形式主义入手》，《人民论坛》2018年第1期。

胡月星：《基层干部心理不适感的诱因及表现》，《人民论坛》2020年第Z1期。

黄小勇：《韦伯理性官僚制范畴的再认识》，《清华大学学报》（哲学社会科学版）2002年第2期。

贾鸿鸣：《为政"四要"——当前政务工作中的几个突出问题》，《晋阳学刊》1998年第2期。

姜晓萍、吴宝家：《警惕伪创新：基层治理能力现代化进程中的偏差行为研究》，《中国行政管理》2021年第10期。

蒋刚：《让干部在担当作为中创造辉煌业绩》，《红旗文稿》2018年第13期。

金涛、施建军、徐燕：《工作安全感对员工情感承诺的影响机制研究》，《现代管理科学》2013年第2期。

柯江林、刘琪、陈辰：《风清气正环境何以促进公务员工作绩效提升？——基于公平感、心理资本与职场精神力的心理机制分析》，《公共行政评论》2022年第6期。

刘倩、李志：《组织容错会影响公务员创新行为吗？——自我效能感和公共服务动机的链式中介作用》，《公共行政评论》2021年第3期。

李想、时勘、万金等：《伦理型领导对基层公务员建言与沉默行为的影响机制——资源保存和社会交换视角下的中介调节模型》，《软科学》2018年第1期。

蓝志勇：《基层需求为何"音量不足"》，《人民论坛》2020年第5期。

李健康、夏旭：《怎样打造图书馆的核心竞争力》，《图书馆论坛》2003年第6期。

李军鹏：《新时代激发广大干部担当作为靠什么》，《人民论坛》2020年第 Z1 期。

李力:《青年"担当"行为意愿研究——基于结构计划行为理论（DT-PB）》,《中国青年研究》2018 年第 3 期。

李倩:《政府绩效评估何以催生基层繁文缛节负担？——基于多层级治理视角》,《中国行政管理》2022 年第 7 期。

李伟娟:《构建地方领导干部担当作为的有效机制》,《沈阳干部学刊》2018 年第 5 期。

李相芝:《正确运用容错纠错机制为改革创新者担当》,《法制博览》2020 年第 8 期。

林民望:《西方繁文缛节研究前沿挈领——基于 SSCI 代表性文献的研究》,《公共行政评论》2015 年第 5 期。

林水:《从文化心理结构看形式主义、官僚主义》,《中国党政干部论坛》2019 年第 8 期。

林雪霏、周敏慧、傅佳莎:《官僚体制与协商民主建设——基于中国地方官员协商民主认知的实证研究》,《公共行政评论》2019 年第 1 期。

林亚清、张宇卿:《领导成员交换关系会影响公务员变革型组织公民行为吗？——变革义务感的中介作用与公共服务动机的调节作用》,《公共行政评论》2019 年第 1 期。

林亚清:《限制抑或激活：繁文缛节如何影响公务员变革行为》,《公共行政评论》2021 年第 3 期。

凌玲、卿涛:《培训能提升员工组织承诺吗——可雇佣性和期望符合度的影响》,《南开管理评论》2013 年第 3 期。

刘帮成、陈鼎祥:《何以激发基层干部担当作为：一个战略性人力资源管理分析框架》,《公共行政评论》2019 年第 6 期。

刘帮成、洪风波:《中国公共部门建言行为的结构研究》,《软科学》2016 年第 6 期。

刘帮成、张宗贺:《"为官不为"行为的内容及结构研究：基于扎根理论的探索》,《兰州大学学报》（社会科学版）2019 年第 3 期。

刘红凛:《新时代如何根除官僚主义与形式主义滋生土壤》,《人民论坛·学术前沿》2018 年第 5 期。

毛寿龙:《放弃"铁饭碗"的官员到底为哪般》,《人民论坛》2017 年第 8 期。

苗青:《公共服务动机理论的中国场景：新框架和新议程》,《公共管理与政策评论》2019 年第 5 期。

牛敬丹:《政治生态视域下激励基层干部担当作为的对策研究》,《国际公关》2021年第12期。

皮婷婷、林丽梅、王凌宇:《从严治党背景下基层干部"为官不为"的成因及治理对策——基于全国123个典型案例的分析》,《福建广播电视大学学报》2018年第4期。

秦如培:《从根源上破解形式主义官僚主义》,《人民日报》2020年12月31日第9版。

上海市审计学会课题组、钟琼、王倩莹等:《高素质专业化审计队伍建设研究》,《审计研究》2021年第2期。

宋超、羊丹:《建设新时代高素质专业化干部队伍:实践导向、现实挑战及重点抓手》,《理论导刊》2021年第3期。

孙思睿、刘帮成:《变革情境下高承诺工作系统何以提升责任行为:灵丹妙药还是情境受限?》,《中国人力资源开发》2019年第12期。

孙永波、胡晓鹃、丁沂昕:《员工培训、工作重塑与主动性行为——任务情境的调节作用》,《外国经济与管理》2020年第1期。

谭新雨、朴龙:《为担当者担当:基层领导干部担当作为的"涓滴效应"研究》,《公共管理评论》2022年第2期。

谭新雨:《公务员创新行为:文献述评与研究展望》,《公共行政评论》2021年第2期。

谭新雨:《计划行为视角下多层次情境变量对基层公务员创新行为的影响机制研究》,《管理学报》2021年第7期。

谭新雨:《外部环境变迁、服务动机激励与基层公务员变革行为——基于中国4省基层公务员调查的混合研究》,《公共行政评论》2019年第6期。

汪仕凯:《先锋队政党的治理逻辑:全面从严治党的理论透视》,《政治学研究》2017年第1期。

王建民:《构建基于"80/20效率法则"的人力资本管理制度》,《经济管理》2002年第21期。

吴春宝:《基层治理中容错机制低效运转的生成逻辑与化解路径——基于避责的分析视角》,《探索》2021年第6期。

文宏、张书:《机构改革背景下工作满意度对官员"为官不为"的作用机理:被调节的中介模型》,《公共管理与政策评论》2019年第5期。

王亚华、舒全峰:《脱贫攻坚中的基层干部职业倦怠:现象、成因与对策》,《国家行政学院学报》2018年第3期。

王颖、倪超、刘秋燕：《中国公务员职业倦怠的产生过程：社会支持与应对方式的调节效应》，《中国行政管理》2015年第4期。

夏恩君、王素娟、王俊鹏：《基于知识图谱的众筹研究现状及发展趋势分析》，《科研管理》2017年第6期。

习近平：《高举中国特色社会主义伟大旗帜 为全面建设社会主义现代化国家而团结奋斗——在中国共产党第二十次全国代表大会上的报告》，人民出版社2022年版。

萧鸣政、王晨舟、吴万鹏等：《"敢于担当"型领导考评标准的实证研究：结构探索与量表编制》，《中国人力资源开发》2015年第5期。

徐黎：《形式主义和官僚主义有何联系与区别？》，《学习时报》2020年第5期。

杨小军：《以激励机制促干部作为 以容错机制保干部担当》，《人民论坛》2018年第26期。

于海波、安然：《新形势下公务员缓解工作倦怠的二元路径——以工作重塑和心理授权为中介变量》，《中国行政管理》2018年第9期。

于坤、刘晓燕：《越多安全感，越少加班？工作安全感与核心自我评价对加班行为的影响》，《中国人力资源开发》2017年第1期。

于淼、罗玲玲、赵日：《机关公务员创造力调查与分析》，《东北大学学报》（社会科学版）2008年第1期。

袁耕：《艺术品牌与文化担当——简论作为地域文化品牌的北大荒版画》，《文艺评论》2008年第2期。

原超：《中国共产党集中教育活动的制度逻辑：一个组织学视角》，《社会主义研究》2020年第3期。

张弘、赵曙明、方洪波：《雇佣保障、组织承诺与程序公平感知》，《经济管理》2009年第10期。

张弘、赵曙明、方洪波：《雇佣保障对组织公民行为的影响——员工对企业信任的中介作用》，《商业经济与管理》2010年第9期。

张弘、赵曙明：《雇佣保障与员工绩效的关系研究》，《南京社会科学》2010年第4期。

张康之：《超越官僚制：行政改革的方向》，《求索》2001年第3期。

张素雅、顾建平：《共同愿景能提高员工的创造力吗》，《贵州财经大学学报》2016年第1期。

张翔：《基层政策执行的"共识式变通"：一个组织学解释——基于市场监管系统上下级互动过程的观察》，《公共管理学报》2019年第4期。

张志明、肖蓉：《"四风"治理与地方政府理政行为研究》，《管理观察》2018 年第 27 期。

张中祥：《官僚制：基于整合途径的再审理》，《学术论坛》2006 年第 10 期。

赵曙明、张紫滕、陈万思：《新中国 70 年中国情境下人力资源管理研究知识图谱及展望》，《经济管理》2019 年第 7 期。

郑超华：《新时代党内监督的逻辑理路、运行状况与效能提升》，《求实》2020 年第 5 期。

郑建君：《基层公务员组织承诺和建言行为的关系——以领导成员关系为调节变量的模型检验》，《山西大学学报》（哲学社会科学版）2014 年第 5 期。

周厚余、田学红：《公务员的主动性对工作满意度、组织公民行为的作用》，《心理科学》2010 年第 2 期。

周秀英：《彻底摆脱"铁饭碗"观念困扰的意义与路径》，《东北师大学报》（哲学社会科学版）2009 年第 2 期。

邹劲松：《形式主义、官僚主义的新表现及其治理》，《理论视野》2018 年第 7 期。

张树旺、卢倩婷、Jeff Wang 等：《论组织支持感对基层公务员敢于担当行为的影响——基于珠三角地区的调查数据》，《华南理工大学学报》（社会科学版）2017 年第 4 期。

张轶楠、苏伟琳：《基层公务员伦理行为的提升策略：基于伦理型领导的视角》，《中国行政管理》2023 年第 2 期。

英文参考文献

Acar, O. A., Tarakci, M. and Van Knippenberg, D., "Creativity and Innovation under Constraints: A Cross–disciplinary Integrative Review", *Journal of Management*, Vol. 45, No. 1, 2019.

Aiken, L. S. and West, S. G., *Multiple Regression: Testing and Interpreting Interactions*, Newbury Park, CA: SAGE, 1991.

Alcoba, R. C. and Phinaitrup, B., "In Search of the Holy Grail in Public Service: A Study on the Mediating Effect of Public Service Motivation on Organizational Politics and Outcomes", *International Journal of Public Administration*, Vol. 43, No. 1, 2020.

Ali Chughtai, A., "Can Ethical Leaders Enhance Their Followers' Creativity?" *Leadership*, Vol. 12, No. 2, 2016.

Allport, G. A., *Personality: A psychological interpretation*, New York: Henry Holt, 1937.

Altinay, L., Dai, Y. D. and Chang, J., et al., "How to Facilitate Hotel Employees' Work Engagement: The Roles of Leader – member Exchange, Role Overload and Job Security", *International of Journal of Contemporary Hospitality Management*, Vol. 31, No. 3, 2019.

Ambrose, M. L., Schminke, M. and Mayer, D. M., "Trickle – down Effects of Supervisor Perceptions of Interactional Justice: A Moderated Mediation Approach", *Journal of Applied Psychology*, Vol. 98, No. 4, 2013.

Andersen, L. B., "How Does Public Service Motivation Among Teachers Affect Student Performance in Schools?" *Journal of Public Administration Research and Theory*, Vol. 24, No. 3, 2014.

Ashford, S. J. and Black, J. S., "Proactivity during Organizational Entry: The Role of Desire for Control", *Journal of Applied Psychology*, Vol. 81, No. 2, 1996.

Astakhova, M. N., "The Curvilinear Relationship between Work Passion and Organizational Citizenship Behavior", *Journal of Business Ethics*, Vol. 130, No. 2, 2015.

Avolio, B. J., *Full Leadership Development: Building the Vital Forces in Organisations*, Thousand Oaks, CA: Sage, 1999.

Baer, M. and Oldham, G. R., "The Curvilinear Relation between Experienced Creative Time Pressure and Creativity: Moderating Effects of Openness to Experience and Support for Creativity", *Journal of Applied Psychology*, Vol. 91, No. 4, 2006.

Bak, H., Jin, M. H. and Mcdonald, B. D., "Unpacking the Transformational Leadership – innovative Work Behavior Relationship: The Mediating Role of Psychological Capita", *Public Performance & Management Review*, Vol 45, No. 1, 2022.

Bakker, A. B. and Demerouti, E., "The Job Demands – Resources Model: State of the Art", *Journal of Managerial Psychology*, Vol. 22, No. 3, 2007.

Bakker, A. B., Tims, M. and Derks, D., "Proactive Personality and Job Performance: The Role of Job Crafting and Work Engagement", *Human Re-*

lations, Vol. 65, No. 10, 2012.

Bakr, R. H., Jarrar, M. K. and Abumadini, M. S., et al., "Effect of Leadership Support, Work Conditions and Job Security on Job Satisfaction in a Medical College", *Saudi Journal of Medicine & Medical Sciences*, Vol. 7, No. 2, 2019.

Bandura, A., "Self-efficacy Mechanism in Human Agency", *American Psychologist*, Vol. 37, No. 2, 1982.

Bandura, A., *Social Foundations of Thought and Action: A Social Cognitive Theory*, Englewood Cliffs, NJ: Prentice-Hall, 1986.

Baron, R. M. and Kenny, D. A., "The Moderator-mediator Variable Distinction in Social Psychological Research: Conceptual Strategic and Statistical Considerations", *Journal of Personality and Social Psychology*, Vol. 51, No. 6, 1986.

Bass, B. M. and Avolio, B. J., *Improving Organizational Effectiveness through Transformational Leadership*, Thousand Oaks, CA: Sage, 1994.

Bass, B. M. and Riggio, R. E., *Transformational Leadership*, Mahwah, NJ: Lawrence Erlbaum Associates, 2006.

Bass, B. M., "Does the Transactional-transformational Leadership Paradigm Transcend Organizational and National Boundaries?" *American Psychologist*, Vol. 52, No. 2, 1997.

Bass, B. M., *Transformational Leadership: Industrial, Military, and Educational Impact*, Mahwah, NJ: Lawrence Erlbaum Associates, 1998.

Bellé, N., "Experimental Evidence on the Relationship between Public Service Motivation and Job Performance", *Public Administration Review*, Vol. 73, No. 1, 2013.

Berman, E. M. and Kim, C. G., "Creativity Management in Public Organizations", *Public Performance & Management Review*, Vol. 33, No. 4, 2010.

Bettencourt, L. A., "Change-oriented Organizational Citizenship Behaviors: The Direct and Moderating Influence of Goal Orientation", *Journal of Retailing*, Vol. 80, No. 3, 2004.

Bindl, U. K., Unsworth, K. L. and Gibson, C. B., et al., "Job Crafting Revisited: Implications of an Extended Framework for Active Changes at Work", *Journal of Applied Psychology*, Vol. 104, No. 5, 2019.

Blom, R., "Mixed Feelings? Comparing the Effects of Perceived Red Tape and Job Goal Clarity on HRM Satisfaction and Organizational Commitment across Central Government, Government Agencies, and Businesses", *Public Personnel Management*, Vol. 49, No. 3, 2020.

Bono, J. E. and Judge, T. A., "Personality and Transformational and Transactional Leadership: A Meta-analysis", *Journal of Applied Psychology*, Vol. 89, No. 5.

Borman, W. C. and Motowidlo, S. J., "Expanding the Criterion Domain to Include Elements of Contextual Performance", in Schmitt, N., Borman, W. C., and Associates, eds. *Personnel Selection in Organizations*, San Francisco: Jossey-Bass, 1993.

Borst, R. T., "Comparing Work Engagement in People-changing and People-processing Service Providers: A Mediation Model with Red Tape, Autonomy, Dimensions of PSM, and Performance", *Public Personnel Management*, Vol. 47, No. 3, 2018.

Borst, R. T., Kruyen, P. M. and Lako, C. J., "Exploring the Job Demands-resources Model of Work Engagement in Government: Bringing in a Psychological Perspective", *Review of Public Personnel Administration*, Vol. 39, No. 3, 2019.

Bottomley, P., Mostafa, A. M. S. and Gould-Williams, J. S., et al., "The Impact of Transformational Leadership on Organisational Citizenship Behaviours: The Contingent Role of Public Service Motivation", *British Journal of Management*, Vol. 27, No. 2, 2016.

Bowen, D. and Ostroff, C., "Understanding HRM-firm Performance Linkages: The Role of the 'strength' of the HRM System", *Academy of Management Review*, Vol. 29, No. 2, 2004.

Bozeman, B. and Anderson, D. M., "Public Policy and the Origins of Bureaucratic Red Tape: Implications of the Stanford Yacht Scandal", *Administration & Society*, Vol. 48, No. 6, 2016.

Bozeman, B., "A Theory of Government 'Red Tape'", *Journal of Public Administration Research and Theory*, Vol. 3, No. 3, 1993.

Bozeman, B., "Multidimensional Red Tape: A Theory Coda", *International Public Management Journal*, Vol. 15, No. 3, 2012.

Bozeman, B., *Bureaucracy and Red Tape*, Upper Saddle River, NJ: Prentice Hall, 2000.

Brewer, G. A. and Selden, S. C., "Whistle Blowers in the Federal Civil Service: New Evidence of the Public Service Ethic", *Journal of Public Administration Research and Theory*, Vol. 8, No. 3, 1998.

Brewer, G. A. and Selden, S. C., "Why Elephants Gallop: Assessing and Predicting Organizational Performance in Federal Agencies", *Journal of Public Administration Research and Theory*, Vol. 10, No. 4, 2000.

Bright, L., "Does Person – organization Fit Mediate the Relationship between Public Service Motivation and the Job Performance of Public Employees?" *Review of Public Personnel Administration*, Vol. 27, No. 4, 2007.

Bright, L., "Does Public Service Motivation Really Make a Difference on the Job Satisfaction and Turnover Intentions of Public Employees", *The American Review of Public Administration*, Vol. 38, No. 2, 2008.

Bright, L., "Where Does Public Service Motivation Count the Most in Government Work Environments? A Preliminary Empirical Investigation and Hypotheses", *Public Personnel Management*, Vol. 42, No. 1, 2013.

Brimhall, K. C., Lizano, E. L. and Barak, M. E. M., "The Mediating Role of Inclusion: A Longitudinal Study of the Effects of Leader – member Exchange and Diversity Climate on Job Satisfaction and Intention to Leave among Child Welfare Workers", *Children and Youth Services Review*, Vol. 40, 2014.

Brunetto, Y., Farr – Wharton, B. and Farr – Wharton R., et al., "Comparing the Impact of Management Support on Police Officers' Perceptions of Discretionary Power and Engagement: Australia, Usa and Malta", *International Journal of Human Resource Management*, Vol. 31, No. 6, 2020.

Brunetto, Y., Farr – Wharton, R. and Ramsay, S., et al., "Supervisor Relationships and Perceptions of Work – family Conflict", *Asia Pacific Journal of Human Resources*, Vol. 48, No. 2, 2010.

Brunetto, Y., Farr – Wharton, R. and Shacklock, K., "Supervisor – nurse Relationships, Teamwork, Role Ambiguity and Well – Being: Public Versus Private Sector Nurses", *Asia Pacific Journal of Human Resources*, Vol. 49, No. 2, 2011.

Brunetto, Y., Farr – Wharton, R. and Shacklock, K., "The Impact of Supervisor – subordinate Relationships on Morale: Implications for Public and Private Sector Nurses' Commitment", *Human Resource Management Journal*, Vol. 20, No. 2, 2010.

Brunetto, Y., Saheli, N. and Dick, T., et al., "Psychosocial Safety Climate, Psychological Capital, Healthcare SLBs' Wellbeing and Innovative Behaviour during the COVID 19 Pandemic", *Public Performance & Management Review*, Vol. 45, No. 4, 2022.

Brunetto, Y., Teo, S. and Farr-Wharton, R., "Comparison of Impact of Management on Local Government Employee Outcomes in US and Australia", *Local Government Studies*, Vol. 41, No. 4, 2015.

Brunetto, Y., Teo, S. T. T. and Farr-Wharton, R., et al., "Individual and Organizational Support: Does It Affect Red Tape, Stress and Work Outcomes of Police Officers in the USA?" *Personnel Review*, Vol. 46, No. 4, 2017.

Buch, R., Kuvaas, B. and Dysvik, A., et al., "If and When Social and Economic Leader-member Exchange Relationships Predict Follower Work Effort: The Moderating Role of Work Motivation", *Leadership & Organization Development Journal*, Vol. 35, No. 8, 2014.

Burns, J. M., *Leadership*, New York: Harper & Row, 1978.

Cable, D. M. and DeRue, D. S., "The Convergent and Discriminant Validity of Subjective Fit Perceptions", *Journal of Applied Psychology*, Vol. 87, No. 5, 2002.

Cai, Z. J., Parker, S. K. and Chen, Z. J., et al., "How does the Social Context Fuel the Proactive Fire? A Multilevel Review and Theoretical Synthesis", *Journal of Organizational Behavior*, Vol. 40, No. 2, 2019.

Caillier, J. G., "Public Service Motivation and Decisions to Report Wrongdoing in US Federal Agencies: Is This Relationship Mediated by the Seriousness of the Wrongdoing", *American Review of Public Administration*, Vol. 47, No. 7, 2017.

Caillier, J. G., "Towards A Better Understanding of Public Service Motivation and Mission Valence in Public Agencies", *Public Management Review*, Vol. 17, No. 9, 2015.

Campbell, J. W. and Im, T., "PSM and Turnover Intention in Public Organizations: Does Change-oriented Organizational Citizenship Behavior Play a Role?" *Review of Public Personnel Administration*, Vol. 36, No. 4, 2016.

Campbell, J. W., "Felt Responsibility for Change in Public Organizations: General and Sector-specific Paths", *Public Management Review*, Vol. 20,

No. 1, 2018.

Campbell, J. W., "Identification and Performance Management: An Assessment of Change – oriented Behavior in Public Organizations", *Public Personnel Management*, Vol. 44, No. 1, 2015.

Campbell, J. W., "Workgroup Accord and Change – oriented Behavior in Public Service Organizations: Mediating and Contextual Factors", *Journal of Management & Organization*, Vol. 26, No. 5, 2020.

Carnevale, J. B., Huang, L. and Uhl – Bien, M., et al., "Feeling Obligated yet Hesitant to Speak up: Investigating the Curvilinear Relationship between LMX and Employee Promotive Voice", *Journal of Occupational and Organizational Psychology*, Vol. 93, No. 3, 2019.

Carpenter, J., Doverspike, D. and Miguel, R. F., "Public Service Motivation as a Predictor of Attraction to the Public Sector", *Journal of Vocational Behavior*, Vol. 80, No. 2, 2012.

Carpentier, J. and Mageau, G. A., "When Change – oriented Feedback Enhances Motivation, Well – being and Performance: A Look at Autonomy – supportive Feedback in Sport", *Psychology of Sport and Exercise*, Vol. 14, No. 3, 2013.

Charlotte, R. G. and David, V. D., "Meta – analytic Review of Leader – member Exchange Theory: Correlates and Construct Issues", *Journal of Applied Psychology*, Vol. 82, No. 6, 1997.

Chatman, J., "Improving Interactional Organizational Research: A Model of Person – organization Fit", *Academy of Management Review*, Vol. 14, No. 3, 1989.

Chen, C. A. and Hsieh, C. W., "Does Pursuing External Incentives Compromise Public Service Motivation? Comparing the Effects of Job Security and High Pay", *Public Management Review*, Vol. 17, No. 8, 2015.

Chen, C. A., Chen, D. Y. and Liao, Z. P., et al., "Winnowing out High – PSM Candidates: The Adverse Selection Effect of Competitive Public Service Exams", *International Public Management Journal*, Vol. 23, No. 4, 2020.

Chen, D., Zhang, Y. and Ahmad, A. B., et al., "How to Fuel Public Employees' Change – Oriented Organizational Citizenship Behavior: A Two – wave Moderated Mediation Study", *Review of Public Personnel Administration*, 2021.

Chen, H. and Jin, Y. H., "The Effects of Organizational Justice on Organizational Citizenship Behavior in the Chinese Context: The Mediating Effects of Social Exchange Relationship", *Public Personnel Management*, Vol. 43, No. 3, 2014.

Chiaburu, D. S., Lorinkova, N. M. and Van Dyne, L., "Employees' Social Context and Change – oriented Citizenship: A Meta – analysis of Leader, Coworker, and Organizational Influences", *Group & Organization Management*, Vol. 38, No. 3, 2013.

Choi, J. N., "Change – oriented Organizational Citizenship Behavior: Effects of Work Environment Characteristics and Intervening Psychological Processes", *Journal of Organizational Behavior*, Vol. 28, No. 4, 2007.

Choi, Y., "Work Values, Job Characteristics, and Career Choice Decisions: Evidence from Longitudinal Data American", *Review of Public Administration*, Vol. 47, No. 7, 2017.

Colby, A. and Damon, W., *Some Do Care: Contemporary Lives of Moral Commitment*, New York: Free Press, 1992.

Colquitt, A., LePine, J. A. and Wesson, M. J., *Organizational Behavior: Improving Performance and Commitment in the Workplace*, McGraw Hill Education, 2015.

Coursey, D. H., Perry, J. L. and Brudney, J. L., et al., "Psychometric Verification of Perry's Public Service Motivation Instrument", *Review of Public Personnel Administration*, Vol. 28, No. 1, 2008.

Coyle – Shapiro, J. A. M., Kessler, I. and Purcell, J., "Exploring Organizationally Directed Citizenship Behaviour: Reciprocity or it's My Job?" *Journal of Management Studies*, Vol. 41, No. 1, 2004.

Crewson, P. E., "Public Service Motivation: Building Empirical Evidence of Incidence and Effect", *Journal of Public Administration Research and Theory*, Vol. 7, No. 4, 1997.

Dansereau, F., Graen, G. and Haga, W. J., "A Vertical Dyad Linkage Approach to Leadership within Formal Organizations: A Longitudinal Investigation of the Role Making Process", *Organizational Behavior and Human Performance*, Vol. 13, No. 1, 1975.

Davis, R. S., "Unionization and Work Attitudes: How Union Commitment Influences Public Sector Job Satisfaction", *Public Administration Review*,

Vol. 73, No. 1, 2013.

Davy, J. A., Kinicki, A. J. and Scheck, C. L., "A Test of Job Security's Direct and Mediated Effects on Withdrawal Cognitions", *Journal of Organizational Behavior*, Vol. 18, No. 4, 1997.

Dawson, J., "Moderation in Management Research: What, Why, When, and How", *Journal of Business and Psychology*, Vol. 29, No. 1, 2014.

Day, D. V. and Bedeian, A. G., "Personality Similarity and Work – related Outcomes among African – American Nursing Personnel: A Test of the Supplementary Model of Person – environment Congruence", *Journal of Vocational Behavior*, Vol. 46, No. 1, 1995.

De Clercq, D., " 'I Can't Help at Work! My Family Is Driving Me Crazy!' How Family – to – Work Conflict Diminishes Change – Oriented Citizenship Behaviors and How Key Resources Disrupt This Link", *The Journal of Applied Behavioral Science*, Vol. 56, No. 2, 2020.

De Dreu, C. K. and West, M. A., "Minority Dissent and Team Innovation: The Importance of Participation in Decision Making", *Journal of Applied Psychology*, Vol. 86, No. 6, 2001.

De Vries, H., Tummers, L. and Bekkers, V., "The Benefits of Teleworking in the Public Sector: Reality or Rhetoric?" *Review of Public Personnel Administration*, Vol. 39, No. 4, 2019.

Deci, E. L. and Ryan, R. M., "Self – determination Theory: A Macrotheory of Human Motivation, Development, and Health", *Canadian Psychology*, Vol. 49, No. 3, 2008.

Deci, E. L. and Ryan, R. M., "The 'What' and 'Why' of Goal Pursuits: Human Needs and the Self – determination of Behavior", *Psychological Inpuiry*, Vol. 11, No. 4, 2000.

Deci, E. L. and Ryan, R. M., "The Importance of Universal Psychological Needs for Understanding", in Gagne, M., ed, *The Oxford Handbook of Work Engagement, Motivation, and Self – Determination Theory*, New York: Oxford University Press, 2014.

Deci, E. L., Koestner, R. and Ryan, R. M., "A Meta – analytic Review of Experiments Examining the Effects of Extrinsic Rewards on Intrinsic Motivation", *Psychological Bulletin*, Vol. 125, No. 6, 1999.

Dehart – Davis, L. and Pandey, S. K., "Red Tape and Public Employees:

Does Perceived Rule Dysfunction Alienate Managers?" *Journal of Public Administration Research and Theory*, Vol. 15, No. 1, 2005.

Delery, J. E. and Doty, D. H., "Modes of Theorizing in Strategic Human Resource Management: Tests of Universalistic, Contingency and Configurational Performance Predictions", *Academy of Management Journal*, Vol. 39, No. 4, 1996.

Demircioglu, M. A., "The Effects of Organizational and Demographic Context for Innovation Implementation in Public Organizations", *Public Management Review*, Vol. 22, No. 12, 2020.

Dienesch, R. M. and Liden, R. C., "Leader – member Exchange Model of Leadership: A Critique and Further Development", *Academy of Management Review*, Vol. 11, No. 3, 1986, pp. 618 – 634.

DiIulio, J. J., "Principled Agents: The Cultural Bases of Behavior in a Federal Government Bureaucracy", *Journal of Public Administration Research and Theory*, Vol. 4, No. 3, 1994.

Dulebohn, J. H., Bommer, W. H. and Liden, R. C., "A Meta – analysis of Antecedents and Consequences of Leader – member Exchange: Integrating the Past with an Eye toward the Future", *Journal of Management*, Vol. 38, No. 6, 2012.

Dumont, F. and Carson, A. D., "Precursors of Vocational Psychology in Ancient Civilizations", *Journal of Counseling and Development*, Vol. 73, No. 4, 1995.

Dussuet, A. and Ledoux, C., "Implementing the French Elderly Care Allowance for Home – based Care: Bureaucratic Work, Professional Cultures and Gender Frames", *Policy and Society*, Vol. 38, No. 4, 2019.

Dysvik, A., Kuvaas, B. and Buch, R., "Perceived Investment in Employee Development and Taking Charge", *Journal of Managerial Psychology*, Vol. 31, No. 1, 2016.

Eagly, A. and Chaiken, S., *The Psychology of Attitudes*. FortWorth TX: Harcourt Brace Jovanovich, 1993.

Edwards, J. and Lambert, L., "Methods for Integrating Moderation and Mediation: A General Analytical Framework Using Moderated Path Analysis", *Psychological Methods*, Vol. 12, No. 1, 2007.

Edwards, J. R. and Cable, D. M., "The Value of Value Congruence", *Journal of Applied Psychology, Vol. 94, No. 3, 2009.

Edwards, J. R., Cable, D. M. and Williamson, I. O., et al., "The Phenomenology of Fit: Linking the Person and Environment to the Subjective Experience of Person – environment Fit", Journal of Applied Psychology, Vol. 91, No. 4, 2006.

Eisenberger, R., Armeli, S. and Rexwinkel, B., et al., "Reciprocation of Perceived Organizational Support", Journal of Applied Psychology, Vol. 86, No. 1, 2001.

Eldor, L. and Harpaz, I., "The Nature of Learning Climate in Public Administration: A Cross – sectorial Examination of Its Relationship with Employee Job Involvement, Proactivity, and Creativity", American Review of Public Administration, Vol. 49, No. 4, 2019.

Erdogan, B. and Enders, J., "Support from the Top: Supervisors' Perceived Organizational Support as a Moderator of Leader – Member Exchange to Satisfaction and Performance Relationships", Journal of Applied Psychology, Vol. 92, No. 2, 2007.

Ertürk, A., "Influences of HR Practices, Social Exchange, and Trust on Turnover Intentions of Public IT Professionals", Public Personnel Management, Vol. 43, No. 1, 2014.

Esteve, M., Urbig, D. and Van Witteloostuijn, A., et al., "Prosocial Behavior and Public Service Motivation", Public Administration Review, Vol. 76, No. 1, 2016.

Feeney, M. K. and Dehart – Davis., L., "Bureaucracy and Public Employee Behaviour: A Case of Local Government", Review of Public Personnel Administration, Vol. 29, No. 4, 2009.

Fenwick, K. M., Brimhall, K. C. and Hurlburt, M., et al., "Who Wants Feedback? Effects of Transformational Leadership and Leader – Member Exchange on Mental Health Practitioners' Attitudes toward Feedback", Psychiatric Services, Vol. 70, No. 1, 2019.

Fernandez, S. and Moldogaziev, T., "Using Employee Empowerment to Encourage Innovative Behavior in the Public Sector", Journal of Public Administration Research and Theory, Vol. 23, No. 1, 2013.

Fiske, D. W. and Maddi, S. R., Functions of Varied Experience, Homewood, IL: Dorsey Press, 1961.

French, J. R. P., Caplan, R. D. and Harrison, R. V., *The Mechanisms of Job Stress and Strain*, London: Wiley, 1982.

French, J. R. P., Rodgers, W. and Cobb, S., "Adjustment as Person – environment Fit", in Coelho, G., Hamburg, D. and Adams, J., eds. *Coping and Adaptation*, New York: Basic Books, 1974.

Fried, Y., Laurence, G. A. and Shirom, A., et al., "The Relationship between Job Enrichment and Abdominal Obesity: A Longitudinal Field Study of Apparently Healthy Individuals", *Journal of Occupational Health Psychology*, Vol. 18, No. 4, 2013.

Fried, Y., Slowik, L. H. and Shperling, Z., et al., "The Moderating Effect of Job Security on the Relation between Role Clarity and Job Performance: A Longitudinal Field Study", *Human Relations*, Vol. 56, No. 7, 2003.

Frisch Aviram, N., Beeri, I. and Cohen, N., "From the Bottom – up: Probing the Gap between Street – level Bureaucrats' Intentions of Engaging in Policy Entrepreneurship and Their Behavior", *American Review of Public Administration*, Vol. 51, No. 8, 2021.

Fuller, J. B., Marler, L. E. and Hester, K., "Promoting Felt Responsibility for Constructive Change and Proactive Behavior: Exploring Aspects of an Elaborated Model of Work Design", *Journal of Organizational Behavior*, Vol. 27, No. 8, 2006.

Funder, D. C. and Colvin, C. R., "Explorations in Behavioral Consistency: Properties of Persons, Situations, and Behaviors", *Journal of Personality and Social Psychology*, Vol. 60, No. 5, 1991.

Gagné, M. and Deci, E. L., "Self – determination Theory and Work Motivation", *Journal of Organizational Behavior*, Vol. 26, No. 4, 2005.

Gagné, M., Forest, J. and Gilbert, M. H., et al., "The Motivation at Work Scale: Validation Evidence in Two Languages", *Educational and Psychological Measurement*, Vol. 70, No. 4, 2010.

Gailmard, S., "Politics, Principal – agent Problems, and Public Service Motivation", *International Public Management Journal*, Vol. 13, No. 1, 2010.

Galbany – Estragues, P., Millan – Martinez, P. and Pastor – Bravo, M. D., et al., "Emigration and Job Security: An Analysis of Workforce Trends for

Spanish – trained Nurses (2010 – 2015)", *Journal of Nursing Management*, Vol. 27, No. 6, 2019.

Gallie, D., "The Quality of Working Life: Is Scandinavia Different?" *European Sociological Review*, Vol. 19, No. 1, 2003.

Gardner, D. G. and Cummings, L. L., "Activation Theory and Job Design: Review and Reconceptualization", in Staw, B. and Cummings, L. L., eds. *Research in Organizational Behavior*, Greenwich, CT: JAI Press Inc, 1988.

Gardner, D. G., "Activation Theory and Task Design: An Empirical Test of Several New Predictions", *Journal of Applied Psychology*, Vol. 71, No. 3, 1986.

Gardner, D. G., "Task Complexity Effects on Non – task – related Movements: A Test of Activation Theory", *Organizational Behavior and Human Decision Processes*, Vol. 45, No. 2, 1990.

Giauque, D., Anderfuhren – Biget, S. and Varone, F., "Stress Perception in Public Organisations: Expanding the Job Demands – job Resources Model by Including Public Service Motivation", *Review of Public Personnel Administration*, Vol. 33, No. 1, 2013.

Giauque, D., Ritz, A. and Varone, F., et al., "Resigned but Satisfied: The Negative Impact of Public Service Motivation and Red Tape on Work Satisfaction", *Public Administration*, Vol. 90, No. 1, 2012.

Gkorezis, P., Petridou, E. and Xanthiakos, P., "Leader Positive Humor and Organizational Cynicism: LMX as A Mediator", *Leadership & Organization Development Journal*, Vol. 35, No. 4, 2014.

Gong, Y. P. and Chang, S., "Institutional Antecedents and Performance Consequences of Employment Security and Career Advancement Practices: Evidence from the People's Republic of China", *Human Resource Management*, Vol. 47, No. 1, 2008.

González – Navarro, P., Zurriaga – Llorens, R. and Tosin Olateju, A., et al., "Envy and Counterproductive Work Behavior: The Moderation Role of Leadership in Public and Private Organizations", *International Journal of Environmental Research and Public Health*, Vol. 15, No. 7, 2018.

Goodsell, C. T., "Bureaucracy and Red Tape", *Public Administration Review*, Vol. 60, No. 4, 2000.

Gore, A., "Creating a Government That Works Better and Costs Less: Re-engineering through Information Technology", *Report of the National Performance Review*. Washington, DC: U. S. Government Printing Office, 1993.

Gould – Williams, J. S., Mostafa, A. M. S. and Bottomley, P., "Public Service Motivation and Employee Outcomes in the Egyptian Public Sector: Testing the Mediating Effect of Person – organization Fit", *Journal of Public Administration Research and Theory*, Vol. 25, No. 2, 2015.

Graen, G. and Uhi – Bien, M., "Relationship – based Approach to Leadership: Development of Leader – member Exchange (LMX) Theory of Leadership over Years: Applying an Ulti – level Multi – domain Perspective", *Leadership Quarterly*, Vol. 6, No. 2, 1995.

Graen, G. B. and Scandura, T. A., "Toward a Psychology of Dynamic Organizing", *Research in Organizational behavior*, Vol. 9, 1987.

Grant, A. M. and Parker, S. K., "Redesigning Work Design Theories: The Rise of Relational and Proactive Perspectives", *Academy of Management Annals*, Vol. 3, 2009.

Grant, A. M., "Relational Job Design and the Motivation to Make a Prosocial Difference", *Academy of Management Review*, Vol. 32, No. 2, 2007.

Gratton, L. and Truss, C., "The Three – dimensional People Strategy: Putting Human Resources Policies into Action", *Academy of Management Executive*, Vol. 17, No. 3, 2003.

Greenberg, J., Roberge, M. E. and Ho, V. T., et al., "Fairness in Idiosyncratic Work Arrangements: Justice as an Ideal", in Martocchio, J. J., ed. *Research in Personnel and Human Resources Management*. Greenwich, CT: Elsevier Science/JAI Press, 2004.

Griffin, M. A., Neal, A. and Parker, S. K., "A New Model of Work Role Performance: Positive Behavior in Uncertain and Interdependent Contexts", *Academy of Management Journal*, Vol. 50, No. 2, 2007.

Guan, X. Y. and Frenkel, S. J., "Explaining Supervisor – subordinate Guanxi and Subordinate Performance through a Conservation of Resources Lens", *Human Relations*, Vol. 72, No. 11, 2019.

Guriev, S., "Red Tape and Corruption", *Journal of Development Economics*, Vol. 73, No. 2, 2004.

Ha, S. B., Lee, S. and Byun, G., et al., "Leader Narcissism and Subordinate Change – oriented Organizational Citizenship Behavior: Overall Justice as a Moderator", *Social Behavior and Personality: an international journal*, Vol. 48, No. 7, 2020.

Hackman, J. R. and Oldham, G. R., "Motivation through the Design of Work: Test of a Theory", *Organizational Behavior and Human Performance*, Vol. 16, No. 2, 1976.

Halbesleben, J. R. B., Neveu, J. P. and Paustian – Underdahl, S. C., et al., "Getting to the 'COR': Understanding the Role of Resources in Conservation of Resources Theory", *Journal of Management*, Vol. 40, No. 5, 2014.

Han, Y., Sears, G. and Zhang, H. Y., "Revisiting the 'Give and Take' in LMX: Exploring Equity Sensitivity as a Moderator of the Influence of LMX on Affiliative and Change – oriented OCB", *Personnel Review*, Vol. 47, No. 2, 2018.

Hansen, J. R. and Kjeldsen, A. M., "Comparing Affective Commitment in the Public and Private Sectors: A Comprehensive Test of Multiple Mediation Effects", *International Public Management Journal*, Vol. 21, No. 4, 2018.

Haq, I. U., De Clercq, D. and Azeem, M. U., et al., "The Interactive Effect of Religiosity and Perceived Organizational Adversity on Change – Oriented Citizenship Behavior", *Journal of Business Ethics*, Vol. 165, No. 1, 2020.

Harari, M. B., Herst, D. E. L. and Parola, H. R., et al., "Organizational Correlates of Public Service Motivation: A Meta – analysis of Two Decades of Empirical Research", *Journal of Public Administration Research and Theory*, Vol. 27, No. 1, 2017.

Hassan, S. and Hatmaker, D. M., "Leadership and Performance of Public Employees: Effects of the Quality and Characteristics of Manager – employee Relationships", *Journal of Public Administration Research and Theory*, Vol. 25, No. 4, 2015.

Hassan, S., Wright, B. E. and Park, J., "The Role of Employee Task Performance and Learning Effort in Determining Empowering Managerial Practices: Evidence from a Public Agency", *Review of Public Personnel Administration*, Vol. 36, No. 1, 2016.

Hayes, A. F. and Preacher, K. J., "Quantifying and Testing Indirect Effects in Simple Mediation Models When the Constituent Paths are Nonlinear", *Multivariate Behavioral Research*, Vol. 45, No. 4, 2010.

Hayes, A. F., *An Introduction to Mediation, Moderation, and Conditional Process Analysis: A Regression – based Approach*, New York: Guilford Press, 2018.

Hirst, G., Walumbwa, F. and Aryee, S. et al., "A Multi – level Investigation of Authentic Leadership as an Antecedent of Helping Behavior", *Journal of Business Ethics*, Vol. 139, No. 3, 2016.

Hobfoll, S. E., "Conservation of Resources and Disaster in Cultural Context: The Caravans and Passageways for Resources", *Psychiatry*, Vol. 75, No. 3, 2012.

Hobfoll, S. E., "Conservation of Resources – A New Attempt at Conceptualizing Stress", *American Psychologist*, Vol. 44, No. 3, 1989.

Hobfoll, S. E., "Social and Psychological Resources and Adaptation", *Review of General Psycholog*, Vol. 6, No. 4, 2002.

Hobfoll, S. E., "The Influence of Culture, Community, and the Nested – self in the Stress Process: Advancing Conservation of Resources Theory", *Applied Psychology – an International Review – Psychologie Appliquee – Revue Internationale*, Vol. 50, No. 3, 2001.

Hobfoll, S. E., Halbesleben, J. and Neveu, J. P., et al., "Conservation of Resources in the Organizational Context: The Reality of Resources and their Consequences", *Annual Review of Organizational Psychology and Organizational Behavior*, Vol. 5, 2018.

Hochwarter, W. A., Perrewé, P. L. and Hall, A. T., et al., "Negative Affectivity as a Moderator of the Form and Magnitude of the Relationship between Felt Accountability and Job Tension", *Journal of Organizational Behavior*, Vol. 26, No. 5, 2005.

Holt, S. B., "For Those Who Care: The Effect of Public Service Motivation on Sector Selection", *Public Administration Review*, Vol. 78, No. 3, 2018.

Homberg, F., Vogel, R. and Weiherl, J., "Public Service Motivation and Continuous Organizational Change: Taking Charge Behaviour at Police Services", *Public Administration*, Vol. 97, No. 1, 2019.

Hourie, E., Malul, M. and Bar – El, R., "The Value of Job Security: Does having it Matter?" *Social Indicators Research*, Vol. 139, No. 3, 2018.

Hsieh, C. - W. , "Burnout Among Public Service Workers: The Role of Emotional Labor Requirements and Job Resources", *Review of Public Personnel Administration*, Vol. 34, No. 4, 2014.

Hsieh, J. Y. , "Spurious or True? An Exploration of Antecedents and Simultaneity of Job Performance and Job Satisfaction across the Sectors", *Public Personnel Management*, Vol. 45, No. 1, 2016.

Huang, L. , Gibson, C. B. and Kirkman, B. L. , et al. , "When is Traditionalism an Asset and when is it a Liability for Team Innovation: A Two - study Empirical Examination", *Journal of International Business Studies*, Vol. 48, No. 6, 2017.

Hur, H. and Perry, J. L. , "Evidence - based Change in Public Job Security Policy: A Research Synthesis and its Practical Implications", *Public Personnel Management*, Vol. 45, No. 3, 2016.

Ilies, R. , Nahrgang, J. D. and Morgeson, F. P. , "Leader - member Exchange and Citizenship Behaviors: A Meta - analysis", *Journal of Applied Psychology*, Vol. 92, No. 1, 2007.

Ingrams, A. , "Organizational Citizenship Behavior in the Public and Private Sectors: A Multilevel Test of Public Service Motivation and Traditional Antecedents", *Review of Public Personnel Administration*, Vol. 40, No. 2, 2020.

Ironson, G. , Wynings, C. and Schneiderman, N. , et al. , "A. Post - traumatic Stress Symptoms, Intrusive Thoughts, Loss, and Immune Function after Hurricane Andrew", *Psychosomatic Medicine*, Vol. 59, No. 2, 1997.

Jacobsen, C. B. and Jakobsen, M. L. , "Perceived Organizational Red Tape and Organizational Performance in Public Services", *Public Administration Review*, Vol. 78, No. 1, 2018.

Jakobsen, M. L. , Kjeldsen, A. M. and Pallesen, T. , "Distributed Leadership and Performance - related Employee Outcomes in Public Sector Organizations", *Public Administration*, Vol. 101, No. 2, 2023.

Jensen, U. T. and Bro, L. L. , "How Transformational Leadership Supports Intrinsic Motivation and Public Service Motivation", *American Review of Public Administration*, Vol. 48, No. 6, 2018.

Jiao, C. , Richards, D. A. and Hackett, R. D. , "Organizational Citizenship Behavior and Role Breadth: A Meta Analytic and Cross - cultural Analysis",

Human Resource Management, Vol. 52, No. 5, 2013.

Jin, M. H., McDonald, B. and Park, J., "Person – organization Fit and Turnover Intention: Exploring the Mediating Role of Employee Followership and Job Satisfaction through Conservation of Resources Theory", *Review of Public Personnel Administration*, Vol. 38, No. 2, 2018.

Jin, M. H., McDonald, B. D. and Park, J., et al., "Making Public Service Motivation Count for Increasing Organizational Fit: The Role of Followership Behavior and Leader Support as a Causal Mechanism", *International Review of Administrative Sciences*, Vol. 85, No. 1, 2019.

Jong, G. D. and Witteloostuijn, A. V., "Regulatory Red Tape and Private Firm Performance", *Public Administration*, Vol. 93, No. 1, 2015.

Judge, T. A. and Cable, D. M., "Applicant Personality, Organizational Culture, and Organization Attraction", *Personnel Psychology*, Vol. 50, No. 2, 1997.

Jung, C. S. and Kim, S. E., "Structure and Perceived Performance in Public Organizations", *Public Management Review*, Vol. 16, No. 5, 2014.

Jung, C. S. and Lee, G., "Organizational Climate, Leadership, Organization Size, and Aspiration for Innovation in Government Agencies", *Public Performance & Management Review*, Vol. 39, No. 4, 2016.

Kahn, R. L. and Byosserie, P., "Stress in Organizations", in Dunette, M. D. and Hough, L. M., eds. *Handbook of Industrial and Organizational Psychology*, Palo Alto, CA: Consulting Psychologists Press, 1992.

Kalyar, M. N., Usta, A. and Shafique, I., "When Ethical Leadership and LMX are More Effective in Prompting Creativity: The Moderating Role of Psychological Capital", *Baltic Journal of Management*, Vol. 15, No. 1, 2020.

Kao, R. H., "The Relationship between Work Characteristics and Change – oriented Organizational Citizenship Behavior: A Multi – level Study on Transformational Leadership and Organizational Climate in Immigration Workers", *Personnel Review*, Vol. 46, No. 8, 2017.

Kast, A. and Connor, K., "Sex and Age Differences in Response to Informational and Controlling Feedback", *Personality and Social Psychology Bulletin*, Vol. 14, No. 3, 1988.

Katz, D. and Kahn, R. L., *The Social Psychology of Organizations*, New York: Wiley, 1966.

Kaufmann, W. and Howard, P. K., *Red Tape: Its Origins, Uses, and Abuses*, Washington, DC: The Brookings Institution, 1977.

Kaufmann, W. and Tummers, L., "The Negative Effect of Red Tape on Procedural Satisfaction", *Public Management Review*, Vol. 19, No. 9, 2017.

Kaufmann, W., Borry, E. L. and Dehart-Davis, L., "More than Pathological Formalization: Understanding Organizational Structure and Red Tape", *Public Administration Review*, Vol. 79, No. 2, 2018.

Kim, J. H., Jung, S. H. and Yang, S. Y., et al., "Job Security and Workaholism among Non-permanent Workers: The Moderating Influences of Corporate Culture", *Journal of Psychology in Africa*, Vol. 29, No. 5, 2019.

Kim, J., "The Contrary Effects of Intrinsic and Extrinsic Motivations on Burnout and Turnover Intention in the Public Sector", *International Journal of Manpower*, Vol. 39, No. 3, 2018.

Kim, S. and Yoon, G., "An Innovation-Driven Culture in Local Government: Do Senior Manager's Transformational Leadership and the Climate for Creativity Matter?" *Public Personnel Management*, Vol. 44, No. 2, 2015.

Kim, S., Egan, T. M. and Moon, M. J., "Managerial Coaching Efficacy, Work-Related Attitudes, and Performance in Public Organizations: A Comparative International Study", *Review of Public Personnel Administration*, Vol. 34, No. 3, 2014.

Kim, T. and Holzer, M., "Public Employees and Performance Appraisal: A Study of Antecedents to Employees' Perception of the Process", *Review of Public Personnel Administration*, Vol. 36, No. 1, 2016.

Kjeldsen, A. M. and Jacobsen, C. B., "Public Service Motivation and Employment Sector: Attraction or Socialization?" *Journal of Public Administration Research and Theory*, Vol. 23, No. 4, 2013.

Knoke, D. and Wright-Isak, C., "Individual Motives and Organizational Incentive Systems", *Research in the Sociology of Organizations*, Vol. 1, No. 2, 1982.

Koestner, R. and Zuckerman, M., "Causality Orientations, Failure, and Achievement", *Journal of Personality*, Vol. 62, No. 3, 1994.

Korsgaard, M. A., Meglino, B. M. and Lester, S. W., "Beyond Helping: Do

Other – oriented Values Have Broader Implications in Organizations?", *Journal of Applied Psychology*, Vol. 82, No. 1, 1997.

Kraimer, M. L., Wayne, S. J. and Liden, R. C., et al., "The Role of Job Security in Understanding the Relationship between Employees' Perceptions of Temporary Workers and Employees' Performance", *Journal of Applied Psychology*, Vol. 90, No. 2, 2005.

Kristof, A. L., "Person – organization Fit: An Integrative Review of Its Conceptualizations, Measurement, and Implications", *Personnel Psychology*, Vol. 49, No. 1, 1996.

Kristof – Brown, A. L., Zimmerman, R. D. and Johnson, E. C., "Consequences of Individual's Fit at Work: A Meta – analysis of Person – job, Person – organization, Person – group, and Person – supervisor Fit", *Personnel Psychology*, Vol. 58, No. 2, 2005.

Kruyen, P. M. and Genugten, M. V., "Creativity in Local Government: Definition and Determinants", *Public Administration*, Vol. 95, No. 3, 2017.

Kruyen, P. M. and Genugten, M. V., "Opening up the Black Box of Civil Servants' Competencies", *Public Management Review*, Vol. 22, No. 1, 2020.

Lam, C. F., Liang, J. and Ashford, S. J., et al., "Job Insecurity and Organizational Citizenship Behavior: Exploring Curvilinear and Moderated Relationships", *Journal of Applied Psychology*, Vol. 100, No. 2, 2015.

Lapuente, V. and Suzuki, K., "Politicization, Bureaucratic Legalism, and Innovative Attitudes in the Public Sector", *Public Administration Review*, Vol. 80, No. 3, 2020.

Lazarus, R. S. and Folkman, S., *Stress, Appraisal, and Coping*, New York: Springer, 1984.

Lee, H. J., Kim, M. Y. and Park, S. M., et al., "Public Service Motivation and Innovation in the Korean and Chinese Public Sectors: Exploring the Role of Confucian Values and Social Capital", *International Public Management Journal*, Vol. 23, No. 4, 2020.

Lee, H. W., Pak, J. and Kim, S., et al., "Effects of Human Resource Management Systems on Employee Proactivity and Group Innovation", *Journal of Management*, Vol. 45, No. 2, 2019.

Lee, S., Yun, S. and Srivastava, A., "Evidence for a Curvilinear Relationship between Abusive Supervision and Creativity in South Korea", *Leadership Quarterly*, Vol. 24, No. 5, 2013.

LePine, J. A. and Van Dyne, L. , "Predicting Voice Behavior in Work Groups", *Journal of Applied Psychology*, Vol. 83, No. 6, 1998.

Lewin, K. A. , *Dynamic Theory of Personality*. New York: McGraw–Hill, 1935.

Lewin, S. B. , "Economics and Psychology: Lessons for Our Own Day from the Early Twentieth Century", *Journal of Economic Literature*, Vol. 34, No. 3, 1996.

Lewis, G. B. and Frank, S. A. , "Who Wants to Work for the Government?", *Public Administration Review*, Vol. 62, No. 4, 2002.

Li, M. , Liu, W. and Han, Y. , et al. , "Linking Empowering Leadership and Change–oriented Organizational Citizenship Behavior: The Role of Thriving at Work and Autonomy Orientation", *Journal of Organizational Change Management*, Vol. 29, No. 5, 2016.

Li, N. , Chiaburu, D. S. and Kirkman, B. L. , et al. , "Spotlight on the Followers: An Examination of Moderators of Relationships between Transformational Leadership and Subordinates' Citizenship and Taking Charge", *Personnel Psychology*, Vol. 66, No. 1, 2013.

Li, N. , Liang, J. and Grant, M. J. , "The Role of Proactive Personality in Job Satisfaction and Organizational Citizenship Behavior: A Relational Perspective", *Journal of Applied Psychology*, Vol. 95, No. 2, 2010.

Li, S. L. , "When and Why Empowering Leadership Increases Followers' Taking Charge: A Multilevel Examination in China", *Asia Pacific Journal of Management*, Vol. 32, No. 3, 2015.

Li, Y. and Xie, W. , "Linking Change–oriented Organizational Citizenship Behavior to Turnover Intention: Effects of Servant Leadership and Career Commitment", *Public Personnel Management*, Vol. 51, No. 1, 2022.

Lian, H. , Ferris, D. L. and Brown, D. J. , "Does Power Distance Exacerbate or Mitigate the Effects of Abusive Supervision? It Depends on the Outcome", *Journal of Applied Psychology*, Vol. 97, No. 1, 2012.

Liden, R. C. , Wayne, S. J. and Zhao, H. , et al. , "Servant Leadership: Development of a Multidimensional Measure and Multilevel Assessment", *Leadership Quarterly*, Vol. 19, No. 2, 2008.

Lin, B., Law, K. S. and Zhou, J., "Why is Underemployment Related to Creativity and OCB? A Task – crafting Explanation of the Curvilinear Moderated Relations", *Academy of Management Journal*, Vol. 60, No. 1, 2017.

Lind, J. T. and Mehlum, H., "With or without U? The Appropriate Test for a U – shaped Relationship", *Oxford Bulletin of Economics and Statistics*, Vol. 72, No. 1, 2010.

Liu, B. C., Hu, W. and Cheng, Y. C., "From the West to the East: Validating Servant Leadership in the Chinese Public Sector", *Public Personnel Management*, Vol. 44, No. 1, 2015.

Liu, B. C., Zhang, X. Y. and Du, L. Y., et al., "Validating the Construct of Public Service Motivation in For – profit Organizations: A Preliminary Study", *Public Management Review*, Vol. 17, No. 2, 2015.

Loi, R., Ngo, H. Y. and Zhang, L. Q., et al., "The Interaction between Leader – member Exchange and Perceived Job Security in Predicting Employee Altruism and Work Performance", *Journal of Occupational and Organizational Psychology*, Vol. 84, No. 4, 2011.

López – Domínguez, M., Enache. M. and Sallan, J. M., et al., "Transformational Leadership as an Antecedent of Change – oriented Organizational Citizenship Behavior", *Journal of Business Research*, Vol. 66, No. 10, 2013.

Lorente de No, R., "Transmission of Impulses through Cranial Motor Nuclei", *Journal of Neurophysiology*, Vol. 2, No. 5, 1939.

Lu, C. Q., Du, D. Y. and Xu, X. M., et al., "Revisiting the Relationship between Job Demands and Job Performance: The Effects of Job Security and Traditionality", *Journal of Occupational and Organizational Psychology*, Vol. 90, No. 1, 2017.

Lu, C. Q., Wang, H. J. and Lu, J. J., et al., "Does Work Engagement Increase Person – job fit? The Role of Job Crafting and Job Insecurity", *Journal of Vocational Behavior*, Vol. 84, No. 2, 2014.

Ma, B., Liu, S. S. and Liu, D. L., et al., "Job Security and Work Performance in Chinese Employees: The Mediating Role of Organisational Identification", *International Journal of Psychology*, Vol. 51, No. 2, 2016.

March, J. G. and Olsen, J. P., *Rediscovering Institutions: The Organizational Basis of Politics*, New York: Free Press, 1989.

Marinova, S. V., Peng, C. and Lorinkova, N., et al., "Change – oriented Behavior: A Meta – analysis of Individual and Job Design Predictors", *Journal of Vocational Behavior*, Vol. 88, 2015.

Maroulis, S., "The Role of Social Network Structure in Street – level Innovation", *American Review of Public Administration*, Vol 47, No. 4, 2017.

Martinaityte, I., Sacramento, C. and Aryee, S., "Delighting the Customer: Creativity – oriented High – performance Work Systems, Frontline Employee Creative Performance, and Customer Satisfaction", *Journal of Management*, Vol. 45, No. 2, 2019.

Maslow, A. H., "A Theory of Human Motivation", *Psychological Review*, Vol. 50, No. 4, 1943.

Masood, A. and Nisar, M. A., "Repairing the State: Policy Repair in the Frontline Bureaucracy", *Public Administration Review*, Vol. 82, No. 2, 2022.

Mcallister, D. J., Kamdar, D. and Morrison, E. W., et al., "Disentangling Role Perceptions: How Perceived Role Breadth, Discretion, Instrumentality, and Efficacy Relate to Helping and Taking Charge", *Journal of Applied Psychology*, Vol. 92, No. 5, 2007.

Mcshane, S. L. and Von Glinow, M. A., *Organizational Behavior: Emerging Knowledge. Global Reality*, Mc Graw Hill Education, 2018.

Meyer, R. D., Dalal, R. S. and Hermida, R., "A Review and Synthesis of Situational Strength in the Organizational Sciences", *Journal of Management*, Vol. 36, No. 1, 2010.

Meyer – Sahling, J., Mikkelsen, K. S. and Schuster, C., "The Causal Effect of Public Service Motivation on Ethical Behavior in the Public Sector: Evidence from a Large – Scale Survey Experiment", *Journal of Public Administration Research and Theory*, Vol. 29, No. 3, 2019.

Miao, Q., Newman, A., Schwarz, G. and Cooper, B., "How Leadership and Public Service Motivation Enhance Innovative Behavior", *Public Administration Review*, Vol. 78, No. 1, 2018.

Min, K. R., Ugaddan, R. G. and Park, S. M., "Is the Creative Tendency Affected by Organizational Leadership and Employee Empowerment? An Empirical Analysis of U. S. Federal Employees", *Public Performance & Management Review*, Vol. 40, No. 2, 2016.

Mischel, W., *Personality and Assessment*, New York: John Wiley, 1968.

Mitchell, T. R., Holtom, B. C. and Lee, T. W., et al., "Why People Stay: Using Job Embeddedness to Predict Voluntary Turnover", *Academy of Management Journal*, Vol. 44, No. 6, 2001.

Molines, M., El Akremi, A. and Storme, M., et al., "Beyond the Tipping Point: The Curvilinear Relationships of Transformational Leadership, Leader – member Exchange, and Emotional Exhaustion in The French Police", *Public Management Review*, Vol. 24, No. 1, 2020.

Montani, F., Vandenberghe, C. and Khedhaouria, A., et al., "Examining the Inverted U – shaped Relationship between Workload and Innovative Work Behavior: The Role of Work Engagement and Mindfulness", *Human Relations*, Vol. 73, No. 1, 2020.

Moon, H., Kamdar, D. and Mayer, D. M., et al., "Me or we? The Role of Personality and Justice as Other – centered Antecedents to Innovative Citizenship Behaviors within Organizations", *Journal of Applied Psychology*, Vol. 93, No. 1, 2008.

Moon, K. K., "Examining the Relationships Between Diversity and Work Behaviors in U. S. Federal Agencies: Does Inclusive Management Make a Difference?" *Review of Public Personnel Administration*, Vol 38, No. 2, 2018.

Moon, M. J. and Bretschneider, S., "Does the Perception of Red Tape Constrain IT Innovativeness in Organizations? Unexpected Results from a Simultaneous Equation Model and Implications", *Journal of Public Administration Research and Theory*, Vol. 12, No. 2, 2002.

Morrison, E. W. and Phelps, C. C., "Taking Charge at Work: Extra Role Efforts to Initiate Workplace Change", *Academy of Management Journal*, Vol. 42, No. 4, 1999.

Mostafa, A. M. S. and El – Motalib, E. A. A., "Servant Leadership, Leader – member Exchange and Proactive Behavior in the Public Health Sector", *Public Personnel Management*, Vol. 48, No. 3, 2019.

Moynihan, D. P. and Pandey, S. K., "Finding Workable Levers over Work Motivation: Comparing Job Satisfaction, Job Involvement, and Organizational Commitment", *Administration and Society*, Vol. 39, No. 7, 2007.

Moynihan, D. P. and Pandey, S. K., "The Role of Organizations in Fostering Public Service Motivation", *Public Administration Review*, Vol. 67, No. 1,

2007.

Moynihan, D. P., DeLeire, T. and Enami, K., "A Life Worth Living: Evidence on the Relationship between Prosocial Values and Happiness", *American Review of Public Administration*, Vol. 45, No. 3, 2015.

Moynihan, D. P., Pandey, S. K. and Wright, B. E., "Setting the Table: How Transformational Leadership Fosters Performance Information Use", *Journal of Public Administration Research and Theory*, Vol. 22, No. 1, 2012.

Muchinsky, P. M. and Monahan, C. J., "What is Person – environment Congruence? Supplementary Versus Complementary Models of Fit", *Journal of Vocational Behavior*, Vol. 31, No. 3, 1987.

Mussagulova, A., Van der Wal, Z. and Chen, C. A., "What is Wrong with Job Security?" *Public Administration and Development*, Vol. 39, No. 3, 2019.

Naff, K. C. and Crum, J., "Working for America Does Public Service Motivation Make a Difference", *Review of Public Personnel Administration*, Vol. 19, No. 1, 1999.

Nelson, S. A., Azevedo, P. R. and Dias, R. S., et al., "The Influence of Bullying on the Wellbeing of Brazilian Nursing Professionals", *Public Money & Management*, Vol. 34, No. 6, 2014.

Newman, A., Cooper, B. and Holland, P., et al., "How do Industrial Relations Climate and Union Instrumentality Enhance Employee Performance? The Mediating Effects of Perceived Job Security and Trust in Management", *Human Resource Management*, Vol. 58, No. 1, 2019.

Nikolaou, I., Vakola, M. and Bourantas, D., "Who Speaks Up at Work? Dispositional Influence on Employees' Voice Behavior", *Personnel Review*, Vol. 37, No. 6, 2008.

Noelke, C. and Beckfield, J., "Job Security Provisions and Work Hours", *Acta Sociological*, Vol. 60, No. 3, 2017.

Oberfield, Z. W., "Public Management in Time: A Longitudinal Examination of the Full Range of Leadership Theory", *Journal of Public Administration Research and Theory*, Vol. 24, No. 2, 2014.

Olsen, A. L., Hjorth, F. and Harmon, N., et al., "Behavioral Dishonesty in the Public Sector", *Journal of Public Administration Research and Theory*,

Vol. 29, No. 4, 2019.

Orazi, D. C., Turrini, A. and Valotti, G., "Public Sector Leadership: New Perspectives for Research and Practice", *International Review of Administrative Sciences*, Vol. 79, No. 3, 2013.

Organ, D. W., *Organizational Citizenship Behavior: The Good Soldier Syndrome*, Lexington, MA: Lexington Books, 1988.

Ostrom, E. A., "Behavioral Approach to the Rational Choice Theory of Collective Action", American Political Science Review, Vol. 92, No. 1, 1998.

Ott, A. R., Haun, V. C. and Binnewies, C., "Negative Work Reflection, Personal Resources, and Work Engagement: The Moderating Role of Perceived Organizational Support", *European Journal of Work and Organizational Psychology*, Vol. 28, No. 1, 2019.

Palma, R. and Sepe, E., "Structural Equation Modelling: A Silver Bullet for Evaluating Public Service Motivation", *Quality & Quantity*, Vol. 51, No. 2, 2017.

Pan, W., Sun, L. and Sun, L. Y., et al., "Abusive Supervision and Job-oriented Constructive Deviance in the Hotel Industry: Test of a Nonlinear Mediation and Moderated Curvilinear Model", *International Journal of Contemporary Hospitality Management*, Vol. 30, No. 5, 2018.

Pandey, S. K. and Stazyk, E. C., "Antecedents and Correlates of Public Service Motivation", in Perry, J. L. and Hondeghem, A., eds. *Motivation in Public Management: The Call of Public Service*, Oxford: Oxford University Press, 2008.

Pandey, S. K., Coursey, D. H. and Moynihan, D. P., "Organizational Effectiveness and Bureaucratic Red Tape", *Public Performance & Management Review*, Vol. 30, No. 3, 2007.

Parker, S. K. and Collins, C. G., "Taking Stock: Integrating and Differentiating Multiple Proactive Behaviors", *Journal of Management*, Vol. 36, No. 3, 2010.

Parker, S. K. and Wu, C. H., "Leading for Proactivity: How Leaders Cultivate Staff Who Make Things Happen", in Day D. V., ed. *The Oxford Handbook of Leadership and Organizations*. New York: Oxford University Press, 2014.

Parker, S. K., Bindl, U. K. and Strauss, K., "Making Things Happen: A

Model of Proactive Motivation", *Journal of Management*, Vol. 36, No. 4, 2010.

Parmar, B. L., Keevil, A. and Wicks, A. C., "People and Profits: The Impact of Corporate Objectives on Employees' Need Satisfaction at Work", *Journal of Business Ethics*, Vol. 154, No. 4, 2019.

Parsons, F., *Choosing a Vocation*. Boston. MA: Houghton Mifflin, 1909.

Pedersen, M. J., "Activating the Forces of Public Service Motivation: Evidence from a Low-intensity Randomized Survey Experiment", *Public Administration Review*, Vol. 75, No. 5, 2015.

Peled, A., "Do Computers Cut Red Tape?" *American Review of Public Administration*, Vol. 31, No. 4, 2001.

Peng, K. Z., Wong, C. S. and Song, J. L., "How do Chinese Employees React to Psychological Contract Violation?" *Journal of World Business*, Vol. 51, No. 5, 2016.

Peng, Y. P., "Relationship between Job Involvement, Leader-member Exchange, and Innovative Behavior of Public Librarians", *Journal of Librarianship and Information Science*, Vol. 52, No. 2, 2020.

Perry, J. L. and Hondeghem, A., "Building Theory and Empirical Evidence about Public Service Motivation", *International Public Management Journal*, Vol. 11, No. 1, 2008.

Perry, J. L. and Hondeghem, A., *Motivation in Public Management: The Call of Public Service*, Oxford: Oxford University Press, 2008.

Perry, J. L. and Wise, L. R., "The Motivational Bases of Public Service", *Public Administration Review*, Vol. 50, No. 3, 1990.

Perry, J. L., "Bringing Society in: Toward a Theory of Public-service Motivation", *Journal of Public Administration Research and Theory*, Vol. 10, No. 2, 2000.

Perry, J. L., Brudney, J. L. and Coursey, D., et al., "What Drives Morally Committed Citizens? A Study of the Antecedents of Public Service Motivation", *Public Administration Review*, Vol. 68, No. 3, 2008.

Perry, J. L., Engbers, T. and Yun, S., "Back to the Future? Performance-related Pay, Empirical Research, and the Perils of Persistence", *Public Administration Review*, Vol. 69, No. 1, 2009.

Pitariu, A. H. and Ployhart, R. E., "Relationships Explaining Change: Theorizing and Testing Dynamic Mediated Longitudinal", *Journal of Management*, Vol. 36, No. 2, 2010.

Podsakoff, N. P. , LePine, J. A. and LePine, M. A. , "Differential Challenge Stressor – hindrance Stressor Relationships with Job Attitudes, Turnover Intentions, Turnover, and Withdrawal Behavior: A Meta – analysis", *Journal of Applied Psychology*, Vol. 92, No. 2, 2007.

Potipiroon, W. and Faerman, S. , "What Difference do Ethical Leaders Make? Exploring the Mediating Role of Interpersonal Justice and the Moderating Role of Public Service Motivation", *International Public Management Journal*, Vol. 19, No. 2, 2016.

Potipiroon, W. and Ford, M. T. , "Does Public Service Motivation Always Lead to Organizational Commitment? Examining the Moderating Roles of Intrinsic Motivation and Ethical Leadership", *Public Personnel Management*, Vol. 46, No. 3, 2017.

Preacher, K. J. and Hayes, A. F. , "Asymptotic and Resampling Strategies for Assessing and Comparing Indirect Effects in Multiple Mediator Models", *Behavior Research Methods*, Vol. 40, No. 3, 2008.

Preacher, K. , JcRucker, D. D. and Hayes, A. F. , "Assessing Moderated Mediation Hypotheses: Theory, Methods, and Prescriptions", *Multivariate Behavioral Research*, Vol. 42, No. 1, 2007.

Prentice, M. , Jayawickreme, E. and Fleeson, W. , "Integrating Whole Trait Theory and Self – determination Theory", *Journal of Personality*, Vol. 87, No. 1, 2019.

Qin, X. , Direnzo, M. S. and Xu, M. Y. , et al. , "When do Emotionally Exhausted Employees Speak up? Exploring the Potential Curvilinear Relationship between Emotional Exhaustion and Voice", *Journal of Organizational Behavior*, Vol. 35, No. 7, 2014.

Quratulain, S. and Khan, A. K. , "How Does Employees' Public Service Motivation Get Affected? A Conditional Process Analysis of the Effects of Person – job Fit and Work Pressure", *Public Personnel Management*, Vol. 44, No. 2, 2015.

Quratulain, S. and Khan, A. K. , "Red Tape, Resigned Satisfaction, Public Service Motivation, and Negative Employee Attitudes and Behaviors: Testing a Model of Moderated Mediation", *Review of Public Personnel Administration*, Vol. 35, No. 4, 2015.

Rainey, H. G. and Pandy, S., "Research Note: Public and Private Managers' Perceptions of Red Tape", *Public Administration Review*, Vol. 55, No. 6, 1995.

Rainey, H. G. and Steinbauer, P., "Galloping Elephants: Developing Elements of a Theory of Effective Government Organizations", *Journal of Public Administration Research and Theory*, Vol. 9, No. 1, 1999.

Reid, M. F., Allen, M. W. and Riemenschneider, C. K., et al., "The Role of Mentoring and Supervisor Support for State IT Employees' Affective Organizational Commitment", *Review of Public Personnel Administration*, Vol. 28, No. 1, 2008.

Rhoades, L. and Eisenberger, R., "Perceived Organizational Support: A Review of the Literature", *Journal of Applied Psychology*, Vol. 87, No. 4, 2002.

Ritz, A., Giauque, D. and Varone, F., et al., "From Leadership to Citizenship Behavior in Public Organizations: When Values Matter", *Review of Public Personnel Administration*, Vol. 34, No. 2, 2014.

Robbins, S. P. and Judge, T. A., *Organizaitonal Behavior*, Global edition, 2017.

Rousseau, D. M., Ho, V. T. and Greenberg, J., "I-deals: Idiosyncratic Terms in Employment Relationships", *Academy of Management Review*, Vol. 31, No. 4, 2006.

Ryan, R. M. and Deci, E. L. *Self-Determination Theory: Basic Psychological Needs in Motivation, Development, and Wellness*, New York: Guilford Press, 2017.

Ryan, R. M. and Deci, E. L., "Intrinsic and Extrinsic Motivation: Classic Definitions and New Directions", *Contemporary Educational Psychology*, Vol. 25 No. 1, 2000.

Ryan, R. M. and Deci, E. L., "Overview of Self-determination Theory: An Organismic Dialectical Perspective", in Ryan, R. M. and Deci, E. L., eds. *Handbook of Self-determination Research*, Rochester, New York: The University of Rochester Press, 2002.

Ryu, G., "Rethinking Public Service Motivation from the Perspective of Person-environment Fit: Complementary or Supplementary Relationship?" *Review of Public Personnel Administration*, Vol. 37, No. 3, 2017.

Scandura, T. A. and Graen, G. B., "Moderating Effects of Initial Leader – member Exchange Status on the Effects of a Leadership Intervention", *Journal of Applied Psychology*, Vol. 69, No. 3, 1984.

Schoberova, M., *Job Crafting and Personal Development in the Workplace: Employees and Managers Co – Creating Meaningful and Productive Work in Personal Development Discussions*, Pennsylvania: University of Pennsylvania, 2015.

Schwartz, S. H., "Universals in the Content and Structure of Values: Theoretical Advances and Empirical Tests in 20 Countries", in Zanna, M. P., ed. *Advances in Experimental Social Psychology*, San Diego, CA: Academic Press, 1992.

Schwarz, G., Newman, A. and Cooper, B., et al., "Servant Leadership and Follower Job Performance: The Mediating Effect of Public Service Motivation", *Public Administration*, Vol. 94, No. 4, 2016.

Scott, P. G. and Pandey, S. K., "Red Tape and Public Service Motivation Findings from a National Survey of Managers in State Health and Human Services Agencies", *Review of Public Personnel Administration*, Vol. 25, No. 2, 2005.

Scott, W. E., "Activation Theory and Task Design", *Organizational Behavior and Human Performance*, Vol. 1, No. 1, 1966.

Seppala, T., Lipponen, J. and Bardi, A., et al., "Change – oriented Organizational Citizenship Behaviour: An Interactive Product of Openness to Change Values, Work Unit Identification, and Sense of Power", *Journal of Occupational and Organizational Psychology*, Vol. 85, No. 1, 2012.

Shamir, B., "Meaning, Self and Motivation in Organizations", *Organization Studies*, Vol. 12, No. 3, 1991.

Shim, D. C. and Faerman, S., "Government Employees' Organizational Citizenship Behavior: The Impacts of Public Service Motivation, Organizational Identification, and Subjective OCB Norms", *International Public Management Journal*, Vol. 20, No. 4, 2017.

Shim, D. C., Park, H. H. and Chung, K. H., "Workgroup Innovative Behaviours in the Public Sector Workplace: The Influence of Servant Leadership and Workgroup Climates", *Public Management Review*, 2021.

Shim, D. C., Park, H. H. and Eom, T. H., "Street – level Bureaucrats'

Turnover Intention: Does Public Service Motivation Matter?", *International Review of Administrative Sciences*, Vol. 83, No. 3, 2017.

Shin, Y., Kim, M. and Lee, S. H., "Positive Group Affective Tone and Team Creative Performance and Change – oriented Organizational Citizenship Behavior: A Moderated Mediation Model", *Journal of Creative Behavior*, Vol. 53, No. 1, 2019.

Slade, P. and Tolhurst, T., "Job Security and Risk – taking: Theory and Evidence from Professional Football", *Southern Economic Journal*, Vol. 85, No. 3, 2019.

Sonnentag, S. and Pundt, A., "Leader – member Exchange from a Job – stress Perspective", in Bauer, T. N. and Erdogan, B., eds. *The Oxford Handbook of Leader – member Exchange*. Oxford, England: Oxford University Press, 2015.

Sora, B., Caballer, A. and García – Buades, E., "Validation of a Short Form of Job Crafting Scale in a Spanish Sample", *Spanish Journal of Psychology*, Vol. 21, 2018.

Stazyk, E. C. and Davis, R. S., "Taking the 'High Road': Does Public Service Motivation Alter Ethical Decision – Making Processes", *Public Administration*, Vol. 93, No. 3, 2015.

Steen, T. and Schott, C., "Public Sector Employees in a Challenging Work Environment", *Public Administration*, Vol. 97, No. 1, 2019.

Steijn, B. and Van der Voet, J., "Relational Job Characteristics and Job Satisfaction of Public Sector Employees When Prosocial Motivation and Red Tape Collide", *Public Administration*, Vol. 97, No. 1, 2019.

Steijn, B., "Person – environment Fit and Public Service Motivation", *International Public Management Journal*, Vol. 11, No. 1, 2008.

Strauss, K., Parker, S. K. and O'Shea, D., "When Does Proactivity Have a Cost? Motivation at Work Moderates the Effects of Proactive Work Behavior on Employee Job Strain", *Journal of Vocational Behavior*, Vol. 100, 2017.

Sun, R. and Henderson, A. C., "Transformational Leadership and Organizational Processes: Influencing Public Performance", *Public Administration Review*, Vol. 77, No. 4, 2017.

Sung, S. Y. and Choi, N., "Do Big Five Personality Factors Affect Individual Creativity? The Moderating Role of Extrinsic Motivation", *Social Behavior and Personality*, Vol. 37, No. 7, 2009.

Sverke, M., Hellgren, J. and Naswall, K., "No Security: A Meta-analysis and Review of Job Insecurity and Its Consequences", *Journal of Occupational Health Psychology*, Vol. 7, No. 3, 2002.

Taylor, J., "Goal Setting in the Australian Public Service: Effects on Psychological Empowerment and Organizational Citizenship Behavior", *Public Administration Review*, Vol. 73, No. 3, 2013.

Taylor, J., "Personnel Reduction and Growth, Innovation, and Employee Optimism about the Long-term Benefits of Organizational Change", *International Review of Administrative Sciences*, Vol. 88, No. 3, 2022.

Taylor, J., "Public Service Motivation, Civic Attitudes and Actions of Public, Nonprofit and Private Sector Employers", *Public Administration*, Vol. 88, No. 4, 2010.

Taylor, T., "Organizational Influences, Public Service Motivation and Work Outcomes: An Australian Study", *International Public Management Journal*, Vol. 11, No. 1, 2008.

Tepe, M. and Prokop, C., "Are Future Bureaucrats More Risk Averse? The Effect of Studying Public Administration and PSM on Risk Preferences", *Journal of Public Administration Research and Theory*, Vol. 28, No. 2, 2018.

Tetteh, S., Wu, C. S. and Sungu, L. J., et al., "Relative Impact of Differences in Job Security on Performance among Local Government Employees: The Moderation of Affective Commitments", *Journal of Psychology in Africa*, Vol. 29, No. 5, 2019.

Tims, M., Bakker, A. B. and Derks, D., "Development and Validation of the Job Crafting Scale", *Journal of Vocational Behavior*, Vol. 80, No. 1, 2012.

Torugsa, N. and Arundel, A., "Complexity of Innovation in the Public Sector: A Workgroup-level Analysis of Related Factors and Outcomes", *Public Management Review*, Vol. 18, No. 3, 2016.

Trinchero, E., Borgonovi, E. and Farr-Wharton, B., "Leader-member Exchange, Affective Commitment, Engagement, Wellbeing, and Intention to Leave: Public Versus Private Sector Italian Nurses", *Public Money & Management*, Vol. 34, No. 6, 2014.

Tuan, L. T. and Thao, V. T., "Charismatic Leadership and Public Service Recovery Performance", *Marketing Intelligence & Planning*, Vol. 36, No. 1, 2018.

Tuan, L. T., "Behind the Influence of Job Crafting on Citizen Value co-creation with the Public Organization: Joint Effects of Paternalistic Leadership and Public Service Motivation", *Public Management Review*, Vol. 20, No. 10, 2018.

Tummers, L. G. and Knies, E., "Leadership and Meaningful Work in the Public Sector", *Public Administration Review*, Vol. 73, No. 6, 2013.

Tummers, L., Weske, U. and Bouwman, R., et al., "The Impact of Red Tape on Citizen Satisfaction: An Experimental Study", *International Public Management Journal*, Vol. 19, No. 3, 2016.

Tversky, A. and Kahneman, D., "Judgement under Uncertainty: Heuristics and Biases", *Science*, Vol. 185, No. 4157, 1974.

Tziner, A., Shultz, T. and Fisher, T., "Justice, Leader-member Exchange, and Job Performance: Are Their Relationships Mediated by Organizational Culture?" *Psychological Reports*, Vol. 103, No. 2, 2008.

Van den Bekerom, P., Torenvlied, R. and Akkerman, A., "Constrained by Red Tape: How Managerial Networking Moderates the Effects of Red Tape on Public Service Performance", *American Review of Public Administration*, Vol. 47, No. 3, 2017.

Van den Broeck, A., Vansteenkiste, M. and De Witte, H., et al., "Explaining the Relationships between Job Characteristics, Burnout, and Engagement: The Role of Basic Psychological Need Satisfaction", *Work & Stress*, Vol. 22, No. 3, 2008.

Van den Heuvel, M., Demerouti, E. and Peeters, M. C. W., "The Job Crafting Intervention: Effects on Job Resources, Self-efficacy, and Affective Well-being", *Journal of Occupational and Organizational Psychology*, Vol. 88, No. 3, 2015.

Van Loon, N. M., "Is Public Service Motivation Related to Overall and Dimensional Work-unit Performance as Indicated by Supervisors?" *International Public Management Journal*, Vol. 19, No. 1, 2016.

Van Loon, N. M., Vandenabeele, W. and Leisink, P., "Clarifying the Relationship between Public Service Motivation and In-role and Extra-role

Behaviors: The Relative Contributions of Person – job and Person – organization Fit", *American Review of Public Administration*, Vol. 47, No. 6, 2017.

Van Loon, N. M., Vandenabeele, W. and Leisink, P., "On the Bright and Dark Side of Public Service Motivation: The Relationship between PSM and Employee Wellbeing", *Public Money & Management*, Vol. 35, No. 5, 2015.

Van Vianen, A. E. M., "Person – environment Fit: A Review of Its Basic Tenets", *Annual Review of Organizational Psychology and Organizational Behavior*, Vol. 5, 2018.

Vandenabeele, W., "Toward a Public Administration Theory of Public Service Motivation: An Institutional Approach", *Public Administration*, Vol. 9, No. 4, 2007.

VandeWalle, D., "Development and Validation of a Work Domain Goal Orientation Instrument", *Educational and Psychological Measurement*, Vol. 57, No. 6, 1997.

Vigoda – Gadot, E. and Beeri, I., "Change – oriented Organizational Citizenship Behavior in Public Administration: The Power of Leadership and the Cost of Organizational Politics", *Journal of Public Administration Research and Theory*, Vol. 22, No. 3, 2012.

Vogel, D. and Kroll, A., "The Stability and Change of PSM Related Values across Time: Testing Theoretical Expectations against Panel Data", *International Public Management Journal*, Vol. 19, No. 1, 2016.

Waldo, D., "Government by Procedure", in Marx, E. M., ed. *Elements of Public Administration*, Eaglewood Cliffs, NJ: Prentice Hall, 1959.

Wang, C. H., Baba, V. V. and Hackett, R. D., et al., "Employee – experienced High – performance Work Systems in Facilitating Employee Helping and Voice: The Role of Employees' Proximal Perceptions and Trust in the Supervisor", *Human Performance*, Vol. 32, No. 2, 2019.

Wang, H. C., Liu, X. and Luo, H. B., et al., "Linking Procedural Justice with Employees Work Outcomes in China: The Mediating Role of Job Security", *Social Indicators Research*, Vol. 125, No. 1, 2016.

Wang, S. L., Zhou, H. M. and Wen, P., "Employment Modes, Charismatic Leadership, and Organizational Citizenship Behavior: Explanations from

Perceived Job Security", *Pakistan Journal of Statistics*, Vol. 30, No. 5, 2014.

Webster, D. M. and Kruglanski, A. W., "Individual Differences in Need for Cognitive Closure", *Journal of Personality and Social Psychology*, Vol. 67, No. 6, 1994.

Weisberg, S., *Applied Linear Regression*, New York, NY: Wiley, 2005.

White, R. W., "Motivation Reconsidered: The Concept of Competence", *Psychological Review*, Vol. 66, 1959.

Wildavsky, A., "Choosing Preferences by Constructing Institutions: A Cultural Theory of Preference Formation", *American Political Science Association*, Vol. 81, No. 1, 1987.

Williams, A. M. and Bland, J. T., "Drivers of Social Engagement: Employee Voice – Advice Sharing Relationship", *Review of Public Personnel Administration*, Vol. 40, No. 4, 2020.

Wise, L. R., "Bureaucratic Posture: On the Need for a Composite Theory of Bureaucratic Behavior", *Public Administration Review*, Vol. 64, No. 6, 2004.

Wise, L. R., "The Public Service Culture", in Stillman, R. J., ed. *Public Administration Concepts and Cases*, Boston: Houghton Mifflin, 2000.

Wong, Y. T., "Job Security and Justice: Predicting Employees' Trust in Chinese International Joint Ventures", *International Journal of Human Resource Management*, Vol. 23, No. 14, 2012.

Wright, B. E. and Moynihan, D. P., "Pulling the Levers: Transformational Leadership, Public Service Motivation, and Mission Valence", *Public Administration Review*, Vol. 72, No. 2, 2012.

Wright, B. E. and Pandey, S. K., "Transformational Leadership in the Public Sector: Does Structure Matter?" *Journal of Public Administration Research and Theory*, Vol. 20, No. 1.

Wright, B. E., Christensen, R. K. and Isett, K. R., "Motivated to Adapt? The Role of Public Service Motivation as Employees Face Organizational Change", *Public Administration Review*, Vol. 73, No. 5, 2013.

Wright, B. E., Hassan, S. and Christensen, R. K., "Job Choice and Performance: Revisiting Core Assumptions about Public Service Motivation", *International Public Management Journal*, Vol. 20, No. 1, 2017.

Wright, B. E., Moynihan, D. P. and Pandey, S. K., "Pulling the Levers: Transformational Leadership, Public Service Motivation, and Mission Valence", *Public Administration Review*, Vol. 72, No. 2, 2012.

Wright, P. M. and McMahan, C. C., "Theoretical Perspectives for Strategic Human Resource Management", *Journal of Management*, Vol. 18, No. 2, 1992.

Wrzesniewski, A. and Dutton, J. E., "Crafting a Job: Revisioning Employees as Active Crafters of Their Work", *Academy of Management Review*, Vol. 26, No. 2, 2001.

Xie, J. and Johns, G., "Job Scope and Stress: Can Job Scope be too High?" *The Academy of Management Journal*, Vol. 38, No. 5, 1995.

Xu, Q., Zhao, Y. X. and Xi, M., et al., "Impact of Benevolent Leadership on Follower Taking Charge Roles of Work Engagement and Role-breadth Self-efficacy", *Chinese Management Studies*, Vol. 12, No. 4, 2018.

Yam, K. C., Klotz, A. C. and He, W., et al., "From Good Soldiers to Psychologically Entitled: Examining When and Why Citizenship Behavior Leads to Deviance", *Academy of Management Journal*, Vol. 60, No. 1, 2017.

Yates, M. and Youniss, J., "Community Service and Political-moral Identity in Adolescents", *Journal of Research on Adolescence*, Vol. 6, No. 3, 1996.

Yeo, M., Ananthram, S. and Teo, S. T. T., et al., "Leader-member Exchange and Relational Quality in a Singapore Public Sector Organization", *Public Management Review*, Vol. 17, No. 10, 2015.

Yildiz, S. M., "An Empirical Analysis of the Leader-member Exchange and Employee Turnover Intentions Mediated by Mobbing: Evidence from Sport Organisations", *Economic Research - Ekonomska Istraživanja*, Vol. 31, No. 1, 2018.

Younas, A., Wang, D. and Javed, B., et al., "Moving beyond the Mechanistic Structures: The Role of Inclusive Leadership in Developing Change-oriented Organizational Citizenship Behaviour", *Canadian Journal of Administrative Sciences*, Vol. 38, No. 1, 2021.

Younas, A., Wang, D. P. and Javed, B., et al., "Inclusive Leadership and Change - oriented Organizational Citizenship Behavior: Role of Psychological Safety", in Proceedings of the 2020 4th International Conference on Management Engineering, Software Engineering and Service Sciences (ICMSS 2020). *Association for Computing Machinery*, New York, NY, USA, 2020.

Yu, K. Y. T. and Cable, D. M., "Recruitment and Competitive Advantage: A Brand Equity Perspective", in Kozlowski, S. W. J., ed. *Oxford Handbook of Industrial - Organizational Psychology*. New York: Oxford University Press, 2009.

Yu, K. Y. T., "A Motivational Model of Person - environment Fit: Psychological Motives as Drivers of Change", in Kristof - Brown, A. L. and Billsberry, J., eds. *Organizational Fit: Key Issues and New Directions*, West Sussex: John Wiley & Sons Ltd, 2013.

Yu, K. Y. T., "Affective Influences in Person - environment Fit Theory: Exploring the Role of Affect as Both Cause and Outcome of P - E Fit", *Journal of Applied Psychology*, Vol. 94, No. 5, 2009.

Yuriev, A., Boiral, O. and Talbot, D., "Is There a Place for Employee - driven Pro - environmental Innovations? The Case of Public Organizations", *Public Management Review*, Vol. 24, No. 9, 2022.

Zacher, H., Schmitt, A. and Jimmieson, N. L., et al., "Dynamic Effects of Personal Initiative on Engagement and Exhaustion: The Role of Mood, Autonomy, and Support", *Journal of Organizational Behavior*, Vol. 40, No. 1, 2019.

Zeytinoglu, I. U., Keser, A. and Yilmaz, G., et al., "Security in a Sea of Insecurity: Job Security and Intention to Stay Among Service Sector Employees in Turkey", *International Journal of Human Resource Management*, Vol. 23, No. 13, 2012.

Zhang, C. Q., Li, Y. B. and Liu, D. N., et al., "Professional Power, Job Security, and Decision Making in Project Funding: The Assessors' Perspective", *Social Behavior and Personality*, Vol. 48, No. 2, 2020.

Zhang, L. G., Jiang, H. B. and Jin, T. T., "Leader - member Exchange and Organizational Citizenship Behaviour: The Mediating and Moderating Effects of Role Ambiguity", *Journal of Psychology in Africa*, Vol. 30, No. 1, 2020.

Zhang, X. M. and Bartol, K. M. , "The Influence of Creative Process Engagement on Employee Creative Performance and Overall Job Performance: A Curvilinear Assessment", *Journal of Applied Psychology*, Vol. 95, No. 5, 2010.

Zhang, Y. H. , Kuo, M. F. , Guo, J. Y. and Wang, C. Y. , "How do Intrinsic Motivations, Work – related Opportunities, and Well – Being Shape Bureaucratic Corruptibility?" *Public Administration Review*, Vol. 79, No. 4, 2019.

后　　记

　　书稿即将出版之际，回想起我和"公务员变革行为"这一研究领域的故事，一下子将记忆定格到了 2013 年的那个夏天。一路的彷徨、笃定、成长，我们的故事还在继续。

　　2013 年夏，我离开了"诚朴雄伟，励学敦行"的南京大学商学院，机缘巧合下进入了厦门大学公共事务学院博士后流动站成为师资博士后。新的机会新的起点，然而我却开始迷茫，我努力地为"如何将我学了十几年的人力资源管理专业融入公共管理领域"这一问题寻找答案。我浏览着国际公共管理的各大期刊，一篇一篇地学习，直到我看到了 Vigoda-Gadot 和 Beeri 在《公共行政管理研究与理论杂志》(Journal of Public Administration Research and Theory) 发表的关于公务员变革行为的研究。接下来的日子里，我就深入系统地对公务员变革行为的已有研究进行整理，2016 年我和博士后导师陈振明院长合作在《公共管理学报》发表了第一篇公务员变革行为的论文，较早地在国内公共管理领域讨论了公务员变革行为这一概念。

　　但是，当公务员变革行为开始进入公共管理的研究视野时，它的研究价值开始受到了质疑。2018 年春在学院的青年学者论坛中，有学者提出："为什么要研究公务员变革行为这种主动行为，官僚体制下需要的是官僚人格，只要能执行命令就可以了，这种公务员的行为研究真的是政府需要的吗？"我认真思考后，继续笃定前行。2018 年 5 月，中共中央办公厅印发了《关于进一步激励广大干部新时代新担当新作为的意见》，使得公务员积极主动的行为进入了干部队伍管理研究的视域，此时公务员变革行为等主动行为的研究迎来了春天。

　　本书第三章到第六章的实证部分，体现了我和我的学生们关于公务员变革行为定量研究的思考和成长。2019 年 11 月，刘润泽和巩宜萱在《公共管理学报》发表了《回顾与反思：定量研究在公共管理学科的滥用》一文，不到一个月，于文轩和樊博在《公共管理学报》发表了《公共管理学科的定量研究被滥用了吗？——与刘润泽、巩宜萱一文商榷》一文。两篇论文的出现使得公共管理定量研究一时处在了风口浪尖，定量研究方法何去何从为公共管理定量研究学者们敲了警钟。深刻思考后，我的答案是定量研究和定性研究各有千秋，定量研究也好定性研究也罢，两者都有自身的技术性和适用性，不能简单地回答谁好谁坏，而是要根据研究内容选择不同的方法。然而，我也发现，现有公共管理的定量研究论文过于强调方法的技术性，缺乏"人情味"，不接地气。因此，这两年，我一直在探索，如何让我们关于公务员变革行为的定量研究变得有趣、接地气。2021 年发表于《公共行政评论》的《限制抑或激活：繁文缛节如何影响公务员变革行为》即本书第四章的内容就是我这两年来思考的一次全新尝试。此外，这种风格的转变也体现在了本书第五章和第六章的写作中，关注公共管理现实的同时，不断引入科学的理论视角和研究模型进行突破。同时，在"第七章 公务员变革行为的推进路径"和"第八章 变革行为研究展望：基于我国干部管理理论与实践的视角"的研究中，也尝试在定性研究中加入定量研究的实证结果，不仅以定量研究的结论作为推进路径提出的基础，而且采用了 Citespace 软件进行文献计量分析和 R 语言、ROSTCM 6.0、Gephi 0.9 进行政策文本分析作为公务员变革行为研究进一步深入的依据。通过这些章节的写作，我们不断尝试将定量的"刚"和公共管理接地气的"柔"相结合，去讲有意思的公共管理故事，而这种尝试只能是在不断摸索中去创新。

　　有创新就有风险。我邂逅公务员变革行为研究的近十年里，一路走来，磕磕碰碰，除了勇往直前，别无选择；不断地学习、思考和尝试而后看到了自己的成长。接受所有的批评和建议，取其精华去其糟粕，看到了自己写作风格的转变和研究视野的扩展。十年企业人力资源管理学习经历和十年公共管理的教学、科研经历，如何融合不同的话语体系与学术思维，着实让人感慨。幸运的是，总能"山重水复疑无路，柳暗花明又一村"。求学的路上，发现自己常与捷径失之交臂，能保研选择了考研，能直博选择了考博。这是一种艰辛，更是一种幸运，是性格使然抑或是对这个领域的热爱，百感交集。在这个领域，本硕博学习的人力资源管理专业知识总是能给我不同的研究视角，同时领略了政治学和公共管理的专业魅力，有挑战又有情怀。

　　我和"公务员变革行为"的故事，离不开幸遇的老师们的点拨和小伙伴们的陪伴。博士生导师赵曙明教授的悉心栽培和谆谆教诲，给予我敢拼敢闯的勇气；博士后导师陈振明院长对公共管理领域的专注和热忱，为我指明前进的方向；刘艳杰书记、于文轩院长的关心和支持，时常给予我学术思想的启迪；朱仁显教授、黄新华教授一直给予了我很多政府课题的学习机会；每每申报课题，李艳霞教授和吕志奎教授都给予了我来自不同学科视角的建设性意见，让我醍醐灌顶；还有林雪霏教授在我申报课题过程中的建议、鼓励和陈素蜜老师的细心帮助，让我感受到了学院的温暖。同时，要感谢我优秀的小伙伴们对于本成果的付出。回看这一申报书稿，感慨万千，完成既非一朝一夕，也非孤军奋战，感谢蓝浦城同学、向成佩同学、王楚津同学、林晨彬同学、郭爱平同学、王浩同学、方宁同学以及毕业了的刘云涛同学、李一萱同学、钟丹同学和张宇卿同学对于本成果的付出，一起喝咖啡，一起熬夜，感谢你们一路陪伴、支持和信任，共同成长。此外，感谢厦门市翔安区工业和信息化局领导和同志们在我2022年1—12月挂职期间给予的帮助与支持，非常充实和有价值的锻炼时光，深刻地感受了新时代干部"功成不必在我，功成必定有我"的精神境界。

最后，本书也献给我最爱的父亲、母亲与默默无闻的支持者——我的爱人厦门大学经济学院魏志华教授和可爱的女儿们，是你们的支持、鼓励激励我勇往直前。这一书稿是我进入厦门大学公共政策研究院任职以来不断学习和成长的见证，是我对公务员变革行为研究的阶段性成果。我深知，此项研究在许多方面仍然需要改进，所以真诚地欢迎各位学者前辈、同行专家给予批评指正。我和"公务员变革行为"的故事还在继续，正如本书第八章的思考，我们希望在未来的研究中讲好中国故事，为完善具有中国特色的干部管理理论体系，构建中国特色的公共管理学科体系贡献自己的一份薄力。任重道远，砥砺前行。